企业人力资源管理师考试辅导用书

企业人力资源管理师（四级）

命题点解读与模拟试卷

（含经典真题）

企业人力资源管理师考试命题研究专家组 主编

中国石化出版社

内 容 提 要

本书为企业人力资源管理师职业资格考试（四级）辅导用书，是依据最新企业人力资源管理师考试大纲编写。全书共分为两篇：第一篇为“命题点解读”，各章节内容逻辑结构与指导教材保持一致，是有关专家在总结历年命题规律的基础上，将考纲要求掌握、熟悉、了解的内容分别列出，同时精选了近年考试真题，并进行深度解析；第二篇为“模拟试卷”，是专家在把握历年命题方向的基础上，针对常考、必考的知识点编写了五套模拟试题，并对试题答案进行了详尽的解析。本书可让考生在短时间内掌握考试的重点难点，而且讲练结合的形式可以帮助考生加深记忆、熟悉题型，拓展解题思路，达到事半功倍的复习效果。

本书适用于参加企业人力资源管理师考试的考生。

图书在版编目（CIP）数据

企业人力资源管理师（四级）命题点解读与模拟试卷：含经典真题／企业人力资源管理师考试命题研究专家组主编．—北京：中国石化出版社，2011.9
企业人力资源管理师考试辅导用书
ISBN 978－7－5114－1197－6

Ⅰ.①企… Ⅱ.①企… Ⅲ.①企业管理：人力资源管理－资格考试－自学参考资料 Ⅳ.①F272.92

中国版本图书馆 CIP 数据核字（2011）第 190861 号

中国石化出版社出版发行

地址：北京市东城区安定门外大街 58 号
邮编：100011　电话：（010）84271850
读者服务部电话：（010）84289974
http://www.sinopec-press.com
E-mail：press@sinopec.com
河北天普润印刷厂印刷
全国各地新华书店经销

*

787×1092 毫米 16 开本 20 印张 474 千字
2011 年 10 月第 1 版　2011 年 10 月第 1 次印刷
定价：45.00 元

《企业人力资源管理师考试辅导用书》

编　委　会

主　编　企业人力资源管理师考试命题研究专家组

编　委　刘翔涛　赵　凯　郑慧琴　赵冬梅　林金燕

王梓诺　郑朝慧　杨添斯　韦　周　吴丽丽

周　苓　文丽华　黄玉秋　梁　娜　王　飞

吴丽娜　张彩竹　王欣欣　刁永京　梁龙凤

前　言

为了适应劳动力市场对企业人力资源管理人员的需求，提高从业人员的技能，2001年中国劳动学会企业人力资源管理与开发专业委员会起草了《企业人力资源管理人员国家职业标准(试行)》(以下简称《标准》)，2001年8月劳动和社会保障部颁布实施《标准》。2004年人力资源职业资格鉴定二、三、四级纳入全国统考职业，全年举行了两次考试。全国统一鉴定工作按照统一标准、统一教材、统一命题、统一考务管理和统一证书核发的原则进行。

本职业共设四个等级，分别为：四级企业人力资源管理师(国家职业资格四级)、三级企业人力资源管理师(国家职业资格三级)、二级企业人力资源管理师(国家职业资格二级)、一级企业人力资源管理师(国家职业资格一级)。

为了帮助考生在短时间内有的放矢地复习应考，我们特组织有关专家编写了此套企业人力资源管理师考试辅导用书。本丛书分为三册：

(1) 企业人力资源管理师(四级)命题点解读与模拟试卷(含经典真题)

(2) 企业人力资源管理师(三级)命题点解读与模拟试卷(含经典真题)

(3) 企业人力资源管理师(二级)命题点解读与模拟试卷(含经典真题)

本丛书紧扣最新企业人力资源管理师职业资格考试大纲，从考生的实际需要出发，每册书分为两篇。第一篇为“命题点解读”，各章节内容逻辑结构与指导教材保持一致，是有关专家在总结历年命题规律的基础上，将考纲要求掌握、熟悉、了解的内容分别列出，同时精选了近年考试真题，并进行深度解析。第二篇为“模拟试卷”，是专家在把握历年命题方向的基础上，针对常考、必考的知识点编写了五套模拟试题，并对试题答案进行了详尽的解析。

本丛书不仅能使考生在短时间内掌握考试的重点难点和命题规律，而且讲练结合的形式可以加深记忆、熟悉题型，扩展解题的思维，巩固复习效果。

由于本书涵盖内容广泛，虽经全体编者反复修改，但由于时间和水平有限，书中难免有疏漏和不当之处，敬请读者指正。最后对支持本书成稿的各界人士和所有编审人员表示诚挚的感谢。

目　录

第一篇　命题点解读

第一部分　基础知识

第二部分　相关知识和能力要求

第二篇　模拟试卷

第一篇　命题点解读

第一部分　基础知识

第一章　劳动经济学

【命题规律】

对近年考试的命题进行研究可以发现，本章的命题规律体现在以下几个方面：

1. 劳动资源稀缺性的属性及劳动经济学的研究对象，劳动经济学的两种研究方法的概念是本章常考的知识点。

2. 劳动力参与率的概念及计算方法，劳动力供给弹性的定义及分类，劳动力需求弹性的定级及分类都可作为采分点来进行命题。

3. 边际生产力递减规律的三个阶段及相关分析原理，均衡价格的一般原理以及工资形式的分类和相关知识，就业总量的决定原理，政府对劳动力市场三大宏观调控政策的原理等知识点在考试中出现的频率非常高，考生要高度重视。

4. 失业的概念、失业的类型以及失业的度量和失业的影响是需要熟悉的内容。

【命题点解读】

命题点1　劳动资源的稀缺性

1. 含义

资源的有限性称为资源的稀缺性，或者更准确地说：相对于人类社会的无限需要而言，客观上存在着制约满足人类需要的力量，此种力量定义为资源的稀缺性。

2. 属性

（1）劳动资源的稀缺性是相对于社会和个人的无限需要和愿望而言，是相对的稀缺性。

（2）劳动资源的稀缺性又具有绝对的属性。

（3）在市场经济中，劳动资源稀缺性的本质表现是消费劳动资源的支付能力、支付手段的稀缺性。

命题点2　效用最大化

效用最大化的观点，通常作为经济分析的基本假设。它并不是说任何一个市场主体的每一种经济选择和经济决策行为都达到了效用最大化的目标，而是说主体的行为可以用效用最大化的观点加以分析和预测。

命题点3　劳动力市场

劳动力市场是生产要素市场的重要组成部分，图1－1所示的模型解释劳动力市场的基本功能。

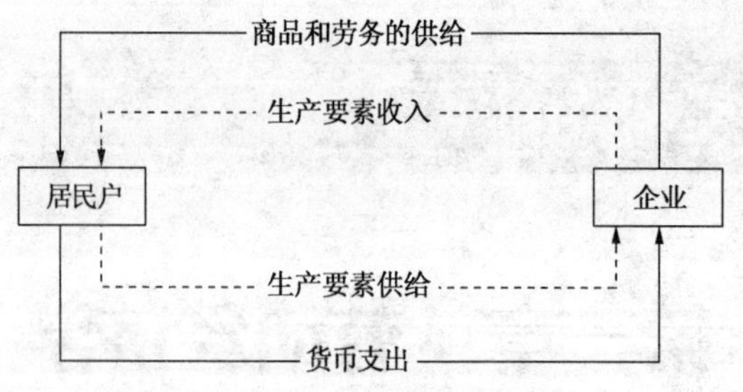

图 1-1　收入循环模型

劳动经济学的主要任务就是要认识劳动力市场的种种复杂现象，理解并揭示劳动力供给、劳动力需求，以及工资和就业决定机制对劳动力资源配置的作用原理。总之，劳动经济学就是研究劳动力市场现象及其运行规律的科学。

命题点 4　劳动经济学的研究方法

1. 实证研究方法

（1）含义

实证研究方法是认识客观现象，向人们提供实在、有用、确定、精确的知识的方法，其重点是研究现象本身“是什么”的问题。

（2）特点

① 实证研究方法的目的在于认识客观事实，研究现象自身的运动规律及内在逻辑；

② 实证研究方法对经济现象研究所得出的结论具有客观性，并可根据经验和实施进行检验。

（3）步骤

① 确定所要研究的对象，分析研究对象的构成要素、相互关系以及影响因素，搜集并分类相关的事实资料；

② 设定假设条件；

③ 提出理论假说；

④ 验证。

2. 规范研究方法

（1）含义

规范研究方法以某种价值判断为基础，说明经济现象及其运行应该是什么的问题。

（2）目的

规范研究方法研究客观现象的目的在于：提出一定的标准作为经济理论的前提，并以该标准作为制定经济政策的依据，以及研究如何使经济现象的运行符合或实现这些标准。

（3）特点

① 该方法以某种价值判断为基础，解决客观经济现象“应该是什么”的问题，即要说明所要研究的对象本身是好还是坏，对社会具有积极意义还是具有消极意义；

② 该方法研究经济现象的目的主要在于为政府制定经济政策服务；

③ 该方法以价值判断为基础。

命题点5 劳动力与劳动力供给

1. 概念

现代劳动经济学所要研究的劳动力是指在一定年龄之内，具有劳动能力与就业要求，从事或能够从事某种职业劳动的全部人口，包括就业者和失业者，即社会劳动力。

劳动力参与率是衡量、测度人口参与社会劳动程度的指标。其含义是劳动力在一定范围内的人口的比率。

所谓劳动力供给，是指在一定的市场工资率的条件下，劳动力供给的决策主体(家庭或个人)愿意并且能够提供的劳动时间。

2. 经济周期与两种劳动参与假说

(1) 经济周期

所谓经济周期，是指经济运行过程中繁荣与衰退的周期性交替。

(2) 两种劳动参与假说

两种劳动参与假说是附加性劳动力假说与悲观性劳动力假说。两种假说的前提观点是相同的，即男性成年人的劳动力参与率与经济周期不存在敏感的反应性。

统计研究证明，在经济衰退时期，附加性劳动力效应与悲观性劳动力效应同时存在，由于两种效应作用方向相反，所以在经济周期中，劳动力参与率表现为不同的波动状况。当附加性劳动力效应的作用更强一些时，即进入劳动力市场的人数大于退出劳动力市场的人数时，劳参率与失业率存在正向关系。当悲观性劳动力效应的作用更强时，劳参率与失业率存在反向关系。

二级劳动力市场是经济周期中劳动参与变动幅度较大的群体。

命题点6 劳动力需求

1. 含义

所谓劳动力需求，是指企业在某一特定时期内，在某种工资率下愿意并能够雇佣的劳动量。劳动力需求是企业雇佣意愿和支付能力的统一，两者缺一不可。

2. 与工资率的关系

工资率提高，劳动力需求减少；工资率降低，劳动力需求增加。

3. 劳动力需求量变动

劳动力需求量变动对工资率变动的反应程度定义为劳动力需求的自身工资弹性。

其计算公式是：劳动力需求量变动的百分比与工资率变动的百分比的比值。

设 E_d 为劳动力需求的自身工资弹性，我们用 $\Delta D/D$ 表示劳动力需求量变动的百分比，用 $\Delta W/W$ 表示工资率变动的百分比。根据定义，其公式为：

$$E_d = \frac{\Delta D}{D} / \frac{\Delta W}{W}$$

因为劳动力需求量与工资率存在反向关系，故劳动力需求的自身工资弹性值为负值。在通常情况下，人们一般关注它的绝对值。

4. 工资弹性分类

(1) 需求无弹性

即 $E_d = 0$。工资率不论如何变化，劳动力需求量固定不变。

（2）需求有无限弹性

即 $E_d \to \infty$。工资率不变，或者更准确地说其变动的百分比为零，而劳动力需求量变动的百分比的绝对值大于零。

（3）单位需求弹性

即 $E_d = 1$。此时，工资率变动的百分比与需求量变动的百分比的绝对值相等。

（4）需求富有弹性

即 $E_d > 1$。这种劳动力需求曲线是一条向右下倾斜且较为平缓的曲线。

（5）需求缺乏弹性

即 $E_d < 1$。此劳动力需求曲线是一条向右下倾斜且较为陡峭的曲线。

劳动力需求量的变动是指在其他条件不变的情况下，仅由工资率的变动引起的劳动力需求量的变动。

命题点 7　企业短期劳动力需求的决定

1. 边际生产力递减规律

短期的生产实际上就是产量取决于一个可变要素的投入。可变要素投入发生变化，产量相应地发生变化。当把可变的劳动收入增加到不变的其他生产要素上，最初劳动投入的增加会使产量增加；但是当其增加超过一定限度时，增加的产量开始递减。这就是劳动的边际生产力递减规律。

在其他生产要素不变时，由劳动投入的增加所引起的产量变动可以分为三个阶段：第一阶段为边际产量递增阶段；第二阶段为边际产量递减阶段；第三阶段为总产量绝对减少。

2. 企业短期劳动力需求的决定

企业短期劳动力需求的决定，就必须结合成本和价格来分析。企业劳动力需求的决定，是对增加劳动力所支出的成本和其所能增加的收入进行比较后才能做出的。

短期企业唯一可变的生产要素是劳动投入，故可变的成本也就是工资。

命题点 8　劳动力市场的均衡

1. 劳动力市场的含义

广义的劳动力市场是指劳动力所有者个体与使用劳动要素的企业之间，在劳动交换过程中所体现的、反映社会经济特征之一的经济关系；狭义的劳动力市场是指市场机制借以发挥作用，实现劳动力资源优化配置的机制和形式。狭义的劳动力市场是广义的劳动力市场交换关系的外在表现，是实现劳动资源配置的有效途径。

2. 劳动力市场的静态与动态均衡

经济学中运用的均衡概念，一般含有两重含义：其一指某种经济现象所处的状态；其二指分析方法。

均衡状态指经济中各种对立的、变动着的力量处于一种力量相当、相对稳定、不再变动的状态。

现在所说的均衡是指一般意义上的“经济均衡”。

均衡分析方法是揭示经济变量之间的关系，说明实现均衡的条件以及如何调整实现均衡的方法。

均衡分析分为局部均衡分析和一般均衡分析。

局部均衡分析方法的代表人物是A·马歇尔。一般均衡分析方法的代表人物是瑞士洛桑学派的L·瓦尔拉。

均衡分析又分为静态均衡分析和动态均衡分析。

静态均衡分析抽象掉时间因素、变量的调整是瞬时完成的，其调整时间设为零。动态分析与此相反，经济变量的调整需要时间，着重考察经济变量在不同时间的情况。它要分析经济现象的变化过程。

3. 劳动力市场均衡的意义

（1）劳动力资源的最优分配。

（2）同质的劳动力获得同样的工资。

（3）充分就业。

命题点9　人口、资本存量与均衡工资率

1. 人口对劳动力供给的影响

（1）人口规模

在其他条件不变的情况下，劳动力供给与人口规模成正向关系。人口规模的不断扩大，使劳动力供给增加。如果劳动力需求不变，其结果必然是均衡工资率下降。

（2）人口年龄结构

人口年龄结构对劳动力供给的影响主要表现在两个方面：通过劳动年龄组人口占人口总体比重的变化，影响劳动力供给；通过劳动年龄组内部年龄构成的变动，影响劳动力供给内部构成的变化。

（3）人口城乡结构

人口城乡结构既是人口地理分布的反映，也是人口经济结构的反映。人口城乡结构及其变动，对正处于工业化和现代化进程中的发展中国家的劳动力市场产生重大影响，特别是对劳动力供给弹性的影响。

2. 资本存量对劳动力需求的影响

资本存量的增加，根本改变了劳动力与资本的配置比例，从而使劳动生产率提高，劳动的边际产品增加。一般情况表明，生产率的增长最终将导致整个经济劳动力需求的增加。

3. 人口、资本存量与劳动力市场均衡

资本存量的增长率高于人口的增长率，所以其结果是均衡工资率得到提高，就业也在扩大。

命题点10　均衡价格论的一般原理及工资决定

1. 均衡价格论的一般原理

均衡价格论是说明通过商品供给与商品需求的运动决定商品价格形成的理论。商品的均衡价格与均衡产量是市场上的供求双方在竞争过程中自发形成的。均衡价格的形成过程也就是价格决定的过程。均衡价格的决定实际上是需求规律和供给规律共同作用的结果。

均衡价格论是新古典学派创始人、现代微观经济学的主要代表A·马歇尔在其所著《经济学原理》中提出来的。

2. 工资决定

所谓工资就是劳动力作为生产要素的均衡价格，即劳动力的需求价格与供给价格相一致

的价格。

工资的决定是以劳动力价值为基础。最终取决于劳动的边际生产率和劳动力生产费用及劳动的负效用。

命题点11　工资形式

1. 基本工资

（1）工资率

其是指单位时间的劳动价格。根据单位时间标准的不同，可分为小时工资率、日工资率等。

（2）货币工资与实际工资

所谓货币工资，是指工人单位时间的货币所得。它受到三个主要因素的影响：货币工资率、工作时间长度和相关的工资制度安排。

实际工资是经价格指数修正过的货币工资，用以说明工资的实际购买能力，其计算公式是：实际工资 = 货币工资 ÷ 价格指数。

（3）计时工资与计件工资

计时工资是依据人的工资标准（单位时间的劳动价格）与工作时间长度支付工资的形式。其计算公式是：货币工资 = 工资标准 × 实际工作时间。

计件工资是依据工人合格产品数量（作业量）和计件工资率计算工资报酬的工资支付形式。其计算公式是：货币工资 = 计件工资率（计件单价）× 合格产品数量。

2. 福利

（1）含义

福利是工资的转化形式和劳动力价格的重要构成部分。福利与基本工资之和构成了劳动报酬。福利的支付方式大体划分为两类：其一为实物支付，包括各种免费或折价的工作餐、折价或优惠的商品和服务。其二为延期支付，包括各类保险支付。

（2）特征

① 福利支付以劳动为基础，但并不与个人劳动量直接相关；

② 法定性；

③ 企业自定性和灵活性。

命题点12　就业总量的决定

1. 含义

所谓就业或劳动就业一般是指有劳动能力和就业要求的人，参与某种社会劳动，并通过劳动获得报酬或经营收入的经济活动。

凡是从事社会劳动并取得劳动报酬或经营收入的劳动者，即为就业者。

2. 总供给、总需求与均衡国民收入

所谓总供给，是指一国在一定时期内生产的最终产品和服务按价格计算的货币价值总量。总供给 = 各类生产要素供给的总和（劳动 + 资本 + 土地 + 管理）= 各类生产要素相应的收入的总和 = 消费 + 储蓄。

所谓总需求，是指社会在一定时期内对产品和服务需求的总和。总需求 = 消费品需求 + 投资品需求。

总供给与总需求相等的国民收入称为均衡国民收入，即：均衡国民收入 = 总供给 = 总需求 = 消费 + 储蓄 = 消费 + 投资。

3. 就业总量决定

根据宏观经济学的基本原理，一国的就业总量与一国的均衡国民收入是同时被决定的。

企业对提供的每一就业量都有与其相对应的最低预期收益，从而使企业能够收回成本和取得最低盈利。这个最低预期收益，就是该就业量所生产产品的总供给价格。设 Z 为总供给价格，N 为就业量，总供给价格与就业量的关系为：$Z = f(N)$。此函数称为总供给价格函数。

另一方面，企业也预期出售这一就业量所生产的商品所能得到的收益，即社会为该就业量所生产的商品所愿支付的价格。该收益即为总需求价格。设 D 为总需求价格，总需求价格与就业量的关系可写作：$D = \Psi(N)$，这个函数称为总需求价格函数。

命题点 13　失业及其类型

1. 含义

所谓失业，是指劳动力供给与劳动力需求在总量或结构上的失衡所形成的，具有劳动能力并有就业要求的劳动者处于没有就业岗位的状态。

2. 类型

（1）摩擦性失业

劳动者进入劳动力市场寻找工作直至获得就业岗位时所产生的时间滞差，以及劳动者在就业岗位之间的变换所形成的失业，称为摩擦性失业。

（2）技术性失业

在生产过程中，由于引进先进技术替代人力，以及改善生产方法和管理而造成的失业，称为技术性失业。

（3）结构性失业

由于经济结构的变动，造成劳动力供求结构上的失衡所引致的失业称为结构性失业。

(4)季节性失业

由于气候状况有规律的变化对生产、消费产生影响所引致的失业称为季节性失业。

命题点 14　需求不足性失业

由总需求不足造成的，接受市场现行工资率，有就业要求的人不能满足其就业需要而引起的失业，就是需求不足性失业。

需求不足性失业具体表现为两种形式：其一为增长差距性失业；其二为周期性失业。

命题点 15　失业的度量和失业的影响

1. 指标

常用的反映失业程度的指标有两个：失业率和失业持续期。失业率是失业人数占社会劳动力人数(经济活动人口)的百分比，用公式表示为：

$$失业率 = \frac{失业人数}{社会劳动力人数} \times 100\% = \frac{失业人数}{就业人数 + 失业人数} \times 100\%$$

失业持续期是指失业者处于失业状态的持续时间，一般以周(星期)为时间单位，通常计算平均失业持续期，即将所有失业者的失业持续时间求和，然后除以失业人数。其计算公式为：

$$平均失业持续期=\frac{\sum 失业者\times 周数}{失业人数}$$

平均失业持续期的长度是反映失业严重程度的重要指标。

2. 负面影响

（1）失业造成家庭生活困难。

（2）失业是劳动力资源浪费的典型形式。

（3）失业直接影响劳动者精神需要的满足程度。

命题点 16　政府行为和劳动力市场

1. 政府支出

政府支出包括各级政府支出的总和，主要分为政府购买和转移支付两类。政府购买的具体项目有国防用品、公共管理服务、公共工程项目以及政府雇员和事业组织中劳动者的薪金报酬等。转移支付是政府发挥收入再分配作用的主要手段，是政府在社会保险福利、社会优抚、社会救济以及某些补贴等方面的支出。

2. 劳动力市场的制度结构要素

（1）最低劳动标准

最低劳动标准包括最低工资标准和最长劳动时间标准等。

（2）最低社会保障

最低社会保障制度是以国家或政府为主体，依据法律规定，通过国民收入再分配，对劳动者在暂时或永久丧失劳动能力以及由于各种原因生活发生困难时给予物质帮助，保障其基本生活的制度。

（3）工会

在现代市场经济国家，工会是由劳工及受雇者自发组成的，借团体交涉的力量，以维持及改善劳动条件与生活状况，保障劳工自身权益的社会性团体。

3. 就业与收入的宏观调控

对就业总量影响最大的宏观调控政策是财政政策、货币政策和收入政策。

（1）财政政策

财政政策是指政府运用财政预算来调节总需求水平，以促进充分就业、稳定物价和经济增长的一种宏观经济管理对策。财政政策的内容包括通过增减政府税收和预算支出水平来调节经济。

财政政策因其目标的不同，可以分为两种类型：扩张性的财政政策和紧缩性的财政政策。

在现代市场经济国家，政府实施财政政策的主要措施包括：调整政府购买水平、调整政府转移支付水平和变动税率。

（2）货币政策

货币政策是指政府以控制货币供应量为手段，通过调节利率来调节总需求水平，以促进充分就业、稳定物价和经济增长的一种宏观经济管理对策。

货币政策包括两种类型：扩张性的货币政策和紧缩性的货币政策。

政府实施货币政策的主要措施包括：调节法定准备金率、调整贴现率和公开市场业务。

（3）收入政策

收入政策的含义有狭义和广义两种。本书采用的是广义的收入政策，它不仅包括上述宏观调控，而且包括在一定社会总收入、一定工资总量的条件下，对以工资劳动者为主体的居民个人分配关系的调整政策，即人们常说的社会收入分配政策。

收入政策在社会经济中具有如下重要作用：

① 有利于宏观经济的稳定；

② 有利于资源的合理配置；

③ 有利于缩小不合理的收入差距，限制收入分配不公问题及其危害。

在现代经济学中，对于收入差距的衡量指标，最常用的是基尼系数。

所谓基尼系数，是意大利经济学家基尼依据洛伦茨曲线创制的用来判断某种收入分配平等程度的一种尺度，亦即社会居民或劳动者人数与收入量对应关系的计量指标。

当基尼系数接近 0 时，收入便接近于绝对平等；反之，当基尼系数接近 1 时，收入便接近于绝对不平等。基尼系数越大，表示收入越不平等。

收入政策的措施包括：调控收入与物价关系的措施、收入平等化措施。

【经典真题详解】

一、单项选择题（每小题只有一个正确答案）

1. （　　）是指经济运行过程中繁荣与衰退的周期性交替。【2009 年 5 月真题】

（A）经济规律　（B）经济交替　（C）经济周期　（D）经济变动

【答案】C　所谓经济周期，是指经济运行过程中繁荣与衰退的周期性交替。人们观察到在经济总水平上升或下降时期，总劳动力参与率亦发生波动。但是这种波动的变化方向却有差异，尤其是在经济衰退时期。

2. 面对劳动力市场，人们的身份不包括（　　）。【2009 年 5 月真题】

（A）就业者　（B）劳动力　（C）失业者　（D）非劳动力

【答案】B　面对劳动力市场，人们可以有三种身份，即就业者、失业者和非劳动力三种状态。而三种状态的相互转换，会发生六种变换。

3. 以下关于实际工资描述正确的是（　　）。【2009 年 5 月真题】

（A）工人单位时间的货币所得　（B）商品价格与实际工资呈正向变动

（C）精确地反映货币工资的实际购买力　（D）是经价格指数修正过的货币工资

【答案】D　所谓货币工资，是指工人单位时间的货币所得，故 A 项说法错误。实际工资虽是经价格指数修正过的货币工资，但由于价格指数计算方法自身的局限性，它只能是近似地反映了货币工资的实际购买力，故 C 项说法错误。工资用于购买商品和劳务，商品价格变化，若货币工资不变，实际工资随商品价格变动发生反方向变动。商品价格提高，实际工资下降；反之，则上升，故 B 项说法错误。

4. 劳动力供给的工资弹性 E_s 的计算公式为（　　）。【2008 年 11 月真题】

（A）$(\Delta S/S)/(\Delta W/W)$　（B）$(\Delta W/W)/(\Delta S/S)$

（C）$(\Delta W/S)/(\Delta S/W)$　（D）$(\Delta S/W)/(\Delta W/S)$

【答案】A　劳动力供给量变动对工资率变动的反应程度被定义为劳动力供给的工资弹性，简称劳动力供给弹性。其计算公式是劳动力供给量变动的百分比与工资率变动的百分比的比值。设 E_s 为劳动力供给弹性，$\Delta S/S$ 表示供给量变动的百分比，$\Delta W/W$ 表示工资变动的百分比，则有：$E_s = \frac{\Delta S}{S} / \frac{\Delta W}{W}$。

5. (　　)是指国家在一定时期内生产的最终产品和服务按价格计算的货币价值总量。【2008年11月真题】

(A) 总需求　(B) 总需求价格　(C) 总供给　(D) 总供给价格

【答案】C　所谓总供给，是指一国在一定时期内生产的最终产品和服务按价格计算的货币价值总量。从产品和服务的生产看，它取决于用于生产的各类生产要素投入的总规模；从收入分配看，它是一定时期内要素投入而获得的收入总和。所以，总供给等同于一定时期的国民生产总值或国民收入。

6. 关于平均失业持续期的表述错误的是(　　)。【2008年11月真题】

(A) 无论时间长短都属于非正常失业

(B) 它的长度是反映失业严重程度的重要指标

(C) 平均失业持续期相对较短，反映了经济的动态性

(D) 平均失业持续期延长，则表明劳动力市场中存在长期失业者

【答案】A　平均失业持续期的长度是反映失业严重程度的重要指标。平均失业持续期相对地短，一般来说，此类失业为正常失业，它反映了经济的动态性；如果在失业率相同的情况下，平均失业持续期延长，则表明劳动力市场中存在长期失业者。故A项说法错误。

二、多项选择题(每题有两个或两个以上正确答案。错选、少选、多选均不得分)

1. 劳动经济学的研究方法主要包括(　　)。【2009年5月真题】

(A) 实证研究方法　(B) 例证研究方法

(C) 规范研究方法　(D) 辩证研究方法

(E) 对比研究方法

【答案】AC　劳动经济学是现代经济学体系的组成部分，必须用科学的方法加以研究，并依照认识客观事物的一般规律，从劳动力市场现象的普遍联系中，概括和归纳出劳动力市场的运行规律。劳动经济学的研究方法主要有两种，即实证研究方法和规范研究方法。

2. 紧缩性财政政策包括(　　)。【2009年5月真题】

(A) 减少政府购买　(B) 提高税率

(C) 增加公共工程开支　(D) 调整贴现率

(E) 减少政府转移支付

【答案】ABE　紧缩性的财政政策是通过采取减少政府购买和转移支付、提高税率等措施来削弱消费与投资，减少总需求，以稳定物价的宏观经济政策。当经济处于繁荣时期，总需求大于总供给，通货膨胀严重，政府就要实行紧缩性的财政政策。

3. 社会就业总量取决于(　　)。【2009年5月真题】

(A) 总供给水平　(B) 工资　(C) 总需求水平　(D) 均衡国民收入

(E) 劳动力数量

【答案】CD　经济社会的总需求价格与总供给价格相等时的社会总需求，一般称为有效需

求，亦称均衡国民收入。因而，社会就业总量取决于均衡国民收入，或者更准确地说，取决于总需求水平。

4. 阻碍互惠交换实现的主要障碍包括(　　)。【2008 年 11 月真题】

(A) 体制障碍　　(B) 市场缺陷　　(C) 诚信障碍　　(D) 经济滞后

(E) 信息障碍

【答案】ABE　阻碍互惠交换实现的主要障碍有以下三类：(1)信息障碍。由于信息缺陷、信息错误、信息不对称，使市场主体不能进行互惠交换。(2)体制障碍。交换本身是互惠的，但实际存在的某种惯例、政策及体制安排，阻碍互惠交换的实现。(3)市场缺陷。潜在的交换是互惠的，但由于市场自身的缺陷，或者交换参与的主体由于观念或习惯的干扰无法进行交换。

5. 以下关于劳动力市场的性质的说法正确的是(　　)。【2008 年 11 月真题】

(A) 劳动力市场是社会生产得以进行的前提条件

(B) 劳动力与工资的交换行为只能是一种等价交换

(C) 劳动力市场交换具有最高效率、消耗最低费用

(D) 劳动力市场的劳动交换决定了劳动力的市场价值

(E) 工资是实现和决定劳动交换行为的必要手段

【答案】ABCDE　劳动力市场的性质有：(1)劳动力市场是社会生产得以进行的前提条件。(2)劳动力与工资的交换行为，使交换双方各自得到所需要的使用价值，实现各自的效用；在交换的过程之中，各方从自身利益角度出发，进行经济计量，能够使双方接受交换的结果，因而其交换只能是一种等价交换。(3)劳动力市场的劳动交换，决定了劳动力的市场价值——工资。劳动力价格——工资是实现和决定这种交换行为的必要手段。(4)通过劳动力市场的交换，实现劳动要素与非劳动生产要素的最佳结合，是一种具有最高效率、消耗最低费用的最经济的形式。

第二章　劳动法

【命题规律】

对近年考试的命题进行研究可以发现，本章的命题规律体现在以下几个方面：

1. 劳动法的概念是本章重要的命题点。
2. 劳动法律关系及其特征，以及劳动法律关系的构成要素是常考的内容。
3. 劳动法的基本原则、劳动法律渊源的含义及类别是需要熟记的内容。
4. 劳动法的体系、劳动法律事实以及法律事实的两种分类是需要了解的内容。

【命题点解读】

命题点 1　劳动法的概念

1. 国外的定义

20 世纪 30 年代我国法学界有代表性的观点对劳动法的定义是："劳动法为关系劳动之法。详言之，劳动法为规范劳动关系及其附随一切关系之法律制度之全体。"世界上作为成文法代表之一的德国法对世界很多国家和欧盟的法律制度有深刻的影响，德国法学界对劳动法的界定是："劳动法是关于劳动生活中处于从属地位者（雇员）的雇佣关系的法律规则的总和。"《简明不列颠百科全书》对劳动法的定义是："适用于雇佣、报酬、工作条件、工会及劳资关系的法律总称。"

2. 我国的定义

（1）狭义的劳动法仅指劳动法律部门的核心法律，即《中华人民共和国劳动法》这一规范性文件。

（2）广义的劳动法是指调整劳动关系以及与劳动关系密切联系的其他一些社会关系的法律规范的总和。

（3）劳动法是指法律科学中的一个亚学科，是以劳动法作为研究对象的理论体系，即所谓的劳动法学。

命题点 2　劳动法的相关知识

1. 含义

劳动法的基本原则是指调整劳动关系以及与劳动关系密切联系的其他一些社会关系时必须遵循的基本准则，即必须遵循的基本规范和指导思想。

2. 特征

（1）劳动法的基本原则是劳动法律部门中具有指导性、纲领性的法律规范，而不是调整劳动关系运行中的特定事项或劳动关系当事人某一特定行为的具体规定。

（2）不同的法律部门有着不同的基本原则，劳动法的基本原则反映了所调整的劳动关系的特殊性，反映了劳动法律部门的本质和特点。

（3）劳动法的基本原则有着高度的稳定性，只要社会的基本经济制度、政治制度未发生根本性的变化，基本原则是不会改变的。

（4）基本原则具有高度的权威性，对各项劳动法律制度均具有约束力。

3. 作用

（1）指导劳动法的制定、修改和废止，保证各项劳动法律制度的统一、协调。

（2）指导劳动法的实施，正确适用法律，防止出现偏差。

（3）劳动法的基本原则有助于劳动法的理解、解释，对于认识劳动法本质有指导意义，可以弥补劳动法律规范可能存在的缺陷。

4. 内容

（1）保障劳动者劳动权的原则。

（2）劳动关系民主化原则。

（3）物质帮助权原则。

命题点3　劳动法律渊源的类别

1. 宪法中关于劳动问题的规定

我国宪法全面规定了劳动者的基本权利，如劳动权、报酬权、休息休假权、劳动安全卫生保护权、物质帮助权、培训权、结社权等原则。

宪法关于劳动的规定保证了劳动法的权威与劳动法制的统一。

2. 劳动法律

劳动法律包括《中华人民共和国工会法》《中华人民共和国劳动法》等。劳动法律必须符合宪法规定的基本原则是劳动立法的基本准则。劳动法律是劳动法的最主要的表现形式。其主要内容分为劳动关系法与劳动标准法。劳动标准通常为最低标准，实际的劳动标准一般高于最低标准规定的水平。而且，劳动法律所规定的标准通常属于强制性规范，具有单方面的强制力，不能由劳动关系的当事人协议予以变更。

3. 国务院劳动行政法规

国务院是国家最高行政机关。国务院劳动行政法规是当前我国调整劳动关系的主要依据，规范性文件数量多，覆盖劳动关系的各个方面。

劳动行政法规是由法律授权的国家行政机关按照特别的程序制定的规范性文件。

4. 劳动规章

国务院组成部门依据劳动法律和劳动行政法规，有权在本部门范围内制定和发布规范性文件，其中关于调整劳动关系的规章，也是劳动法的渊源。

5. 地方性劳动法规

在我国，依据法律规定，省、自治区、直辖市人民代表大会及其常委会和政府，为管理本行政区域内的劳动事务，在不同宪法、法律和劳动行政法规相抵触的前提下，可以制定和发布地方性劳动法规，报全国人民代表大会常委会、国务院备案或批准后生效；依据有关规定，地方县级以上各级人民代表大会及其常委会和政府，依照法律规定的权限，制定和发布规范性文件。

6. 我国立法机关批准的相关国际公约

有关国际组织按照法定程序制定或通过的国际公约、决议涉及劳动关系或劳动标准，属于国际劳动立法的范畴，其中经过我国立法机关批准的公约在我国具有法律效力。

7. 正式解释

对已经生效的劳动法律、行政法规等规范性文件，任何人都可以根据自己的理解做出解释，律师、语文学家、法学家、公民个人的解释属于任意解释，任意解释不具有法律效力。但是，有权的国家机关对已经生效的劳动法律、行政法规等规范性文件所做的阐释和说明，可以适用，具有法律效力，因此也是劳动法的渊源。

命题点 4 劳动法的体系

1. 含义

劳动法的体系是指劳动法的各项具体劳动法律制度的构成和相互关系。

2. 构成

（1）促进就业法律制度。

（2）劳动合同和集体合同制度。

（3）劳动标准制度。

（4）职业培训制度。

（5）社会保险和福利制度。

（6）劳动争议处理制度。

（7）工会和职工民主管理制度。

（8）劳动法的监督检查制度。

3. 分类

（1）劳动法的所有制结构模式

① 国有企业劳动法律制度；

② 集体企业劳动法律制度；

③ 股份制企业劳动法律制度；

④ 私营企业和个体经营单位劳动法律制度；

⑤ 外商投资企业劳动法律制度等。

（2）劳动法的职能结构模式

其是以劳动法律规范的职能为分类标准，建立能够反映劳动法职能分工的劳动法体系。

命题点 5 劳动法律关系的含义、种类及特征

1. 含义

所谓劳动法律关系是指劳动法律规范在调整劳动关系过程中所形成的劳动者（雇员）与用人单位（雇主）之间的权利义务关系，即雇员与雇主在实现现实的劳动过程中所发生的权利义务关系。

2. 种类

（1）劳动合同关系。

（2）劳动行政法律关系。

（3）劳动服务法律关系。

3. 特征

(1) 劳动法律关系是劳动关系的现实形态。

(2) 劳动法律关系的内容是权利和义务。

(3) 劳动法律关系的双务关系。

(4) 劳动法律关系具有国家强制性。

命题点6　劳动法律关系的构成要素

1. 主体

劳动法律关系的主体是指依据劳动法律的规定，享有权利、承担义务的劳动法律关系的参与者，包括企业、个体经济组织、国家机关、事业组织、社会团体等用人单位和与之建立劳动关系的劳动者，即雇主与雇员。

2. 内容

劳动法律关系的内容是指劳动法律关系主体依法享有的权利和承担的义务。因为劳动法律关系为双务关系，当事人互为权利义务主体，即一方的义务为另一方的权利。

3. 客体

劳动法律关系的客体是指主体权利义务所指向的事物，即劳动法律关系所要达到的目的和结果。

命题点7　劳动法律事实

1. 含义

依法能够引起劳动法律关系产生、变更和消灭的客观现象为劳动法律事实。

2. 分类

(1) 劳动法律行为。

是指以当事人的意志为转移，能够引起劳动法律关系产生、变更和消灭，具有一定法律后果的活动。

(2) 劳动法律事件。

是指不以当事人的主观意志为转移，能够引起一定的劳动法律后果的客观现象。

【经典真题详解】

一、单项选择题(每小题只有一个正确答案)

1. 以下关于社会保险的说法不正确的是(　　)。【2009 年 5 月真题】

(A) 社会保险不具有强制性

(B) 社会保险当事人不能自行选择保险项目

(C) 社会保险当事人不能自行选择是否参加保险

(D) 对劳动者而言，物质帮助权主要通过社会保险来实现

【答案】A　社会保险作为一种强行性规范，决定了社会保险的当事人不得自行确定是否参加保险以及选择保险项目，故 A 项说法错误。被保险人和用人单位必须依据国家法律的规定承担缴费义务，而且不能自行选择缴费标准。社会保险的基本属性就是它的强制

性。通过物质帮助权的实现，保证劳动关系的稳定、和谐。

2. (　　)是以法律共同体的长期实践为前提，以法律共同体的普遍的法律确信为基础。【2009年5月真题】

(A) 法官法　　(B) 判例法　　(C) 习惯法　　(D) 成文法

【答案】C　习惯法是以法律共同体的长期实践(习惯)为前提，以法律共同体的普遍的法律确信为基础。在一些国家，对于习惯法是否存在有着不同的认识。

3. 以下关于劳动法的监督检查制度的说法正确的是(　　)。【2009年5月真题】

(A) 它规定了劳动关系的全部内容

(B) 它规定了劳动关系的运行规则

(C) 它规定了劳动关系的调整规则

(D) 它规定了实现和保证各项劳动法律制度实施的手段

【答案】D　劳动法的监督检查的功能是保障劳动法体系的全面实施。劳动法的监督检查制度与其他各项劳动法律制度的区别之一是：其他各项劳动法律制度主要规定劳动关系的内容、运行规则和调整原则与方式，而劳动法的监督检查制度主要是规定以何种手段实现和保证各项劳动法律制度的实施。

4. 劳动关系转变为劳动法律关系的条件是(　　)。【2009年5月真题】

(A) 劳动合同关系　　(B) 劳动行政法律关系

(C) 劳动服务法律关系　　(D) 存在现实劳动关系

【答案】D　所谓劳动法律关系是指劳动法律规范在调整劳动关系过程中所形成的劳动者(雇员)与用人单位(雇主)之间的权利义务关系，即雇员与雇主在实现现实的劳动过程中所发生的权利义务关系。劳动关系转变为劳动法律关系的条件有二：(1)存在现实的劳动关系；(2)存在着调整劳动关系的法律规范。

5. (　　)是通过工会与雇主或雇主协会按照合法的程序，经过集体谈判达成的关于一般劳动条件的协议。【2008年11月真题】

(A) 劳动合同　　(B) 雇用规则　　(C) 司法解释　　(D) 集体合同

【答案】D　集体合同是通过工会与雇主或雇主协会按照合法的程序，经过集体谈判达成的关于一般劳动条件的协议。集体合同整体性地规定了工会会员与雇主的权利和义务，对劳动关系双方具有法律约束力。

6. 劳动法律关系的主要形态是(　　)。【2008年11月真题】

(A) 劳动行政法律关系　　(B) 劳动合同关系

(C) 劳动服务法律关系　　(D) 劳动监督关系

【答案】B　劳动法律关系的种类有：劳动合同关系、劳动行政法律关系、劳动服务法律关系。其中劳动合同关系为劳动法律关系的主要形态。其他劳动法律关系的存在与运行是以劳动合同法律关系为目的。通常所说的劳动法律关系一般为劳动合同关系。

二、多项选择题(每题有两个或两个以上正确答案。错选、少选多选均不得分)

1. 法律通常将自然人分为(　　)。【2009年5月真题】

(A) 完全劳动行为能力人　　(B) 限制劳动行为能力人

(C) 无劳动行为能力人　　(D) 部分劳动行为能力人

(E) 丧失行为能力人

【答案】ABC　依据人的年龄、健康、智力和行为自由等事实要素，法律通常将自然人分为完全劳动行为能力人、限制劳动行为能力人和无劳动行为能力人。

2. 劳动法的构成体系包括(　　)。【2009 年 5 月真题】

(A) 促进就业法律制度　　(B) 劳动标准制度

(C) 劳动争议处理制度　　(D) 职业培训制度

(E) 社会保险和福利制度

【答案】ABCDE　劳动法的体系是指劳动法的各项具体劳动法律制度的构成和相互关系。我国劳动法的体系由以下劳动法律制度构成：(1)促进就业法律制度。(2)劳动合同和集体合同制度。(3)劳动标准制度。(4)职业培训制度。(5)社会保险和福利制度。(6)劳动争议处理制度。(7)工会和职工民主管理制度。(8)劳动法的监督检查制度。

3. 政府制定或调整重大劳动关系标准应当贯彻“三方原则”，其中三方指的是(　　)。【2008 年 11 月真题】

(A) 雇主协会　　(B) 政府　　(C) 企业员工　　(D) 工会

(E) 行业协会

【答案】ABD　劳动关系民主化原则的具体内容之一是：政府制定或调整重大劳动关系标准应当贯彻“三方原则”，即政府、工会和企业家协会(雇主协会)共同参与决定或听取工会和企业家协会(雇主协会)的意见。

第三章　现代企业管理

【命题规律】

对近年考试的命题进行研究可以发现，本章的命题规律主要体现在以下几个方面：

1. 企业战略的概念与特征，企业环境的结构与特点，经营环境的微观和宏观分析是本章重要的命题点。

2. 企业分析，企业的战略选择，以及各种战略的特点、应用的目的和具体的应用方式等在考试中反复出现。

3. 科学决策的要求，确定型决策方法、风险型决策方法以及不确定型决策方法可作为本章的采分点进行命题。

4. 市场营销的概念，市场的概念及分类，消费者市场分析和组织市场分析是考试中经常考核的知识点。

5. 市场营销管理过程的步骤，市场营销策略是重要的命题点。

6. 经营环境分析的方法，企业经营战略的实施与控制，企业计划职能的特点与原则是需要熟悉的内容。

【命题点解读】

命题点 1　企业战略环境分析

1. 企业战略的含义

企业战略是指企业为了适应未来环境的变化，寻求长期生存和稳定发展而制定的总体性和长远性的谋划与方略。

2. 企业战略的特征

企业战略具有全局性、系统性、长远性、风险性、抗争性的特征，离开这些特征就称不上经营战略。

3. 企业环境的结构及特点

按照环境的不确定性可以把环境分成四种类型(见表 3－1)。

表 3－1　经营环境分类

<table>
<tr><td rowspan="3">复杂程度</td><td rowspan="2"></td><td colspan="2">变化程度</td></tr>
<tr><td>稳态</td><td>动态</td></tr>
<tr><td>简单</td><td>Ⅰ
稳定的和可预测的环境，要素少
要素有某些相似并基本上维持不变
对要素的复杂知识的要求低</td><td>Ⅱ
动态的和不可预测的环境，要素少
要素有某些相似但处于连续的变化过程中
对要素的复杂知识的要求低</td></tr>
</table>

续表

<table>
<tr><td rowspan="3">复杂程度</td><td rowspan="3">复杂</td><td colspan="2">变化程度</td></tr>
<tr><td>稳态</td><td>动态</td></tr>
<tr><td>Ⅲ
稳定的和可预测的环境，要素多
要素间彼此不相似但要素基本维持不变
对要素的复杂知识的要求高</td><td>Ⅳ
动态的和不可预测的环境，要素多
要素间彼此不相似并且处于连续的变化过程中
对要素的复杂知识的要求高</td></tr>
</table>

其中，第Ⅰ种类型的环境经营风险最小；第Ⅱ种类型的环境具有较高的经营风险；第Ⅲ种类型的环境具有较低的经营风险；第Ⅳ种类型的环境风险最大。认识经营环境的不确定性对于企业的战略管理过程是很有指导意义的。企业可以根据不同的环境类型，有针对性地开展战略的制定、实施以及控制活动。

4. 企业经营环境分析的方法

（1）外部环境的调研

现代企业外部环境的调研主要是为了了解外部环境的过去和现实状况。环境因素调研的几种主要方法包括：

① 获取口头信息；

② 获取书面信息；

③ 专题性调研。

（2）外部环境的预测

指根据调查的信息，对外部环境中某些因素的今后发展及对本企业经营的影响用科学的方法进行推测，为企业进行经营决策提供依据。

5. 企业经营环境的微观分析

（1）现有竞争对手的分析

① 现有竞争对手的数目；

② 现有竞争对手的经营战略；

③ 竞争对手的产品差异化；

④ 固定成本的高低；

⑤ 行业成长过剩。

（2）潜在竞争对手分析

新进入某个行业的企业威胁大小，取决于现有的进入障碍，同时也取决于进入者所预料的行业中现有竞争对手做出的反应。

进入障碍包括：

① 产品差异化；

② 规模经济；

③ 绝对成本优势；

④ 进入分销渠道；

⑤ 资本需求；

⑥ 现有企业的反应。

（3）替代产品或服务威胁的分析

替代产品生产企业的威胁虽然比行业内主要竞争对手企业的威胁要小，但是会对企业的获利能力产生影响。

（4）顾客力量的分析

顾客力量的分析是企业特定经营环境分析的重要内容。它包括企业产品消费群体分析、顾客购买动机分析等。有时还要分析顾客消费承受能力。

（5）供应商力量的分析

企业生产所利用的各种生产要素的成本和可用性是关系企业战略优势的重要方面。原材料、零部件、半成品、包装物乃至劳动力的成本高低以及来源渠道、可用性常受到企业和供应商之间关系的影响。

6. 经营环境的宏观分析

（1）政治法律环境。

（2）经济环境。

（3）技术环境。

（4）社会文化环境。

命题点 2　企业资源状况分析

1. 概念

资源是企业拥有或控制的有形资产和无形资产，包括机器、资本等实物资产及专利、商标、技术秘密和管理等无形资产。

2. 目的

资源分析的目的是掌握企业现存资源的状况，明确实现未来战略意图和目标的优势资源和劣势资源，为资源的利用、开发和创造提供方向和行动基础。

3. 内容

（1）物质资源状况：机器设备的功能、先进程度、使用和维修状况等。

（2）人力资源状况：人力资源的结构、素质水平、拥有的关键性人才、员工的工作态度和学习能力、教育培训的投入与效果等。

（3）财务资源状况：资金的来源与渠道、筹集资金的成本、风险和数量、企业的信誉等级、资产负债水平等。

（4）技术资源状况：所拥有的技术诀窍、专利，工艺技术水平，研究开发的投入与水平。

（5）管理资源状况：组织管理水平、领导的风格、企业文化。

（6）无形资产状况：企业的商誉、品牌知名度、顾客的忠诚度等。

命题点 3　企业能力分析

1. 概念

能力是指企业将其资源进行组合、归集、整合形成产品和服务，以满足顾客需要的一种技能。

战略管理学家迈克尔·波特按照产品生产的价值形成和创造过程——价值链，把资源的开发和利用活动分成两大类，即基本活动和支持活动。

2. 方法

（1）纵向分析。

（2）横向分析。

（3）财务分析。

3. 标准

在分析企业能力时，效率和效果是两个主要的标准。所谓效率是企业进行经营活动时实际产出与实际投入的比率，即实际的投入产出比。效果是企业进行经营活动时实际产出达到预期产出的程度。

命题点4 企业内部条件和外部环境的综合分析——明确企业的战略目标

1. 方法

企业内部条件和外部环境的综合分析，主要采用SWOT分析方法。所谓S是指企业内部优势(strength)；W是指企业内部劣势(weaknesses)；O是指企业外部环境的机会(opportunities)；T是指外部环境的威胁(treats)。

企业内部优势和劣势是相对于竞争对手而言的，表现在企业的各种资源和能力上。应分析企业具有哪些单项的优势和劣势，以及综合的优势和劣势。评价企业的总体优势、劣势时，应选择一些竞争中的重要资源、能力进行打分，然后给不同因素的重要性赋权进行总体评价。

企业外部环境的机会是指环境中对企业有利的因素，如新技术的发明带来的成本降低等。企业的外部威胁是指环境中对企业不利的因素，如新的竞争对手的出现。

2. 进行SWOT分析的程序

（1）分析企业外部环境的变化，寻找可能出现的机会和威胁等关键因素。

（2）根据企业内部资源和能力分析，确定企业内部不利和有利的关键因素。

（3）对决定企业的S、W、O、T的各种关键因素进行加权平均并做总体评价。

（4）在SWOT分析图上定位，确定企业的战略能力。

（5）进行战略分析。

命题点5 企业的战略选择——总体战略

1. 进入战略

进入战略是企业要进入新的行业领域的战略。进入战略首先是选择进入哪一个新领域，企业可以采取波特的五种力量的模型分析行业的吸引力，然后决策是否进入；其次是选择进入的方式，按照进入方式我们可以把进入战略划分成购并战略、内部创业战略、合资战略，不同的进入战略的特点不同。

2. 发展战略

发展战略是企业在原有的经营基础之上，向更高水平发展的战略。实施发展战略的企业往往能够获得比一般企业高得多的销售和利润的增长。

企业可供选择的发展战略有：

（1）单一产品或服务的发展战略；

（2）横向发展战略；

（3）纵向发展战略；

（4）多样化发展战略。

3. 稳定战略

企业稳定战略是指限于经营环境和内部条件，企业在战略期所期望达到的经营状况基本保持在战略起点的范围和水平上的战略。

4. 撤退战略

所谓撤退战略是企业主动从缺乏发展前景的某一市场或行业退出的战略。这一战略的目的是妥善地转移企业的资源，减少企业的退出障碍和成本。企业主要的撤退方式有：

（1）特许经营。

（2）分包。

（3）卖断。

（4）管理层与杠杆收购。

（5）拆产为股/分拆。

（6）资产互换与战略贸易。

命题点 6　企业的战略选择——一般竞争战略

1. 低成本战略

（1）降低成本的途径

企业降低成本的途径主要有实现规模经济、应用专利技术、改善原材料以及其他方式。行业不同，降低成本所采用的途径会不同。

（2）低成本战略制定的原则

① 领先原则；

② 全过程低成本的原则；

③ 总成本最低的原则；

④ 持久原则。

2. 差异化战略

（1）实施差异化的途径

① 使用具有独特性能的原材料和其他投入要素；

② 开展技术开发活动；

③ 严格的生产作业活动；

④ 特别的营销活动；

⑤ 扩大经营范围。

（2）差异化战略的制定原则

① 效益原则；

② 适当原则；

③ 有效原则。

3. 重点战略

重点战略有两种方式，一种是着眼于在目标市场上取得成本的优势；另一种是着眼于在目标市场上取得明显的差别优势。前一种方式是从目标市场的成本行为中获得利润，后一种方式是以满足目标市场的特殊需求而获利。

重点战略是把前两种战略应用于细分的目标市场而形成的战略。

命题点7 企业的战略选择——不同行业阶段的战略

1. 新兴行业的战略

(1) 特点

① 技术的不确定；

② 生产成本高，但下降非常快；

③ 风险大。

(2) 战略制定

① 进入时机的选择；

② 竞争方式的选择。

2. 成熟行业的战略

(1) 特点

① 销售增长缓慢，市场占有率竞争加剧；

② 成本和服务成为竞争的中心内容；

③ 行业利润水平下降；

④ 行业生产能力增长缓慢。

(2) 战略制定

根据成熟行业的特点，企业可以制定相应的战略对策：

① 明确一种竞争战略；

② 合理组合产品；

③ 合理定价；

④ 工艺创新；

⑤ 扩大用户的产品范围；

⑥ 购买廉价资产；

⑦ 选择合适的买主；

⑧ 工艺流程的选择；

⑨ 参与国际竞争。

3. 衰退行业的战略

(1) 影响因素

① 需求状况；

② 退出障碍；

③ 竞争格局的变化。

(2) 战略制定

① 领导地位战略；

② 合适定位战略；

③ 收获战略；

④ 迅速退出战略。

命题点 8 企业经营战略的实施与控制

1. 实施

(1) 建立与实施经营战略相适应的企业组织。

(2) 合理配置资源，制定预算和规划。

(3) 调动群体的积极性，实现战略计划。

(4) 建立行政支持系统，实现有效的战略控制。

2. 控制

(1) 活动组成

战略控制一般由三方面的活动组成：

① 制定战略评价标准；

② 进行实际成效与标准的对比分析；

③ 针对偏差采取纠偏行动。

(2) 特点

① 战略控制系统是开放系统；

② 战略控制的标准是企业的总体目标；

③ 战略控制的功能要使战略规划既有稳定性，也要允许其随环境的变化而变化。

(3) 基本要素

① 战略评价标准；

② 实际成效；

③ 绩效评价。

(4) 方法

① 事前控制。这是在战略实施前，利用反馈信息对目前尚未发生的未来事件进行控制，以达到预防偏差的目的。

② 事中控制。这是在战略实施过程中，按照某一基本标准进行控制，以达到预防偏差的目的。

③ 事后控制。这是战略执行后，将执行结果与期望标准做比较，看是否符合标准；总结经验和教训，并制定措施，以便使未来的行动更加有利。

命题点 9 科学决策的要求与方法

1. 要求

(1) 合理的决策标准。

(2) 有效的信息系统。

(3) 系统的决策观念。

(4) 科学的决策程序。

(5) 决策方法科学化。

2. 确定型决策方法

(1) 量本利分析法

① 含义及原理

量本利分析法也称盈亏平衡分析法，是企业经营决策常用的有效工具。

量本利分析的基本原理是边际分析理论。使用的具体方法是将企业的生产总成本分为固定成本和变动成本，观察产品销售单价与单位变动成本的差额，若前者大于后者，便存在“边际贡献”。

② 边际收益分析

单位售价超过单位变动成本，并抵补了单位固定成本以后，才能获得利润，产品售价超过变动成本的部分称为边际贡献或边际收益（利润）。边际收益是销售收入与变动成本的差额。其计算公式为：

$$D = X(P - C_2)$$

式中　X——销售量；

D——边际收益总额。

③ 经营安全状况分析

企业的经营安全状况，可用安全余额和经营安全率来表示。安全余额是实际（或预计）销售额与盈亏平衡点销售额的差额。

$$L = XP - X_0P$$

式中　XP——实际销售额；

X_0P——盈亏平衡点销售额；

L——安全余额。

安全余额越大，销售额紧缩的余地越大，经营越安全。安全余额太小，实际销售额稍微降低，企业就可能亏损。

（2）线性规划法

线性规划的模型是由变量、约束条件、目标函数三者构成的。

（3）微分法

在经营决策过程中，常遇到一些经济问题，要在能够实现目标的各种方案中选择一个费用最少的方案作为最优方案。

3. 风险型决策方法

（1）应具备的条件

① 有一个明确的决策目标；

② 存在两个以上可供选择的方案；

③ 存在着不以决策人意志为转移的各种自然状态；

④ 可测算不同方案在不同自然状态下的损益值；

⑤ 可测算出种种自然状态发生的客观概率。

（2）收益矩阵

利用收益矩阵进行决策的顺序是：先分别设定各方案在不同自然状态下的收益，然后按客观概率的大小，加权平均计算出各方案的期望收益值，通过比较，从中选择一个最佳方案。

（3）决策树

决策树方法也是以期望收益计算为依据，进行选优决策。所不同的是，决策树是一种图解方式，更适合于分析复杂问题。

(4) 敏感性分析

敏感性分析也称灵敏度分析，在经营决策中，用于研究决策方案受概率变动影响的程度。

4. 不确定型决策方法

(1) 悲观决策标准

这是按照“保守”态度采用“小中取大”法(或称“不利中求有利”准则)，也称“华德决策准则”，即宁可把情况估计得坏一些，先选取各方案收益最低值，经比较，再从中选一个收益最高或最有利的方案，该决策稳妥可靠。

(2) 乐观系数决策标准

这个准则是决策者对未来情况持较乐观的态度，且又考虑到不利形势产生的影响，又称赫威斯(Hurwitz)准则。

(3) 中庸决策标准

此种方法是由决策者先对各方案的自然状态做出最乐观的、最保守的以及最有可能的三种估计，然后再将计算出的期望值进行比较、选优。其计算公式为：

$$\text{各方案收益期望值}=\frac{\text{最乐观值}+\text{最可能值}\times 4+\text{最保守值}}{6}$$

(4) 最小后悔决策标准

此种方法是“后悔值大中取小”法，也称萨凡奇(sayag)决策准则。它以各方案机会损失的大小来判断方案的优劣。

(5) 同等概率标准(机会均等标准)

此标准也称为拉普拉斯决策标准。它认为在没有理由说明哪个事件有更多的发生机会时，只能认为它们发生的机会是均等的。

命题点 10　企业经营计划

1. 企业计划职能的作用

(1) 使决策目标具体化。

(2) 有利于提高企业的工作效率。

(3) 为控制提供标准。

2. 制订企业计划的原则

(1) 可行性与创造性相结合的原则。

(2) 短期计划和长期计划相结合的原则。

(3) 稳定性与灵活性相结合的原则。

3. 编制经营计划的方法

(1) 滚动计划法

滚动计划是一种连续灵活、有弹性的计划形式。根据一定时期计划执行情况，通过定期的调整依次将计划时期顺延，再确定计划的内容。

(2) PDCA 循环法

PDCA 循环法，就是按照计划(plan)、执行(do)、检查(check)和处理(action)四个阶段的顺序，周而复始地循环进行计划管理的一种工作方法。这种方法的主要内容是：在计划阶段确定企业经营方针、目标，制订经营计划，并把经营计划的目标和措施落实到企业各部门、各环节。

（3）综合平衡法

平衡法是计划工作的基本方法，该方法研究如何正确确定企业生产经营活动中的一些主要比例关系，并使这些协调一致。

4. 企业经营计划的目标管理

（1）含义

所谓目标管理是指围绕企业一定时期的总目标，企业各部门管理人员和全体职工各自制定自己的分目标，经过调整、平衡，使它们成为一个相互联系的目标系统。

（2）特点

① 它是一种系统化的管理模式；

② 要求有明确完整的目标体系；

③ 更富于参与性；

④ 强调自我控制；

⑤ 重视员工的培训和能力开发。

（3）实施

① 经营目标体系的建立。设定目标是实施目标管理的起点，也是目标管理的重要内容。

② 经营目标的实施。目标的实施是指目标落实和实现的过程，这是经营目标的执行阶段。

③ 经营目标的控制。企业经营目标在执行过程中，必须进行有效的控制，发现问题及时解决，以保证各项活动不偏离目标的轨道。

命题点11　市场分析

1. 市场营销的概念

美国市场营销协会（AMA）1985年将市场营销定义为："市场营销是关于构思、货物和服务的设计、定价、促销和分销的规划与实施过程，目的是创造能实现个人和组织目标的交换。"

2. 市场的概念、主要因素及分类

（1）概念

市场营销学是研究卖方营销活动的，即研究作为供方的企业如何适应买方的需求，如何组织整体营销活动，如何扩大市场，以达到自己的经营目标。市场是指某种产品的现实购买者和潜在购买者需求的总和。

（2）主要因素

市场包含三个主要因素：具有某种需要的人、为满足这种需要的购买能力和购买欲望。用公式表示为：

$$市场=人口+购买力+购买欲望$$

（3）分类

① 按交换对象不同可分为商品市场、服务市场、技术市场、金融市场、劳动力市场和信息市场等；

② 按照买方的类型可分为消费者市场和组织市场；

③ 按照活动范围和区域不同可分为世界市场、全国性市场、地方市场等。

3. 消费者市场分析

(1) 影响消费者购买行为的主要因素

消费者在一定条件下做出自己的购买决策，其购买决策在很大程度上受到文化、社会、个人和心理等因素的影响。

(2) 消费者的购买决策过程

① 参与购买的角色。人们在购买决策过程中可能扮演不同的角色，起不同的作用。按其在决策过程中的作用不同，角色可分为以下五种：倡议者、影响者、决策者、购买者、使用者。

② 消费者购买行为类型。根据参与者的介入程度和品牌间的差异程度，可将消费者购买行为分为四种：习惯性购买行为、化解不协调的购买行为、寻求多样化的购买行为和复杂的购买行为。

③ 购买决策过程。在复杂的购买行为中，购买者的购买决策过程由引起需要、收集信息、评价方案、决定购买和买后行为五个阶段构成。

4. 组织市场分析

(1) 组织市场的构成

组织市场是由各组织机构形成的对企业产品和劳务需求的总和。它可分为三种类型：

① 产业市场，又称生产者市场或企业市场。它是指一切购买产品和服务，并将之用于生产其他产品或劳务，以供销售、出租或供应给他人的个人和组织。

② 转卖者市场。它是指那些通过购买商品和劳务以转售或出租给他人获取利润为目的的个人和组织。

③ 政府市场。它是指那些为执行政府的主要职能而采购或租用商品的各级政府单位。

(2) 产业市场的购买行为

① 产业市场的特点。主要有：1)产业市场上的购买者多为企业单位，数量较少，购买规模较大；2)购买者往往集中在少数地区；3)需求具有派生性；4)需求缺乏弹性；5)需求具有较大的波动性；6)专业人员购买；7)互惠；8)直接购买；9)购买者往往通过租赁方式取得产业用品。

② 产业购买的决策参与者。所有参与购买决策的人员构成采购组织的决策单位，称为采购中心。企业采购中心通常包括五种成员：使用者、影响者、采购者、决定者、信息控制者。

③ 产业购买者的购买类型。产业购买者购买情况大体有三种类型：直接重购、修正重购、新购。

④ 影响产业购买者购买决定的主要因素如下：环境因素、组织因素、人际因素、个人因素。

⑤ 产业购买者购买过程的主要阶段。在直接重购情况下，购买阶段最少，而在新购情况下，要经过八个阶段：提出需要、确定需要、说明需要、物色供应商、征求建议、确定供应商、选择订货程序和检查合同履行情况。

命题点 12 市场营销管理过程

1. 含义

所谓市场营销管理过程是指企业为实现目标、完成任务而发现、分析、选择和利用市场机会的管理过程。

2. 过程

（1）分析市场机会。

（2）选择目标市场。

（3）设计市场营销组合。

（4）执行和控制市场营销计划。

命题点 13　市场营销策略——产品策略

1. 产品组合策略

所谓产品是指能够提供给市场，用于满足人们某种欲望和需要的任何事物，包括实物、服务、场所、组织、思想和主意等。从产品的整体概念来理解，产品包含核心产品、有形产品和附加产品三个层次。

企业在调整和优化产品组合时，根据情况不同，可选择如下策略：扩大产品组合，包括拓展产品组合的宽度和加强产品组合的深度；缩减产品组合及产品线延伸。

2. 品牌与商标策略

（1）品牌化策略。即决定是否给其产品规定品牌名称。

（2）品牌使用者策略。即企业是决定使用自己的品牌还是将产品卖给中间商后使用中间商的品牌将产品再卖出去。

（3）品牌统分策略。即企业是决定所有产品使用一种商标还是不同产品使用不同的商标。

3. 包装策略

（1）相似包装策略。企业生产的各种产品，在包装上采用相似设计，体现共同特征。

（2）差别包装策略。即各种产品都有自己的包装设计，体现各自的特色。

（3）组合包装策略。即将相关产品配套放在同一包装物内一起出售。

（4）复用包装策略。即包装内产品用完之后，包装物本身还可作其他用途使用，通过提供给消费者额外利益而扩大产品销售。

（5）附赠品包装策略。即在包装上或包装内附赠奖券或实物，以吸引消费者购买。

4. 产品生命周期

（1）概念

产品生命周期是指从产品试制成功投入市场销售开始，到被淘汰出市场所经历的市场循环过程，包括投入期、成长期、成熟期和衰退期四个阶段。

（2）策略

① 投入期

以下几种营销策略可供企业选择：快速掠取策略、缓慢掠取策略、快速渗透策略和缓慢渗透策略。

② 成长期

企业可以采取以下营销策略：改进和完善产品、开拓新的市场、树立产品形象、增强销售渠道功效和适时降价。

③ 处于成熟期的产品

企业可以采取以下营销策略：市场改良、产品改良和市场营销组合改良。

④ 衰退期

通常有以下几种策略可供选择：维持策略、集中策略、收缩策略和放弃策略。

5. 服务策略

（1）售前服务

① 提供咨询；

② 协助选购；

③ 提供资料。

（2）售后服务

① 安装调试；

② 提供维修；

③ 提供零件；

④ 质量三包；

⑤ 技术培训；

⑥ 特种服务。

（3）服务的方式

① 固定服务。是指企业根据产品的销售分布情况，在产品销售比较集中的地区，设立固定的销售服务网点，在当地开展销售服务工作。

② 流动服务。是指企业的销售技术服务人员根据销售档案记录，定期走访顾客，检修产品。或者应顾客的临时服务要求，派服务人员到现场及时排除故障，解决问题。

命题点 14　市场营销策略——定价策略

1. 成本导向定价法

（1）含义

成本导向定价法就是以产品成本为中心来制定价格，是按卖方意图定价的方法。其主要理论依据是：在定价时，要考虑收回企业在营销中投入的全部成本，再考虑获得一定的利润。

（2）常用的成本导向定价法

① 成本加成定价法：是在单位产品成本的基础上，加上一定比例的预期利润作为产品的销售价格。

② 盈亏平衡定价法：在销量既定的条件下，企业产品的价格必须达到一定水平才能做到盈亏平衡、收支相抵。

③ 目标收益定价法：又称投资收益率定价法。它是在企业投资总额的基础上，按照目标收益率的高低计算价格的方法。

④ 边际成本定价法：边际成本是指每增加或减少单位产品所引起的成本变化量。

2. 需求导向定价法

根据需求特性的不同，需求差别定价法通常有以下几种形式：

（1）以顾客为基础的差别定价。

（2）以地理位置为基础的差别定价。

（3）以时间为基础的差别定价。

（4）以产品为基础的差别定价。

3. 竞争导向定价法

（1）新产品定价策略。常用的新产品定价策略有三种：

① 撇油定价策略；

② 渗透定价策略；

③ 满意定价策略。

（2）折扣和折让定价策略。

① 数量折扣；

② 功能折扣；

③ 现金折扣；

④ 季节折扣；

⑤ 推广折让和补贴。

（3）心理定价策略。

① 整数定价策略；

② 尾数定价策略；

③ 声望定价策略；

④ 招徕定价策略；

⑤ 分级定价策略。

命题点 15 市场营销策略——分销策略

1. 销售渠道的概念

所谓销售渠道是指产品由企业(生产者)向最终顾客(消费者)移动过程中所经过的各个环节，或企业通过中间商(转卖者)到最终顾客的全部市场营销结构。

2. 销售渠道的设计

（1）影响销售渠道选择的因素

① 产品因素，其包括产品价格高低；产品的体积、重量；产品款式；产品的物理、化学性质；产品的技术复杂程度；产品的标准化程度和是否为新产品。

② 市场因素，其包括市场区域的范畴大小；顾客的集中程度；顾客的购买量和购买频率。

③ 企业因素，其包括企业实力；企业销售能力；企业服务能力和企业控制能力。

（2）最佳分销渠道的选择

① 是否使用中间商。即是采用直接销售渠道还是采用间接销售渠道，这需要从销售业绩和经济效果两个方面来考虑。

② 确定中间商的数目。这实际上是确定渠道的宽度，它与企业的市场营销目标和营销战略有关。

③ 中间商的选择。中间商的质量如何，将直接影响企业的产品销路及经济效益。

命题点 16 市场营销策略——促销策略

1. 广告

广告是企业以一定代价，通过各种传播媒介，向可能的购买者传递企业产品或劳务信息，以增加影响、扩大销售的一种手段。广告可分为两大类，即公共关系广告与商业广告。

2. 人员推销

人员推销是指企业通过派出销售人员与一个或一个以上可能成为购买者的人进行交谈，做口头陈述，以推销商品，促进和扩大销售。

3. 营业推广

营业推广是指为了刺激消费者及时或大量购买某种产品而采取的一种追求短期促销效果的促销方式。

4. 宣传

宣传是指企业为实现销售指标，在媒体上进行的报道或展示，以刺激目标顾客需求的活动。宣传作为一种有力的促销工具，对改善企业形象、提高企业知名度起着十分重要的作用。

【经典真题详解】

一、单项选择题(每小题只有一个正确答案)

1. 企业(　　)机会是指对本企业的营销具有吸引力的、能享受竞争优势的市场机会。【2009年5月真题】

(A) 营销　　(B) 竞争　　(C) 优势　　(D) 实践

【答案】A　营销人员不但要善于发现和识别市场机会，还要善于分析、评价哪些才是适合本企业的营销机会。所谓企业营销机会就是对本企业的营销具有吸引力的、能享受竞争优势的市场机会。

2. (　　)属于一般战略控制标准。【2009年5月真题】

(A) 行为标准　　(B) 能力标准　　(C) 废弃标准　　(D) 品质标准

【答案】C　一般战略控制标准有两类：(1)成效标准，当战略执行过程中出现偏差时，若偏差值落入有效标准范围内，就可以采取修正措施或修正规划的方法，以保证战略目标的实现；(2)废弃标准，若偏差落入废弃标准范围内，则表明原来制定的战略规划所依据的条件发生重大变化，原有的战略应该废弃。

3. 顾客力量分析是企业特定经营环境分析的重要内容，不包括(　　)。【2008年11月真题】

(A) 顾客购买动机分析　　(B) 市场商品消费结构分析

(C) 顾客消费承受能力分析　　(D) 企业产品消费群体分析

【答案】B　顾客力量的分析是企业特定经营环境分析的重要内容，它包括企业产品消费群体分析、顾客购买动机分析等，有时还要分析顾客消费承受能力。故选项B错误。

4. (　　)是指企业的采购部门根据过去和许多供应商打交道的经验，选取供货企业，并订购过去采购的同类产业用品。【2008年11月真题】

(A) 修正重购　　(B) 直接重购　　(C) 新购　　(D) 间接重购

【答案】B　直接重购即企业的采购部门根据过去和许多供应商打交道的经验，从供应商名单中选择供货企业，并直接重新订购过去采购的同类产业用品。对于这种惯例化购买，供应商应尽力保持产品质量和服务质量。对于其他未被选中的供应商则应试图从产品性能和价格上取得优势，增强营销能力，争取订货份额。

5. 市场营销计划的控制不包括(　　)。【2008 年 11 月真题】

(A) 季度计划控制　　(B) 效率控制

(C) 年度计划控制　　(D) 战略控制

【答案】A　在营销计划的执行过程中，可能会出现一些意想不到的问题，需要一个控制系统来保证营销目标的实现。营销控制主要有年度计划控制、盈利能力控制、效率控制和战略控制。故选项 A 错误。

二、多项选择题(每题有两个或两个以上正确答案。错选、少选、多选均不得分)

1. 某个企业新进入某个行业时，可能遇到的障碍有(　　)。【2009 年 5 月真题】

(A) 产品同质化　　(B) 规模经济

(C) 相对成本优势　　(D) 资本需求

(E) 进入分销渠道

【答案】BDE　新进入某个行业的企业威胁大小，取决于现有的进入障碍，同时也取决于进入者所预料的行业中现有竞争对手做出的反应。进入障碍包括：(1)产品差异化。(2)规模经济。(3)绝对成本优势。(4)进入分销渠道。(5)资本需求。(6)现有企业的反应。

2. 决策科学化的要求包括(　　)。【2009 年 5 月真题】

(A) 合理的决策标准　　(B) 有效的信息系统

(C) 系统的决策观念　　(D) 科学的决策程序

(E) 决策方法科学化

【答案】ABCDE　一般认为决策科学化包括以下几点：(1)合理的决策标准。(2)有效的信息系统。(3)系统的决策观念。(4)科学的决策程序。(5)决策方法科学化。

3. 与消费者市场相比，产业市场具有的显著特点包括(　　)。【2009 年 5 月真题】

(A) 供给具有派生性　　(B) 供给缺乏弹性

(C) 需求有较大的波动性　　(D) 专业人员购买

(E) 购买者集中在少数地区

【答案】CDE　与消费市场相比，产业市场具有的显著特点有：(1)产业市场上的购买者多为企业单位，数量较少，购买规模较大。(2)产业市场上的购买者往往集中在少数地区。(3)产业市场的需求具有派生性，即最终取决于消费者市场的需求。(4)产业市场的需求缺乏弹性，一般情况下，价格变动对产业市场需求影响不大。(5)产业市场的需求有较大的波动性，即消费者市场需求量的较小波动会导致产业市场需求量的巨大波动。(6)专业人员购买。(7)互惠。(8)直接购买。(9)产业购买者往往通过租赁方式取得产业用品。对于价值高、技术更新快的机器设备尤为适用。

4. 市场上各企业之间的竞争主要体现在(　　)。【2008 年 11 月真题】

(A) 产品　　(B) 价格　　(C) 服务　　(D) 包装

(E) 质量

【答案】ABCE　市场上各企业之间的竞争表现在产品、价格、质量、服务等各个方面，这种竞争影响企业目标的实现。因此，竞争对手分析应是企业战略分析的最重要任务。

5. 战略控制的方法包括(　　)。【2008 年 11 月真题】

(A) 全程控制　　(B) 事前控制　　(C) 局部控制　　(D) 事后控制

(E) 事中控制

【答案】BDE　战略控制的方法分为事前控制、事中控制和事后控制。

6. 按照活动范围和区域的不同，可将市场分为(　　)。【2008 年 11 月真题】

(A) 世界市场　　(B) 服务市场　　(C) 地方市场　　(D) 金融市场

(E) 全国性市场

【答案】ACE　市场的分类：按交换对象不同可分为商品市场、服务市场、技术市场、金融市场、劳动力市场和信息市场等。按照买方的类型可分为消费者市场和组织市场。按照活动范围和区域不同可分为世界市场、全国性市场、地方市场等。

第四章　管理心理与组织行为

【命题规律】

对近年考试的命题进行研究可以发现，本章的命题规律主要体现在以下几个方面：

1. 个体差异的含义，工作满意度的定义与影响因素，员工的知觉和归因的概念、知觉的意义和分类属于常考、必考内容。

2. 工作动机的理论，员工学习和行为的管理的原理是非常重要的考核点。

3. 工作团队有效性的理论及构成要素，团队的动力因素分析在考试中反复出现，需要高度重视。

4. 人力资源管理心理测量和心理测验的概念、原理，心理测验的分类和心理测验的技术标准是非常重要的命题点。

5. 组织承诺的定义与结果，领导特质，领导行为风格的确定，领导行为的权变理论及领导理论中的新观点是需要熟悉的内容。

【命题点解读】

命题点1　个体差异

1. 含义

人有差异是心理学的第一定律。所谓个体差异，是指个体在成长过程中，因受遗传和环境的交互影响，使不同个体之间在身心特征上显示出的彼此各不相同的现象。

2. 能力差异

心理学所指能力，其一是指个人在某方面所表现出的实际能力，即“所能为者”；其二是指个人将来有机会通过学习，在行为上表现出的能力，即“可能为者”。前者称为实际能力或“成就”，后者称为潜在能力或“性向”。关于能力和绩效之间的关系是人力资源管理实践所关注的。一般意义上，一个人从事某种工作的能力越强，其工作的完成就越顺利，绩效越高。

3. 人格差异

能力与人格是决定人生成败、事业成功的两大心理因素，但是两者的功能不同。能力差异的程度可采用统一量度作为标准，从而鉴别个体之间能力的高低。甚至可以根据同一标准，将所有人的能力按高低分排列，做成常态分配，就能确定个人能力在群体中所处的位置。

4. 大五人格特质与工作绩效

20 世纪 80 年代以后，心理学家关于五个核心的人格特质理论得到了越来越多的支持和应用。五因素模型(Five Factor Model，FFM)，即在组织行为和人力资源管理领域称为“大五人格特质”其特征见表4－1。

表4－1　五种核心人格特质高分者的特征

情绪稳定性	外向	开放性	宜人性	责任感
平静	热情	想象力	可信	自信
安全	乐群	审美	直率	有组织
高兴	支配	好奇	合作	可依赖
不忧虑	精力充沛	尝新	温顺	追求成就
不冲动	寻求刺激	有创造性	谦虚	自律
	自信	灵活	好脾气	深思熟虑
	健谈	有教养		坚持不懈
	爱交际	智慧		

研究还发现，“大五特质”与团队绩效也相关，团队成员在五个特质上的平均得分越高，整个团队的绩效也越高。

5. 态度的分析

态度是人对某种事物或特定对象所持有的一种肯定或否定的心理倾向。它是外界刺激与个体行为之间的中介因素，个体对外界刺激的反应会受到自己态度的调节。态度直接显示出个体的中心价值和自我意向。进一步讲，与个体的价值观密切相关。因此，通过观察人的态度来确定价值观是个很有效的方法。

6. 工作满意度

（1）定义

其是指员工对自己的工作所抱有的一般性的满足与否的态度。一个人对工作的满意度水平高，就可能对工作持积极态度；相反，对工作的满意度水平低，就可能对工作持消极态度。

（2）影响工作满意度的因素

① 富有挑战性的工作；

② 公平的报酬；

③ 支持性的工作环境；

④ 融洽的人际关系；

⑤ 个人特征与工作的匹配。

（3）工作满意度与绩效和行为的关系

工作满意只是影响工作绩效和行为的原因之一，但当员工不满意时，除了有可能离开组织以外，还可能士气低落、抱怨和反抗增多，甚至窃取组织财物、逃避工作中的责任、长期缺勤或迟到、增加失误率。也有员工由于不满意而采取一些建设性的行为反应，如试图改善环境和条件，提出改进的建议；或者虽然没有积极参与，但乐观和信任地期待组织解决问题。

7. 组织承诺

（1）定义

组织承诺反映的是员工对组织的忠诚度，通过组织承诺表达了他们对组织及其将来的成功和发展的关注。

最早提出组织承诺的是贝克尔·阿伦和梅耶所进行的综合研究提出三种形式的承诺：感情承诺、继续承诺和规范承诺。

（2）结果

与工作满意度类似，组织承诺与缺勤率和流动率成负相关。培养员工对组织的承诺，对于增强员工的忠诚度和依赖感具有实际意义。

8. 员工的知觉

感觉是人的感官（如耳、眼、鼻、手等）对于声、光、色等基本刺激的直接反应。知觉则是这些基本刺激被选择、组织及解释的过程，就像计算机处理原始信息一样。而人的知觉在对感觉到的事物赋予意义时，常常会附加或者从中抽掉一些东西。

9. 员工的社会知觉

社会知觉是指个体对其他个体的知觉，即我们如何认识他人。

（1）首因效应

首因即最先的印象。首因效应是指最先的印象对人的知觉产生的强烈影响。

（2）光环效应

光环效应是指当对一个人的某些特性形成好或坏的印象之后，人们就倾向于据此推论其他方面的特性。

（3）投射效应

投射效应是指在知觉他人时，知觉者以为他人也具备与自己相似的特性，这种把自己的特点归因到他人身上的倾向称为投射。这便是人们常说的推己及人的情形。

（4）对比效应

对比效应是指在对两个或两个以上的人进行知觉时，人们会不自觉地在他们之间进行对比。

（5）刻板印象

刻板印象是指对某个群体形成一种概括而固定的看法后，会据此去推断这个群体的每个成员的特征。

10. 员工的归因

所谓归因，就是利用有关的信息资料对人的行为进行分析，从而推论其原因的过程。行为的原因可以分为内因和外因，也可以分为稳因和非稳因。

命题点2　工作动机的理论与应用

1. 人的多重需要与组织的报酬形式

众所周知，在现代人力资源管理中，报酬的形式已不仅仅是指工资、奖金、福利等，而是从更为广泛的角度，把报酬视为员工所看重的任何东西，包括办公室的位置、工作设备的分配、喜爱的任务、正式的和非正式的认可等。

现代组织除了提供工资、福利和安全舒适的工作环境，还给员工提供更能发挥他们能力的任务，把工作责任交给员工，或者进行授权以表示对他们工作的认可，来满足员工被尊重和成就的需要。

2. 组织公正与报酬分配

（1）分配公平

公平公正是组织报酬体系设计和实施的第一原则。在工作背景下，员工对自己是否在组织中受到公平对待十分敏感，人们更注意的不是所得薪酬的绝对值，而是与别人相比较的相对值。因此，这种判断是一种直接或间接的社会比较，进而影响随后的工作行为和绩效。

（2）程序公平

员工对组织报酬分配有两种公平感，一是在报酬分配结果上的公平，即个体在一定的组织和工作环境下，对分配的结果和数量进行评估，判断其是否公平，是否得到了“自己应该得到的那一份”。另一种公平感是指员工所感觉到的报酬结果的决定方式的公平性，即程序公平。

（3）互动公平

互动公平是指分配结果反馈和执行时的人际互动方式是否公正。互动公平也影响结果公正。

报酬分配结果公平和程序公平是相互影响的，通常当人们认为分配公平时，会觉得导致这种结果的程序是公平的；不论程序如何，人们总会把获得的高水平的薪酬（结果）视为是公平的，但是把较低水平的薪酬也看成是公平的，则只有在使用了公平的程序后才有可能。

3. 期望理论与绩效薪资

（1）期望理论

绩效薪资的心理学理论基础是：只有当员工相信自己出色的工作绩效会带来所期望的报酬时，员工才会受到激励。

期望理论说明了工作动机是否受到激发以及强度如何，关键是员工如何理解个人努力与工作绩效、工作绩效与组织奖励、组织奖励与个人需要满足之间的关系。

绩效薪资与期望理论的预测最为一致，尤其是在个人能看到他们的绩效和报酬之间有着密切关系的前提下。

（2）有效绩效薪资计划的特点

① 确保努力程度与绩效、绩效与薪酬有比较直接的联系；

② 薪酬本身的价值受到员工的重视；

③ 有规范的、科学的发放方法及程序；

④ 确立可接受的、有效的考核标准；

⑤ 员工对考核标准和实施有信心；

⑥ 整个计划易于理解和计算；

⑦ 有基本的最低工资；

⑧ 提供及时的、明确的绩效反馈；

⑨ 让员工参与计划的制订和实施。

命题点 3　员工的学习和行为的管理

1. 员工的学习

（1）强化的学习法则

在桑代克的效果律中强调了三个行为法则：

① 在对相同环境做出的几种反应中，那些能引起满意的反应，将更有可能再次发生。也就是说，令人满意的、受到鼓励的行为结果将增加先前行为的力度，并增加未来再次发生此行为的可能性，这一原则有时也称为“强化原则”。

② 那些随后能引起不满意的反应，将不太可能再次发生。也就是说，不理想的或受到

惩罚的行为结果将减少先前行为的力度，并减少未来再次发生此行为的可能性，这一原则有时也称为“惩罚原则”。

③ 如果行为之后没有任何后果，既没有正性的也没有负性的事后结果，在若干时间后，这种行为将会逐渐消失，这一原则有时也称为“消退原则”。

（2）认知学习原理

认知先于行为，构成人的思维、知觉、问题解决、信息加工的输入。

对员工行为绩效管理而言，认知学习理论告诉我们不能仅仅停留在对行为绩效结果的刺激上，还必须研究员工的学习和行为发生了哪些变化，有着怎样的心理结构和认知结构，有着怎样的期望和动机。

（3）社会学习理论

社会学习理论的创始人班杜拉(Bandura)做了大量研究，证明人们可以向其他人学习，即观察学习。这种学习是学习者在社会情境中观察别人行为表现以及行为后果(得到奖励或惩罚)，是间接学习的历程。这种学习称为模仿，模仿对象称为楷模或榜样。

2. 员工学习与组织行为矫正

组织行为矫正模型被认为是有效的行为绩效管理的系统性方法之一，它是建立在学习理论，特别是强化原则的基础上的。其具体步骤是：

（1）识别和确认对绩效有重大影响的关键行为。

（2）对这些关键行为进行基线测量。

（3）当关键行为被确认后，也得到了一个基线标准，那么就需要做功能性分析了。

（4）干预行为。

命题点4　工作团队的动力

1. 工作团队有效性的理论

（1）什么是工作团队

团队具有工作群体的特点，但又增添了一些其他特点，如卡特森伯奇和史密斯把团队定义为：“一个团队是一个小数目的人群，他们具有互补性的技能，承诺一个共同目标、一系列绩效目标和他们共同负责的方法。一个团队的实质是共同的承诺，没有它，群体作为个体运作；有了它，他们便成为一个强有力的集体绩效单位。”由此可见，“团队”比其他群体更加任务取向，更强调成员的互相依赖性。

（2）团队的有效性模型

团队有效性的模型(见图4－1)表明组织文化、团队设计和奖励等组织背景因素将影响到使团队产生有效性的一系列的团队运作，而团队有效性与团队运作则是相互作用的。

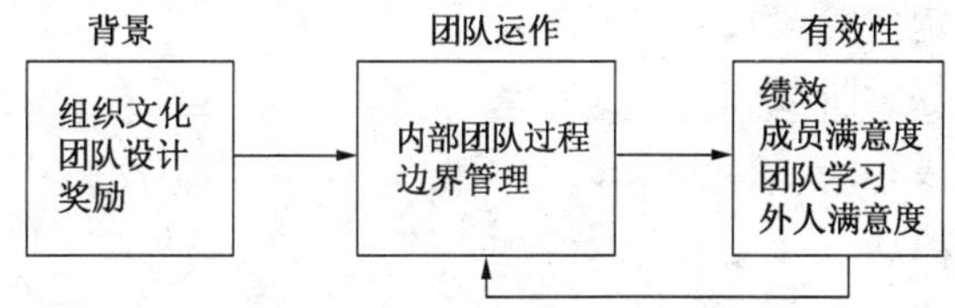

图4－1　团队有效性的模型

森德斯罗姆和麦克英蒂尔(Sundstrom&McIntyre，1994)认为团队的有效性由四个要素构成：

① 绩效。指团队的产出。可按质量、数量、及时性、效率和创新等方面加以测定。

② 成员满意度。指团队成员如何通过承诺、信任和满足个人需要而产生某种正面态度和体验。

③ 团队学习。指团队生存、改进和适应变化着的环境的能力。

④ 外人的满意度。指团队怎样满足顾客、供应商等外部委托人的需要并使他们高兴。

2. 团队的动力因素分析

团队过程的主要范畴是沟通、影响、任务和维护的职能、决策、冲突、氛围和情绪问题。一旦你能更多地了解到团队过程的特点，你就更能控制它们，以便更好地实现团队有效性。

命题点 5　群体决策与人际沟通

1. 群体决策

（1）优点

① 能提供比个体更为丰富和全面的信息；

② 能提供比个体更多的不同的决策方案；

③ 能增加决策的可接受性；

④ 能增加决策过程的民主性。

（2）缺点

① 要比个体决策需要更多的时间，甚至会因难以达成一致观点而浪费时间；

② 由于从众心理会妨碍不同意见的表达；

③ 如果群体由少数人控制，群体讨论时易产生个人倾向；

④ 对决策结果的责任不清。

（3）影响群体决策的群体因素

① 群体多样性(群体异质性)；

② 群体熟悉度；

③ 群体的认知能力；

④ 群体成员的决策能力；

⑤ 参与决策的平等性；

⑥ 群体规模；

⑦ 群体决策规则。

2. 人际关系与沟通

（1）人际关系的发展阶段

第一阶段：选择或定向阶段；

第二阶段：试验和探索阶段；

第三阶段：加强阶段；

第四阶段：融合阶段；

第五阶段：盟约阶段。

（2）沟通的风格模式

周哈利窗模型(Johawindow)是对沟通风格进行评估与分类时最常用的模型，它将人在交流时的心理，根据对信息的“暴露”和“反馈”分成四扇窗户，每一扇窗户都代表了一种与沟通有关的人格特征。根据周哈利窗的分析，可以把个体的沟通风格划分成四种类型：

① 自我克制型：这种人既不暴露也不反馈，他们居于双盲式的位置，自己不扩大信息的领域，也不希望对方扩大。

② 自我保护型：这种类型的人在给他人反馈方面偏高，但在对他人暴露方面偏低。

③ 自我暴露型：这种类型的人多有暴露而少有反馈，认为自己的观点有价值，而他人的观点一无是处。

④ 自我实现型：这种类型的人平衡地使用暴露和反馈的方法，达到最有效的人际沟通。

命题点 6　领导的活动与角色

1. 领导者与管理者

领导只能产生于群体中，一般是群体中对群体活动和信念最有影响的人成为领导者。一个领导者倡导各种活动、规定秩序、做出决策并裁决成员之间的争端。他还要进行激励，充当鼓动者，要走在所倡导的行动的前列。

领导与管理是有所区别的，因而也就决定了领导者与管理者并不总是同一个人，尽管人们常常把两者混为一谈。达到组织的最佳效果，领导和管理同样重要；在理想的情况下，所有的管理者都应当是领导者。

2. 经理角色分析

一个总经理的一天要处理若干份邮件，要听取下属关于消费者对本公司产品要求的汇报，要参加几个既定会议，要招待公司的重要客户，要听取关于减员增效所带来的抱怨，还要为解决能源短缺问题而与各方进行沟通等。管理工作的特点要求一个高效率的管理者必须经常而且迅速地变换工作方式，或者说，每个管理者的工作都是各种角色的结合，每个不同的情景可能要求管理者扮演一个与之相应的角色。

命题点 7　领导特质、风格及其权变因素

1. 谁成为领导人：领导的特质

七个有领袖魅力的管理者的关键特征：

（1）自信。

（2）远见。

（3）有清楚表达目标的能力。

（4）对目标的坚定信念。

（5）行为不循规蹈矩。

（6）是变革的代言人。

（7）对环境敏感。

2. 如何领导：领导的行为和风格

（1）领导行为风格的确定

实际上，大多数领导可以根据与他们总体领导方式相关的几个维度来进行分类。对领导行为的早期研究显现出以下两个维度：

① 关怀维度，指的是领导者尊重和关心下属的看法和情感，更愿意与下属建立相互信任的工作关系。

② 结构维度，指的是领导者更愿意界定自己和下属的工作任务和角色，以完成组织

目标。

（2）领导行为的权变理论

① 费德勒的权变模型

费德勒（Fred Fiedler）在20世纪50年代末提出了第一个综合的权变模型。他认为，任何一种领导风格都可能是有效的，也可能是无效的，关键是它是否适合于特定的领导环境。因此，对领导行为有效性的考察或预测，要从三个方面进行：确定领导者的行为风格，确定领导的具体情境，确定领导风格与具体情境是否匹配。

② 领导情境理论

在赫塞与布兰查德（P. Hersey & K. Blanchard）开发的这一理论中，把下属作为权变的变量，即认为下属的成熟水平是选择领导风格的依赖条件。

领导情境理论同其他领导行为理论一样，也把领导的行为方式按"关心人"和"关心工作"两个维度划分成四种类型的领导方式：高关系—低工作的参与式，低关系—高工作的命令式，高关系—高工作的推销式，低关系—低工作的授权式。

③ 路径—目标理论

路径—目标理论是加拿大多伦多大学伊万斯（M. G. Evans）提出，后由豪斯（R. J. House）。开发确立的，它是最受推崇的理论之一。这一理论采用俄亥俄大学的结构和关系两个维度观点，确定了四种领导行为，并同激励的期望理论相结合，认为领导者的主要任务是提供必要的支持以帮助下属达到他们的目标，并确保他们的目标与群体和组织的目标相互配合、协调一致。所谓"路径—目标"，意味着为下属清除实现目标过程中的各种障碍和危险，使下属的"旅途"更为顺利。

④ 参与模型

弗罗姆和耶顿（V. Vroom&P. Yetton）提出了"领导者参与模型"。他们把领导行为风格与下属参与决策相联系，并在具体情境和工作结构下讨论如何选择领导方式和参与决策的形式以及参与的程度。该模型的突出特点是其规范化：它提出了一系列根据不同情境类型而遵循的规则，供领导者决策时确定下属参与的形式与程度。这一复杂的模型包含了七项权变因素和五种可供选择的领导风格。

后来，弗罗姆和加格（A. Lago）对模型进行了修订。修订后的模型仍包括过去的五种领导风格，但权变因素扩展为12个。

命题点8　领导理论中的新观点

1. 情商与领导效果

优秀的领导者在以下五个情感智力因素上表现突出：

（1）自我情绪认识能力，即对自身状态的感知力；

（2）情绪控制力，即针对具体情况以恰当的方式表达情绪的能力；

（3）自我激励，即树立目标并努力去实现它的能力；

（4）认知他人情绪的能力，即正确地判断、了解和分享他人情感的能力；

（5）处理人际关系的能力，即能充满情感地与他人建立联系的能力。

2. 领导替代论

领导者并不总是对下属产生影响，因为对个体工作绩效和工作满意感产生影响的变量是很多的：态度、个性、能力、动机和群体动力因素、企业文化。领导及其行为只是组织行为总体模型中的自变量之一，在某些情况下，它能解释或者影响到员工的工作行为、工作绩效和工作的积极性；在某些情况下，它可能被其他方面的因素所替代，对员工没有产生影响。

3. 领导技能和职业发展计划

（1）加速站

加速站用来自评价中心的信息确认潜在的新领导候选人，把他们送到加速站专门进行培训，在那里，关键的领导能力、对工作的理解和有关组织的知识都会得到提高，同时对每个候选人的优缺点也能有所了解。在加速站可以加快从培训到进入领导岗位的进程。

（2）辅导

如果辅导者和被辅导者之间的关系是建立在互相信任、尊重以及表达自由之上的话，将大大增加学习进步的潜力。

（3）按需培训

一些培训者指出，大多培训领导项目的失败在于，它们以能力为起点，聚焦于个体。因此，他们建议采用不同的方法。个人不再是目标，而是从商业效果出发，再回归到能力。

（4）确定领导技能的范畴

领导者需要什么技能？长期以来，人们一直热衷于罗列领导者的关键技能，然而正如一个学术分析所指出的："泛滥的对于成功管理所需要的概念化的技能，事实上阻碍了我们对这个现象的理解。"Whetten&Cameron 基于对 400 多名高效管理者的访谈，提出了有效领导技能的四个范畴：参与性和人际关系、竞争性和控制能力、创新性和企业家精神、维持秩序和理性。

命题点 9　心理测量的原理

1. 心理测量和心理测验

心理测量，就是将人的智力、人格、兴趣、情绪等心理特征按一定规则表示成数字，并赋予这些数字一定解释的过程。

心理测验是心理测量的工具。测验是测量一个行为样本的系统程序。

2. 心理测验的类型

（1）按测验的内容可分为两大类，一类是能力测验，另一类是人格测验。

（2）按测验方式可分为纸笔测验、操作测验、口头测验和情境测验。

（3）按同时施测人数多少可分为个别测验和团体测验。

（4）按测验目的可分为描述性测验、诊断性测验和预测性测验。

（5）按测验应用领域可分为教育测验、职业测验和临床测验。

3. 心理测验的技术标准

（1）信度。又称稳定性或可信性，指一个人在同一心理测量中几次测量结果的一致性。信度越高，测验越可靠。

（2）效度。指一个测验的测验结果与被测验者行为的公认标准之间的相关程度，也就是一个测验希望测量的心理特征的有效性和准确性。

（3）难度。难度的指标通常以通过率表示，究竟难度多高合适，则取决于测验的目的、性质和题目的形式。

（4）标准化和常模。一个好的测验在编制和使用时必须经过标准化的过程，即经过四个标准步骤：第一，选定所需要的测验题；第二，抽样选定标准化样本进行试测；第三，施测程序标准化，对每个被试按同样规定施测；第四，从施测结果中建立常模。标准化样本的平均数，就是该测验的常模。常模的功用是可以作为以后该测验的其他被试的比较标准。

命题点 10　心理测量与人力资源管理

1. 用于招聘和筛选的心理测量

（1）择优策略。即尽可能全面了解所有应聘者的情况，对他们的能力、个性、动机、兴趣等心理特征做比较广泛的测评，然后依据职位要求综合评估每个人，从中选择综合优势最好的人员。

（2）淘汰策略。即依据职位要求确定从业者所必备的标准基线，通过测验筛掉明显达不到要求的人员。

（3）轮廓匹配策略。这种策略首先要建立一个职位胜任标准轮廓，即以业绩优秀人员为对象，建立一个在关键能力和人格特征上的轮廓图，然后对应聘该职位的人员进行同样内容的测量，绘制应聘者的心理特征轮廓图，将两图匹配或用数学方法进行计算，选择匹配程度高者。同样，使用这种策略的关键在于建立职位胜任的标准轮廓图。

2. 晋升中的测评

晋升多指内部晋升，即候选人来自组织内部，那么，晋升决策就不仅是为组织选拔一个能胜任职位的人，而且是组织重要的激励措施，它对员工的奖励作用很大。在人力资源管理现实中，组织的晋升系统常常在以下几方面存在问题：

（1）在晋升决策的依据上。

（2）在对能力进行衡量的方法上。

（3）在晋升程序标准化、制度化方面。

3. 培训与开发中的心理测量

测量方法在培训与开发中的作用主要体现在：

（1）它是培训需求分析的必要工具。

（2）为培训内容和培训效果提供依据。

（3）它是员工职业生涯管理的重要步骤。

4. 组织激励和管理诊断中的心理测量

心理测验是了解人的内在心理状态和态度认知的重要工具，到目前为止也是最有效的技术。如动机测验、需求结构测验、工作价值观测验都是比较精确的工具，适用于员工个体或群体，具体了解他们的心理状态和动力因素，制订相应的激励方案。

【经典真题详解】

一、单项选择题（每小题只有一个正确答案）

1. 阿伦和梅耶所进行的综合研究提出的承诺不包括（　　）。【2009 年 11 月真题】

（A）感情承诺　　（B）继续承诺　　（C）规范承诺　　（D）口头承诺

【答案】D　阿伦和梅耶所进行的综合研究提出三种形式的承诺：感情承诺、继续承诺、规范承诺。故选项 D 错误。

2. 社会学习理论的创始人是(　　)。【2009 年 5 月真题】

(A) 弗洛姆　　(B) 爱德华 · 桑代克

(C) 班杜拉　　(D) 莱文泽尔

【答案】C　社会学习理论的创始人班杜拉做了大量研究，证明人们可以向其他人学习，即观察学习。这种学习是学习者在社会情境中观察别人行为表现以及行为后果(得到奖励或惩罚)，是间接学习的历程。这种学习称为模仿，模仿对象称为楷模或榜样。

3. 满足地位需要的行为不包括(　　)。【2009 年 5 月真题】

(A) 居住在合适的社区，参加俱乐部　　(B) 具有执行官的特权

(C) 影响他人并改变他们的态度和行为　　(D) 拥有舒适的轿车，合体的穿着

【答案】C　满足地位需要的行为包括：拥有舒适的轿车，合体的穿着；为合适的公司工作，并拥有合适的职位；居住在合适的社区，参加俱乐部；具有执行官的特权。故选项 C 错误。

4. 第一个对学习中的强化做出理论分析的是(　　)。【2008 年 11 月真题】

(A) 弗洛姆　　(B) 莱文泽尔

(C) 爱德华 · 桑代克　　(D) 赫兹伯格

【答案】C　第一个对学习中的强化做出理论分析的是心理学家爱德华 · 桑代克，他的经典的效果律对于今天理解人的学习过程仍具有主导意义。

5. 个体的沟通风格不包括(　　)。【2008 年 11 月真题】

(A) 自我实践型　　(B) 自我保护型　　(C) 自我暴露型　　(D) 自我实现型

【答案】A　个体的沟通风格可以划分成四种类型：自我克制型、自我保护型、自我暴露型、自我实现型。故选项 A 错误。

6. (　　)是指一个测验的结果与被测验者行为的公认标准之间的相关程度。【2008 年 11 月真题】

(A) 信度　　(B) 效度　　(C) 难度　　(D) 标准化

【答案】B　效度指一个测验的测验结果与被测验者行为的公认标准之间的相关程度，也就是一个测验希望测量的心理特征的有效性和准确性。

二、多项选择题(每题有两个或两个以上正确答案。错选、少选、多选均不得分)

1. 费德勒认为决定领导行为有效性的关键情境因素有(　　)。【2009 年 5 月真题】

(A) 任务结构　　(B) 领导者的个性

(C) 领导者的职权　　(D) 领导者的特质

(E) 领导者与被领导者的关系

【答案】ACE　费德勒认为决定领导行为有效性的关键情境因素有：(1)领导者与被领导者的关系，双方的信任程度，被领导者对领导者的忠诚、尊重和追随程度。(2)任务结构，工作任务的程序化(结构化)程度，比如工作是常规的还是非常规的，工作规范明确与否。(3)领导者的职权，领导者是否拥有权力，对下属是否能直接控制，被上级和组织的支持程度。

2. 在使用心理测验对应聘者进行评价和筛选时，可选择的策略包括(　　)。【2009 年 5 月真题】

(A) 首因策略　　(B) 择优策略　　(C) 淘汰策略　　(D) 晋升策略

(E) 轮廓匹配策略

【答案】BCE　在使用心理测验对应聘者进行评价和筛选时，有三种策略选择：(1)择优策略，即尽可能全面了解所有应聘者的情况，对他们的能力、个性、动机、兴趣等心理特征做比较广泛的测评，然后依据职位要求综合评估每个人，从中选择综合优势最好的人员。(2)淘汰策略，即依据职位要求确定从业者所必备的标准基线，通过测验筛掉明显达不到要求的人员。(3)轮廓匹配策略，这种策略首先要建立一个职位胜任标准轮廓，即以业绩优秀人员为对象，建立一个在关键能力和人格特征上的轮廓图，然后对应聘该职位的人员进行同样内容的测量，绘制应聘者的心理特征轮廓图，将两图匹配或用数学方法进行计算，选择匹配程度高者。

3. 有领袖魅力的管理者的关键特征包括(　　)。【2008 年 11 月真题】

(A) 是变革的代言人　　(B) 自信和远见
(C) 行为不循规蹈矩　　(D) 对环境敏感
(E) 有清楚表达目标的能力

【答案】ABCDE　有领袖魅力的管理者的关键特征有：(1)自信。(2)远见。(3)有清楚表达目标的能力。(4)对目标的坚定信念。(5)行为不循规蹈矩。(6)是变革的代言人。(7)对环境敏感。

第五章　人力资源开发与管理

【命题规律】

对近年考试的命题进行研究可以发现，本章的命题规律主要体现在以下几个方面：

1. 以人为本的管理思想是重要的命题点。
2. 人力资本理论及企业人力资源管理的概念和特征是常考、必考的知识点。
3. 人力资源开发的目标、方法和理论体系，以及人力资源开发的内容和方法是考试中经常考核的知识点。
4. 人力资源管理的三大基石及两种测量技术是非常重要的命题点。
5. 人性假设学说是需要了解的知识点。

【命题点解读】

命题点1　人的管理哲学——人性假设

1. 人性内容及特征

（1）内容

人性，即人的本性，是人通过自己的社会性的生命活动，形成或获得的全部属性的综合，亦即现实生活中的人所具有的全部规定性。这种多方面的属性或规定性，概括为自然属性和心理属性。

（2）特征

① 人性具有能动性；

② 人性具有社会性；

③ 人性具有整体性；

④ 人性具有两面性；

⑤ 人性具有可变性；

⑥ 人性具有个体差异性。

2. 人性假设——对人的管理的基础和依据

（1）管理中的人性假设

管理中的人性假设，即为管理中的人性观。它是指管理者对被管理者的需求、工作目标、工作态度的基本估计或基本看法。

（2）人性假设及其相应的管理

①“经济人”假设及其管理

“经济人”又称“唯利人”“实利人”，认为人的行为是为了追求自身最大经济利益，由此经济诱因才引发了人的工作动机，即人们工作的目的是为了获取经济报酬。这是传统管理对人性和人的本质的看法。“经济人”假设说的代表人物是泰罗。

② “社会人”假设及其管理

“社会人”又称“社交人”。“社会人”假设建立在人性是善良的基础之上，人不只为经济利益而生存，人们工作的动机不仅在于物质利益，更在于工作中的社会关系。也就是说，物质刺激对于调动人的积极性来说，只具有次要意义。美国哈佛大学教授埃尔顿·梅奥是“社会人”假设说的代表人物。

③ “自我实现人”假设及其管理

“自我实现人”又称“自动人”。它是马斯洛、阿吉利斯和麦格雷戈等美国著名心理学家提出来的一种人性观，其中马斯洛的影响最大。所谓“自我实现人”，是指人都需要发挥自己的潜力，充分展示和发挥个人才能，实现个人理想与抱负，以及人格趋于完善的一种人性假设。

④ “复杂人”假设及其管理

“复杂人”假设，是史克思等人在20世纪60年代末、70年代初提出来的。他们经过长期研究发现，人的需要与动机甚是复杂，并非如上述三种人性假设那样单一。它不仅因人而异，而且就一个人而言，其需要和动机也会随年龄、时间、地点的不同而有不同的表现，会随其年龄、学识、地位的变化而变化。

命题点2　以人为本的管理思想

1. 含义

所谓人本管理，即以人为核心、以人为根本的管理。它是指企业中的人作为管理的首要因素，是企业一切管理活动的主体或主导因素，同时，作为管理的本质因素，又是企业管理的出发点和归宿。

2. 原则

（1）人的管理第一。

（2）满足人的需要，实施激励。

（3）优化教育培训，完善人、开发人、发展人。

（4）以人为本、以人为中心构建企业的组织形态和机构。

（5）和谐的人际关系。

（6）员工个人与组织共同发展。

3. 机制

（1）动力机制

亦即激励机制，旨在刺激员工需求，形成员工内在追求的强大动力。激励机制包括物质激励和精神激励两类。

（2）约束机制

约束机制是以外在力量或因素，如规章制度、法律法规、伦理道德规范等，对人的行为加以规定、引导和约束，使人的行为有所遵循，知道何对何错，该做什么，不该做什么。

（3）压力机制

压力机制是借助某种外在力量，对人施加影响和压力，迫使人产生变压力为自觉行为的动力。

(4) 保障机制

保障机制主要是指法律保障和社会保障体系的保障。

(5) 环境优化机制

人的积极性、创造性的发挥，人的全面发展，亦受到环境的重要影响与制约。对于企业员工而言，主要有两大环境因素：一是工作本身的条件与环境；二是企业中的人际关系环境。

(6) 选择机制

选择机制，一方面是指企业每一名员工均具有自主选择职业的权利，具有应聘、辞职或选择新职业的权利，寻求能充分施展自己的才能、实现个人抱负、满足个人需要的工作场所；另一方面，企业亦具有选择权，即选人、聘用人和解聘人的权利。

命题点 3　人力资本理论

1. 人力资本理论的产生

现代人力资本理论诞生于 20 世纪 50 年代末、60 年代初，其产生有当时的历史背景，是实践与理论发展的客观必然。其重要的代表人物是美国经济学家、1979 年诺贝尔经济学奖得主 T · W · 舒尔茨。

2. 人力资本

(1) 含义

所谓人力资本，是指通过费用支出(投资)于人力资源，而形成和凝结于人力资源体中，并能带来价值增值的智力、知识、技能及体能的总和。

(2) 特征

① 人力资本存在于人体之中，它与人体不可分离；

② 人力资本以一种无形的形式存在，必须通过生产劳动方能体现出来；

③ 人力资本具有时效性；

④ 人力资本具有收益性，其对经济增长的作用大于物质资本；

⑤ 人力资本具有无限的潜在创造性；

⑥ 人力资本具有累积性；

⑦ 人力资本具有个体差异性。

3. 人力资本投资

(1) 含义

所谓人力资本投资，是指投资者通过对人进行一定的资本投入(货币资本或实物)，增加或提高人的智能和体能，这种劳动能力的提高最终反映在劳动产出增加上的一种投资行为。

(2) 特征

① 人力资本投资的连续性、动态性；

② 人力资本投资主体与客体具有同一性；

③ 人力资本投资的投资者与收益者的不完全一致性；

④ 人力资本投资收益形式多样。

(3) 成本

人力资本投资支出分为三类：

① 实际支出或直接支出；

② 放弃的收入或时间支出；

③ 心理损失。

（4）支出结构

① 主体结构

人力资本投资一般发生在政府、企业和个人三个层面。

② 形式结构

人力资本投资支出通常分为教育支出、培训支出、流动支出和人力资本维护投资支出等几类。

③ 时间结构

支出的时间顺序、人力资本跨代支出和支出结构的时间管理。

（5）教育投资成本支出

教育投资既可以发生在受益主体身上，也可以由其他人承担投资成本。人们在投资决策中必须考虑教育投资收益与支出的不对称现象。一般来说，决策者总是从投资的直接成本和间接成本、私人成本和社会成本方面来加以对比。

（6）人力资本投资支出：培训投资

人力资本培训投资支出发生在三个层面上，国家对公共服务系统人员的培训支出、企业为增进人力资本投资的培训支出和个人培训支出。培训具有很强的目的性，它大都发生在专业技能的增进上，包括管理能力、技术能力、服务能力的培训。

（7）人力资本流动投资的成本

流动并非没有代价，而是要发生成本支出的。流动的成本包括以下几个方面：

① 区域流动；

② 职业流动；

③ 社会流动。

命题点4　人力资本投资的收益率

1. 私人收益与私人收益率

私人收益率是投资收益期间的私人收益净现值与投资总额净现值之比。追求私人收益最大化是投资支出者的基本动机。而私人收益率衡量了人力资本投资产生收益的能力，私人收益的大小直接影响人力资本投资决策。影响私人投资收益率的因素包括：

（1）个体偏好及资本化能力，能力低的人接受教育比能力高的人接受教育的边际收益率低。

（2）资本市场平均报酬率。

（3）货币的时间价值及收益期限。

（4）劳动力市场的工资水平。

（5）国家政策。

私人投资收益率是投资年净收益与投资净支出的比例。用公式表示如下：

$$\delta = \frac{R}{C} = \frac{\sum_{i=0}^{n} R_i / (1 + r_i)^n}{\sum_{i=0}^{m} C_i / (1 + r_i)^m}$$

5. 人力资源的教育开发

人力资源教育开发的重点是职业教育。职业教育是按照社会上各种职业的需要，对劳动力或预备劳动力开发智力，培养职业兴趣，使其掌握从事特定职业所需要的基础知识、实用知识和技能技巧。职业教育包括就业前的职业教育、就业后的职业教育和农村职业技术教育。

命题点 7　人力资源开发的内容与方法

1. 职业开发

（1）内涵

职业开发的本质在于集中考察个人与组织在一定时期内的相互作用。

（2）意义

① 有助于对员工进行全面分析；

② 有助于分析组织中不同的职业及其相互作用的方式；

③ 扩大了组织发展的内涵；

④ 有助于分析和理解组织气氛或组织文化。

（3）系统的构成

职业开发系统是一个由社会、组织和个人相互作用构成的系统。图 5 – 1 显示了在全面分析个人与组织的相互作用时必须考虑的各种要素。

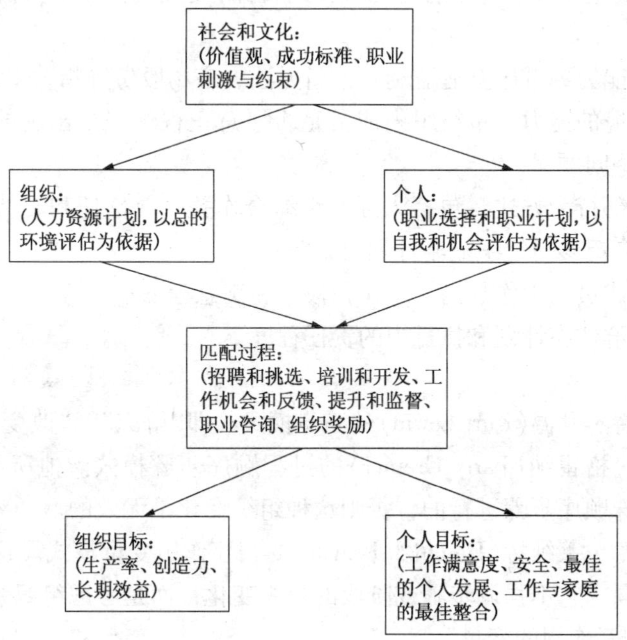

图 5 – 1　由社会、组织和个人相互作用构成的职业开发系统

（4）主体的作用

① 组织的作用

组织从自己的基本目标出发，能够从事三种类型的活动：为了增强组织的自我洞察力而设计的活动；促使员工更多地参与职业生涯设计和发展活动；为了提高组织对不同个人需要反应的灵活性而设计的活动。

② 个人的作用

个人要有效地管理自己的职业，关键在于及早采取行动，成为一名有效的诊断者，识别问题，洞察自我，学会从多种选择中做出适当的反应或寻求负责的职业咨询机构给予指导和帮助。

③ 外部机构的作用

无论组织和个人怎样努力，组织需要和个人需要之间的矛盾都不会消失。当两者间的矛盾已无法统一时，个人可以借助于某些外部机构的作用来重建职业。这类机构包括政府、各种教育机构、工会、职业协会等，它们在促进职业转换方面能发挥重大作用。

2. 组织开发

（1）含义

组织开发是提高组织能力的一套技术措施，其基本目标是改变组织氛围、组织环境和组织文化。

在正常情况下，组织开发的重点是组织的协作能力，解决组织内部冲突和矛盾，建立合作的目标，改变组织价值观和组织文化，旨在提高组织的生产率和效能。

组织开发的基本出发点是改善整个组织的职能，一旦整个组织的战略决定后，其中必定包括组织开发和管理开发。

（2）目标

企事业单位开展组织开发计划有各种各样的目标，但企业单位组织中最主要的组织开发目标有以下几种：

① 提高组织的能力，可用营业盈利、革新方法、市场股份等指数来衡量；

② 提高适应环境的能力，指组织内成员是否愿意正视组织中出现的问题，并且能帮助组织有效地解决这些问题；

③ 改善组织内部行为方式，包括人际、组织合作关系，信任和支持程度，沟通系统的开放性和完整性，广泛参与组织战略计划决策等；

④ 提高组织内成员的工作热情、工作积极性和满意程度；

⑤ 提高个人与群体在计划和执行中的责任程度。

（3）主要方法

第一种是库尔特·利温(Kurt Lewin)的三步模式，即“解冻”、“改变”、“重新冻结”。

第二种是拉里·格雷纳(Larry Greiner)的过程顺序步骤模式。他所研究的重要发现是，除非变化是按照特殊顺序步骤进行的，否则这种组织变化是无效的。

第三种是哈罗德·莱维特(Harold J. Leavitt)的相互作用变量模式。这种模式与利温和格雷纳的模式完全不同，它不强调步骤或阶段的组织变化，而是考虑组织系统中不同部分的变化，即他所说的“相互作用的变量”。

3. 管理开发

（1）法律手段。

（2）行政手段。

（3）经济手段。

4. 环境开发

人力资源开发活动的环境包括社会环境、自然环境、工作环境和国际环境。

命题点 8　企业人力资源管理的相关知识

1. 人力资源的含义及特点

（1）含义

人力资源是指在一定的时间和空间条件下，劳动力数量和质量的总和。按照不同的空间范围，人力资源可区分为：某国家或区域的人力资源、某一产业（行业）或某一企业的人力资源。

（2）特点

① 时间性；

② 消费性；

③ 创造性；

④ 主观能动性。

2. 现代人力资源管理与传统劳动人事管理的区别

（1）在管理内容上。

（2）在管理形式上。

（3）在管理方式上。

（4）在管理策略上。

（5）在管理技术上。

（6）在管理体制上。

（7）在管理手段上。

（8）在管理层次上。

3. 现代企业人力资源管理学

现代企业人力资源管理是以企业中的员工一人，以及人与人、人与组织、人与物之间的相互关系作为自己的研究对象。

现代企业人力资源管理的基本任务应当是以人为中心，深入探索和研究企业生产经营活动中人与人、人与组织、人与物之间的相互关系，在掌握其发展变化规律的基础上，为充分开发企业人力资源提供基本原理和基本方法。

4. 人力资源管理在现代企业中的作用

人力资源管理是现代企业管理的核心，这一重要地位的确立，取决于人力资源管理在现代企业中的如下重要作用：

（1）科学化的人力资源管理是推动企业发展的内在动力。

（2）现代化的人力资源管理能够使企业赢得人才的制高点。

命题点 9　企业人力资源管理的原理和职能

1. 两种不同的人力资源管理哲学

一种哲学是将员工看成单一的技术要素，认为：他们或多或少地、有意无意地总是与组织的目标和管理发生抵触。为了实现组织的目标，必须将员工置于严密的监督和控制之下。因此，应当采取“用人成事，军令如山，严格控制，步步为营”的策略。

另一种哲学则认为：员工是组织中“活”的要素，是最具主动性、积极性和创造性的一种特殊的资源，他们具有内在的无限的建设性潜力。员工的建设性潜力开发的程度，完全取决于管理。

2. 现代人力资源管理的基本原理

（1）同素异构原理：总体组织系统的调控机制。

（2）能位匹配原理：人员招聘、选拔与任用机制。

（3）互补增值、协调优化原理：员工配置运行与调节机制。

（4）效率优先、激励强化原理：员工酬劳与激励机制。

（5）公平竞争、相互促进原理：员工竞争与约束机制。

（6）动态优势原理：员工培训开发、绩效考评与人事调整机制。

3. 现代人力资源管理的原则

（1）完整全面地看待人的因素。

（2）使员工认识到工作的意义及员工与企业的利益休戚相关。

（3）肯定个人的尊严，公正待人，对人彬彬有礼。

（4）鼓励员工自立自强。

（5）不断加强员工之间的沟通，随时向员工提供有关信息。

（6）不要高估自己而低估下属的能力。

（7）领导者与管理者的计划、决策和意图，要用简洁的语言向下属解释清楚。

（8）因人而异，随机制宜，适时适度，有理有利有节。

4. 现代人力资源管理对象的特征

员工的基本特征有：

（1）员工不仅有生理性的行为，而且有生理性的需要。

（2）员工不仅有心理性的行为，而且有心理性的需要。

（3）员工不仅有社会性的行为，而且有社会性的需要。

（4）员工不仅有道德性的行为，而且有道德性的需要。

5. 企业人力资源管理的职能

（1）吸收、录用。

（2）保持。

（3）发展。

（4）评价。

（5）调整。

命题点 10　人力资源管理的三大基石和两种技术

1. 现代人力资源管理的三大基石

（1）定编定岗定员定额

定编是指根据组织发展和组织战略规划的要求，对组织结构模式的正确选择，以及各种职能部门和业务机构的合理布局和设置；定岗是在生产组织合理设计以及劳动组织科学化的基础上，从空间上和时间上科学地界定各个工作岗位的分工与协作关系，并明确地规定各个岗位的职责范围、人员的素质要求、工作程序和任务总量；定员是在定编定岗的基础上，为保证组织生产经营活动的正常进行，按照一定素质要求，对配备各类岗位的人员所预先规定的限额；定额是在一定的生产技术组织条件下，采用科学合理的方法，对生产单位合格产品或完成一定工作任务的活劳动消耗量所预先规定的限额。

（2）员工的绩效管理

绩效管理是指为实现组织发展战略和生产经营的目标，采用科学的方法，通过对员工的行为表现、劳动态度和工作业绩，以及综合素质(能力)的全面监测、分析和考核评估，充分调动员工的积极性、主动性和创造性，不断改善组织与员工行为，提高员工素质和挖掘其潜力的活动过程。

绩效管理是一个完整的过程，包括以下几个基本环节：

① 绩效计划；

② 绩效监测；

③ 绩效沟通；

④ 绩效考评；

⑤ 绩效诊断；

⑥ 结果的应用。

（3）员工技能开发

员工技能开发的基本概念可以表述为：通过科学的系统全面的教育、培养和训练，使全员的职业品质、专业素养和操作技能不断提高，人力资源潜力得到充分发掘的过程。具体来说，它包括教育、培养和训练等三方面具体内容。

2. 现代人力资源管理的两种测量技术

（1）工作岗位研究

岗位研究是岗位调查、岗位分析、岗位评价与岗位分类分级等项活动的总称。

（2）人员素质测评

人员素质测评是采用定性和定量相结合的科学方法，对各类人员的德、智、体等素质进行系统的测量与评定的过程。人员素质测评作为人力资源管理专业的一门应用性技术，它全面地阐述了对人员各种素质进行系统科学的测量与评定的基本原理、基本程序和基本方法。

【经典真题详解】

一、单项选择题(每小题只有一个正确答案)

1. 四种人性假设：①社会人；②经济人；③复杂人；④自我实现人。按其产生时间的先后，排列顺序为(　　)。【2009 年 5 月真题】

(A) ①②③④　　(B) ④③②①　　(C) ②①③④　　(D) ②①④③

【答案】D　19 世纪末至 20 世纪 20 年代，“经济人”假设产生，承认人的经济要求；20 世纪 30 年代至 50 年代，出现了“社会人”假设，认识到人有心理活动，不仅有物质需求，还有心理的、社会的需求，提出了尊重人、关心人、重视人际关系的主张；以后，行为科学的蓬勃兴起，科学技术的迅猛发展，人的作用凸现，产生了“自我实现人”假设，提出了人力资源开发与管理问题；20 世纪六七十年代，系统理论的发展，使管理界对人的认识由片面走向全面，从一个方面考察人到全面考察人，产生了“复杂人”假设。

2. 在正常情况下，组织开发的重点是组织的(　　)。【2009 年 5 月真题】

(A) 协作能力　　(B) 创新能力　　(C) 竞争能力　　(D) 发展能力

【答案】A　在正常情况下，组织开发的重点是组织的协作能力，解决组织内部冲突和矛盾，建立合作的目标，改变组织价值观和组织文化，旨在提高组织的生产率和效能。

3. 对组织而言，绩效管理的功能不包括(　　)。【2009 年 5 月真题】

(A) 组织发展的有力措施　　(B) 规范员工行为

(C) 提高整体生产效率的主要途径　　(D) 人事决策的基础

【答案】B　绩效管理之所以被称为人力资源管理的一大基石，其根本原因在于对组织来说具有以下作用：绩效管理是企业人事决策的重要依据和基础；绩效管理是组织诊断、组织变革和组织发展的有力措施；绩效管理是显示和监测公司领导方式、工作方法、工时制度、劳动环境、生产条件、设备配置状况的重要手段；绩效管理是实现"效率优先、兼顾公平、按劳付酬"分配制度的基本依据；绩效管理是制订和修改公司员工技能培训开发计划的主要前提；绩效管理是监测和提高企业整体生产效率和经济效益的主要途径。故选 B。

4. 以下关于人力资源管理的说法不正确的是(　　)。【2009 年 5 月真题】

(A) 管理的系统化　　(B) 管理手段的现代化

(C) 管理的规范化　　(D) 管理思想的哲学化

【答案】D　现代企业人力资源管理更加强调了管理的系统化、规范化、标准化以及管理手段的现代化。故选项 D 不正确。

5. 基于"经济人"假说的管理是运用(　　)来调动人的积极性的。【2008 年 11 月真题】

(A) 物质刺激　　(B) 满足社会需要

(C) 内部激励　　(D) 搞好人际关系

【答案】A　"经济人"又称"唯利人""实利人"，认为人的行为是为了追求自身最大经济利益，由此经济诱因才引发了人的工作动机，即人们工作的目的是为了获取经济报酬。故采取的是物质刺激来调动人的积极性的。

6. 以下不属于员工动态特征的是(　　)。【2008 年 11 月真题】

(A) 员工学习　　(B) 员工自我保护机制

(C) 员工激励　　(D) 员工的成熟和发展

【答案】A　员工的动态特征包括：(1)员工激励。(2)员工的自我保护机制。(3)员工的成熟和发展。故选项 A 错误。

7. 绩效考评是绩效管理活动的(　　)。【2008 年 11 月真题】

(A) 首要环节　　(B) 关键环节　　(C) 中心环节　　(D) 重要环节

【答案】C　绩效考评与评价是绩效管理活动的中心环节，是考评者与被考评者双方对考评期内的工作绩效进行全面回顾和总结的过程。

二、多项选择题(每题有两个或两个以上正确答案错选、少选、多选均不得分)

1. 工作环境优化机制的主要因素包括(　　)。【2009 年 5 月真题】

(A) 福利待遇　　(B) 教育培训制度

(C) 工作条件　　(D) 人际关系环境

(E) 工作环境

【答案】CDE　人的积极性、创造性的发挥，人的全面发展，亦受到环境的重要影响与制约。对于企业员工而言，工作环境优化机制主要有两大环境因素：(1)工作本身的条件与环境；(2)企业中的人际关系环境。工作条件和环境直接影响人的心境、情绪。优化工作环境，即可提高工作条件和环境质量。

2. 人力资源开发的具体目标包括(　　)。【2009 年 5 月真题】

(A) 个体人力资源开发　　(B) 企业人力资源开发

(C) 教育部门人力资源开发　　(D) 劳动人事部门人力资源开发

(E) 卫生医疗部门人力资源开发

【答案】BCDE　人力资源开发的具体目标包括：(1)国家人力资源开发的目标。(2)劳动人事部门人力资源开发的目标。(3)教育部门人力资源开发的目标。(4)卫生医疗部门人力资源开发的目标。(5)企业人力资源开发的目标。

3. 人际关系的重要性体现在它影响(　　)。【2008 年 11 月真题】

(A) 整体行为　　(B) 人的身心健康

(C) 企业工作效率　　(D) 企业的凝聚力

(E) 个人发展

【答案】BCD　企业人际关系是人本管理的环境，又是人本管理的内容及衡量标准。人际关系好坏、和谐与否，对企业人本管理顺利运行，对企业及其员工的成长与发展至关重要。主要体现在：(1)人际关系影响企业的凝聚力。(2)人际关系影响人的身心健康。(3)人际关系影响个体行为。(4)人际关系影响企业工作效率和企业发展。

4. 人力资源开发的根本目标包括(　　)。【2008 年 11 月真题】

(A) 有效促进人的发展　　(B) 有效运用人的潜能

(C) 有效促进组织的发展　　(D) 有效开发人的潜能

(E) 有效开发组织的潜能

【答案】BD　人力资源开发是为充分、科学、合理地发挥人力资源对社会经济发展的积极作用而进行的资源配置、素质提高、能力利用、开发规划等一系列活动，而使人的潜能得到开发和有效运用则是人力资源开发的最根本目标。

第二部分　相关知识和能力要求

第一章　人力资源规划

【命题规律】

对近年考试的命题进行研究可以发现，本章的命题规律体现在以下几个方面：

1. 人力资源规划的内容、组织信息采集的程序和方法，企业组织信息的分析方法都是重要的命题点。

2. 现代企业组织结构的概念和类型，以及组织结构设计后的实施要则，企业员工的分类与员工统计的基本方法是必考的考点。

3. 工作岗位研究的概念、特点、原则，以及工作岗位调查的方式是常考、必考的知识点。

4. 使用调查表格的要求，工作岗位写实、作业测时和岗位抽样是本章重要的命题点。

5. 人力资源规划的内涵、企业信息采集和处理的基本原则，企业组织信息的应用，组织结构图的绘制方法，工作岗位写实的功能、种类和原则，企业员工统计的概念是需要熟悉的知识点。

【命题点解读】

命题点 1　人力资源规划的内涵及内容

1. 人力资源规划的内涵

（1）广义

广义的人力资源规划是企业所有人力资源计划的总称，是战略规划与战术计划，即具体的实施计划的统一。

（2）狭义

狭义的人力资源规划是指为实施企业的发展战略，完成企业的生产经营目标，根据企业内外环境和条件的变化，运用科学的方法对企业人力资源的需求和供给进行预测，制定相宜的政策和措施，从而使企业人力资源供给和需求达到平衡，实现人力资源合理配置，有效激励员工的过程。

从规划的期限上看，人力资源规划可区分为长期规划（五年及以上的计划）和短期计划（一年及以内的计划），介于两者之间的为中期计划。

2. 人力资源规划的内容

（1）战略规划

是根据企业总体发展战略的目标，对企业人力资源开发和利用的大政方针、政策和策略的规定，是各种人力资源具体计划的核心，是事关全局的关键性规划。

（2）组织规划

是对企业整体框架的设计，主要包括组织信息的采集、处理和应用，组织结构图的绘制，组织调查、诊断和评价，组织设计与调整，以及组织机构的设置等。

（3）企业人力资源管理制度规划

是人力资源总规划目标实现的重要保证，包括人力资源管理制度体系建设的程序、制度化管理等内容。

（4）人员规划

是对企业人员总量、构成、流动的整体规划，包括人力资源现状分析、企业定员、人员需求与供给预测、人员供需平衡等。

（5）人力资源费用计划

是对企业人工成本、人力资源管理费用的整体规划，包括人力资源费用预算、核算、审核、结算，以及人力资源费用控制等。

命题点2　企业信息采集和处理的基本原则

（1）准确性原则。

（2）系统性原则。

（3）针对性原则。

（4）及时性原则。

（5）适用性原则。

（6）经济性原则。

命题点3　企业组织信息采集的程序

1. 调研准备阶段

（1）初步情况分析

指调研人员对本部门、本企业已掌握的相关信息进行初步分析，了解情况，提出假设的调研主题。

要求企业和部门在提供信息时，从实际出发，实事求是，并尽可能突出重点，抓住问题的要害。

（2）非正式调研

指对假设的调研主题展开调查，发现新问题，淘汰旧问题，探求真正的问题所在。

调研人员可以调查访问有经验的专业技术人员、相关人员和个别用户，听取他们的一般性意见，进一步明确该调查项目的具体目的和要求，做到有的放矢。

（3）确定调研目标

指在初步情况分析和非正式调研之后，逐步缩小调查范围，明确调查目的，确定调查项目的重点。

2. 正式调研阶段

(1) 相关信息的来源

① 原始资料

又称第一手数据，或初级数据，是指调研人员自己采集的数据。

② 二手资料

又称次级数据，是指经过别人采集、整理和初步分析过的资料。

(2) 选择抽样方法，设计调查问卷

理想的调查问卷和科学合理的抽样方法，是调研顺利进行的保证。

(3) 实地调查

又称现场调查，是指到现场去调查，以获取第一手资料。

命题点 4　企业组织信息采集的方法

1. 档案记录法

指向企业的档案管理部门或档案管理人员了解组织过去的建设、运行状况以及关于重大事件或决策的档案记录的方法。这种方法可用于采集组织的信息有：

(1) 决策机构的效果。

(2) 决策效率。

(3) 决策效果。

(4) 执行效率。

(5) 文件审批效率。

(6) 文件传递效率。

2. 调查研究法

(1) 含义

是指针对具体的问题，对企业内部员工进行个人访谈或问卷调查，以了解组织运行的情况及相关信息的方法。

(2) 优点

这种方法可用于采集组织过去和现在的决策机构效果、决策效率和效果、执行效率、文件审批效率、文件传递效率、各横向机构之间的协调程度、各组织内部信息传递的畅通程度，以及信息自上而下或自下而上传递的速度和质量等。

(3) 分类

① 询问法，指调查者通过询问的方式向被调查者展开调查的方法。

② 观察法，指调查者通过到现场观察被调查者的言语和行为，从而采集相关信息的方法。

优点是：在调查过程中，被调查者不知道自己正受到观察，他们的行为不受外界因素的干扰，因此，采集到的信息可信度较高。

缺点是：调查者往往只能观察到被调查者的表面行为，难以把握其心理变化，了解其思想，因此需要较长时间的观察，才能得到理想的结果；但时间延长，费用也会随之增加。

命题点5　组织信息的处理

1. 企业组织信息的分析

（1）可靠性分析

指根据信息的可能准确度和信息源可靠性，对所搜集的信息进行评级的过程。

评估信息源可靠性的标准有：过去提供信息的质量、提供信息的动因、是否拥有所提供信息的所有权，以及信息源的可信度。

（2）数理统计分析

指应用经济数学和统计学的工具和方法，根据具体管理任务的要求，对组织机构信息进行分类、排序、计算、比较和选择，使其成为符合一定管理决策要求所必需的信息的过程。

（3）经济学分析

对企业组织信息进行经济学分析，最常用的方法是SWOT分析法。

SWOT分析法从各个角度对组织现状进行分析，组织面临的是机会还是威胁，拥有多少优势、多少劣势，主要取决于组织实力。

2. 调研报告的撰写

指根据调查研究和资料分析的情况写出的、供企业决策者使用的书面报告，主要包括调研的目的和要求、调研的方式和方法、调研结果的结论和对相关问题的建议等，以及调研过程的详细资料和统计分析附表。

撰写调研报告必须坚持真实、完整、客观和适用的原则，具体应当注意以下几点：

（1）必须明确说明调研数据的来源，以示资料的可靠性；

（2）必须说明对数据进行统计分析的方法，以示资料的科学性；

（3）必须说明被调查对象的基本情况；

（4）必须对企业组织信息进行分类。

3. 企业组织信息的应用

（1）企业组织信息的传输。

（2）企业组织信息的存储。

（3）企业组织信息的检索。

命题点6　现代企业组织的概念

根据生产经营需要，企业通常划分为若干车间（或分厂），车间视其规模大小又可进一步划分为若干工段或班组。此外，企业还建立计划、供应、销售、质量管理、财务等职能科室，班组及科室又由若干岗位组成。车间、班组、科室、岗位均可视作管理单位，而“企业车间—班组—岗位”之间则形成管理层次，这是企业组织的有形部分，即所谓管理体制中的“体”；组织职能还要对不同管理层次、不同管理单位分别规定其任务、责任、权力以及沟通、协作方式，形成制度，这是企业组织的无形部分，即所谓管理体制的“制”。不同的管理体制既可反映为“体”的不同，也可反映为“制的差别，从而形成组织的差异。

命题点7　现代企业组织结构的类型

1. 直线制

（1）含义

又称军队式结构，是一种最简单的集权式组织结构形式。

（2）优点

结构简单，指挥系统清晰、统一；责权关系明确；横向联系少，内部协调容易；信息沟通迅速，解决问题及时，管理效率高。

（3）缺点

组织结构缺乏弹性；组织内部缺乏横向交流；缺乏专业化分工，不利于管理水平的提高；经营管理事务仅依赖于少数几个人，要求企业领导人必须是经营管理全才，但这是很难做到的，尤其是在企业规模扩大时，管理工作会超过个人能力所能承受的限度，不利于集中精力研究企业管理的重大问题。直线制结构只适用于那些规模较小或业务活动简单、稳定的企业。

2. 职能制

（1）含义

又称多线制，是指按照专业分工设置相应的职能管理部门，实行专业分工管理的组织结构形式。职能制结构只适用于计划经济体制下的企业，必须经过改造才能应用于市场经济下的企业。

（2）优点

提高了企业管理的专业化程度和专业化水平；由于每个职能部门只负责某一方面工作，可充分发挥专家的作用，对下级的工作提供详细的业务指导；由于吸收了专家参与管理，直线领导的工作负担得到了减轻，从而有更多的时间和精力考虑组织的重大战略问题；有利于提高各职能专家自身的业务水平；有利于各职能管理者的选拔、培训和考核的实施。

（3）缺点

多头领导，政出多门，不利于集中领导和统一指挥，造成管理混乱，令下属无所适从；直线人员和职能部门责权不清，彼此之间易产生意见分歧，互相争名夺利，争功诿过，难以协调，最终必然导致功过不明，赏罚不公，责、权、利不能很好地统一起来；机构复杂，增加管理费用，加重企业负担；由于过分强调按职能进行专业分工，各职能人员的知识面和经验较狭窄，不利于培养全面型的管理人才；这种组织形式决策慢，不够灵活，难以适应环境的变化。

3. 直线职能制

（1）含义

是一种以直线制结构为基础，在厂长(经理)领导下设置相应的职能部门，实行厂长(经理)统一指挥与职能部门参谋、指导相结合的组织结构形式。

（2）优点

厂长(经理)对业务和职能部门均实行垂直式领导。直线职能制是一种集权和分权相结合的组织结构形式，是一种有助于提高管理效率的组织结构形式，在现代企业中适用范围比较广泛。

4. 事业部制

（1）含义

也称分权制结构，是一种在直线职能制基础上演变而来的现代企业组织结构形式。

（2）原则

它遵循“集中决策、分散经营”的总原则，实行集中决策指导下的分散经营，按产品、地区和顾客等标志将企业划分为若干相对独立的经营单位，分别组成事业部。

（3）优势

① 权力下放，有利于最高管理层摆脱日常行政事务，集中精力于外部环境的研究，制定长远的全局性的发展战略规划，使其成为强有力的决策中心；

② 各事业部主管摆脱了事事请示汇报的规定，能自主处理各种日常工作，有助于增强事业部管理者的责任感，发挥他们搞好经营管理的主动性和创造性，提高企业的适应能力；

③ 各事业部可集中力量从事某一方面的经营活动，实现高度专业化，整个企业可以容纳若干经营特点迥异的事业部，形成大型联合企业；

④ 各事业部经营责任和权限明确，物质利益与经营状况紧密挂钩。

（4）不足

容易造成组织机构重叠、管理人员膨胀的现象；各事业部独立性强，考虑问题时容易忽视企业整体利益。

事业部制结构适合那些经营规模大、生产经营业务多元化、市场环境差异大、要求较强适应性的企业。

5. 超事业部制

（1）含义

又称执行部制，是一种在事业部制基础上演变而来的现代企业组织结构形式。

（2）优点

可以联合几个事业部的力量研发新产品，提供新服务，形成拳头优势。

（3）不足

管理层次增加、企业内部的横、纵向沟通问题更紧迫，管理人员增多，企业费用增加。因此，超事业部制主要适用于规模巨大，产品(服务)种类较多的企业。

6. 矩阵制

（1）含义

是由职能部门系列和为完成某一临时任务而组建的项目小组系列组成的，具有双道命令系统的现代企业组织结构形式。

（2）优点

将企业横向联系和纵向联系较好地结合起来，有利于加强各职能部门之间的沟通、协作和配合，及时解决问题，能在不增加机构设置和人员编制的前提下，将不同部门的专业人员集中在一起，组建方便；能较好地解决组织结构相对稳定和管理任务多变之间的矛盾。使一些临时性的、跨部门工作的执行变得不再困难；为企业综合管理与专业管理的结合提供了组织机构形式。

（3）缺点

组织关系比较复杂。

命题点 8　组织结构设计后的实施要则

（1）管理系统一元化原则。

（2）明确责任和权限的原则。

（3）优先组建管理机构和配备人员的原则。

（4）分配职责的原则。

命题点 9　组织结构图的绘制

1. 组织结构图绘制的基本图式

（1）组织结构图：说明公司各个部门及职能科室、业务部门设置以及管理层次、相互关系的图。

（2）组织职务图：表示各机构中所设立的各种职务的名称、种类的图。该图要说明人员编制的情况，有时也可以填上职务现任人员的姓名及相关情况。

（3）组织职能图：表示各级行政负责人或员工主要职责范围的图。

（4）组织功能图：表示某个机构或岗位主要功能的图。

2. 绘制组织结构图的前期准备

（1）应明确企业各级机构的职能。

（2）将所管辖的业务内容一一列出。

（3）将相似的工作综合归类。

（4）将已分类的工作逐项分配给下一个层次，并按所管业务的性质划分出执行命令的实际工作部门和参谋机构(职能部门)。

命题点 10　工作岗位研究的相关知识

1. 概念

是岗位调查、岗位分析、岗位设计、岗位评价和岗位分级等项活动的总称。更确切地说，它是以企业单位各类劳动者的工作岗位为对象，采用多种科学方法，经过岗位调查、岗位分析、岗位设计、岗位评价和岗位分类等多个环节，制定出工作说明书等人事文件，为人力资源的战略规划、招聘配置、绩效考评、培训开发、薪酬福利、劳动关系等项管理提供规范和标准的过程。

2. 特点

（1）对象性。

（2）系统性。

（3）综合性。

（4）应用性。

（5）科学性。

3. 相关概念

（1）任务：是为达到一定的工作目标而进行的一项劳动活动。

（2）职务：即岗位名称，对某一工作岗位(职位)特定的指称。

（3）责任：即岗位责任，是指根据劳动分工与协作的要求，规定员工在本岗位范围内对事、对物或对人所承担的各种义务。

（4）职责：即职责范围，是岗位的职务、任务与责任的简称。

（5）职权：是指职务范围以内所应具有的权力。

（6）权限：是对职权范围的具体规定，是对职权的具体细分细化。岗位权限是在完成岗位职责范围内的工作任务时，可在一定限度内自主行使的各种权力。

（7）职位：亦即岗位，特指国家行政机关中的工作岗位。

（8）岗位：是工作岗位的简称，是指在特定的组织中在一定时间、空间范围内，由员工所要完成的工作任务，以及与之对应的责任、权限和职务组成的统一体。

（9）工作：它有三种含义：①泛指体力和脑力劳动活动；②专指职业；③狭义上的“工作”特指若干项专门任务。

（10）工作族：它是两个或两个以上工作的集合。一个工作族是由性质相同的若干项工作组成。

（11）职业：它是指人们在社会中所从事的作为主要生活来源的某种工作。

命题点 11　工作岗位研究的原则

（1）系统的原则。

（2）能级的原则。

（3）标准化原则。

（4）最优化原则。

命题点 12　工作岗位调查的意义与内容

1. 意义

（1）含义

工作岗位调查是以工作岗位为对象，采用科学的调查方法，收集各种与岗位相关的信息和数据的过程。

（2）目的

① 收集各种相关的数据、资料，以便系统、全面、深入地对岗位进行描述；

② 为改进工作岗位的设计提供信息；

③ 为制定各种人事文件、进行岗位分析提供数据；

④ 为工作岗位评价与工作岗位分类提供必要的依据。

（3）意义

工作岗位调查是岗位研究的重要组成部分，只有搞好岗位调查，才能准确、全面、系统地占有丰富的原始数据，顺利进行岗位分析和评价，正确地认识岗位的性质和特征，达到岗位研究的目的。

深入进行工作岗位调查，是实现工作岗位研究的各项任务，提高岗位分析、评价与分类质量的首要环节和重要保证。

2. 内容

（1）本岗位工作任务的性质、内容和程序，完成各项任务所需要的时间及其占工作日制度时间的百分比；

（2）本岗位的名称、工作地点，担任本岗位员工的职称、职务、年龄、工龄、技术等级、工资等级等；

（3）本岗位的责任；

（4）承担本岗位的资格、条件；

（5）担任本岗位工作所需要的体力；

（6）本岗位的工作危险性；

（7）本岗位的劳动强度、劳动的姿势、空间、操作的自由度等；

（8）本岗位使用的设备和工具的复杂程度；

（9）工作条件和劳动环境；

（10）其他需要补充说明的事项。

命题点 13　工作岗位调查的方式

1. 面谈

（1）含义

指为了获得岗位的相关信息，调查人直接与员工见面，调查其所在岗位的情况的方法。

（2）应注意的问题

① 尊重被调查人；

② 根据调查目的布置面谈环境；

③ 面谈中，应允许被调查人长篇大论，直到他自己认为无话可说时为止；

④ 调查人对重大原则问题，应避免发表个人的观点和看法，做到"引而不发"；

⑤ 面谈中，应避免命令式提问，而采取启发式提问。

2. 现场观测

（1）含义

指调查人直接到工作现场进行实地观察和测定的方法。

（2）应注意的问题

① 对调查的工作事项要多提几个为什么；

② 调查人应在不引人注意的地方进行观察记录，以防干扰员工的正常工作；

③ 为了掌握全面的情况，应选择多处场地对同类岗位（工作）进行观察，可消除员工个体特征对调查结果的影响。

3. 书面调查

（1）含义

指利用调查表进行岗位调查的方法。

（2）影响因素

① 调查表本身设计的合理性；

② 被调查人文化水平的高低及填写时的诚意、兴趣和态度。

命题点 14　使用调查表格的要求

（1）按时间先后顺序，先月初后月末、将本岗位的全部工作任务，无论是主要的还是次要的，经常性的还是零时性的，均应一一列出。

（2）在此基础上对每一事项详细加以说明。

（3）尽量避免使用含混不清的词句。

（4）指出完成各项工作责任的大小。

（5）指出完成各项工作事项所需要的时间，或完成各事项所用时间占总工作时间的百分比。

（6）指出最困难、最重要的工作，并说明原因。

（7）指出是否有监督、指挥、领导的责任。

（8）指出本岗位与其他岗位的关系。

命题点 15　工作岗位写实功能、种类及原则

1. 功能

（1）全面了解被调查对象在一个工作日内工作活动的情况，掌握其具体的工作内容、程序、步骤和方法。

（2）在岗位写实中，可以通过必要的提问，深入了解事件的背景及其产生的原因，透视在重要或细微表现的背后所隐含的真相。

（3）掌握员工工时利用情况，分析工时损失的原因，为提高岗位的工时利用率提供依据。

（4）通过对若干岗位的写实，可以发现企业营销、生产、技术、财务、人事等方面管理工作的薄弱环节。

（5）为最大限度地增加产量，规定员工和设备在工作日内合理的负荷量，确定劳动者体力劳动强度的级别等提供必要的依据。

（6）可以满足岗位调查表中所需填写的大部分项目的要求，采集到更具体翔实的数据和资料。

2. 种类

（1）个人岗位写实

即由调查人员对一名员工在一个工作日内全部工作的情况，进行全面观察、记录和分析的写实方法。

（2）工作岗位写实

即由调查人员对一个工作日内一组员工在一个或几个工作地点上共同劳作的全部情况，进行观察、记录和分析的写实方法。

（3）多机台看管写实

即由调查人员对一个工作日内一名员工或一组员工实行多机台看管的作业全部情况，进行观察、记录和分析的写实方法。

（4）特殊岗位写实

即为了满足某种特殊需要而专门组织的岗位写实。写实的对象可以是作业人员，也可以是营销人员、管理人员或技术人员。

（5）自我岗位写实

即员工在从事本岗位生产或工作任务的过程中，对自己在整个工作日内的工作情况，进行记录和分析的写实方法。

3. 原则

（1）写实人员不能向被观察者任意发号施令，强加于人。

（2）写实人员应以真诚友好的态度和行为，善待被观察者，与其建立和谐的工作关系。

（3）写实人员在观察写实的过程中，应当循循善诱，积极引导，排除各种干扰和阻力，保证写实的顺利进行，以期获得理想的岗位信息。

命题点 16　工作岗位写实的实施步骤

1. 岗位写实前的准备工作

（1）根据岗位写实的目的，确定岗位写实的对象。

① 确定写实人员，并明确其工作职责；

② 根据岗位写实的目的，确认写实的对象。

（2）进行初步岗位调查。

（3）制定出写实工作计划，规定好具体的写实程序和步骤，设计出写实调查表，做好书写板、定时器等所需仪器的准备工作，明确规定划分工作事项的标准，以及各类工时消耗的代号、编码，以便于登记记录数据资料。

（4）培训写实人员，使其熟练掌握岗位写实的技术技巧。

（5）写实人员要把写实的意图和要求向被调查者解释清楚，使其积极配合，全力协助写实人员完成信息的采集工作。

2. 实地观察记录

岗位写实一般应从上班开始，一直到下班结束，应将整个工作日的活动情况毫无遗漏地记录下来，以保证写实数据的完整性。

3. 写实资料的整理汇总

（1）计算各活动事项的时间消耗。

（2）对所有观察事项进行分类，汇总计算出每一类工时的合计数。

（3）编制岗位写实的汇总表，在分析、研究各类工时消耗的基础上，计算出每类工时消耗占用全部工作时间及作业时间的比重。

（4）分析岗位工作的内外环境和条件，掌握关联工作活动的各种信息。

（5）根据岗位写实的结果，写出岗位综合分析的报告。

命题点 17　作业测时

1. 含义

是以工序或某一作业为对象，按照操作顺序进行实地观察记录，研究作业活动的一种方法。

2. 基本功能

（1）以工序作业时间为消耗对象，进行深入系统的分析研究，为制定工时定额提供数据资料。

（2）总结和推广先进员工的操作方法和先进经验，帮助后进员工改善操作方法，使操作方法合理化、科学化，不断减轻员工的体力消耗和劳动强度。

（3）分析和研究多机台看管和生产流水线的节拍，合理确定各工作岗位的劳动负荷量，改善劳动组织，提高劳动生产率。

（4）为掌握岗位的劳动负荷量，以及进行体力劳动强度分级提供依据。

（5）弥补岗位写实无法获得的工时数据资料。

3. 与岗位写实的区别

（1）两者的研究范围不同。

（2）两者观测的精细程度不同。

（3）两者的具体作用不同。

4. 实施步骤

（1）测时前的准备

① 根据测时的目的选择测时对象。

② 了解被测对象和加工作业方面的情况。

③ 根据实际情况，将工序划分为操作或操作组。划分的原则是：基本时间和辅助时间要分开；机动时间、手动时间和手工操作时间要分开。

④ 测时最好在上班1～2小时后，待生产稳定后进行。

（2）实地测时观察

测时观察通常采取连续测时法，就是按操作顺序，连续记录每个操作的起止时间。也可以采取整体法，即反复记录全部操作的延续时间。

（3）测时资料的整理、分析

① 根据测时记录，删去不正常的数值，以便求出在正常条件下操作的延续时间。

② 计算有效的观察次数，求出每一操作的平均延续时间。

③ 计算稳定系数，检验每一项操作平均延续时间的准确和可靠程度。

稳定系数是测时数列（同一操作多次测定记录的时间值）中最大数值与最小数值的比值，即：稳定系数＝测时数列中最大的数值/测时数列中最小的数值

稳定系数越接近1，说明测时数列波动越小，比较可靠；相反，则说明数列波动越大，可靠性越小。

④ 由每个操作平均延续时间，计算出工序的作业时间，再经过工时评定，得到符合定额水平的时间值，作为制定时间定额的依据。

命题点18　岗位抽样的相关知识

1. 概念

是统计抽样法在工作岗位调查中的具体运用，它是根据概率论和数理统计学的原理，对工作岗位随机地进行抽样调查，利用抽样调查得到的数据资料对总体状况做出推断的一种方法。

2. 作用与特点

（1）作用

① 用于调查各类员工在工作班内的工作活动情况，掌握其内容、程序、步骤等各种相关数据和资料；

② 掌握岗位各类工时消耗的情况，为制定修订劳动定员定额标准，衡量评价定员定额水平提供依据；

③ 用于研究机械设备的运转情况，调查设备的利用率、故障率；

④ 用于改进工作程序和操作方法。

（2）特点

① 使用范围广；

② 节省时间，节约费用；

③ 取得的资料真实可靠，能消除被观测人员在生理心理上的影响；

④ 测定人员不必整天连续在工作现场进行观察，大大减少了工作量，避免因冗长的观测所带来的疲劳和厌烦情绪。

3. 实施步骤

（1）明确调查目的。

（2）作业活动分类。

（3）确定观测次数。

（4）确定观测的时刻。

（5）现场观测。

（6）检验抽样资料。

（7）评价最后抽样结果。

命题点 19　企业员工统计的相关知识

1. 概念

包括人数统计和结构统计，企业员工人数统计是指一定时期内对整个企业或某个部门在职员工总人数的统计，又称平均人数统计；企业员工结构统计是指一定时期内对整个企业或某个部门在职员工按照一定标志所进行的构成统计。

2. 分类

（1）按性别构成分类。

（2）按年龄构成分类。

（3）按学历结构分类。

（4）按职业资格分类。

（5）按专业构成分类。

（6）按职业类别分类。

3. 方法

（1）员工平均人数统计

① 月平均人数

指计算月内平均每天拥有的人数。

是以计算月内每天实际人数相加之和，除以计算月内的日历日数求得，其计算公式为：

$$月平均人数=\frac{计算月内每天实际人数之和}{计算月内的日历日数}$$

在计算月平均人数时应注意：

a. 公休日与节假日的人数按前一天的人数计算；

b. 对新建立不满全月的单位(月中或月末建立)，在计算该月平均人数时，应以其建立后各天实际人数之和，除以报告期日历日数求得，而不能除以该单位建立的天数。

② 季平均人数

指计算季内平均每天拥有的人数，是以计算季内各月平均人数之和除以 3 后求得。其计算公式是：

$$季平均人数=\frac{计算季内各月平均人数之和}{3}$$

③ 年平均人数

指计算年内平均每天拥有的人数，是以 12 个月的平均人数相加之和除以 12 求得，或以 4 个季度平均人数之和除以 4 求得。其计算公式是：

$$年平均人数=\frac{计算年内12个月年内平均人数之和}{12}$$

或：$年平均人数=\dfrac{计算年内4个季度平均人数之和}{4}$

（2）员工结构统计

① 员工性别构成统计。

反映员工性别构成的主要指标有：女性员工占全部员工的比重、男性员工占全部员工的比重、员工的性别比例。

② 员工年龄构成统计。

a. 针对特定的岗位或部门，按年龄对员工进行分组；

b. 对员工分组结果转换比率数，绘制员工年龄结构比率表。

③ 员工学历构成统计。

④ 员工职业资格结构统计。

命题点 20 工时利用统计

1. 工作时间统计的意义

（1）为合理安排作业计划和定岗定员提供依据。

（2）为企业产品成本核算提供依据。

（3）为合理发放工作报酬、考核、奖励、晋升提供依据。

（4）为提高工作效率提供依据。

2. 工作时间的构成

（1）日历时间

日历时间是整个时间资源的总量，是员工工作时间的自然极限。

（2）制度公休时间

其是指法定的公休日和节假日。我国的法定休息日，全年共有 104 天，加上全民的节假日 10 天，我国制度公休时间为 114 天。

（3）制度工作时间

其是指法定工作时间。它反映出能利用的工作时间的最大值，是考核企业工作时间利用程度充分与否的标准。

（4）缺勤时间

其是指在制度工作时间内由于个人原因没有上班的时间。缺勤时间分为全日缺勤和非全日缺勤两类，前者是指员工在一个工作日中都未上班；后者是指员工在一个工作日中，仅有几个小时来上班。

（5）出勤时间

其是指在制度工作时间内，员工实际上班的时间。

（6）停工时间

其是指在制度工作时间内，由于企业的原因造成员工上班但没有从事生产活动的时间。停工时间又分为停工被利用时间和停工损失的时间。

（7）非生产时间

其是指在制度工作时间内，员工出勤后由于行政原因安排其从事非生产性活动的时间。

（8）制度内实际工作时间

其是指在规定的工作时间内，员工出勤后实际从事生产作业活动的时间，它是工作时间的核心部分。

(9) 加班时间

其是指在规定工作时间以外，由于生产经营活动的需要，企业安排员工实际从事生产作业活动的时间。

(10) 全都实际工作时间

其是指员工在规定工作以内和以外，实际从事生产作业活动的时间总和。

3. 工作时间的核算

(1) 日历工日数与日历工时数

日历工日 = 计算期的日历天数 × 计算期平均人数

日历工时 = 计算期的日历天数 × 计算期平均人数 × 制度工作日长度

(2) 制度公休工日数与制度公休工时数

制度公休工日 = 计算期制度公休天数 × 计算期平均人数

制度公休工时 = 计算期制度公休天数 × 计算期平均人数 × 制度工作日长度

(3) 制度工作工日数与制度工作工时数

制度工作工日 = 日历工日 - 制度公休工日

= 计算期制度工作天数 × 计算期平均人数

= 出勤工日 + 缺勤工日

制度工作工时 = 计算期制度工作天数 × 计算期平均人数 × 制度工作日长度

= 日历工时 - 制度公休工时

(4) 缺勤工日数与缺勤工时数

缺勤工日 = 计算期缺勤天数 × 计算平均人数

缺勤工时 = 缺勤工日 × 制度工作日长度 + 非全日缺勤工时

(5) 出勤工日数与出勤工时数

出勤工日 = 制度工作工日 - 缺勤工日

出勤工时 = 制度工作工时 - 缺勤工时

= 全日出勤工日 × 制度工作日长度 - 非全日缺勤工时

(6) 停工工日数与停工工时数

停工工时 = 全日停工工日 × 制度工作日长度 + 非全日停工工时

(7) 非生产工日数与非生产工时数

非生产工时 = 全日非生产工日 × 制度工作日长度 + 非全日非生产工时

(8) 制度内实际工作工日数与制度内实际工作工时数

制度内实际工作工日 = 制度工作工日 - 缺勤工日 - 停工工日 - 非生产工日 + 停工被利用工日 = 出勤工日 - 停工工日 - 非生产工日 + 停工被利用工日

制度内实际工作工时 = 制度工作工时 - (缺勤工时 + 停工工时 + 非生产工时) + 停工被利用工时 = 出勤工时 - (停工工时 + 非生产工时) + 停工被利用工时

(9) 加班工日数与加班工时数

加班工时 = 加班工日 × 制度工作日长度 + 加班工时

(10) 全部实际工作工日数与全部实际工作工时数

全部实际工作工日 = 制度内实际工作工日 + 加班工日

全部实际工作工时 = 制度内实际工作工时 + 加班工时

4. 工作时间利用程度分析

(1) 工作时间利用程度的基本分析

① 出勤率指标

出勤率表明员工在制度规定的工作时间内实际出勤工作的程度，可以分别按工日与工时计算。

计算公式如下：出勤率 = 实际出勤工时 ÷ 制度工作工时 × 100%

此外，还可以计算缺勤率。

计算公式如下：缺勤率 = 实际缺勤工时 ÷ 制度工作工时 × 100%

② 出勤时间利用率指标

亦称作业率，是反映员工在出勤时间内实际工作工时及其被利用情况的指标。

$$\text{出勤时间利用率指标} = \text{实际工作工时} \div \text{出勤工作工时} \times 100\%$$

③ 制度工时利用率指标

制度工时利用率反映在制度规定的工作时间内实际用于生产作业的程度。

$$\text{制度工时利用率} = \frac{\text{制度内实际工作时间}}{\text{制度工作时间}} \times 100\%$$

$$= \text{出勤率} \times \text{出勤时间利用率}$$

④ 工作负荷率

指员工实际工作时间占制度工作时间的比率，反映员工制度工作时间实际被利用程度。它在一定程度上体现员工所承担和完成工作量的大小。

$$\text{工作负荷率} = \frac{\text{实际工作时间}}{\text{制度工作时间}} \times 100\%$$

(2) 工作时间利用的其他分析

① 工作日利用率指标

工作日利用率说明在计算期内平均一个员工一个工作日实际从事生产作业活动的程度。

$$\text{工作日利用率} = \frac{\text{制度工作日实际长度}}{\text{制度工作日长度}} \times 100\%$$

$$\text{制度工作日实际长度} = \frac{\text{制度内实际工作工时}}{\text{制度内实际工作工日}}$$

② 工作月利用率指标

工作月利用率是一个企业的员工平均每人(在一个月)实际工作天数和规定天数的比值，说明员工工作月的利用程度。

它受全日缺勤、全日停工和全日从事非生产时间的影响。

$$\text{工作月利用率} = \frac{\text{制度工作月实际长度(天数)}}{\text{制度工作月规定长度}} \times 100\%$$

工作月实际长度是平均每个员工一个月实际从事生产作业的天数。

$$\text{工作月实际长度(天数)} = \frac{\text{制度内实际工作日}}{\text{全月平均人数}}$$

制度工作月长度是日历天数扣除制度公休日数后应该出勤和作业的天数。也可以用下面公式计算：

$$\text{制度工作月长度(天数)} = \frac{\text{全月制度工作工日}}{\text{生产工人月平均人数}}$$

(3) 加班时间的分析

① 加班比重指标

是反映加班在全部实际工作时间内所占比重的指标。

$$加班比重指标 = \frac{计算期加班工时}{计算期全部实际工作工时}$$

② 加班强度指标

是计算期加班工时与制度内实际工作工时的比率。公式要乘以100，表明计算期内平均每发生百个制度实际工作工时出现了多少个加班加点工时，该指标越大，说明加班情况越严重。

$$加班强度指标 = \frac{计算期加班工时}{计算制度内实际工作工时} \times 100$$

③ 平均加班长度指针

是加班工时与同时期制度内实际工作工日的比率。表明平均每个工作日实际加班的长度，即超时工作的时间。

$$平均加班长度指针 = \frac{计算期加班工时数}{计算制度内实际工作工日数}$$

命题点21　劳动定额的基本形式

1. 概念

指在一定生产技术组织条件下，采用科学合理的方法，对生产单位合格产品或完成一定工作任务的活劳动消耗量所预先规定的限额。

2. 种类

(1) 按劳动定额的表现形式分类

① 时间定额

亦称工时定额，它是指为生产单位合格产品或完成一定工作任务的劳动时间消耗的限额。

② 产量定额

其是指在单位时间内生产合格产品的数量或规定完成一定的工作任务量的限额。

③ 看管定额

其是指对操作者(1个人或1组)在同一时间内照管机器设备的台数或工作岗位数所规定的限额。

④ 服务定额

其是指按一定的质量要求，对服务人员在制度时间内提供某种服务所规定的限额。

⑤ 工作定额

其是指采用多种指标和方法，对各类人员完成技术性、管理性、公务性劳动所规定的限额。

⑥ 人员定额

亦即企业定员、劳动定员，它是指在一定的生产技术组织条件下，为了保证企业生产经营活动的正常进行，按一定素质要求，对企业各类岗位人员的配置所规定的限额。

⑦ 其他形式的劳动定额。

（2）按劳动定额的实施范围分类

① 统一定额

其是某一部门、地区或行业对所属企业的主要产品，在广泛调查研究的基础上制定的定额。

② 企业定额

其是企业根据自己的具体生产技术组织条件，参照统一劳动定额，由企业厂部组织制定的劳动定额，经有关领导批准后，在本企业范围内执行。

③ 一次性定额

其是企业在特殊情况下，由定额人员会同生产技术主管部门有关人员根据实际情况制定的，在一定时期、一定范围和一定条件下实行。这种定额一般只使用一次，故称一次性定额。

（3）按劳动定额的用途分类

① 现行定额

即在日常生产和管理中具体实行的劳动定额。

② 计划定额

即计划期内预计要实行的定额。

③ 设计定额

其是设计或计划部门根据产品工艺数据和初步设计的年产量，参照技术定额标准，或者通过与同类型产品的现行定额进行对比分析计算出来的定额。

④ 不变定额

亦称固定定额，它是指将某个时期(年初或年末)的现行定额固定下来，在几年或一段时期内保持不变。

（4）按劳动定额编制的综合程度分类

① 时间定额

可具体分为：工步、工序、零件、部件(电子产品为元件、器件)、单位产品的时间定额。

② 产量定额

可具体分为：单项定额，指只包括一道工序作业的定额；综合定额，指包括若干道工序作业的定额。

（5）按劳动定额的制定方法分类

① 经验估工定额

即采用经验估工法制定的定额。

② 统计定额

即运用统计资料，经过必要的统计整理和分析，制定出的劳动定额。

③ 技术定额

运用实地观测或技术分析计算方法制定出的劳动定额。

④ 类推比较定额

即采用类推比较法制定的劳动定额。

（6）按劳动定额水平的高低分类

可分为先进定额、平均先进或先进合理的定额、落后的定额三种。

(7) 按劳动定额反映的生产工艺特点分类

① 机械制造业劳动定额；

② 建筑安装业劳动定额；

③ 煤炭、冶金、矿山业劳动定额；

④ 纺织、服装、印染业劳动定额；

⑤ 铁路、港航、运输业劳动定额；

⑥ 电子、仪器、仪表业劳动定额；

⑦ 玻璃、塑料、造纸业劳动定额；

⑧ 制革、印刷、日用化工业劳动定额；

⑨ 其他劳动定额。

(8) 按其他标志分类。

如按制定、审批、发布的程序不同，按工时消耗的不同分类，按定额执行的期限分类，按定额具体实施的程度分类等。

3. 劳动定额的内容

(1) 劳动定额的制定。

(2) 劳动定额的贯彻执行。

(3) 劳动定额的统计分析。

(4) 劳动定额的修订。

4. 工时定额和产量定额的换算

工时定额和产量定额是劳动定额的两种基本表现形式，它们在数值上互成倒数关系。工时定额越低，产量定额也就越高；反之亦然。其数量关系式是：

$$T=\frac{1}{Q}\text{或者 }Q=\frac{1}{T}$$

式中：Q——工时定额；

T——产量定额。

同时，个人的班产量定额和单件工时定额有如下关系：

$$Q_B=\frac{480(\text{分钟})}{T_A}\text{ 或者 }T_A=\frac{480(\text{分钟})}{Q_B}$$

式中：Q_B——班产量定额；

T_A——单件工时定额。

命题点 22　制定劳动定额的相关知识

1. 劳动定额的影响因素

(1) 与设备、工具有关的因素。

(2) 与生产情况、生产过程有关的因素。

(3) 与操作方法有关的因素。

(4) 劳动力的配备与组织有关的因素。

(5) 与工作地有关的因素。

(6) 与各种规章制度及其他有关的影响因素。

2. 制定劳动定额的科学依据

(1) 技术依据。

（2）经济依据。

（3）心理生理依据。

3. 制定劳动定额的要求

“快、准、全”地制定劳动定额，是企业管理对劳动定额工作提出的一项基本要求。

“快”是时间上的要求，就是定额的制定应该迅速及时，以满足生产和管理的需要；“准”是质量上的要求，即制定的劳动定额应该先进合理，同时在不同产品，不同车间和工种之间保持水平平衡，只有这样，才能使劳动定额在生产和分配中发挥积极的作用；“全”是定额制定范围上的要求，即制定的劳动定额应该完整齐全，凡是需要和可能制定劳动定额的产品、车间、工种、岗位都要实施定额管理。

4. 制定劳动定额的基本方法

（1）经验估工法

即由定额员（必要时可以和技术人员、老工人相结合），依照产品图纸和工艺技术要求，并考虑生产现场使用的设备、工艺装备、原材料及其他生产条件，根据过去的实践经验对产品劳动消耗量进行估定的一种方法。

这种方法简便易行，工作量小，能满足定额制定“快”和“全”的要求；但是，容易受估工人员的水平和经验的局限，出现定额偏高、偏低的现象，制定的劳动定额准确性较差，定额水平不易平衡。

（2）统计分析法

即根据过去生产的同类型产品、零件、工序的实耗工时或产量的原始记录和统计数据，经过整理和分析，考虑今后企业的生产组织技术条件的变化，制定或修订定额的方法。

（3）类推比较法

即以现有同类型产品的零件或工序的定额为依据，经过分析比较推算出另一种产品、零件和工序定额的方法。

（4）技术定额法

其是通过对生产技术条件的分析，在挖掘生产潜力以及操作合理化的基础上，采用分析计算或实地测定来制定定额的方法，是一种比较先进和科学的方法。

步骤如下：

① 分解工序；

② 分析设备状况；

③ 分析生产组织与劳动组织；

④ 现场观察和分析计算。

5. 统计定额的制定方法

运用生产统计和劳动统计的有关资料，经过必要的整理汇总以后，通过分析计算，即采用统计分析法制定出的劳动定额，简称为统计定额。

（1）简单算术平均法

是根据实作工时（亦称实耗工时）的统计资料，采用简单算术平均数的基本计算公式，先求出一次平均数，然后再求出二次平均数，经过认真的对比分析和调整后，再制定出新的定额。

（2）加权算术平均法

当企业积累的实耗工时统计资料比较多时，可将工时资料先进行适当的分组，然后再采用加权算术平均法，求出平均先进值。

命题点 23　人力资源费用的预算

1. 人力资源费用的构成

（1）人工成本

指企业在一个生产经营周期(一般为一年)内，支付给员工的全部费用。

主要包括以下三方面内容：

① 工资项目；

② 保险福利项目；

③ 其他项目。

（2）人力资源管理费用

指企业在一个生产经营周期(一般为一年)内，人力资源部门的全部管理活动的费用支出。是计划期内人力资源管理活动得以正常运行的资金保证，主要包括以下三方面内容：

① 招聘费用；

② 培训费用；

③ 劳动争议处理费用。

2. 人力资源费用预算的原则

（1）合法合理原则。

（2）客观准确原则。

（3）整体兼顾原则。

（4）严肃认真原则。

命题点 24　人工成本预算编制的程序和方法

1. 工资项目的预算

（1）工资项目预算的前期工作

① 分析当地政府相关部门本年度发布的最低工资标准；

② 分析当年同比的消费者物价指数，是否大于或等于最低工资标准增长幅度；

③ 掌握并理解企业高层领导对下一年度工资调整的意向；

④ 考察和对比上一年度工资各子项目的预算和结算情况，分析上一年度工资费用的发展趋势，以及公司的生产经营状况；

⑤ 考察和对比本年度工资各子项目的预算和已发生费用结算情况，分析本年度工资费用的发展趋势，以及公司的生产经营状况。

（2）工资预算的步骤

① 单纯从工资费用预算、结算结果的发展趋势进行预测；

② 从公司的生产经营发展趋势进行预测；

③ 结合最低工资标准、消费者物价指数和工资指导线，以及企业高层领导对下一年度工资调整的意向；

④ 工资费用预算流程图。

2. 社会保险费与其他项目的预算

（1）分析检查和对照国家相关规定，考察对涉及员工权益的项目有无增加或减少，标准有无提高或降低；

（2）掌握本地区相关部门公布的各种相关员工上年度工资水平的数据资料；

（3）企业中上一年度工资及社会保险等方面的相关统计数据和资料。

命题点 25　编制人力资源管理费用预算

（1）认真分析人力资源管理各方面的活动及其过程，确定各个人力资源管理活动所需的费用项目，对这些费用按公司财务科目分类，分别统计核实，纳入相关会计科目。

（2）根据企业实际情况，为各个费用项目进行预算。

这些费用预算与执行的原则是“分头预算，总体控制，个案执行”，公司根据上年度预算与结算比较情况给一个控制额度。

命题点 26　人力资源管理费用的核算

1. 人力资源管理费用核算的要求

（1）加强费用开支的审核和控制。

（2）正确划分各种费用的界限。

（3）适应企业特点、管理要求，采用适当的核算方法。

2. 人力资源微观管理不当所导致的成本

指由于人力资源管理人员的行为对员工的工作行为乃至工作绩效产生副作用而导致的人力资源浪费或管理成本支出。一般表现为：

（1）直接成本

① 在纪律和监控方面，表现为人员缺勤率高、离职率高、消极怠工现象、申诉频繁、停工乃至罢工事件等；

② 在工作绩效方面，表现为生产或服务质量达不到预定的标准；

③ 设备仪器用具等的超损耗、原料超用等；

④ 在生产安全方面，表现为事故多发、事故造成生产或服务停止或损失、医疗费和赔偿费用高等。

（2）间接成本

① 在工作态度方面，表现为员工工作热情不高，缺乏工作主动性、积极性和创造性，得过且过，不满情绪积累等；

② 在交流方面，表现为员工不愿与管理人员交流，不愿提供真实的反馈而导致管理者决策失误；

③ 在工作关系方面，表现为员工与管理人员缺乏相互信任和尊重，工作上不配合、互相防范。

3. 人力资源管理费用的核算

（1）分析人力资源管理费用的项目，建立成本核算账目。

（2）确定具体项目的核算办法。

在核算上述模型所列项目时应注意：

① 人员招募与人员选拔的成本应按实际录用人数分摊；

② 在某些直接成本项目中也包括间接成本；

③ 某些成本项目部分交叉。

【经典真题详解】

一、单项选择题(每小题只有一个正确答案)

1. (　　)不是当面调查询问法的优点。【2009 年 5 月真题】

(A) 不受时间、地点限制　　(B) 机动灵活

(C) 采集的资料比较可靠　　(D) 成本很低

【答案】D　当面调查询问法又称面谈调查询问法，是指调查者当面向被调查者展开询问的方法。通过当面调查询问了解他们的观点，观察他们的反应。这种方法的优点是：机动灵活，不受时间、地点的限制；调查者可以直接、深入地了解被调查者的真实观点，采集到的资料比较全面、可靠。故选项 D 不是当面调查询问法的优点。

2. (　　)结构适合于经营规模大、生产经营业务多元化、市场环境差异大，要求较强适应性的企业。【2009 年 5 月真题】

(A) 事业部制　　(B) 矩阵制　　(C) 直线职能制　　(D) 直线制

【答案】A　事业部制结构的主要不足是：容易造成组织机构重叠、管理人员膨胀的现象；各事业部独立性强，考虑问题时容易忽视企业整体利益。因此，事业部制结构适合那些经营规模大、生产经营业务多元化、市场环境差异大、要求较强适应性的企业。

3. (　　)是由一组相似相近的任务所组成的劳动活动，是构成岗位的前提和基础。【2009 年 5 月真题】

(A) 工作　　(B) 职业　　(C) 职位　　(D) 岗位

【答案】A　工作的三种含义：(1)泛指体力和脑力劳动活动；(2)专指职业；(3)狭义上的“工作”特指若干项专门任务。在岗位研究中，工作是由一组相近相似的任务所组成的劳动活动，是构成岗位的前提和基础。

4. 下列有关岗位写实的说法错误的是(　　)。【2009 年 5 月真题】

(A) 进行岗位调查的基本方法之一　　(B) 写实范围可以是个人或集体

(C) 对象可以是员工，也可以是设备　　(D) 主要研究的是工时消耗情况

【答案】D　岗位写实不仅研究工时消耗，而且研究各类活动的内容及其结构比例，但更侧重于后者，较为“粗略”。而测时仅研究工序中作业活动的内容及其工时消耗的情况，较为“精细”，故 D 项说法错误。

5. 日历时间包括(　　)。【2009 年 5 月真题】

(A) 制度公休时间和出勤时间　　(B) 制度工作时间和制度公休时间

(C) 制度工作时间和出勤时间　　(D) 非生产时间和制度工作时间

【答案】B　日历时间是整个时间资源的总量，是员工工作时间的自然极限。它包括制度工作时间和制度公休时间。

6. (　　)是劳动定额的两种基本表现形式。【2009 年 5 月真题】

(A) 工时定额和产量定额　　(B) 工时定额和计划定额

(C) 产量定额和企业定额　　(D) 产量定额和计划定额

【答案】A　工时定额和产量定额是劳动定额的两种基本表现形式，它们在数值上互成倒数关系。工时定额越低，产量定额也就越高；反之亦然。

7. 下列有关制定劳动定额的要求表述不正确的是(　　)。【2009 年 5 月真题】

（A）定额的制定应该迅速及时　　（B）制定的劳动定额应完整齐全
（C）定额的制定反映市场行情　　（D）制定的劳动定额应先进合理

【答案】C “快、准、全”地制定劳动定额，是企业管理对劳动定额工作提出的一项基本要求。“快”是时间上的要求，就是定额的制定应该迅速及时，以满足生产和管理的需要；“准”是质量上的要求，即制定的劳动定额应该先进合理，同时在不同产品，不同车间和工种之间保持水平平衡，只有这样，才能使劳动定额在生产和分配中发挥积极的作用；“全”是定额制定范围上的要求，即制定的劳动定额应该完整齐全，凡是需要和可能制定劳动定额的产品、车间、工种、岗位都要实施定额管理。故选项 C 不正确。

8. 人力资源费用预算的原则不包括（　　）。【2009 年 5 月真题】
（A）合法合理原则　　（B）客观准确原则
（C）严肃认真原则　　（D）勤俭节约原则

【答案】D 人力资源费用预算的原则包括：(1)合法合理原则。(2)客观准确原则。(3)整体兼顾原则。(4)严肃认真原则。故 D 项错误。

9. 人力资源管理不当所导致的直接成本的一般表现不包括（　　）。【2009 年 5 月真题】
（A）离职率高　　（B）员工缺乏工作主动性
（C）罢工事件　　（D）生产达不到预定标准

【答案】B 人力资源管理不当所导致的直接成本包括：(1)在纪律和监控方面，表现为人员缺勤率高、离职率高、消极怠工现象、申诉频繁、停工乃至罢工事件等。(2)在工作绩效方面，表现为生产或服务质量达不到预定的标准。(3)设备仪器用具等的超损耗、原料超用等。(4)在生产安全方面，表现为事故多发、事故造成生产或服务停止或损失、医疗费和赔偿费用高等。故 B 项错误。

10. 在下列调查研究方法中，不属于询问法的是（　　）。【2008 年 11 月真题】
（A）会议调查法　（B）邮寄调查法　（C）问卷调查法　（D）行为记录法

【答案】D 询问法是指调查者通过询问的方式向被调查者展开调查的方法。根据调查者与被调查者接触方式方法的不同，询问法可以分为：当面调查询问法、电话调查法、会议调查询问法、邮寄调查法和问卷调查法等。故 D 项不属于询问法。

11. （　　）是最简单的集权组织结构形式。【2008 年 11 月真题】
（A）职能制　（B）超事业部制　（C）直线制　（D）直线事业部制

【答案】C 直线制又称军队式结构，是一种最简单的集权式组织结构形式，其领导关系按垂直系统建立，不设立专门的职能机构，自上而下形成垂直的领导与被领导关系。

12. （　　）是为达到一定的工作目标而进行的一项劳动活动。【2008 年 11 月真题】
（A）职务　（B）任务　（C）职责　（D）责任

【答案】B 任务是为达到一定的工作目标而进行的一项劳动活动。更确切地说，任务是指根据客观需要，指派员工所担负的工作及其责任。在一定时间、空间范围内，需要有一名员工承担一系列相同或相似的有密切联系的生产任务或工作任务时，一个工作岗位也就产生了。

13. 岗位抽样的作用不包括（　　）。【2008 年 11 月真题】
（A）掌握各类工时消耗的情况　　（B）研究机械设备运转情况
（C）改进工作程序和操作方法　　（D）提高员工工作的满意度

【答案】D 岗位抽样的作用有：(1)用于调查各类员工在工作班内的工作活动情况，掌握其内容、程序、步骤等各种相关数据和资料。(2)掌握岗位各类工时消耗的情况，为制定修订劳动定员定额标准，衡量评价定员定额水平提供依据。(3)用于研究机械设备的运转情况，调查设备的利用率、故障率。(4)用于改进工作程序和操作方法。故不包括D项。

14. (　　)是整个时间资源的总量，是员工工作时间的自然极限。【2008年11月真题】

(A) 日历时间　　(B) 制度工作时间

(C) 自然时间　　(D) 实际工作时间

【答案】A　日历时间是整个时间资源的总量，是员工工作时间的自然极限。故A项是正确答案。

15. 某企业上个季度的工时定额下降20个百分点，那么相应的产量定额提高率为(　　)。【2008年11月真题】

(A) 15%　　(B) 20%　　(C) 25%　　(D) 30%

【答案】C　工时定额和产量定额是劳动定额的两种基本表现形式，它们在数值上互成倒数关系。设工时定额的降低率为X，而相应的产量定额提高率为Y，则有$Q(1+Y)=\frac{1}{T(1-X)}$，则有$Y=\frac{X}{1-X}=\frac{0.2}{1-0.2}=0.25$，所以产量定额的提高率为25%。

16. (　　)是指在一次平均数之外，所有先进数值的二次平均数。【2008年11月真题】

(A) 平均日产量　　(B) 简单平均值　　(C) 先进平均工时　　(D) 加权平均值

【答案】C　先进平均工时是指在一次平均数之外，所有先进数值的二次平均数。其计算方法是：先求一次平均数，再求出先进数值的平均数。

17. 编制人力资源管理费用预算的原则不包括(　　)。【2008年11月真题】

(A) 分头预算　　(B) 总体控制　　(C) 个案执行　　(D) 节约能耗

【答案】D　编制人力资源管理费用预算与执行的原则是“分头预算，总体控制，个案执行”，公司根据上年度预算与结算比较情况给一个控制额度。故选项D错误。

18. 人力资源管理不当所导致的间接成本一般不包括(　　)。【2008年11月真题】

(A) 员工缺乏工作主动性　　(B) 离职率高

(C) 员工不愿意和管理人员交流　　(D) 工作上不配合

【答案】B　人力资源管理不当所导致的间接成本包括：(1)在工作态度方面，表现为员工工作热情不高，缺乏工作主动性、积极性和创造性，得过且过，不满情绪积累等。(2)在交流方面，表现为员工不愿与管理人员交流，不愿提供真实的反馈而导致管理者决策失误。(3)在工作关系方面，表现为员工与管理人员缺乏相互信任和尊重，工作上不配合、互相防范。故选项B错误。

二、多项选择题(每题有两个或两个以上正确答案。错选、少选、多选均不得分)

1. 企业组织信息调研报告的主要内容包括(　　)。【2009年5月真题】

(A) 调研的目的和要求　　(B) 统计分析的附表

(C) 调研的结果和建议　　(D) 调研过程的详细资料

(E) 调研的方式和方法

【答案】ABCDE　调研报告是指根据调查研究和资料分析的情况写出的、供企业决策者使用的书面报告，主要包括调研的目的和要求、调研的方式和方法、调研结果的结论和对相关问题的建议等，以及调研过程的详细资料和统计分析附表。

2. 超事业部制组织结构的缺点包括(　　)。【2009 年 5 月真题】

(A) 易出现组织机构重叠现象　　(B) 管理层次多，内部沟通难

(C) 各事业部责权关系不明确　　(D) 管理人员多，管理费用高

(E) 易出现管理人员膨胀现象

【答案】BD　超事业部制存在着以下不足：管理层次增加，企业内部的横、纵向沟通问题更紧迫，管理人员增多，企业费用增加。因此，超事业部制主要适用于规模巨大，产品(服务)种类较多的企业。

3. 工作岗位研究的特点包括(　　)。【2009 年 5 月真题】

(A) 对象性　(B) 系统性　(C) 综合性　(D) 应用性

(E) 科学性

【答案】ABCDE　工作岗位研究的特点有：(1)对象性。(2)系统性。(3)综合性。(4)应用性。(5)科学性。

4. 在对工作岗位进行现场观测调查时，应当注意(　　)。【2009 年 5 月真题】

(A) 对调查的工作多提几个为什么　　(B) 营造良好的现场观测环境条件

(C) 在被调查人可看见的地方进行观测　　(D) 选择多个场地对同类工作进行观测

(E) 调查人应在不引人注意的地方观测

【答案】ADE　现场观测是指调查人直接到工作现场进行实地观察和测定的方法。现场观测时应注意：(1)对调查的工作事项要多提几个为什么。(2)调查人应在不引人注意的地方进行观察记录，以防干扰员工的正常工作。(3)为了掌握全面的情况，应选择多处场地对同类岗位(工作)进行观察，可消除员工个体特征对调查结果的影响。

5. 反映员工性别构成的主要指标有(　　)。【2009 年 5 月真题】

(A) 女性员工占全部员工的比重　　(B) 所有男性员工的总人数

(C) 男性员工占全部员工的比重　　(D) 所有女性员工的总人数

(E) 员工的性别比

【答案】ACE　反映员工性别构成的主要指标有：女性员工占全部员工的比重、男性员工占全部员工的比重、员工的性别比例。

6. 撰写企业组织信息调研报告时，必须坚持(　　)的原则。【2008 年 11 月真题】

(A) 真实　(B) 及时　(C) 完整　(D) 客观

(E) 适用

【答案】ACDE　调研报告是指根据调查研究和资料分析的情况写出的、供企业决策者使用的书面报告，主要包括调研的目的和要求、调研的方式和方法。撰写调研报告必须坚持真实、完整、客观和适用的原则。

7. 组织结构图绘制的基本图式包括(　　)。【2008 年 11 月真题】

(A) 组织结构图　(B) 组织职务图　(C) 组织职能图　(D) 组织流程图

(E) 组织功能图

【答案】ABCE　组织结构图绘制的基本图式包括：(1)组织结构图：说明公司各个部门及职能科室、业务部门设置以及管理层次、相互关系的图。(2)组织职务图：表示各机构中所设立的各种职务的名称、种类的图。(3)组织职能图：表示各级行政负责人或员工主要职责范围的图。(4)组织功能图，表示某个机构或岗位主要功能的图。

8. 工作岗位研究是(　　)等项活动的总称。【2008 年 11 月真题】

(A) 岗位调查　　(B) 岗位分析　　(C) 岗位设计　　(D) 岗位评价

(E) 岗位分级

【答案】ABCDE　工作岗位研究是岗位调查、岗位分析、岗位设计、岗位评价和岗位分级等项活动的总称。更确切地说，它是以企业单位各类劳动者的工作岗位为对象，采用多种科学方法，经过岗位调查、岗位分析、岗位设计、岗位评价和岗位分类等多个环节，制定出工作说明书等人事文件，为人力资源的战略规划、招聘配置、绩效考评、培训开发、薪酬福利、劳动关系等项管理提供规范和标准的过程。

9. 工作岗位调查的方式包括(　　)。【2008 年 11 月真题】

(A) 现场预测　　(B) 询问　　(C) 书面调查　　(D) 面谈

(E) 会议调查

【答案】ACD　工作岗位调查的方式包括：(1) 面谈，指为了获得岗位的相关信息，调查人直接与员工见面，调查其所在岗位的情况的方法。(2) 现场观测，指调查人直接到工作现场进行实地观察和测定的方法。(3) 书面调查，指利用调查表进行岗位调查的方法。

10. 员工平均人数的统计包括(　　)。【2008 年 11 月真题】

(A) 日平均人数　　(B) 月平均人数　　(C) 季平均人数　　(D) 年平均人数

(E) 制度工作日平均人数

【答案】　BCD　员工平均人数统计包括：(1) 月平均人数，指计算月内平均每天拥有的人数。(2) 季平均人数，指计算季内平均每天拥有的人数，是以计算季内各月平均人数之和除以 3 后求得。(3) 年平均人数，指计算年内平均每天拥有的人数，是以 12 个月的平均人数相加之和除以 12 求得，或以 4 个季度平均人数之和除以 4 求得。

三、简答题

1. 劳动定额的影响因素有哪些?【2009 年 5 月真题】

【答案】劳动定额的影响因素包括：

(1) 与设备、工具有关的因素。

(2) 与生产情况、生产过程有关的因素。

(3) 与操作方法有关的因素。

(4) 劳动力的配备与组织有关的因素。

(5) 与工作地有关的因素，包括：①对工作地的布置应进行分析与了解，以决定生产设备、工具、材料、非成品在工作地上的布置是否合理，工作地面积是否够用，工人的坐凳及工作台是否适当等；②工作地的光线、通讯、温度等情况，也影响到工作的进行，必须使工作地的环境与劳动条件尽可能地有利于生产。

(6) 与各种规章制度及其他有关的影响因素，包括：①要了解本企业的作息换班制度，一班还是二班或三班，是否轮流日夜班工作，各班上下班的时间、缺勤率及迟到或早退等情况；②要了解劳动纪律的情况；③要了解工资及奖励制度推行的效果怎样，有无对劳动生产率起到积极作用，要不要修改，了解这些之后，才能了解工人的生产情绪，掌握定额制定工作；④应了解设备的修理制度，有无预修制度，修理制度是否合理、应否改进；⑤对于车间的平面布置及工作地分布情况要力求合理，使运输线路缩至最短，以提高效率。

2. 请简述劳动定额的内容。【2008 年 11 月真题】

【答案】　劳动定额是指在一定生产技术组织条件下，采用科学合理的方法，对生产单位合格产品或完成一定工作任务的活劳动消耗量所预先规定的限额。其内容包括：

（1）劳动定额的制定，采用适当的方法，“快、准、全”地制定出产品、零件、工序的各项工时定额，为企业经营管理提供基本数据，这是劳动定额管理的首要环节，是搞好定额管理的基本前提。

（2）劳动定额的贯彻执行，是企业劳动定额管理的一项很重要的工作内容。

（3）劳动定额的统计分析，是企业劳动定额管理的一项极其重要的基础工作。劳动定额贯彻执行以后，到底能不能满足企业生产组织和劳动组织的需要；新定额在执行中还存在哪些问题亟待解决。这些情况只有通过收集各种信息，以及各种有关的数据资料，经过统计汇总、整理和统计分析，才能加以说明。

（4）劳动定额的修订，是在定额的贯彻实施、统计分析之后，对定额的重新整顿和修改，它既是劳动定额管理的最后一个环节，又标志着新的定额产生，它使企业劳动定额水平向前推进了一步。

3. 请简述企业组织信息采集的程序。【2007 年 11 月真题】

【答案】 企业组织信息采集的程序如下：

（1）调研准备阶段。在本阶段，调研人员通过对企业的相关信息进行初步分析和非正式调研，确定调研的主题内容和范围。

（2）正式调研阶段。在本阶段，调研人员应确定获取相关信息的手段与方法，设计出科学合理的调查表格，并按预定的计划和设想，到现场展开调查。

四、计算题

某零件 A 工序加工原定额为 15 工分/件，已知其实耗工时统计资料为：14，13，15，12，10，9（工分/件）。【2009 年 5 月真题】

请根据上述资料，利用简单算术平均法，计算平均先进值和先进平均值。

【答案】（1）计算平均先进工时的方法：先求平均数，再将平均值与完成最好的实耗工时相加，求出二次平均数：$\bar{x} = \sum x_i/n = \frac{14+13+15+12+10+9}{6} = 12.17$（工分／件）

$$\bar{x} = \frac{\text{平均实耗工时} + \text{完成最好的实耗工时}}{2} = \frac{12.17+9}{2} = 10.59\text{（工分／件）}$$

（2）先进平均值的计算方法是：先求一次平均数，由（1）知为 12.17（工分/件），再求出先进数值的平均数，即：$\bar{x} = \frac{12+10+9}{3} = 10.33$（工分/件）。

第二章　招聘与配置

【命题规律】

根据对近年考试大纲及考试命题进行总结发现，本章的命题规律具体表现在以下几点：

1. 人员招聘的定义、企业人员补充的来源、竞聘上岗、人员招聘来源的选择及甄选，人员招聘的基本程序是本章特别重要的命题点。

2. 招聘广告的特点、原则、结构，招聘信息发布渠道的选择、选择报纸刊登招聘广告的程序和方法，以及招聘广告的设计，公司简介的功能和编写原则是重要的考核点。

3. 招聘申请表的特点和设计，应聘人员选拔的意义、简历与申请表的差异性、人员选拔的主要步骤和材料筛选法是命题考核的重点。

4. 对应聘者的背景进行调查的原则、方法和内容，校园招聘的方式、特点和可能出现的困难、问题，以及选择学校的考虑因素是常考的核心考点。

5. 人员录用的原则，员工信息管理系统的构建是常考的知识点。

6. 组织内部招聘选拔的注意事项，招聘信息的收集和整理，公司简介的编写步骤，招聘申请表的内容，校园招聘的概念及流程，员工录用的具体程序及员工信息管理都是需要熟悉的内容。

【命题点解读】

命题点1　人员招聘的基本程序与补充来源

1. 人员招聘的定义

是企业为了弥补岗位的空缺而进行的一系列人力资源管理活动的总称。它是人力资源管理的首要环节，是实现人力资源管理有效性的重要保证。

人员配置是企业为了实现生产经营的目标，采用科学的方法，根据岗得其人、人得其位、适才适所的原则，实现人力资源与其他物力、财力资源的有效结合而进行的一系列管理活动的总称。

从广义上讲，人员招聘包括招聘准备、招聘实施和招聘评估三个阶段；狭义的招聘即指招聘的实施阶段，其中主要包括招募、筛选(或称选拔、选择、挑选、甄选)、录用三个具体步骤。

2. 企业人员补充的来源

(1) 内部招募

指通过内部晋升、工作调换、工作轮换、人员重聘等方法，从企业内部人力资源储备中选拔出合适的人员补充到空缺或新增的岗位上去的活动。

内部招募具有如下优点：

① 准确性高；

② 适应较快；

③ 激励性强；

④ 费用较低。

内部招募的缺点主要表现在以下方面：

① 因处理不公、方法不当或员工个人原因，可能会在组织中造成一些矛盾，产生不利的影响；

② 容易造成“近亲繁殖”。

（2）外部招募

外部招募人员相对于内部选拔而言，成本比较高，而且也存在着较大的风险，但具有以下优势：

① 带来新思想、新方法；

② 有利于招到一流人才；

③ 树立形象的作用。

外部招募的不足：

① 筛选难度大，时间长；

② 进入角色慢；

③ 招募成本大；

④ 决策风险大；

⑤ 影响内部员工的积极性。

3. 竞聘上岗

这是我国国有企业在经济改革的实践活动中，涌现出来的一件新事物。

从企业人员招聘的内部来源来看，竞聘上岗也是企业从内部劳动力市场选拔人才的主要方法之一，具有一定的创新性、竞争性和科学性。

竞聘上岗的理论基础是能岗匹配原理。

4. 人员招聘的基本程序

（1）准备阶段

① 进行人员招聘的需求分析，明确哪些岗位需要补充人员；

② 明确掌握需要补充人员的工作岗位的性质、特征和要求；

③ 制订各类人员的招聘计划，提出切实可行的人员招聘策略。

（2）实施阶段

① 招募阶段

根据招聘计划确定的策略和用人条件与标准进行决策，采用适宜的招聘管道和相应的招聘方法，吸引合格的应聘者，以达到适当的效果。

② 筛选阶段

在吸引到众多符合标准的应聘者之后，还必须善于使用恰当的方法，挑选出最合适的人员。

③ 录用阶段

在这个阶段，招聘者和求职者都要做出自己的决策，以便达成个人和工作的最终匹配。

（3）评估阶段

进行招聘评估，可以及时发现问题、分析原因、寻找解决的对策，有利于及时调整有关计划并为下次招聘提供经验教训。

5. 人员招聘来源的选择

（1）分析岗位的招聘要求。

（2）分析招聘人员的特点。

（3）确定适当的招聘来源。

（4）选择适当的招聘方法。

6. 内外部招募具体来源的甄选

（1）内部招募来源的选择

① 内部提拔；

② 工作调换；

③ 工作轮换；

④ 重新聘用；

⑤ 公开招募。

（2）外部招募来源的选择

① 学校招聘；

② 竞争对手与其他单位；

③ 下岗失业者；

④ 退伍军人；

⑤ 退休人员。

7. 竞聘上岗的程序和步骤

（1）必须事先公布竞聘上岗的岗位，要特别强调聘任的公开性。

（2）为保证竞聘上岗的公正、公开、公平，必须成立竞聘上岗领导小组，小组内应至少有一人是企业外部专家，负责指导竞聘选拔工作，同时监督其公正性。

（3）所有竞聘岗位无一例外地不能有选定对象，领导不能参与推荐、暗示或个别谈话。

（4）竞聘岗位均要有科学完整的工作说明书，对应聘条件的设计必须具有普遍性，不能针对某些个体或小群体，应结合企业实际情况，确定合适的基本条件，并通过公告的形式向企业全体员工发布。

（5）要确保应聘岗位合理的候选人数。一个岗位不能只有一两个人报名参加竞聘，一般不应低于1∶6 的比例。

（6）企业组织竞聘时，可根据具体情况按以下步骤进行：

① 发布竞聘公告，内容包括竞聘岗位、职务、职务说明书、竞聘条件、报名时间、地点、方式等；

② 对应聘人员进行初步筛选，剔除明显不符合要求的应聘者；

③ 组织相关的“文化考试”或“技能考试”，组织必要的与竞聘岗位有关的其他测试；

④ 在初选的基础上，对候选人进行情景模拟测试；

⑤ 组织“考官小组”进行综合全面的“诊断性面试”，面试的指标体系的设计和权重体系的设计是至关重要的，一定要有针对性，不同的企业应采用不同的指标体系和权重体系；

⑥ 辅以一定的组织考核，对应聘者以往的工作业绩、实际的工作能力、群众对其的认可度等进行考核，并按1∶3的比例选拔出最终候选人，推荐给企业领导；

⑦ 按德、才、能、识、勤、绩、体对最后人选进行全面衡量，做出最终的人事决策；

⑧ 正式张榜公布竞聘上岗的结果，并履行人事任命手续。

8. 组织内部招聘选拔的注意事项

（1）避免长官意志的影响。

（2）不要求全责备。

（3）不要将人才固定化。

（4）全方位地发现人才。

命题点 2　招聘信息的收集与整理

1. 招聘需求信息发布的时间、方式、渠道与范围

（1）信息发布的范围

信息发布的范围是由招募对象的范围来决定的。发布信息的面越广，接收到该信息的人就会越多，这样可能招聘到合适人选的概率就越大。相应的，招聘费用则会增加。

（2）信息发布的时间

在条件允许的情况下，招聘信息应尽早向人们发布，这样有利于缩短招聘进程，而且有利于使更多的人获取信息，使应聘人数增加。

（3）招聘对象的层次性

招聘对象均处在社会的某个层次上，要根据招聘岗位的要求与特点，向特定的人员发布信息。

2. 招聘信息的收集

（1）招聘需求信息的产生

① 组织人力资源自然减员；

② 组织业务量的变化使得现有人员无法满足需要；

③ 现有人力资源配置情况不合理。

招聘需求信息是制定招聘计划的重要内容，也是确保招聘成功的必要准备工作。

（2）招聘信息的收集

招聘需求信息的收集主要是从用人部门收集有关空缺职务的所有信息。人员招聘信息主要有：

① 空缺岗位；

② 工作描述；

③ 任职资格。

3. 招聘需求信息的整理

（1）对招聘信息的分类。

（2）对招聘信息进行记录、保存。

（3）对招聘需求信息的打印。

（4）人员招聘信息的报送与审批。

命题点3 招聘信息发布与广告设计

1. 招聘广告的一般特点

人员招聘广告是企业单位补充各类岗位的空缺人员，应用最为普遍、最为广泛的人员招募方法之一。

企业采用广告形式招聘各类人才具有很多优点：

（1）工作岗位空缺的信息发布迅速，能够在一两天之内就传达给外界。

（2）同许多其他吸引方式相比，广告管道的成本比较低。

（3）在广告中可以同时发布多种类别工作岗位的招募信息。

（4）广告发布方式可以给企业留出足够的时间、机会和空间，挑选公司所需要的各类人才。

（5）对于招募初级、中级水平的一般员工来说，分类广告是一种富有成效的招聘手段。

（6）企业还可以利用广告管道发布遮蔽广告。

2. 招聘广告的设计原则

（1）引起读者的注意。

（2）激发读者的兴趣。

（3）创造求职的愿望。

（4）促使求职的行动。

3. 招聘广告的基本结构

国外的专家认为，招聘广告应当向公众传输有关公司概况、发展前景、工作地点、岗位职务、工作责任、任职资格、工资水平、福利待遇，以及对应聘者的相关经历、个人素质、工作前景等多方面信息。这不仅适用于企业在外部劳动力市场进行招募，也适用于企业在内部劳动力市场的招募工作。

4. 招聘信息发布渠道的选择

（1）报纸

一般情况下，报纸招聘广告比较适合于在某个特定地区的招聘、适合候选人数量较大的岗位、适合流失率较高的行业或职业。

（2）杂志

在一般情况下，杂志招聘广告比较适合于岗位候选人相对集中在某个专业领域内的情况、适合空缺岗位并非迫切需要补充且地区分布较广的情况。

（3）广播电视

一般情况下，广播电视招聘广告比较适合于当单位迅速扩大影响、需要招聘大量人员时，以及用于引起求职者关注、将单位形象的宣传与人员招聘同时进行的情况。

（4）网上招聘

由于这种方法具有信息传播范围广、速度快、成本低、时间周期长、联系快捷方便等优点，且不受时间、地域的限制，因而被广泛采用。

（5）其他印刷品

海报、公告、招贴、传单、宣传旗帜、小册子、直接邮寄等都是在特殊场合有特殊效果的方法。这些方法可以在求职者采取某种即时性行动的时候，引起他们对单位的兴趣，而且极富灵活性。但是这些方式自身的作用非常有限，必须与其他招聘方法相结合方能产生良好的效果。

5. 选择报纸刊登招聘广告的程序和方法

（1）基本程序。

① 选择刊登广告的报纸；

② 决定刊登广告的时间；

③ 编制刊登广告的费用预算，并向上级提出申请；

④ 广告文稿的拟订、修改与审批。

（2）办理刊登广告的手续。

① 预定版面（一般至少提前5天），并与报社广告公司订立广告合同；

② 营业执照副本3份，并加盖公章；

③ 招聘原稿复印件3份，并加盖公章；

④ 手续办理者持单位介绍信和本人身份证去当地行政主管部门办理审批手续；

⑤ 将主管部门的审批件以及招聘原稿提交报社；

⑥ 校对广告词的样本。

（3）跟踪广告刊登结果并存档。

招聘人员应根据与广告公司所订立的合同要求，及时跟踪报纸广告是否如期刊登，并将该份报纸存档。

（4）刊登广告的费用。

（5）刊登报纸广告时的招聘周期。

6. 招聘广告的设计

（1）招聘广告的内容

① 单位情况简介；

② 岗位情况介绍；

③ 岗位任职资格要求；

④ 相应的人力资源政策；

⑤ 应聘者的准备工作；

⑥ 应聘的联系方式。

（2）招聘广告设计和撰写的注意事项

① 真实；

② 合法；

③ 简洁。

命题点4 招聘申请表的相关知识

1. 特点

（1）节省时间。

（2）准确了解。

（3）提供后续选择的参考。

2. 内容

（1）个人基本情况；

（2）求职岗位情况；

(3) 工作经历和经验；

(4) 教育与培训情况；

(5) 生活和家庭情况；

(6) 其他。

3. 设计

招聘申请表是应聘者提供个人履历和数据的基本形式，是企业人员进行初步挑选时不可缺少的一种工具。

(1) 在设计过程中，设计者应当应注意达到以下要求：

① 申请表要从申请者角度出发设计，为此，要将表中同类问题归为一组列在表中，且要尽可能采取“是”或“非”的简洁回答方式，使用通俗的语言；

② 申请表的设计应考虑企业的目标，便于人员招聘的组织与管理工作；

③ 申请表应采取多种形式，按不同人员类型分别设计。

(2) 在设计应聘申请表时，还应充分考虑以下几个问题：

① 内容的设计要根据职务说明书来确定，考虑本企业的招聘目标以及欲招聘的岗位，按不同岗位要求、不同应聘人员的层次分别进行设计；

② 设计时还要注意有关法律和政策，不要将涉及国家机密的内容列入招聘申请表的调查项目；

③ 设计申请表时还要考虑申请表的存储、检索等问题，尤其是在计算机管理系统中；

④ 审查已有的申请表。

4. 其他招聘申请表的设计

(1) 加权招聘申请表的设计

其设计方法是：将过去企业通过某种管道招聘的某类员工，按照工作绩效的优秀与一般分成两个样本组，并计算出优秀绩效组人数占样本总人数的百分比，再将该百分比四舍五入换算成一位的加权数。

(2) 自传式调查表的设计

亦称应聘人员履历表。

其设计原理是：将在职的行为表现与过去在各种情况下的态度、行为、偏好和价值观等联系在一起进行考察，以便对应聘者的未来发展做出预测分析。

(3) 应聘者推荐表的设计

对企业人力资源管理部门来说，审查应聘人员的推荐材料责任重大，难度很高。为提高推荐材料的可信度，企业应当认真地进行推荐表格设计，尽可能要求推荐者用实例来说明被推荐者的优势和长处。

命题点5　公司简介的编写

1. 功能

公司介绍亦称公司概览或公司预览。

从广义上说，它是企业为了使社会公众了解自己的经营理念、服务宗旨、营业范围、内部组织、历史以及未来发展，专门设计编制的图文并茂的公关文件。

2. 编写原则

(1) 感召性。

（2）真实性。
（3）详细性。
（4）全面性。
（5）可信性。
（6）重点性。

3. 编写步骤

（1）正确选择公司简介的形式。
（2）收集整理公司的相关资料。
（3）确定公司简介的基本内容。
（4）公司简介的制作。

命题点6　企业应聘人员选拔的步骤和方法

1. 应聘人员选拔的意义

（1）保证组织得到高额的回报。
（2）降低员工的辞退率与辞职率。
（3）为员工提供公平竞争的机会。

2. 简历与申请表的差异性

申请表相对更可靠，因为所有应聘者都要按表中所列项目提供相应的信息。当然，有些组织可能仅仅需要应聘者递交简历而不用填写事先印好的申请表。

3. 人员选拔的主要步骤

（1）从企业选拔应聘人员的全过程来看：
① 初步挑选，即粗选；
② 深度筛选，即细选；
③ 最终甄别，即精选，从而最终保障企业人才选拔的质量。
（2）从人员选拔的具体内容和方法上看：
① 简历筛选；
② 招聘申请表筛选；
③ 笔试；
④ 面试；
⑤ 情境模拟测试；
⑥ 心理测试；
⑦ 背景调查与体检等内容。

4. 材料筛选法

材料筛选法就是通过一些材料信息来考察和选拔人才的方法。

（1）招聘申请表

审核应聘人员填写的申请表，可以说是企业对应聘人员初步选拔过程的第一步。

申请表比较客观，易审核，成本低，所以它在选拔人才过程中被普遍使用。

（2）个人简历分析

即个人履历分析，是指根据简历或档案中记载的事实了解一个人的成长历程和工作业绩，从而对其人格背景有一定的了解。

采用加权招聘申请表的方式进行简历分析，基本上可以弥补传统方法在人员初选方面的不足。

(3) 应聘者的推荐材料

应聘者的推荐材料既可以用于证明应聘者在求职申请表中所提供信息的真实性，也可以说明其过去的经历，以及目前的现状，乃至未来发展的可能性。但也有很多企业人力资源部门的经理认为，应聘者的推荐信及其证明材料未必十分有用。

命题点 7 应聘者的背景调查与体检

1. 背景调查的必要性

背景调查通常是用人单位通过第三者对应聘者的情况进行了解和验证。

2. 背景调查的内容

背景调查内容应以简明、实用为原则。

调查的内容可以分为两类：一是通用项目；二是与职位说明书要求相关的工作经验、技能和业绩，不必面面俱到。应聘者的背景调查包括以下四个方面：

(1) 学历调查。

(2) 个人资质调查。

(3) 个人资信调查。

(4) 员工忠诚度调查。

3. 背景调查的原则

(1) 只调查与工作有关的情况，并以书面形式记录，以证明将来的录用或拒绝是有依据的。

(2) 重视客观内容的调查核实，忽略应聘者的性格等方面的主观评价内容。

(3) 慎重选择“第三者”。

(4) 估计调查材料的可靠程度。

(5) 利用结构化的表格，确保不会遗漏重要问题。

4. 背景调查的方法

背景调查可以委托中介机构进行，选择一家具有良好声誉的咨询公司，提出需要调查的项目和时限要求即可。如果工作量较小，也可以由人力资源部操作，可以根据调查内容把目标部门分为三类，分头进行调查：

(1) 学校学籍管理部门。

(2) 曾经就职过的公司。

(3) 档案管理部门。

背景调查的方法包括打电话、访谈、要求提供推荐信等。背景调查核实也可以聘请调查代理机构进行，这些代理机构通过与求职者过去的雇主、邻居、亲戚和证明人进行书面或口头沟通来收集资料。

5. 背景调查的时机把握

背景调查最好安排在面试结束后与上岗前的间隙。

6. 假文凭的识别

(1) 观察法

有些假文凭做工比较低劣，通过肉眼可以识别出来。但有些假文凭制作比较逼真，这时可以将它与真文凭进行对比，从而识别假文凭。

（2）提问法

通过对应聘者学识、常识和能力的提问来鉴别文凭的真假是有效的方法之一。

（3）核实法

招聘单位可以与颁发文凭的学校的学籍管理部门取得联系，让学校协助调查文凭的真伪。

（4）网上查询

国家教育部最近建立了全国高等教学学历网络查询系统，用人单位若想查询20世纪90年代以后毕业的学生信息，上网便可查到。

7. 应聘者的体检

一般来说，体检通常放在所有筛选方法使用之后进行，这样做的好处是节约费用。体检的费用一般由招聘单位支付，体检的结果也交给招聘单位。

命题点8　校园招聘的准备与实施

1. 校园招聘的概念

指企业直接从应届本科生、硕士研究生、博士研究生（也包括少数专科生）中招聘企业所需的人才。

它是一种两点式招聘，即在学校与企业两点间进行。

2. 选择学校的考虑因素

大学校园是企业专业人员与技术人员的重要来源。

在选择学校时，主要应考虑以下因素：

（1）在本企业关键技术领域的学术水平。

（2）符合本企业所需专业的毕业生人数。

（3）该校往届毕业生在本企业的业绩和服务年限。

（4）在本企业关键技术领域的师资水平。

（5）该校毕业生过去录用数量与实际报到数量的比率。

（6）学生的质量。

（7）学校的地理位置。

3. 校园招聘的方式

（1）企业到校园招聘。

（2）学生提前到企业实习。

（3）企业和学校联手培养。

4. 校园招聘的优缺点

（1）优点

① 针对性强；

② 选择面大；

③ 层次清晰；

④ 战略性强；

⑤ 人才单纯；

⑥ 成功率高；

⑦ 认可度高。

（2）不足

① 校园招聘要和学校事先商议时间安排，要考虑学生毕业期间的时间安排，并且要印制宣传品，还要做面谈记录，费钱费时；

② 学生由于社会阅历浅，可塑性强，年轻且责任心较弱，因此可能造成企业实际运作中的不顺畅；

③ 学生缺乏实践经验，企业要投入的培训成本高；

④ 刚毕业的学生常有眼高手低、对工作期望值过高的缺点，因此一年内跳槽的几率高，造成企业招聘成本高的现象；

⑤ 如果培养、任用不善，应届毕业生可能不认可企业的文化和价值观，影响企业的团队建设。

5. 校园招聘可能出现的困难和问题

（1）企业在组织校园招聘时，需要处理好以下三个方面的问题：

① 领导不重视；

② 招聘人员的错误观念；

③ 招聘人员素质不高。

（2）筛选应聘人员相关材料时，应注意避免出现以下三种问题：

① 淘汰大多数投档者；

② 过分看重专业、分数及学历；

③ 可能出现的某种歧视，主要有性别歧视、生源歧视等。

（3）在校园招聘中组织笔试时，应当注意解决好以下两个问题：

① 简单地把笔试成绩作为筛选依据；

② 笔试题目的难度把握不准。

（4）在校园招聘中进行面试时，应当注意防止以下几种情况的发生：

① 招聘人员无法胜任面谈工作；

② 面试内容不确定；

③ 滥用压力式面试；

④ 不切实际地自夸。

6. 校园招聘的流程

（1）准备工作：

① 编制、印制介绍公司概况及此次校园招聘情况的手册；

② 选择学校和专业；

③ 组成招聘小组的方式；

④ 招聘小组人员的组成，应包括：企业人力资源部人员，控制招聘流程，安排细节；需求人才部门的主管人员，着重于考察应聘者的能力，解疑等；了解学校情况的人，能对人才做出较为准确的判断。

（2）校园面试考题的准备。

（3）考核招聘：

① 向学校相关部门的领导、老师了解应聘学生的在校表现；

② 初步筛选，确定初步人选的应聘者的联系方式，并决定招聘意向；

③ 进行讨论、比较，初步确定录取人选。

7. 编写校园招聘记录表

编写校园招聘记录表各个项目时，应参考所准备提问问题的要点，以及企业获取应聘者的有关信息。

内容包括两部分：一是应聘者的基本信息；二是招聘者通过面试，经考察分析得到的应聘者所具备的能力情况。

命题点 9 人员录用的原则

（1）因事择人原则。

（2）任人唯贤原则。

（3）用人不疑原则。

（4）严爱相济原则。

命题点 10 新员工的录用与培训

1. 通知录用者

（1）公布录用名单

此阶段的任务是依照人员录用的原则，避免主观武断和不正之风的干扰，把选择阶段多种考核和测试结果组合起来，进行综合评价，从中择优确定录用名单。

（2）办理录用手续

① 通知应聘者；

② 关注拒聘者。

2. 签订合同

（1）员工安排与试用

人员安排是人员试用的开始。试用是对员工的能力与潜力、个人品质与心理素质的进一步考核，一般试用期是 3 ~6 个月。

员工还要与单位签订相应的试用合同。

（2）正式录用

员工的正式录用即我们通常所称的“转正”，是指试用期满，且试用合格的员工正式成为该单位成员的过程。

3. 新员工的培训

（1）上岗前的集中训练

上岗前的集中训练的目的是要解决一些共同的问题，让新员工尽快了解企业的基本情况。可以采用发行内部刊物以及观看企业相关录像或实地参观的形式。

（2）上岗后的分散训练

① 基础知识教育

其主要目标是吸引新员工，增强亲切感。主要培训内容包括：企业的经营理念、经营方针、发展计划、战略目标等；增进新老员工的了解，加强企业的团结合作、相互协调的精神；说明本部门的具体要求。

② 教育重点

帮助新员工树立社会人、企业人的观念。其内容包括：表达能力的训练；了解企业对新员工的期望以及员工对企业的期望，找出相同与不同的地方进行分析与协调。

命题点 11　员工信息管理的构建

1. 数据层

基础数据层包含的是变动很小的静态数据，主要有两大类，一类是员工个人属性数据，又称为员工信息管理，它是任何人力资源系统必备的功能，包括员工个人基本信息、员工工作分配的信息、家庭和社会关系、合同和档案信息、员工各种证件和证书信息等；另一类是单位数据。基础数据在 HR 系统初始化的时候要用到，是整个系统正常运转的基础。

2. 业务处理层

指对应于人力资源管理具体业务流程的系统功能。这些功能将在日常管理工作中不断产生与积累新数据。这些数据将成为企业掌握人力资源状况、提高人力资源管理水平以及提供决策支持的主要数据来源。

3. 决策支持层

决策支持层建立在基础数据与大量业务数据组成的人力资源数据库基础之上，通过对数据的统计和分析，就能快速获得所需信息。

命题点 12　员工信息管理的相关知识

1. 员工信息管理的作用

（1）员工信息管理是单位全方位考察员工的必要手段，是人力资源管理活动中必不可少的工具之一；

（2）员工信息管理为单位处理员工的有关问题提供了依据和凭证；

（3）员工信息管理为单位制定人力资源管理等政策，以及人才学、心理学等学科的研究提供了原始资料。

2. 员工信息管理的内容

（1）反映员工历史状况的信息

主要内容有：履历材料；自传材料；鉴定材料；政治历史问题的审查、甄别和复查材料；参加党团组织的材料等。

（2）反映员工现状的信息

包括目前的个人状况信息，以及与工作相关的信息；奖励和模范先进事迹材料；处分、取消处分和甄别复查材料等。

（3）反映员工个性与潜能的信息

包括兴趣、特长、爱好等信息。

3. 新招聘人员信息的收集

（1）新员工的历史材料

具体包括新员工在进入本单位之前的工作经历与表现。

（2）新员工的招聘材料

即在招聘此新员工时所发生的相关记录，包括：

① 求职申请表；

② 新员工求职时递交的简历；

③ 新员工的笔试、面试材料；

④ 在选拔时对新员工进行的评价，录用的理由；

⑤ 录用通知以及相关材料。

(3) 新员工进入单位后的材料

即新员工在进入单位后所发生的相关记录，包括：

① 试用期的工作表现；

② 工作业绩考核结果；

③ 所在部门对其表现的反馈信息。

(4) 新员工个人资料

① 新员工的个人简介；

② 现任岗位名称；

③ 薪酬及相关收入；

④ 职业生涯规划。

4. 员工信息管理

员工信息管理的一般步骤和方法：

(1) 员工信息的收集

员工信息资料的收集是由人力资源部门通过各种渠道，将有关人员历史上形成的和近期形成的人事材料收集而成，尤其是对新招聘员工信息资料的收集。

(2) 员工信息的整理

员工信息的整理就是按照一定的规则、方法和程序，对收集到的单位员工的信息资料进行鉴别、归类、排列、登记、技术处理，使之系统化、规范化、条理化。

(3) 员工信息的保管

主要包括：员工信息的编号、存放；员工信息的接收、转移及登记；员工信息的检查和保密工作等。

【经典真题详解】

一、单项选择题(每小题只有一个正确答案)

1. (　　)是采用科学的选拔方法，对企业内部应聘人员经过层层筛选，由专家小组集体做出评判，从应聘者当中选拔出较为合格人员的活动过程。【2009 年 5 月真题】

(A) 岗位轮换　　(B) 竞聘上岗　　(C) 绩效考核　　(D) 人事测评

【答案】B　竞聘上岗的理论基础是能岗匹配原理。根据这一原理，企业聘任谁来承担某一管理岗位的工作，谁是这一岗位的最适合者，不是凭领导主观判断，而是通过公开竞聘的方式，从企业现有的具备聘任条件的各级专业技术、经营管理人员来挑选。具体地说，竞聘上岗是采用科学的选拔方法，对企业内部应聘人员经过层层筛选，由专家小组集体做出评判，从应聘者当中选拔出较为合格人员的活动过程。

2. 招聘申请表一般由招聘单位的(　　)设计，应聘人员在求职时自己填写。【2009 年 5 月真题】

(A) 人力资源部门　　(B) 上级主管部门

(C) 业务部门主管　　(D) 人事行政总监

【答案】A　招聘申请表是应聘者提供个人履历和数据的基本形式，是企业人员进行初步挑选时不可缺少的一种工具。它一般由招聘单位的人力资源部门设计，应聘人员在求职时自己填写，因此，招聘申请表又有求职申请表、应聘申请表等多种说法。

3. 编写公司简介的原则不包括(　　)。【2009 年 5 月真题】

(A) 真实性、详细性　　(B) 华丽性、时效性

(C) 全面性、可信性　　(D) 重点性、感召性

【答案】B　编写公司简介的原则包括：(1)感召性。(2)真实性。(3)详细性。(4)全面性。(5)可信性。(6)重点性。故选项 B 错误。

4. 一般来说，应聘者的直接上司的评价和人力资源管理人员的评价相比(　　)。【2009 年 5 月真题】

(A) 同等重要　　(B) 更为可信　　(C) 作用不大　　(D) 更为主观

【答案】B　企业对应聘者进行背景调查时，应遵循的原则之一是：估计调查材料的可靠程度。一般来说，应聘者的直接上司的评价要比人力资源管理人员的评价更为可信。

5. 校园招聘小组中应包括企业人力资源部的人员，负责(　　)。【2009 年 5 月真题】

(A) 着重考察应聘者的能力　　(B) 控制招聘流程、安排细节

(C) 对应聘者提问进行解答　　(D) 对人才做出较准确的判断

【答案】B　招聘小组人员的组成应包括：企业人力资源部人员，控制招聘流程，安排细节；需求人才部门的主管人员，着重于考察应聘者的能力，解疑等；了解学校情况的人，能对人才做出较为准确的判断。

6. (　　)是指记述和保存员工在社会活动中的经历和德才表现等方面信息的管理。【2009 年 5 月真题】

(A) 员工信息管理　　(B) 员工绩效管理　　(C) 员工薪酬管理　　(D) 员工档案管理

【答案】A　员工信息管理是指记述和保存员工在社会活动中的经历和德才表现等方面信息的管理。

7. 竞聘上岗的理论基础是(　　)。【2008 年 11 月真题】

(A) 能岗匹配原理　　(B) 动态优先原理　　(C) 同素异构原理　　(D) 效率优先原理

【答案】A　竞聘上岗的理论基础是能岗匹配原理。根据这一原理，企业聘任谁来承担某一管理岗位的工作，谁是这一岗位的最适合者，不是凭领导主观判断，而是通过公开竞聘的方式，从企业现有的具备聘任条件的各级专业技术、经营管理人员来挑选。

8. 利用报纸刊登招聘广告的周期，从准备到新人就职，大约为(　　)。【2008 年 11 月真题】

(A) 半个月　　(B) 一个月　　(C) 两个月　　(D) 三个月

【答案】B　利用报纸刊登招聘广告，从办理刊登广告的申请手续到刊登出广告，大约需要一周时间；从广告刊登第二天到以后的十几天都会陆续收到应聘者寄来的信函(接收应聘信的高峰一般在广告刊登后的第三、四天)，筛选、通知、笔试、面试一直到录用，大约需要 1 ~ 2 周，利用报纸刊登招聘广告的周期，从准备到新人就职，大约需要一个月的时间。

9. 以下关于公司简介的说法不正确的是(　　)。【2008 年 11 月真题】

(A) 不同规模的公司会选用不同的形式来编写公司简介

(B) 把公司简介当成一个对外可以展示公司形象的窗口

(C) 公司简介不需要满足企业人员招聘活动的各种需要

（D）根据不同的人员招募需要设计不同形式的公司简介

【答案】C　不同规模的公司会选用不同的形式来编写公司简介。一些大型公司很注重公司简介的编写，把它当成一个对外展示公司形象的窗口，因此应尽可能地选用录像、光盘、广告、宣传手册、展板等多种形式。同时也要满足企业人员招聘活动的需要，使公司简介的作用发挥得恰到好处，故 C 项说法不正确。

10.（　　）可以用于证明应聘者在求职申请表中所提供信息的真实性。【2008 年 11 月真题】

（A）自传式调查表　　（B）应聘人员履历表

（C）应聘者推荐表　　（D）加权招聘申请表

【答案】C　应聘者的推荐材料既可以用于证明应聘者在求职申请表中所提供信息的真实性，也可以说明其过去的经历，以及目前的现状，乃至未来发展的可能性。但也有很多企业人力资源部门的经理认为，应聘者的推荐信及其证明材料未必十分有用。

11. 一般而言，应聘者背景调查的目标部分不包括（　　）。【2008 年 11 月真题】

（A）曾经就职过的公司　　（B）档案管理部门

（C）学校学籍管理部门　　（D）人才交流中心

【答案】D　背景调查可以委托中介机构进行，选择一家具有良好声誉的咨询公司，提出需要调查的项目和时限要求即可。如果工作量较小，也可以由人力资源部操作，建议根据调查内容把目标部门分为三类，分头进行调查：(1)学校学籍管理部门。(2)曾经就职过的公司。(3)档案管理部门。故选 D。

12. 校园招聘小组中应包含了解学校情况的人，其主要职责是（　　）。【2008 年 11 月真题】

（A）着重考察应聘者的能力　　（B）控制招聘流程、安排细节

（C）对应聘者提问进行解答　　（D）对人才做出较准确的判断

【答案】D　校园招聘小组人员应包括：企业人力资源部人员，控制招聘流程，安排细节；需求人才部门的主管人员，着重于考察应聘者的能力，解疑等；了解学校情况的人，能对人才做出较为准确的判断。

二、多项选择题（每题有两个或两个以上正确答案。错选、少选、多选均不得分）

1. 一般情况下，报纸招聘广告比较适合于（　　）。【2009 年 5 月真题】

（A）某个特定地区的招聘　　（B）候选人数量较大的岗位

（C）某个特定行业的招聘　　（D）流失率较高的行业或职业

（E）失业率较低的行业或职业

【答案】ABD　报纸发行量大，能够迅速将信息传达给读者，同时广告的大小可以灵活选择，但阅读对象较杂，很多读者并不是所要寻找的岗位候选人，保留的时间也较短，同时报纸的纸质和印刷质量可能会对广告设计造成限制。因此，一般情况下，报纸招聘广告比较适合于在某个特定地区的招聘、适合候选人数量较大的岗位、适合流失率较高的行业或职业。

2. 企业人员选拔的意义包括（　　）。【2009 年 5 月真题】

（A）保证组织得到高额的回报　　（B）保证组织获得高额的经济利润

（C）降低员工辞退率与辞职率　　（D）保证组织战胜所有的竞争对手

（E）为员工提供公平竞争机会

【答案】ACE　企业人员选拔的意义如下：(1)保证组织得到高额的回报。(2)降低员工的辞退率与辞职率。(3)为员工提供公平竞争的机会。

3. 以下关于“严爱相济”的人员录用原则的说法正确的有(　　)。【2009 年 5 月真题】
(A) 员工在试用期间对其进行必要的考核
(B) 对试用的员工在生活上给予更多关怀
(C) 尽可能地帮助试用员工解决后顾之忧
(D) 在工作上要指导和帮助员工取得进步
(E) 从法律上保证员工应享有的各项权利
【答案】ABCDE　严爱相济原则要求，员工在试用期间，管理者必须为其制定工作标准与绩效目标，对其进行必要的考核；对试用的员工在生活上应当给予更多的关怀，尽可能地帮助员工解决后顾之忧，在工作上要指导帮助员工取得进步，用情感吸引他们留在组织中；同时，从法律上保证员工享受应有的权利。
4. 任职资格可以体现在(　　)。【2008 年 11 月真题】
(A) 工作经验　　(B) 心理品质和能力要求
(C) 学历要求　　(D) 所需要的知识和技能
(E) 身体条件
【答案】ABCDE　任职资格的体现包括：资历、工作经验、学历要求、身体条件、心理品质和能力要求、所需知识和技能、必须接受过的培训等。人力资源部门根据以上信息，与用人部门共同协商拟定招聘条件。
5. 运用招聘申请表初选应聘者的优点包括(　　)。【2008 年 11 月真题】
(A) 能较公正地获取与候选人有关的资料　　(B) 减缓预选的速度
(C) 能较准确地获取与候选人有关的材料　　(D) 延长预选的时间
(E) 能较快地获取与候选人有关的资料
【答案】ACE　招聘申请表是由单位设计，包含了工作岗位所需的基本信息，并用标准化格式表示出来的一种初级筛选表，其目的是筛选出那些背景和潜质都与职务规范所需的条件相当的候选人，并从合格的应聘者中选出参加后续选拔的人员。经过精心设计、恰当使用的申请表可以使选择过程节省很多时间，加快预选的速度，是较快、较公正准确地获取与候选人有关资料的最好办法。
6. 试用期间，管理者必须对员工进行必要的考核，考核的内容包括(　　)。【2008 年 11 月真题】
(A) 工作成绩　　(B) 能力及能力提高
(C) 性格类型　　(D) 行为模式的改进
(E) 行为模式
【答案】ABDE　试用期间，管理者必须为其制定工作标准与绩效目标，对其进行必要的考核，考核可从以下几个方面进行：能力及能力的提高、工作成绩、行为模式及行为模式的改进等；对试用的员工在生活上应当给予更多的关怀，尽可能地帮助员工解决后顾之忧，在工作上要指导帮助员工取得进步，用情感吸引他们留在组织中；同时，从法律上保证员工享受应有的权利。
7. (　　)等信息反映了员工的现状。【2008 年 11 月真题】
(A) 目前的个人状况　　(B) 奖励和先进模范事迹事件
(C) 与工作相关材料　　(D) 处分、取消处分相关材料
(E) 甄别复查的材料

【答案】ABCDE　反映员工现状的信息包括：目前的个人状况信息，以及与工作相关的信息；奖励和模范先进事迹材料；处分、取消处分和甄别复查材料等。

三、简答题

校园招聘有什么优点？又有哪些不足？【2007 年 11 月真题】

【答案】（1）校园招聘的优点：

① 针对性强；

② 选择面大；

③ 层次清晰；

④ 战略性强；

⑤ 人才单纯；

⑥ 成功率高；

⑦ 认可度高。

（2）校园招聘的不足包括：

① 校园招聘要和学校事先商议时间安排，要考虑学生毕业期间的时间安排，并且要印制宣传品，还要做面谈记录，费钱费时。

② 学生由于社会阅历浅，可塑性强，年轻且责任心较弱，因此可能造成企业实际运作中的不顺畅。

③ 学生缺乏实践经验，企业要投入的培训成本高。很多企业不选择校园招聘，而是选用有工作经验的人，就是想节约培训成本，并使新员工尽快胜任工作。

④ 刚毕业的学生常有眼高手低、对工作期望值过高的缺点，因此一年内跳槽的几率高，造成企业招聘成本高的现象。

⑤ 如果培养、任用不善，应届毕业生可能不认可企业的文化和价值观，影响企业的团队建设。

四、综合分析题

C 集团公司是一家迅速发展起来的医药企业，2003 年到 2005 年该集团公司的销售额连续三年都超过 2 亿元，但到 2006 年 6 月 30 日，C 集团公司突然发布一则公告：自即日起进行停业整顿。据 C 集团公司原副总经理李先生透露，除 2003 年向社会严格招聘营销人才之后，在以后的几年里，基本上是随时需要人员，随时进行招收，主要凭人情或者内部人员的推荐，这种情况持续了三年之久。之后，C 集团又盲目地招收了大量中医药方向的专门人才，并且安插在企业各个下属业务和职能部门中，作为各个单位的负责人，结果使各个单位的管理出现了不同程度的混乱。2006 年 3 月，由于一位高层领导的失误，又造成营销中心主任愤然离开公司，营销中心一度陷入无人负责管理的状况。【2008 年 11 月真题】

请您结合本案例，回答下列问题：

（1）试从人力资源管理的角度分析导致 C 集团公司失败的主要原因。

（2）C 集团公司要想摆脱目前面临的困境，应该采取哪些补救措施？

【答案】（1）C 集团公司失败的主要原因有：

① 人员招聘方式不合理。本案例中，“除 2003 年向社会严格招聘营销人才之后，在以后的几年里，基本上是随时需要人员，随时进行招收，主要凭人情或者内部人员的推荐。”这说明 C 集团公司主要采用的是内部招募方式，内部招聘有优点也有缺点，在该公司主要体现的是缺陷的一面。内部招募的缺陷有：a. 因处理不公、方法不当或员工个人原因，可

能会在组织中造成一些矛盾，产生不利的影响。b. 容易造成“近亲繁殖”。

② 管理者的选拔机制与管理不善，缺乏必要的人力资源规划。本案例中，“C 集团又盲目地招收了大量中医药方向的专门人才，并且安插在企业各个下属业务和职能部门中，作为各个单位的负责人。”由此可知，C 集团公司的管理人员严重缺乏且综合素质偏下，这直接导致了各部门的管理出现了不同程度的混乱。

（2）C 集团公司要想摆脱目前面临的困境，应该采取的补救措施有：

① 建立一套符合该公司文化的绩效管理考核系统，对内部员工进行严格相关的“文化考试”和“技能考试”测试。即采用 360 度考核的考核方法，剔除明显不符合要求的员工，并且坚决杜绝凭人情走后门进入公司的现象。

② 改变该公司业务部门和职能部门的领导机制，选拔一些具有综合能力的领袖人才。为公司增添新的血液，并且迅速整顿公司各个层面的面貌，尽可能地减少偏差。

③ 找到原营销中心的主任，通过与他的沟通及一系列的激励诱导方式，使其回到营销中心工作。同时让他根据营销部门各员工的能力分配不同的工作，并且设立相应的业绩指标。

④ 采用外部招聘方式，从社会严格招聘一批能够带来新思想、新方法的营销实战人才，使营销部门的工作得到良好运行。

⑤ 通过物质激励和情感激励等方式，激励员工，并且时常开展一些营销心理讲座，增强员工的执行与抗压力。

⑥ 挖掘新的营销渠道。例如：通过电子商务等新兴的网络营销方式销售产品，增加产品的市场占有率等。通过以上方式的全面整顿改革，相信 C 集团公司不久会恢复迅速发展的面貌。

第三章　培训与开发

【命题规律】

根据对近年考试大纲及考试命题进行总结发现，本章的命题规律具体表现在以下几点：

1. 员工培训的定义、功能、特点、原则和要求，企业员工培训系统的结构设计、有效运行，培训的作业流程是常考的知识点。

2. 岗前培训的分类、基本理论、内容、实施方法和步骤，员工手册的构成是本章重要的命题点。

3. 在岗培训的具体要求、设计、计划的制订，脱产培训的类型是必考的知识点。

4. 讲授法的优点、缺点、方式和实施要点，研讨法的类型、优点、难点、形式、方法和实施要点，案例分析法的概念、特点、操作程序和实施要点，课堂培训影响因素、教室布置的决定因素，以及课堂培训的准备和教室布置，现场培训的内容、对象、方法及具体形式，适应性现场培训和以改善绩效、培训人才为目的的现场培训的程序和方法都是重要的命题考核点。

5. 自学的组织形式和人事部门对自学的管理方法，培训成本的含义、构成、信息采集、项目核算和收益分析是本章重要的命题点。

6. 培训经费预算方案的编制，以及培训项目收费标准的核算，编制培训预算方案的注意事项是本章的命题采分点。

7. 在岗培训的类别、内容、实施用表，培训合同的签订，自学的适用范围，自学的优缺点都是需要熟悉和了解的知识点。

【命题点解读】

命题点 1　员工培训的相关知识

1. 定义

指组织为了实现其战略发展目标，满足培养人才、提升员工职业素质的需要，采用各种方法对员工进行有计划的教育、培养和训练的活动过程。

2. 功能

（1）从组织全局角度看

① 培养人才，造就队伍，促进组织战略目标的实现；

② 提高效率，保证质量，为客户提供最满意的服务。

（2）从员工个人角度看

① 改变员工的态度和行为，提升员工自身的素质；

② 确认员工职业发展通道，促进自我价值的实现。

3. 特点

（1）员工培训是一个完整的组织管理系统，它具有目的性、计划性和针对性，与绩效管理系统等其他子系统之间存在密切的联系。

（2）员工培训是一种企业人力资本的投资行为，可以对它的成本和收益进行衡量。

（3）员工培训是创造智力资本的基本途径，是企业赢得智力资本竞争优势的重要手段。

（4）员工培训是持续的学习过程，是构建学习型组织的企业文化的基础，学习型组织是指员工不断学习新知识、新技术并运用于实践以提高产品和服务质量的组织。

4. 原则

（1）战略性原则。

（2）长期性原则。

（3）按需培训原则。

（4）实践培训原则。

（5）多样性培训原则。

（6）企业与员工共同发展原则。

（7）全员培训与重点培训结合原则。

（8）反馈与强化培训效果的原则。

（9）注重投入提高效益的原则。

5. 要求

（1）高层管理者的支持。

（2）培训机构的设置。

（3）合格的培训师资。

（4）足额的培训经费。

（5）齐备的培训设备设施。

（6）完整的培训工作记录。

命题点 2　流程的基本概念

1. 流程

流程由一系列的活动或者事件组成。可见，流程实质上就是工作的步骤和结构，它包含了事情进行的始末，事情发展变化的过程，既可以是事物发展的时间变动顺序，也可以是事物变化的空间过程。

2. 企业流程

指为完成某一目的（或任务）而进行的一系列有现实逻辑关系活动的有序集合。企业流程主要包括以下要素：工作内容、工作方式、工作承担者和工作连接方式。

根据企业所有人员的工作性质来划分，可分为营运活动和管理活动两大类。

3. 企业培训流程

指企业员工培训组织实施活动有序的排列，它是企业的人力管资源管理流程的一部分，属于企业的管理流程。

命题点3　企业员工培训系统的结构设计

1. 含义

企业培训系统设计是一项系统性的技术，这项技术可以保证员工个人和企业获得履行岗位职能所必需的知识、技能和劳动态度。

2. 子系统的基本功能

现代企业员工的培训系统应当由需求分析、培训规划、培训组织实施和培训效果等四个子系统组成。其基本动能有：

（1）培训需求分析

培训需求分析是整个培训的首要工作。

培训需求分析系统包括两项基本功能：

① 明确培训对像；

② 制定培训标准。

（2）培训规划

为了从根本上保证员工培训的质量，就需要企业根据自身发展的战略规划，在进行培训需求分析的基础上，制定出一套完整的培训计划，即首先要确认培训内容，再根据培训内容，选择培训的方式方法，进行培训课程的设计；确定培训时间和培训教师；最后，编制出培训预算和培训计划。

（3）培训组织实施

首先根据培训计划组织师资，确定培训资料、培训时间、地点、参加人员；接着实施培训，并为整个培训过程提供后勤保障，最后实行培训考核。

（4）培训效果评估

该子系统的主要功能是：收集与培训相关的各种信息，包括组织评估和教学评估所需要的各种数据资料；对培训实施情况进行反馈和总结，对培训总体系统及其所取得的成果进行多级评估，培训效果的评估是在所收集的评估资料的基础上，寻找确定培训中的不足，对培训进行深入分析与不断改进的过程，以逐步提高企业员工培训的质量和效果，促进企业员工培训与开发目标的最终实现。

命题点4　企业员工培训系统的有效运行

为了保障企业员工培训系统的有效运行，还必须建立、健全并完善以下几方面的基础工作：

1. 合理划分部门职责，将子系统功能落到实处

培训需求分析系统功能的细化：

（1）需求意向和申报。

（2）培训需求的分析。

（3）培训需求的确认。

（4）培训的组织管理的功能细化。

2. 后勤保障部门对员工培训的支持

培训的后勤保障部门就是企业培训的支持部门，它所要做的工作包括：场所确定和布置，培训设备和器材的准备，培训资料的购买、印刷和装订，交通保障，食宿保障，休息场所的保障等。

3. 培训人员及其相关资源的配置

培训教师是保障培训系统运行的最主要的支撑点，是开展培训工作必不可少的基础条件之一。

（1）企业内部人员

由企业内部人员担任培训教员或教师，有利于培训内容的讲解和传播。

（2）外聘教师

外聘教师对企业内人员进行培训也有着企业内教师无法替代的优势。

（3）培训教材的选用、编写，以及课件、教具的配置

培训大纲和教材一般由培训教师确定、编写，因为他们最了解培训内容，可以因材施教，即对不同素质的人采用不同的培训方式和方法。但是培训大纲和教材的编排、印刷和装订，应由后勤保障部门来完成。

命题点 5　企业员工培训系统的作业流程

1. 需求确认

（1）需求意向的提出。

（2）需求分析。

分为两方面的内容：

① 排他分析；

② 因素确认。

（3）确认培训。

2. 制订培训计划

（1）确认培训内容。

（2）确定培训时间。

（3）确认培训方式。

（4）确定受训人员。

（5）选择培训教师。

（6）费用核定与控制。

3. 教学设计

教学设计是进入实质性培训工作的第一步。这个阶段工作的好坏将直接影响受训人员对培训内容的接受程度。

（1）培训内容分析。

（2）选择购买、编辑教学大纲和教材。

（3）受训人员分析。

（4）选择确定培训方法。

4. 实施培训

指在企业培训组织管理部门或岗位人员的组织下，由培训教师实施培训。并由该培训项目的组织管理责任人组织考核评定。

5. 培训反馈

培训反馈是组织管理中对培训修正、完善和提高的必要手段，是企业组织与管理必不可少的一个程序。

（1）培训教师考评。

（2）培训管理的考评。

（3）应用反馈。

（4）培训总结、资源归档。

命题点 6　员工培训的分类

根据培训与工作的关系，员工培训可分为岗前培训、在岗培训和脱产培训；根据培训目的，员工培训可分为过渡性教育培训、知识更新培训或转岗培训、提高业务能力培训、专业人才培训和人员晋升培训；根据培训对象在公司中的地位，员工培训可分为公司高层管理人员的培训、基层管理人员培训、专业技术人员培训和一般员工培训；根据培训地点，员工培训可分为企业内培训、企业外培训和在岗培训；根据培训范围，员工培训可分为全员培训和单项培训；根据培训组织形式，员工培训可分为正规学校、短训班、非正规大学和自学等形式。目前最常用的分类方法是：

（1）岗前培训

所谓岗前培训亦称新员工导向培训或职前培训，指员工在进入组织之前，组织为新员工提供的有关组织背景、基本情况、操作程序和规范的活动。

（2）在岗培训

也称在职培训、不脱产培训，是指企业为了使员工具备有效完成工作所需要的知识、技能和态度，在不离开工作岗位的情况下对员工进行的培训。

（3）脱产培训

指离开工作或工作现场进行的培训，有的培训是在本单位内进行，有的则送到国内外有关的教育部门或专业培训单位进行。

命题点 7　岗前培训

1. 岗前培训的基本理论

（1）岗前培训的特点

① 基础性培训；

② 适应性培训；

③ 非个性化培训。

（2）岗前培训的作用

① 新员工进入群体过程的需要；

② 打消新员工对新的工作环境不切实际的期望；

③ 满足新员工需要的专门信息；

④ 降低文化冲击的影响；

⑤ 避免企业管理人员过多地行使权威。

（3）岗前培训的注意事项

① 使用检查表

检查表是培训执行者为记录和控制与培训相关的无数细节的最有价值的工具。

检查表应分类列举所需的所有设备以及受训者所有的资料。程序性检查表要包括那些没有被包括在课程计划中的细节。检查表可作为课程计划或演讲笔记的有益补充。如果不需要课程安排的话，内容检查表可以使用并作为整个培训过程的日程安排。

② 地点的选择

培训员应根据“择优选址”的原则，预先察看培训地点并在计划中加以确认。

③ 确认

培训员可以用电话、传真或确认信的方式就培训事宜做出确认。

2. 岗前培训的内容

（1）岗前培训的常规内容

岗前培训内容主要有规章制度、企业概况、产品知识、行为规范和共同价值观，其中行为规范和共同价值观同属于企业文化。在许多国外著名企业，共同价值观、行为规范的培训都是岗前培训的重要内容。在国有企业，相关的培训一般是思想道德教育。

（2）岗前培训的专业内容

① 业务知识

指除专业知识外，从事某项业务所需要的知识。

② 技能

指从事某项工作应具备的特殊技能。

③ 管理实务

指某项管理工作的程序、方法、标准等。

3. 员工手册的构成

（1）概括介绍本公司。

（2）企业文化。

（3）组织结构。

（4）部门职责。

（5）政策规定。

（6）行为规范。

4. 岗前培训的实施方法

（1）二阶段培训

一般分为全公司培训和工作现场培训。前者又称为集中培训，即所有新员工，无论将从事什么工作，都接受同样内容的培训，培训内容一般是公司概况、行为规范、生产过程之类，方法主要有集中授课，现场参观、实习等；后者则一般在新员工到岗后进行，是指新员工在事先确定的岗位上熟悉具体业务，掌握特定的技能，这种方式主要适用于企业管理层次少，部门业务分工细，人员较少，下属企业的组织结构、业务、人员等基本相同的情况。

（2）三阶段培训

岗前培训的三阶段培训一般由总部培训，分支机构或部门培训、工作现场培训组成，其前提是，企业要建立两级培训体制，下属企业或部门在上级人事部门的监督和指导下对岗前培训进行安排和组织。培训结束后，下属企业或部门应将培训情况和结果报上级人事部门备案。

命题点 8　岗前培训的步骤

1. 岗前培训的设计

（1）制定岗前培训计划。

（2）编写岗前培训提纲：

① 企业介绍；

② 企业文化介绍；

③ 人力资源管理制度说明；

④ 其他管理制度；

⑤ 设施条件说明；

⑥ 将新同事介绍给各部门经理、主管。

2. 岗前培训的实施

（1）准备培训资料。

① 员工上岗培训计划；

② 员工上岗培训通知；

③ 受训员工基本情况表；

④ 受训员工上岗培训安排表；

⑤ 受训员工上岗培训提纲；

⑥ 按培训内容编写的培训资料或提纲；

⑦ 员工手册。

（2）岗前培训的会务准备。

① 岗前培训开始时，由高层经理人员致欢迎词，介绍公司的信念和期望，公司历史及概要，公司的传统、规范与标准，公司的组织指挥系统，公司的方针和理想，公司在同业中的地位，公司的经营思想，公司的发展趋势与目标，公司具备的优势和面临的问题，以及员工可以对公司具有的期望和公司对雇员的要求。

② 由人力资源部门进行一般性的指导。

③ 由新员工的直属上司执行特定性的指导。

④ 举行新员工座谈会，鼓励新员工尽量提问，进一步使员工了解关于公司和工作的各种信息。

⑤ 安排岗前培训的会场培训员应在培训实施时提前到位检查地点，确保培训各项准备的顺利进行。

（3）实施培训。

（4）考核考试。

（5）颁发上岗证或上岗通知书。

3. 岗前培训内容与效果的跟踪

调查的内容包括：

（1）岗前培训活动是否适当。

（2）培训内容是否容易理解。

（3）岗前培训是否有激励作用。

（4）岗前培训活动的成本大小。

命题点 9　在岗培训

1. 在岗培训的类别

按照培训的目的，在岗培训可划分为以下四类：

（1）转岗培训

指对已批准转换岗位的员工进行的，旨在使其达到新岗位要求的培训。

转岗的原因主要有：

① 组织原因

企业经营规模与方向的变化、生产技术进步、机构调整等因素往往引起现有员工配置的改进。在这种情况下，转岗成为人员重新配置的手段。

② 个人原因

一般有两种情况，一是员工不能胜任现在的工作，需要重新安置；二是员工因某方面的才能或特长而受到重视，需要另行安排。

（2）晋升培训

指对拟晋升人员或后备人才进行的，旨在使其达到更高一级岗位要求的培训。

晋升培训的意义在于，当某个领导岗位出现空缺时，能够挑选到满意的候选人。

其特点包括：

① 以员工发展规划为依据；

② 培训时间长、内容广；

③ 多种培训方法并用。

（3）以改善绩效为目的的培训

指在绩效未达到要求、绩效下降或绩效虽达到要求但员工希望改进其绩效的情况下所进行的在岗培训。

其特点如下：

① 以客观、公正的绩效考核为依据；

② 以一对一指导为主要办法；

③ 任职前培训的延续。

（4）岗位资格培训

许多岗位需要通过考试取得相应资格证才能上岗，而且资格证一般几年内有效。资格证到期时，员工需接受培训并再参加资格考试。要求上岗者须具备资格证的岗位包括国家有关部门规定的岗位、企业规定的岗位。针对第一类岗位的资格培训一般由有关部门授权的机构组织，针对第二类岗位的资格培训由企业自己组织，本文所说的岗位资格培训特指后者。

2. 在岗培训的内容

（1）在岗人员管理技能培训。

（2）在岗人员专业性技能培训。

（3）培训迁移的有效促进。

3. 在岗培训实施用表

常见的表单主要有：培训目标与组织目标对应表、员工情况调查表、员工培训计划表、年度培训计划汇总表、教材制作核对表、培训课前准备检查表、培训课程表、培训反馈表、培训成果检测表、培训课程与知识要点、培训评估资料收集表、事前观察收集评估表、培训师教学表现评价表、学员培训参与评估表、个人受训记录表(培训档案)、公司部门培训记录表、培训资料存档登记表等。

4. 培训现场的具体要求

(1) 保证教学环境良好。

(2) 保证教学设备齐全。

(3) 合理的食宿条件以适应不同层次学员的要求。

(4) 为外出参观、考察提供足够的车辆。

(5) 解决专、兼职教师的交通问题。

(6) 交通顺利，保证学员来去方便。

5. 在岗培训计划的制定

(1) 调查企业目前从业员工现状。

(2) 确定培训的项目和内容。

(3) 培训的准备工作。

(4) 确定培训指导负责人。

(5) 制作培训记录表和培训报告书。

(6) 培训计划制订的责任。

(7) 在岗培训费用管理。

命题点 10　在岗培训的设计

1. 转岗培训设计

(1) 转岗培训的程序

① 确定转换的岗位;

② 确定培训内容和方式;

③ 实施培训;

④ 考核考试。

(2) 转岗培训的方式

① 与新员工一起参加转换岗位的岗前培训;

② 接受现场的一对一指导;

③ 外出参加培训;

④ 接受企业的定向培训。

2. 晋升培训设计

(1) 任职前训练阶段

本阶段的目的是提高受训者的理论水平和业务水平，增长受训者的才干，丰富受训者的工作经验，使其具备任职的基本条件。可采用派出学习、参加本企业的理论和专业培训班、参加指定的实践活动等。

(2) 任职后训练阶段

本阶段的目的是进一步提高受训者的素质。培训时间一般为任职后的 1 ~ 2 年。

3. 以改善绩效为目的的培训程序

(1) 对员工的绩效进行评价

一般而言，绩效评价每年进行一次或者每年进行一次总评。

（2）进行评估面谈

在评估面谈中，考核者向被考核者说明考核结果，双方就绩效改进的方向达成一致。

（3）制订绩效改进计划

绩效改进计划是在一定时间内实行的，改进员工绩效的一系列措施，包括做什么、谁来做和何时做。一个计划只针对一个项目。

（4）培训

培训应在指导者的指导下严格按照绩效改进计划进行。

（5）对培训效果进行评价

如果绩效有改进，说明培训收到了效果，否则就没有收到效果。

4. 岗位资格培训设计

（1）确定要严格执行持证上岗制度的岗位和资格证的期限。

（2）确定岗位资格考试、考核的内容。

（3）确定培训内容。

（4）实施培训。

（5）考试、考核。

（6）重新颁发上岗证。

5. 管理人员教程培训设计

员工管理人员教程培训是在职培训的重要组织形式之一，受到很多企业的重视。

其具体培训内容大致如下：

（1）四级培训：管理理论教程

培训对象：具有管理潜能的员工。

培训目的：提高参与者的自我管理能力和团队建设能力。

培训内容：企业文化、自我管理能力、个人发展计划、项目管理、掌握满足客户需求的团队协调技能。

培训日程：与工作同步的一年培训，短期研讨会 1 次和开课讨论会 1 次。

（2）三级培训：基础管理教程

培训对象：具有较高潜力的初级管理人员。

培训目的：让参与者准备好进行初级管理工作。

培训内容：综合项目的完成、质量及生产效率管理、财务管理、流程管理、组织建设及团队行为、有效的交流和网络化。

培训日程：与工作同步的一年培训、短期研讨会 2 次和为期两天的开课讨论会 1 次。

（3）二级培训：高级管理教程

培训对象：负责核心流程或多项职能的管理人员。

培训目的：开发参与者的企业家潜能。

培训内容：公司管理方法、业务拓展及市场发展策略、技术革新管理、多元文化间的交流、改革管理、企业家行为及责任感。

培训日程：与工作同步的 18 个月培训，为期 5 天的研讨会 2 次。

（4）一级培训：总体管理教程

培训对象：管理业务或项目并对其业绩全权负责者；至少负责两个职能部门者。

培训目的：塑造领导能力。

培训内容：高级战略管理技术、知识管理、识别全球趋势、调整公司业务、管理全球性合作。

培训日程：与工作同步的两年培训；每次为期 6 天的研讨会 2 次。

命题点 11 脱产培训的相关知识

1. 脱产培训的类型

（1）从实践上看，脱产培训可分为短期脱产培训和长期脱产培训，前者是指离开工作或工作现场几天至三个月的培训；后者是指离开工作或工作现场三个月以上时间的培训，这种形式对培养年轻有为的科技人员或管理人员较为有效。

（2）从安排培训的主体看，脱产培训可分为组织安排的培训和个人选择的培训，前者是组织根据培训计划选择有培养前途的工作者或业务骨干外出参加培训，这种培训针对性很强，培训的内容往往是组织当前最需要的知识、技能，它是企业员工培训的重要形式之一；后者是指员工个人根据培训计划或自身工作需要，选择适合自己的培训。

（3）从培训的内容看，脱产培训可分为学历培训和更新技能培训，前者以取得学历证、资格证为目的；后者以补充或更新知识、掌握新的技能为目的。

（4）从受训阶层看，脱产培训可分为分阶层脱产培训和分专业脱产培训，前者是指对不同阶层的员工进行脱产教育培训，包括对各类管理阶层员工的培训，也包括对新员工的岗前培训，还包括对骨干员工的脱产轮训等；后者是指按不同专业对各类员工进行脱产培训，包括对不同员工进行全面质量培训、安全生产培训、专业新发展培训和技能培训。

2. 脱产培训的审批

拟外出参加培训者应填写“脱产培训申请表”或“脱产培训推荐表”，报人力资源部门审核并须经主管经理审批。

3. 培训效果的评估

（1）根据受训者是否获得证书进行评估

这种方法适用于以取得资格证、学历证为目的的培训。培训结束后，受训员工应将获得的证书交人力资源部备案。

（2）通过调查表或报告书进行评估

这种方法适用于非证书培训。员工学习结束后，填写培训效果调查表或培训报告书，交人力资源部。

4. 培训合同的签订

企业派员工外出接受长期培训，往往需要支付较多的培训费用，因此企业一般会要求员工学习结束后继续工作若干年。为确保双方的利益，受训者要与单位签订培训合同。

命题点 12 课堂培训

1. 影响课堂培训效果的因素

（1）教师的教学水平。

（2）培训内容是否充实，是否符合学员的需要。

（3）教学方法。

（4）学员的学习态度。

2. 教室布置的决定因素

（1）参训者人数。

（2）不同的培训活动形式。

（3）课程的正式程度。

（4）培训者希望对课堂的控制程度。

3. 课堂培训的准备

（1）制定培训计划。

（2）根据培训内容设计培训课程，编写培训大纲。

（3）编写或选择教材。

（4）选择和培养培训教师。

（5）准备培训场所和设备。

（6）准备必要的资料。

4. 课堂培训的教室布置

（1）传统布置法

即学生面向讲台，分排就座，坐椅前通常有桌子，便于放学习用具和记笔记，若只有椅子，则可将椅子设计成宽扶手的，便于学生记笔记。

从空间利用的角度看，这种布置方法是最好的，因为它只要留出教师的活动空间和座位间的通道，其余空间都可摆放桌椅；从讲授的角度看，这种布置方法也是最佳的，因为讲授过程中不需要学生之间的交流，学生只要专心听讲即可。

（2）臂章形布置法

这种方法由传统布置法发展而来，它将每列桌子靠中间过道的一头向后稍移一定的角度，以使处于同一排而被过道隔开的学生能相互看见，相互交流。但这种方法只适合于桌椅排成两列的教室。

这种布置方法具备传统教室布置的一些优点，又便于学生交流，讲授与讨论相结合的教学可以尝试，但它会分散学生对教师讲课的注意力。

（3）环形布置法

即将桌椅围成一个不封闭的圆圈，缺口处为教师的位置，便于学生之间、学生与教师之间的交流，是典型的以学生为中心的布置方法。它适合于应用研讨或案例法的教学，而不适合于讲授，因为有近一半的学生不能正视教师。

（4）圆桌会议和圆桌分组布置法

根据培训的内容和需要，还可以采用圆桌会议和圆桌分组布置的方式。圆桌会议布置法适应于人数在 15 人以下的研讨性培训，也容易增加亲近感，学员精神比较容易集中。而圆桌分组布置方式的主要优势是：比较适合较大型的团队培训；有利于培养团队意识，可以在桌与桌之间进行沟通，不离开位置就能组成新的小组，培训师可以在各桌之间巡视，并且加入任何一组。其不足是：学员们不容易看到培训师，并且在观看投影时都得转动一个角度，在演讲时，这种布置方式鼓励了私下的谈话，削弱了演讲效果。

（5）U 形布置法

即将桌椅围成一个 U 形，开口处是教室的正面。这种布置形成两边的学生互相对视，另一排学生正对教师。它适合于模拟练习法，U 字里面的空间可以作为模拟者的演练区域。

（6）V 形布置法

V 形或称人字形布置即将课桌、座位以一个角度进行布置，摆成一个 V 字形。采用 V 字形布置，不像平行布置那么拘谨，所有的学员都可以比较容易地看到黑板、投影幕布，培训师可以从过道走向任何一个学员进行沟通，学员们可以进行最佳的沟通。其主要缺陷是：不便于学员们相互看见对方，有些学员的视线会被其他学员挡住，学员的沟通不如 U 形布置。为此，可对其进行必要的调整，如采用单排的 V 形布置，可以为培训师和学员提供最佳视角，也最便于沟通，但参加培训的人数不宜太多，一般 10 人以下为宜。

命题点 13　讲授法的含义、优缺点及其应用

1. 含义

指教师按照准备好的讲稿，系统地向受训者传授知识的培训方法。

2. 优点

（1）易于操作。

（2）经济高效。

（3）有利于教师作用的发挥。

3. 缺点

（1）单向式教学。

（2）缺乏实际的直观体验。

（3）培训的针对性不强。

4. 应用

（1）讲授法的方式

① 灌输式讲授；

② 启发式讲授；

③ 画龙点睛式讲授。

（2）讲授法的实施要点

① 对讲课内容的要求

根据培训的具体对象和目标确定讲课内容，即培训前先了解学员的基本情况，以及相对于岗位要求，学员在知识、能力等方面有哪些欠缺，由此确定讲课的内容、方式，形成具体的授课计划。

② 对讲课教师的要求

在知识方面，要求讲课教师对所讲授的知识了如指掌，并有深入的研究，或有丰富的实际经验。在授课技巧方面，要求教师做到，善于引出讲课主题，以引起学员的听课兴趣；讲课时善于把握要点，保持讲述的条理性，注意身体语言的配合等。

③ 保持学员兴趣的措施

让学员积极参与，由学生分析结论，提出解决方法；通过生动的语言或直观教具增强直观性；制造一些幽默和悬念。

④ 与其他方法结合使用

讲授法作为培训的最基本的方法，适合于系统地传授知识，可与研讨、角色扮演等多种方法相结合，以充分发挥它的作用，取得更好的培训效果。

命题点 14　研讨法的相关知识

1. 类型

（1）以教师为中心的研讨和以学生为中心的研讨。

（2）任务取向的研讨与过程取向的研讨。

2. 优点

（1）多向式信息交流。

（2）要求学员积极参与，有利于培养学员的综合能力。

（3）加深学员对知识的理解。

（4）研讨法形式多样，适应性强，可针对不同的培训目的选择适当的方法。

3. 形式

（1）集体讨论

指在教师的组织下，学生就某一主题展开讨论的形式。

（2）分组讨论

指将学生分为若干小组，就某一问题展开讨论的形式。

（3）对立式讨论

指将学生分为意见对立的两组，双方针对某一命题进行辩论的形式。

4. 方法

（1）演讲讨论法

指由培训组织者聘请一位专家针对某一专题进行演讲，演讲结束后专家与受训者进行自由讨论的方法。

（2）管理原理贯彻法

指通过研讨方式让受训者了解管理的基本原理和知识，并将之贯彻到实际管理中去的方法。

（3）强调理解讨论法

指通过讨论来达到掌握和巩固理论知识的一种方法。它一般不单独使用，而是与讲授或事前自学相配合，要求教师只分析讲解教案中基本的内容，将难点作为重点学习讨论的内容，这样可以提高受训者学习的兴趣，加深受训者对学习内容的理解。

5. 实施要点

（1）对研讨题目和内容的要求

① 题目具有代表性。即题目应与实际工作紧密联系，既能反映实际工作中普遍存在或亟待解决的问题，又能体现所需培训的关键和核心问题。

② 题目具有启发性。即题目应能启发学员思考、研究，以利于学员能力的提高和对知识的掌握。

③ 题目难度适当。即题目应根据培训目标的要求，结合培训对象的知识、能力水平确定。

④ 研讨题目应事先提供给学员，以便做好研讨准备。

（2）对指导教师的要求

① 明确讨论要求；

② 引导讨论过程；

③ 创造讨论气氛；

④ 总结讨论结果。

（3）指导教师制订讨论计划，准备讨论资料。

命题点 15　案例分析法的相关知识

1. 含义

指针对特定案例进行讨论，寻求解决问题方案的方法，它可以被看作是一种特殊的研讨方法。

2. 操作程序

（1）培训的准备工作

① 培训者根据培训目标和培训对象确定培训课程的具体内容；

② 培训者从平时积累的案例中选择适当的案例作为研讨内容；

③ 培训者制定培训计划，确定培训时间、地点；

④ 培训者熟悉案例分析法的操作方法，了解实际应用中应注意的问题，掌握案例的选择标准和讨论后进行总结的方法。

（2）培训前的介绍工作

① 培训者向学员介绍：培训者自我介绍；培训的目的、培训方式；案例分析法的基本内容、特点；案例分析法应用对应注意的问题及应用后能达到的效果；本次培训课程的计划安排。

② 学员简单地自我介绍，彼此相互认识以获得基本的了解，以创造一个友好、轻松的研讨气氛。

③ 将学员分组，确定各组组长。

（3）案例讨论

① 教师展示案例资料，让学员了解、熟悉案例内容，同时培训者应回答学员就案例内容提出的问题；

② 各组分别研讨案例，找出所有的问题，并进一步确定核心问题；

③ 小组成员提出多种解决方案，通过讨论选择最佳方案；

④ 全体讨论解决问题的方案。

（4）分析总结

① 培训者就案例内容及解决方案进行总结；

② 培训者就本次培训课程的学习要点进行总结，并对讨论质量做出评价。

3. 实施要点

（1）培训者应在案例资料展示完毕后，进行必要的解释说明，回答学员的提问，以尽量保证学员对案例内容的准确把握。

（2）小组讨论中，若发现研讨内容偏离主题，培训者应及时纠正。

（3）各小组在提出最佳方案时，若培训者发现各组提出的对策缺乏新意，应给予提示引导，以促使学员深入思考。

（4）集体讨论时，培训者应注意控制时间，并进行适当引导，以使讨论能够深入。

（5）培训者进行总结时，既要对案例内容及解决方案进行分析，又要对各组提出的方案做出评价。

（6）培训者应在每次案例研讨结束后，对案例研究工作和结果进行记录、整理，一方面可保持、提高案例研究的完整性；另一方面有助于提高组织案例研讨课程的技巧和水平。

4. 案例编写步骤

（1）确定培训的目的。

（2）搜集信息。

（3）写作。

（4）检测。

（5）定稿。

命题点 16　专题讲座法

1. 含义

专题讲座是针对某一个专题知识，一般只安排一次培训。这种培训方法适合于管理人员或技术人员了解专业技术发展方向或当前热点问题等方面知识的传授。

2. 优点

培训不占用大量的时间，形式比较灵活；可随时满足员工某一方面的培训需求；讲授内容集中于某一专题，培训对象易于加深理解。

3. 缺点

讲座中传授的知识相对集中，内容可能不具备较好的系统性。

命题点 17　现场培训的相关知识

1. 内容

（1）企业概况，即企业历史和现状。

（2）企业文化。

（3）企业行为规范。

（4）企业各项规章制度。

（5）产品知识。

（6）从事具体岗位所应具备的专业知识。

（7）从事具体岗位所应具备的能力。

（8）从事具体岗位所应具备的技能。

（9）管理实务。

（10）思想道德。

2. 对象

（1）从学校毕业的新员工。

（2）有相关工作经验的新聘用人员。

（3）有工作经历但原先从事的工作与现在从事的工作完全不同的员工，包括转岗员工和将要从事的工作与原先工作不同的新员工。

（4）企业的后备人才。

（5）需要改善绩效的员工，而且该员工要改进的项目适合于现场培训。

3. 方法

（1）工作指导法

又称教练法、实习法，是指由一位有经验的工人或直接主管人员在工作岗位上对受训者进行培训的方法。

工作指导法的优点是应用广泛，可用于基层生产工人。

这种方法并不一定要有详细、完整的教学计划，但应注意培训的要点：一是关键工作环节的要求；二是做好工作的原则和技巧；三是须避免、防止的问题和错误。

（2）工作轮换法

指让受训者在预定时期内变换工作岗位，使其获得不同岗位的工作经验的培训方法。

工作轮换法的优点是：

① 能丰富受训者的工作经验，增加对企业工作的了解；

② 使受训者明确自己的长处和短处，找到自己适合的位置；

③ 改善部门间的合作，使管理者能更好地理解相互间的问题。

工作轮换法的不足之处在于：此法鼓励“通才化”，适合于一般直线管理人员的培训，不适用于职能管理人员。

（3）特别任务法

指企业通过为某些员工分派特别任务对其进行培训的方法，此法常用于管理培训。

（4）个别指导法

个别指导法和我国以前的“师傅带徒弟”或“学徒工制度”相类似。目前我国仍有很多企业在实行这种帮带式培训方式，其主要特点在于通过资历较深的员工的指导，使新员工能够迅速掌握岗位技能。

个别指导法的优点：

① 新员工在师傅指导下开始工作，可以避免盲目摸索；

② 有利于新员工尽快融入团队；

③ 可以消除刚从高校毕业的学生进入工作的紧张感；

④ 有利于企业传统优良工作作风的传递；

⑤ 新员工可从指导人处获取丰富的经验。

个别指导法的缺点：

① 为防止新员工对自己构成威胁，指导者可能会有意保留自己的经验、技术，从而使指导浮于形式；

② 指导者本身水平对新员工的学习效果有极大影响；

③ 指导者不良的工作习惯会影响新员工；

④ 不利于新员工的工作创新。

4. 适应性现场培训的程度

（1）确定培训项目。

（2）编写现场培训指导书。

（3）确定现场培训的指导者。

（4）培训结束后对受训者进行考试或考核。

（5）颁发上岗证。

5. 以改善绩效、培训人才为目的的现场培训程度

（1）确定培训需求。

（2）制定个别指导计划书。

（3）实施培训。

（4）培训评价。

6. 工作轮换法的实施要点

（1）工作轮换计划需根据每个受训者的具体情况制定，应将企业的需求与受训者的兴趣、能力倾向和职业爱好相结合。

（2）配备有经验的指导者。

命题点 18　自学的适用范围及优缺点

1. 适用范围

（1）从培训内容上看，自学适用于知识、技能的学习；

（2）从培训体系看，自学既适用于岗前培训，又适用于在岗培训，新员工和老员工都可以通过自学掌握必备的知识和技能。

2. 自我的优缺点

（1）优点

① 费用低；

② 不影响工作；

③ 学习者自主性强；

④ 可体现学习的个别差异；

⑤ 培养员工的自学能力。

（2）缺点

① 学习的内容受到限制；

② 学习效果可能存在很大差异；

③ 学习中遇到疑问和难题往往得不到解答；

④ 容易使自学者感到单调乏味。

命题点 19　自学的组织方式与步骤、人事部门对自学的管理

1. 组织方式与步骤

（1）指定学习资料。

（2）网上学习。

（3）电视教育。

2. 人事部门对自学的管理

（1）制订自学计划或帮助员工制定个人自学计划。

（2）对员工进行自学方面的指导。

（3）对自学效果进行检查、评价。

命题点 20　培训经费的核算与控制

1. 培训成本的含义

指企业在员工培训过程中所发生的一切费用，包括培训之前的准备工作，培训的实施过程，以及培训结束之后的效果评估等各项活动的各种费用。

直接培训成本是指在培训组织实施过程之中，直接用于培训者与受训者的一切费用的总和。

间接培训成本是指在培训组织实施过程之外企业所支付的一切费用的总和。

2. 培训成本的构成

（1）人员定向成本

也称为岗前培训成本，它是企业对上岗前的员工进行有关企业历史、企业文化、规章制度、业务知识、业务技能等方面的教育培训时所支出的费用。

（2）在职培训成本

在职培训成本是在不脱离工作岗位的情况下对在职人员进行培训所支出的费用。

（3）脱产培训成本

脱产培训成本是企业根据生产工作的需要，对在职员工进行脱产培训时所支出的费用。

根据所采取的培训方式，脱产培训成本可分为企业内部脱产培训成本和企业外部脱产培训成本。内部脱产培训成本包括培训者和被培训者的工资、培训资料费、专设培训机构的管理费等，外部脱产培训成本包括培训机构收取的培训费，接受培训学员的工资、差旅费、补贴、住宿费、资料费等。

3. 培训成本信息的意义

（1）可以了解培训总成本的构成，直接成本与间接成本的情况。

（2）有利于对不同的培训项目成本进行对比分析，做出正确的选择。

（3）有助于合理确定培训项目在设计、实施、评估和管理上资金的分配比例。

（4）用于分析比较不同小组员工的培训资金分配情况。

（5）便于进行成本控制，进行成本—收益的对比分析。

4. 培训成本信息的采集

（1）收集需要参加公司外部培训的员工的数据资料。即采集所有需要参加外部培训的员工可能发生的费用资料。

（2）收集企业及其各个下属部门在企业内部组织培训可能发生的各项费用资料。包括公司拟举办的各种类型的培训班，在培训场地、聘请讲师、购买教材等方面的费用资料。

（3）收集企业培训所需要新建场地设施，新增设备器材器具的购置等方面的数据资料。

5. 培训成本项目的核算

（1）利用会计方法计算培训成本

一般来说，我国现行会计制度要求采用会计方法核算企业培训成本，主要是按照一定的成本科目进行统计计算。

（2）利用资源需求模型计算培训成本

资源需求模型是一种按照培训的横向、纵向作业流程核算企业培训成本的方法。

6. 培训经费预算方案的编制

在编制培训经费预算时，要充分考虑以下影响因素，并对不同培训方案的总成本及其构成进行对比分析，以便做出正确的决策。

（1）有多少员工需要参加这项教育训练计划？他们的工作岗位处于何种层级？

（2）每期有多少员工同时离开工作岗位？脱产多长时间？准备举办多少期？

（3）员工离开工作岗位，部门主管安排其他同事代替是否要增加额外的支出？

（4）讲师与学员最理想的比率是多少？最多可容纳多少学员，同时保证讲师仍能掌握并达成训练目标，保证培训的质量？

（5）参与培训计划的人员成本、设施费用、地点及其他单位的支援费用？

（6）培训计划从设计、安排、协调、执行到追踪评估所需要的时间、人力、物力？

（7）增加部分成本在效益上是否会按比例扩大？培训结果有哪些可能产生的间接效益？

（8）培训成果评估，直接效益的计算，应事先根据培训目标设定。

（9）培训成本分担期限的界定及人数或成本中心的计算方式应合理确定。

（10）培训计划是企业内自行设计，或聘请企业外培训机构，或购买现成的培训套装，与培训人数、次数及培训需求达成的目标有关。

7. 培训成本收益的分析

企业培训经费的投入，可能带来的收益、效益主要体现在以下几个方面：

（1）任职者可以提高完成本职工作的质量。

（2）任职者可完成超过本职位技能要求的工作。

（3）随着技能的完善和提高，任职者可以从事以前无法胜任的工作，进而减少用人，降低人工成本。

（4）为企业中长期的人才需求做好了储备。

（5）提高了企业整体任职人员的工作素质，增加了企业整体的工作效益和质量，增强了企业的市场竞争力。这一点是比较重要的，也是效益最高的。

实际上，有许多方法可用来分析企业培训成本所带来的收益：

（1）可以运用专业技术的研究成果、生产实践活动的变化证实培训计划所取得的收益。

（2）在企业大规模投入资源之前，通过实验性培训，评价一部分受训者所获得的收益。

（3）通过对成功的工作者的观察，可帮助企业确定成功与不成功的工作者的绩效差别。

8. 培训项目收费标准的核定

确定培训项目收费标准的方法很多，主要有以下几种可供参照：

（1）上级拨款实报实销。

（2）上级核算一个收费标准，依照每人平均培训费用缴纳，收费标准比较模糊。

（3）精确计算培训成本，按收支平衡略有盈余的原则收费。

此时，参加培训项目单个学员的收费标准，可按下述公式核算：

$$J = J_z / X$$

式中 J——单个学员培训收费标准；

X——本班学员数；

J_z——该班预计发生的经费总额。

$$J_z = Y \cdot \sum_{i=1}^{6} J_i$$

式中 Y——管理费用系数；

J_1——发生在教师身上的费用，如酬金、交通费、食宿费等；

J_2——教材及辅导材料的印制、购置费；

J_3——教室、电教、教具、实训仪器、设备、材料、水电费用；

J_4——外出参观、游览的车费、门票、外联费用；

J_5——学员食宿、文体、医疗等费用；

J_6——其他培训费用。

9. 编制培训预算方案的注意事项

（1）培训目标应根据企业经营目标所设计的培训计划，按各部门的需求安排培训，协助各部门达成他们的工作目标。

（2）各项培训计划应详细列出各项费用，尤其是训练人员的薪资福利费用、执行训练计划的运作费用及训练设施、设备、工具等的购买费用。

（3）预计可能的成本节省、减少浪费、利润增加，亦即产量、效率、品质的提高所产生的效益。

【经典真题详解】

一、单项选择题(每小题只有一个正确答案)

1. 有关培训组织管理系统的说法不正确的是(　　)。【2009 年 5 月真题】

（A）是一个以管理为主要职能的部门或者岗位

（B）中心任务是组织协调组成培训体系的其他部门或岗位，共同完成企业培训工作

（C）就其培训的最终目的而言，与人力资源管理部的中心职能有着密不可分的联系

（D）由人力资源管理部门负责，虽有利于企业培训的组织管理，但不利于成本控制

【答案】D　培训的组织管理系统的任务就是负责组织、协调企业整体培训工作。就其培训的最终目的而言，与人力资源部的中心职能有着密不可分的联系，也是人力资源开发与管理的一种方法和手段，所以培训的组织管理应由人力资源管理部门负责，或设立一个岗位，或设立一个下属部门，这样既有利于企业培训的组织管理，又有利于成本控制，故 D 项说法错误。

2. 在岗培训计划的制定一般采取(　　)的方法制定。【2009 年 5 月真题】

（A）自上而下　　（B）由整体到局部　　（C）自下而上　　（D）由概括到具体

【答案】C　目前在岗培训计划一般采取自下而上的方法制定：首先，是企业各下属机构或部门分别制定各自下一年度的培训计划；其次，各下属机构或部门在规定的期限内将培训计划上报人事部，由人事部汇总；人力资源部门(或教育培训部门)召开各下属机构或部门培训负责人会议，确定公司的年度培训计划(共同培训部分)。

3. 在管理人员教程培训中，四级培训的培训对象是(　　)。【2009 年 5 月真题】

（A）具有管理潜能的员工

（B）具有较高潜力的初级管理人员

（C）负责核心流程或多项职能的管理人员

（D）管理业务或项目并对其业绩全权负责者

【答案】A　在管理人员教程培训中，四级的培训对象是具有管理潜能的员工。培训目的是提高参与者的自我管理能力和团队建设能力。培训内容是企业文化、自我管理能力、个人发展计划、项目管理、掌握满足客户需求的团队协调技能。

4. (　　)最适合于使管理人员了解当前热点问题等方面的知识。【2009 年 5 月真题】

（A）讲授法　　（B）案例分析法　　（C）研讨法　　（D）专题讲座法

【答案】D　专题讲座法形式上和课堂教学法基本相同，但在内容上有所差异。课堂教学一般是系统知识的传授，每节课涉及一个专题，接连多次授课；专题讲座是针对某一个专题知识，一般只安排一次培训。这种培训方法适合于管理人员或技术人员了解专业技

术发展方向或当前热点问题等方面知识的传授。

5. 适合于一般直线管理人员的现场培训方法是(　　)。【2009 年 5 月真题】

(A) 工作指导法　　(B) 工作轮换法　　(C) 特别任务法　　(D) 个别指导法

【答案】B　工作轮换法是指让受训者在预定时期内变换工作岗位，使其获得不同岗位的工作经验的培训方法。工作轮换法的不足之处在于：此法鼓励“通才化”，适合于一般直线管理人员的培训，不适用于职能管理人员。

6. 资源需求模型按照(　　)核算企业培训成本。【2009 年 5 月真题】

(A) 培训所需资源　(B) 会计成本科目　(C) 培训作业流程　(D) 有形资本消耗

【答案】C　资源需求模型是一种按照培训的横向、纵向作业流程核算企业培训成本的方法。具体地说，它是从培训项目开始的准备阶段一直到项目全部终结为止，按照培训项目设计成本、培训项目实施成本、培训项目需求分析评估成本、培训项目成果的跟踪调查以及效果评估成本等科目进行成本的核算。

7. 培训的组织管理工作应该由(　　)来负责。【2008 年 11 月真题】

(A) 人力资源部门　　(B) 企业相关的主管部门

(C) 战略发展部门　　(D) 各类部门及各级主管

【答案】A　培训的组织管理系统的任务就是负责组织、协调企业整体培训工作。它是一个以管理为主要职能的部门或者岗位，其中心任务就是组织协调组成培训体系的其他部门或者岗位。共同完成企业的培训工作，满足人力资源的配置需要。就其培训的最终目的而言，与人力资源部的中心职能有着密不可分的联系，也是人力资源开发与管理的一种方法和手段，所以培训的组织管理应由人力资源管理部门负责，或设立一个岗位，或设立一个下属部门，这样既有利于企业培训的组织管理，又有利于成本控制。

8. 以下关于岗位培训计划的说法错误的是(　　)。【2008 年 11 月真题】

(A) 划分公司层次、部门层次和工作层次的主题

(B) 规划岗前培训中的技术类和社会类内容

(C) 岗前培训计划中的全部内容都是固定不变的

(D) 培训计划的构成，由文字和表格两部分组成

【答案】C　培训项目确定后，就要决定对不同员工实施不同的培训选择不同的培训内容。培训内容是根据某项工作对员工所应具备的知识和技能要求确定的。由于参训员工的工作岗位和所掌握的技能不同，所以培训的内容也会有相当大的差距。一般说来，员工知识的增加主要靠讲师讲授，技能的提高主要来自于工作实践。故选项 C 错误。

9. 晋升培训的任职后训练阶段时间为任职后的(　　)。【2008 年 11 月真题】

(A) 1 ~2 月　　(B) 3 ~5 月　　(C) 1 ~2 年　　(D) 2 ~3 年

【答案】C　晋升培训主要包括两个阶段：(1)任职前训练阶段。本阶段的目的是提高受训者的理论水平和业务水平，增长受训者的才干，丰富受训者的工作经验，使其具备任职的基本条件。(2)任职后训练阶段。本阶段的目的是进一步提高受训者的素质。培训时间一般为任职后的 1 ~2 年。

10. 在管理人员教程培训中，三级培训的培训对象是(　　)。【2008 年 11 月真题】

(A) 具有管理潜能的员工

(B) 具有较高潜力的初级管理人员

(C) 负责核心流程和多项职能的管理人员

（D）管理业务或项目并对其业绩全权负责者

【答案】B　在管理人员教程培训中，三级培训的培训对象：具有较高潜力的初级管理人员。培训目的：让参与者准备好进行初级管理工作。培训内容：综合项目的完成、质量及生产效率管理、财务管理、流程管理、组织建设及团队行为、有效的交流和网络化。培训日程：与工作同步的一年培训、短期研讨会2次和为期两天的开课讨论会1次。

11. 在课堂培训的研讨法中，案例分析法是为了（　　）。【2008年11月真题】

（A）培养综合能力　（B）开发创造能力　（C）改善人际关系　（D）学习职业行为

【答案】A　在课堂培训的研讨法中，案例分析法的目的是提高学生分析问题和解决问题的能力，学生需要在课外去完成案例的知识准备，培养学生的综合能力。因此，它是一种较为高级的培训方法。

二、多项选择题(每题有两个或两个以上正确答案。错选、少选、多选均不得分)

1. 培训机构是培训的物质载体，设置培训机构即确定（　　）。【2009年5月真题】

（A）培训的活动场所　（B）培训的规模

（C）培训的师资配备　（D）培训的时间

（E）培训的计划编制

【答案】ABCD　培训机构是培训的物质载体，是开展培训活动的重要物质保证之一。如培训的规模、培训的活动场所、培训的时间、培训的师资配备等，都是培训机构必须承担的任务。

2. 以下关于现代企业有效的培训系统说法正确的是（　　）。【2009年5月真题】

（A）最终能够有效地改善企业的经营业绩

（B）促进了员工现在和未来工作绩效的提高

（C）目的是在企业中最大限度地实现能岗匹配

（D）主要通过学习训练等手段提高员工的工作能力

（E）出发点是在企业间的人才竞争中取得领先优势

【答案】ABD　现代企业有效的培训系统是指企业从自身的生产发展需要出发，积极通过学习训练等手段提高员工的工作能力，知识水平及潜力发挥，最大限度地使员工的个人素质与工作需求相匹配，促进员工现在和未来工作绩效的提高，最终能够有效地改善企业的经营业绩这样一个系统化的行为改变过程。故CE两项说法错误。

3. 常用的在岗培训方法有（　　）。【2009年5月真题】

（A）工作指导法　（B）设立“助理”职位

（C）工作轮换法　（D）特殊任务的委派

（E）角色扮演法

【答案】ABCD　在岗培训所运用的培训方法有很多，较为常用的方法有工作指导法、工作轮换法、计划的提升、设立“助理”职位、建立“委员会”或“下级委员会”、特殊任务的委派等。

4. 岗前培训的作用主要有（　　）。【2009年5月真题】

（A）新员工进入群体过程的需要　（B）打消新员工不切实际的期望

（C）满足新员工需要的专门信息　（D）建立企业管理人员绝对权威

（E）降低文化冲击对企业的影响

【答案】ABCE　具体而言，岗前培训的作用有以下几个方面：(1)新员工进入群体过程的需要。(2)打消新员工对新的工作环境不切实际的期望。(3)满足新员工需要的专门信息。(4)降低文化冲击的影响。(5)避免企业管理人员过多地行使权威。

5. 下列有关员工培训的说法正确的是(　　)。【2008 年 11 月真题】

(A) 全员培训在于提高企业全员素质

(B) 应充分考虑员工的能力偏差和工作分工的不同

(C) 应充分考虑培训对象的工作性质、任务和特点

(D) 重点培训要求对技术中坚和管理骨干加大培训力度

(E) 培训投资的成本就是全部可明确计算出来的会计成本

【答案】ABCD　员工培训投资属于智力投资，它的投资收益应高于实物投资收益。但这种投资的投入产出衡量具有特殊性，培训投资成本不仅包括可以明确计算出来的会计成本，还应将机会成本纳入进去。故 E 项说法错误。

6. 培训系统的设计和开发必须回答的问题有(　　)。【2008 年 11 月真题】

(A) 培训目标是什么　　(B) 如何实现目标

(C) 培训的对象是谁　　(D) 如何检验目标

(E) 实现目标会给企业带来何种好处

【答案】ABD　企业培训系统设计是一项系统性的技术，这项技术可以保证员工个人和企业获得履行岗位职能所必需的知识、技能和劳动态度。培训系统设计、开发必须回答三个问题，即培训目标是什么？开展哪些活动才能实现目标？怎样检验目标是否达到？要使企业培训能够有效地促进和实现企业的经营目标，应该建立一套有效的、完善的现代企业培训系统。

7. 根据培训的组织形式，员工培训可分为(　　)。【2008 年 11 月真题】

(A) 自学　　(B) 正规学校　　(C) 短训班　　(D) 现场培训

(E) 非正规大学

【答案】ABCE　根据培训与工作的关系，员工培训可分为岗前培训、在岗培训和脱产培训；根据培训目的，员工培训可分为过渡性教育培训、知识更新培训或转岗培训、提高业务能力培训、专业人才培训和人员晋升培训；根据培训对象在公司中的地位，员工培训可分为公司高层管理人员的培训、基层管理人员培训、专业技术人员培训和一般员工培训；根据培训地点，员工培训可分为企业内培训、企业外培训和在岗培训；根据培训范围，员工培训可分为全员培训和单项培训；根据培训组织形式，员工培训可分为正规学校、短训班、非正规大学和自学等形式。目前最常用的是第一种分类方法。

8. 在课堂培训中，教室布置的决定因素包括(　　)。【2008 年 11 月真题】

(A) 参加培训的人数　　(B) 受训人员的要求

(C) 课程的正式程度　　(D) 培训的活动形式

(E) 培训者希望对课堂的控制程度

【答案】ACDE　教室布置的决定因素有：(1)参训者人数。(2)不同的培训活动形式。(3)课程的正式程度。(4)培训者希望对课堂的控制程度。

三、简答题

运用案例分析法进行培训前，应做好的准备工作有哪些？【2009 年 5 月真题】

【答案】　运用案例分析法进行培训前，应做好的准备工作有：

(1) 培训者根据培训目标和培训对象确定培训课程的具体内容。

（2）培训者从平时积累的案例中选择适当的案例作为研讨内容。

（3）培训者制定培训计划，确定培训时间、地点。

（4）培训者熟悉案例分析法的操作方法，了解实际应用中应注意的问题，掌握案例的选择标准和讨论后进行总结的方法。

四、计算题

1. 2008 年甲公司培训中心某一培训项目费用预算情况如下：

· 发生在教师身上的费用 175000 元；

· 教材及辅导材料的印制、购置费 8000 元；

· 教室、电教、教具、实训仪器、设备、材料、水电费用等 12000 元；

· 外出参观、浏览的车费、门票、外联费用等 36000 元；

· 学员食宿、文体、医疗等费用 28000 元；

· 其他培训费用 6000 元；

· 计划招收学生 50 人，管理费用系数 15%。【2008 年 11 月真题】

请计算：

（1）该项目预计发生的管理费用是多少？

（2）该项目预计发生的总费用是多少？

（3）单个学员培训收费标准是多少？

【答案】（1）该项目预计发生的管理费用为 12000 元。

（2）根据预计发生的经费总额公式为 $J_z = Y \cdot \sum_{i=1}^{6} J_i$，得该项目发生的总费用 $J_z = 0.15 \times (175000 + 8000 + 12000 + 36000 + 28000 + 6000) = 39750$（元）。

（3）根据参加培训项目单个学员的收费标准公式为 $J = J_z / X$，则有 $J = 39750 \div 50 = 795$（元）。

2. 某公司对 50 位销售人员进行培训，培训经费预算标准如表 3－1 所示，请填写表 3－1 的空栏，并计算出每位销售人员的培训成本。【2007 年 11 月真题】

表 3－1　某公司某培训费用核算表

<table>
<tr><th>序　号</th><th colspan="2">培训项目费用标准</th><th>费用预算/元</th></tr>
<tr><td>1</td><td colspan="2">项目设计成本(2000 元/天，2 天)</td><td></td></tr>
<tr><td rowspan="7">2</td><td rowspan="7">项目实施成本</td><td>培训师课酬(20000 元/天，4 天)</td><td></td></tr>
<tr><td>培训交通食宿(1000 元/天，4 天)</td><td></td></tr>
<tr><td>场地租赁等费用(500 元/天，4 天)</td><td></td></tr>
<tr><td>设备费用(4000 元)</td><td></td></tr>
<tr><td>学员教材费(100 元/人，50 人)</td><td></td></tr>
<tr><td>学员的餐费(20 元/人/天，4 天，50 人)</td><td></td></tr>
<tr><td>学员的误工费(5000 元/天，4 天)</td><td></td></tr>
<tr><td>3</td><td colspan="2">培训项目评估费(1000 元/天/次，3 次，3 天)</td><td></td></tr>
<tr><td>4</td><td colspan="2">项目管理费 培训部人员薪资(200 元/人/天，2 人，15 天)</td><td></td></tr>
<tr><td></td><td colspan="2">费用合计</td><td></td></tr>
</table>

【答案】（1）根据题意得，填表3－1得出表3－2如下：

表3－2　某公司某培训费用核算表

序　号	培训项目费用标准		费用预算/元
1	项目设计成本（2000元/天，2天）		4000
2	项目实施成本	培训师课酬（20000元/天，4天）	80000
		培训交通食宿（1000元/天，4天）	4000
		场地租赁等费用（500元/天，4天）	2000
		设备费用（4000元）	4000
		学员教材费（100元/人，50人）	5000
		学员的餐费（20元/人/天，4天，50人）	4000
		学员的误工费（5000元/天，4天）	20000
3	培训项目评估费（1000元/天/次，3次，3天）		9000
4	项目管理费 培训部人员薪资（200元/人/天，2人，15天）		6000
	费用合计		138000

（2）由（1）知，费用总和为138000元，根据参加培训项目单个学员的收费标准公式为$J=J_z/X$，则有$J=138000\div50=2760$（元/人）。

第四章　绩效管理

【命题规律】

对近年考试的命题进行研究可以发现，本章的命题规律主要体现在以下几个方面：

1. 绩效的性质和特点、绩效管理的基本概念、绩效管理系统设计的基本原则、设计绩效管理系统须注意的问题是本章重要的命题考核点。

2. 绩效管理的功能、绩效管理制度的基本结构，表格的设计与发放、考评数据的统计是常考、必考的知识点。

3. 绩效考评的类型、绩效考评的内容、能力考评、态度考评、业绩考评，员工绩效考评的基本程序、基本步骤和基本方法是本章重要的命题点。

4. 考评数据的分析方法和绩效管理的总结在考试中反复出现，应当高度重视。

5. 绩效管理系统与其他子系统的关系，以及绩效管理系统设计的基本方法，起草绩效管理制度的基本要求，收集考评数据记录、数据的计算机处理、考评数据的保存，绩效考评的基本特点是需要熟悉的内容。

【命题点解读】

命题点 1　绩效管理系统的确立

1. 绩效的性质和特点

（1）绩效的多因性

绩效的优劣不只取决于单一的因素，而要受到主、客观多种因素的影响，如员工的激励、技能、环境与机会，其中前两者是员工自身的主观性影响因素，后两者是客观性影响因素。

（2）绩效的多维性

即绩效需要沿着多种维度去分析和考评。

（3）绩效的动态性

即员工的绩效随着时间的推移会发生变化。

2. 绩效管理的基本概念

指为实现组织发展战略目标，采用科学的方法，通过对员工个人或组织的综合素质、态度行为和工作业绩的全面监测分析与考核评定，不断激励员工，改善组织行为，提高综合素质，充分调动员工的积极性、主动性和创造性，挖掘其潜力的活动过程。

3. 绩效管理系统与其他子系统的关系

绩效管理作为企业人力资源管理的重要组成部分，即企业人力资源管理系统的子系统，与其他人力资源管理系统存在极为密切的关系。

4. 绩效管理系统设计的基本原则

（1）公开与开放的原则。

（2）反馈与修改的原则。

（3）定期化与制度化原则。

（4）可靠性与有效性原则。

（5）可行性与实用性原则。

5. 绩效管理系统设计的四阶段法

（1）四阶段法设计方案之一

该绩效管理系统的设计方案认为，企业绩效管理作为一个完整的人力资源子系统。一个良好的绩效管理系统应由四个部分组成：

① 定义绩效

即界定绩效的具体维度及各维度的内容和权重，也就是让各层次的员工都明确自己努力的目标。这是进行绩效考评的基础，也是绩效管理的关键。另外，企业的人力资源政策也影响定义绩效。

② 绩效考评

这是绩效管理系统的主体部分，表现为在定义绩效的基础上制定出一个健全合理的考评方案并实施绩效考评。考评方案主要包括考评的内容、考评的方法、考评的程序、考评的组织者、考评人与被考评人以及考评结果的统计处理等。其中，选择合适的考评方法、设计出可行的考评表格是最关键也是最困难的工作。

③ 绩效反馈

绩效考评的结果反馈给员工本人，是为了让员工正确地认识自我、评估自我。但在绩效管理体系中，反馈的意义并不仅限于此。客观、合理的考评结果可以真实地说明员工达到组织所期望的标准的程度，其不足之处经过分析，便成为有针对性的企业培训的需求。同样，员工绩效考评的结果可以使上级更全面、更深入地认识自己的下属，掌握下属的特性和优缺点。

④ 绩效改善

绩效管理的目标和目的是十分明确的，即不仅要提高各级员工的素质，更重要的是要通过员工素质的提高，促进和带动组织整体素质和工作绩效的提升和发展。

（2）四阶段法设计方案之二

该设计方案认为，绩效管理是由决定绩效考评内容、选择绩效考评方法、绩效考评结果反馈和检讨绩效考评系统四个方面组成的有机系统。

6. 绩效管理系统设计的五阶段法

该系统设计方案认为，绩效管理作为一个完整的系统。

（1）绩效计划

绩效计划的制订是主管与员工对员工考核期间应该履行的工作职责、权限、各项任务的重要性程度、绩效的衡量标准、可能遇到的困难、新技术新技能及培训的需求、上级可能提供的帮助及解决问题的途径和方法等一系列问题，共同进行探讨并达成共识的过程。

（2）绩效沟通

绩效管理是在互动中实现的，主管通过与下属的有效沟通，可以及时对下属的工作进行必要的指导，帮助下属解决工作中遇到的困难和问题。

绩效沟通与指导阶段是主管与下属共同实施计划的过程，是双方保持不断联系，全程进行指导、交流、沟通并产生互动的过程，也是不断完善、充实计划，以及根据客观环境条件的变化，对计划进行必要的调整修订的过程。绩效沟通与指导使绩效管理建立在科学合理、现实可行的基础上，从这个意义上看，绩效沟通与指导是绩效管理体系的灵魂。

（3）绩效考评

绩效考评是绩效管理活动的中心环节，是考核者与被考核者双方对考核期内的工作绩效进行全面回顾和总结的过程。在组织进行绩效考核的过程中，应注意使员工对衡量工作绩效的标准有清晰明确的认识，尽量减少歧义；以自我考核评价为主，主管和其他人考核评价为辅，真正实现自己教育自己，自己对自己有客观、全面、正确的认识；在绩效考核的活动中，凡事（无论是主管还是下属）都要用数据、事实、结果来证明，防止主观臆断、推测，但又不能在数字上过分地斤斤计较；绩效考核应在融洽和谐的气氛中进行。

（4）绩效诊断

绩效诊断是对绩效管理中各个环节和工作要素进行全面监测、分析的过程。诊断的具体内容包括：

① 对管理制度的诊断；

② 对企业绩效管理体系的诊断；

③ 对绩效考核指标体系的诊断；

④ 对考核者全面、全过程的诊断；

⑤ 对被考核者全面、全过程的诊断。

（5）绩效总结

绩效管理的目的是为了促进企业和员工的共同提高和发展。

命题点 2　绩效管理制度的内容和要求

1. 绩效管理的功能

（1）绩效管理对企业的贡献

① 诊断功能。

② 监测功能。

③ 导向功能。

④ 竞争功能。

（2）绩效管理对员工个人的贡献

① 激励功能。

② 规范功能。

③ 发展功能。

④ 控制功能。

⑤ 沟通功能。

（3）绩效管理的其他功能

绩效管理除具有上述功能之外，其所获得的数据资料还具有其他一些功能。首先，在编制人力资源规划，评价一个单位人力资源的总体素质时，必须掌握全部员工，以及高层管理者管力素质、心理素质、知识素质、品德素质、技能素质、经验素质方面的数据，特别是重要人员提升可能和潜力的数据。其次，绩效管理数据在评价一个员工的优缺点和确定其潜能方面具有重要的意义。此外，通过对绩效管理所取得的数据资料，还可以为调整劳动关系提供技术支持。

2. 绩效管理制度的基本结构

绩效管理制度作为企业人力资源管理制度的重要组成部分，一般应由总则、主文和附则等章节组成。在起草和编写企业员工绩效管理制度时，至少应当包括以下10个方面的基本内容：

（1）概括说明建立绩效管理制度的原因，绩效管理的地位和作用，即在企业单位中加强绩效管理的重要性和必要性。

（2）对绩效管理的组织机构设置、职责范围、业务分工，以及各级参与绩效管理活动的人员的责任、权限、义务和要求做出具体的规定。

（3）明确规定绩效管理的目标、程序和步骤，以及具体实施过程中应当遵守的基本原则和具体要求。

（4）对各类人员绩效考评的方法、设计依据、基本原理、考评指标和标准体系做出简要确切的解释和说明。

（5）详细规定绩效考评的类别、层次和考评期限。

（6）对绩效管理中所使用的报表格式、考评量表、统计口径、填写方法、评述撰写和上报期限，以及对考评结果偏误的控制和剔除提出具体要求。

（7）对绩效考评结果的应用原则要求，以及与之配套的薪酬奖励、人事调整、晋升培训等规章制度的贯彻实施和相关政策的兑现办法做出明确规定。

（8）对各个职能和业务部门年度绩效管理总结、表彰活动和要求做出原则规定。

（9）对绩效考评中员工申诉的权利、具体程序和管理办法做出明确详细的规定。

（10）对绩效管理制度的解释、实施和修改等其他有关问题做出必要的说明。

3. 起草绩效管理制的基本要求

（1）全面性与完整性。

（2）相关性与有效性。

（3）明确性与具体性。

（4）可操作性与精确性。

（5）原则一致性与可靠性。

（6）公正性与客观性。

（7）民主性与透明度。

命题点3　人力资源部门的管理制度

（1）设计、试验、改进和完善绩效管理制度，并向有关部门建议推广。

（2）在本部门认真执行企业的绩效管理制度，以起到示范作用。

（3）宣传企业员工的绩效管理制度，说明贯彻该项制度的重要意义、目的、方法与要求。

（4）督促、检查、帮助本企业各部门贯彻现有绩效管理制度，培训实施绩效管理的人员。

（5）收集反馈信息，包括存在的问题、难点、批评与建议，记录和积累有关资料，提出改进方案和措施。

（6）根据绩效管理的结果，制定相应的人力资源开发计划，并提出相应的人力资源管理决策。

命题点4　绩效考评的程序和方法

1. 绩效考评的类型

（1）按照绩效考评的对象不同，可将绩效考评分为以下五种形式：

① 上级考评；

② 同级考评；

③ 下级考评；

④ 自我考评；

⑤ 外人考评。

（2）根据绩效考评的内容不同，可将绩效考评分为以下几种形式：

① 品质主导型

品质主导型考评是以考评对象在工作中所表现出来的心理品质为主要内容的绩效考评。

② 行为主导型

行为主导型考评是以员工在工作过程中的行为表现为主要内容的绩效考评，行为主导型考评主要着眼于员工在“干什么?”“如何进行操作的?”“怎样完成任务的?”，重在对员工工作过程的考评，而非工作的业绩和结果。

③ 效果主导型

效果主导型考评是以员工或组织的工作效果为主要内容的绩效考评，效果主导型着眼于“干出了什么”，重点在于产出和贡献，而不关心行为和过程。

（3）根据绩效考评的时限不同，可以将绩效考评分为：月度考评、季度考评、半年考评和年度考评等方式的考评。

2. 绩效考评的内容

（1）能力考评。

（2）态度考评。

（3）业绩考评。

3. 员工绩效考评的基本程序

（1）以基层为起点，由基层部门的领导对其直属下级进行考评。

（2）在基层考评的基础上，对各个中层部门进行考评。

（3）最后，完成逐级考评之后，由企业的上级机构或董事会对企业高层领导进行考评，其内容主要是经营效果方面硬指标的完成情况。

4. 员工绩效考评的基本步骤

（1）科学地确定考评的基础

① 确定工作要项；

② 确定绩效标准。

（2）评价实施

具体做法是将工作的实际情况与考评标准逐一对照，评判绩效的等级。

（3）绩效面谈

面谈是绩效考评极为重要的环节，但常常被忽略。

(4) 制订绩效改进计划

绩效改进计划应当切实可行、由易到难，要有明确的时间性，计划要具体，要得到上下级的认同，改进计划是绩效考评的最终落脚点。

(5) 改进绩效的指导

切实保证本岗位工作的有效性，应当是考评者与被考评者讨论的核心问题。

5. 员工绩效考评的方法

(1) 按具体形式区分的考评方法

① 量表评定法

在量表评定法下，要求考评者就量表中列出的各项指标对被考评者进行评定。

② 混合标准尺度法

由于衡量员工绩效的尺度具有多样性，考评者可以从多个方面描述员工态度、行为的各种特征和表现。

该考评方法使用的量表是为了降低光环效应和过宽偏见而特别设计的，它是行为量表与评级量表相结合的产物。它可以分为混合标准计数法和混合标准说明法。

③ 书面法

书面法要求考评者以报告的形式，认真描述被评价的员工。书面法常与其他方法一起使用。

书面法的缺点是，如果对员工的所有特征进行描述，将太费时费力(尽管与其他方法一起使用时，不一定要求作全面描述)，而且描述将受到考评者写作风格和表达技巧的影响。此外，书面法带有主观性，描述的重点不一定能放在与绩效管理相关的方面。

(2) 行为导向型的考评方法

该类方法是以员工行为为对象进行考评的方法，考评者遵循一定工作范围和尺度，对员工行为进行描述，以提高绩效考评的正确性，通过这些描述，考评者可以比较容易地考评员工在工作范围内的成绩。行为导向型的考评方法主要用来评判衡量员工哪些行为是应该做的，哪些是不应该做的。

其主要方法包括以下几种：

① 关键事件法；

② 行为观察量表法；

③ 行为定点量表法；

④ 硬性分配法；

⑤ 排队法。

(3) 按照员工的工作成果进行考评的方法

指考评者以员工的工作结果而不是行为表现或特征来对员工进行考评。

主要有以下几种具体的考评方法：

① 生产能力衡量；

② 目标管理法。

命题点5　绩效考评数据的处理

1. 表格的设计与发放

无论怎样处理采集到的考评数据，都需要预先设计绩效考评使用的各种表格。

所有的考评表格都应该包括考评要素和考评指标体系，以及考评应达到的标准。设计完成后，应按照考评的对象，根据实际需要印制一定数量的考评表格，再发给有关人员。

2. 收集考评数据记录

实施绩效考评评估应该搜集各种有关的数据资料，以便对员工做出正确而全面的评价，如果未能做到这一点，就其能凭模糊的记忆来判断。人力资源部在发出表格后，如果在规定的时间内仍未能收齐考评数据记录，则应与部门负责人联系，以确保考评工作的顺利进行。

3. 考评数据的统计

收齐各种考评表之后，应根据绩效考评的要求，将员工考评结果进行分类整理，要确保数据检验的正确性。

在对数据进行统计之前进行以下的检验：

（1）识别信息检验。

（2）考评程序与方法合理性的检验。

（3）考评数据的信度检验。

（4）考评数据的效度检验。

4. 数据的计算机处理

如果数据少、简单，可用手工处理；数据多、复杂，则用计算机进行处理，即把各种考评数据存储在计算机中，根据需要调用。重要的是给文档起一个文件名以易识别。为确保考评资料的保密性，应设立密码。当考评数据资料存储在磁盘上时，制作备份是非常重要的。

5. 考评数据的保存

考评数据的保存应该满足考评工作的要求，根据需要能迅速检索，及时调用，这对考评工作的有效运作是至关重要的。

6. 文档的保管

考评数据和资料必须保存一定时间，以满足企业人力资源管理的需要。至于时间的长短，可根据各个单位的需求有所不同。

命题点6　考评数据分析与工作总结

1. 绩效考评的基本特点

（1）绩效考评不是孤立的事件，它与企业的发展战略、组织架构、人力资源管理、经营管理息息相关。

（2）绩效考评具有指向性，它的出发点和终点就是企业的整体绩效，是为了使企业更好地生存和发展。

（3）绩效考评具有层次性和针对性，不同的岗位、不同的部门和不同的行业对绩效考评的标准、方式和内容的要求是不同的。

（4）绩效考评具有时限性，它要求在一段时间以内，对考评做出明确的结论。

（5）绩效考评是一个过程，不是简单的行为，它是由诸多步骤共同组合而成的行为的集合。

（6）实际管理过程中，对员工的绩效考评和评价工作前可以是正式的，也可以是非正式的。

2. 考评数据的分析方法

（1）顺序法

将考评分数按照其高低顺序进行排列，根据员工考评得到的分值所处的位置，说明员工在考评中的排序。顺序法可依据总分进行排序，也可依照要素得分或指标得分进行排序。

（2）能级分析法

指用一定的临界点将考评得分划分为若干等级，并对此进行评价的方法。能级的划分可以是总分，也可以是结构分或要素分，它同顺序法的主要区别是后者只将分数排队。

（3）对比分析法

将两个以上的考评结果进行对比分析，比较其绩效情况，对比时可以用数据的总分比较，也可以采用要素或结构得分进行比较。

（4）综合分析法

运用考评数据对员工进行全面、细致、综合的评价，这种评价只根据考评标准进行分析，不与别人的考评结果进行对比。

（5）常模分析法

将某个员工的考评结果与某个固定的岗位模式要求进行分析比较，看与这个模式相符的程度，从而对其绩效进行评价。

3. 绩效管理的总结

（1）为企业提供薪酬方面的相关信息。

（2）为员工的晋升、调动等人事计划的制订提供依据。

（3）对企业员工士气和工作氛围进行评估，完善企业文化建设。

（4）对部门及员工的业绩做出评估，提出改进的方针和措施。

（5）不断挖掘企业员工的潜力，探索实现员工与企业共同发展的途径和方法。

（6）分析员工总体素质状况，进行培训需求分析，提出员工技能开发的改进措施和计划。

【经典真题详解】

一、单项选择题（每小题只有一个正确答案）

1. 绩效管理的（　　）是指测量员工的工作能力、态度、行为与成果的准确性程度。【2009年5月真题】

（A）信度　　（B）效度　　（C）可靠性　　（D）维度

【答案】B　有效性又称效度，是指某项测量有效地反映其所测量内容的准确程度。绩效管理的效度是指测量员工的工作能力、态度、行为与成果的准确性程度。客观、准确、全面的评鉴员工的工作绩效有利于最大限度地调动员工的积极性、主动性和创造性。

2. （　　）是考核者和被考核者双方对考核期内的工作绩效进行全面回顾和总结的过程。【2009年5月真题】

（A）绩效沟通　　（B）绩效计划　　（C）绩效反馈　　（D）绩效考评

【答案】D　绩效考评是绩效管理活动的中心环节，是考核者与被考核者双方对考核期内的工作绩效进行全面回顾和总结的过程。

3. 绩效考评的三种类型：①行为主导型考评；②品质主导型考评；③效果主导型考评。按实际操作由难到易排列，正确的顺序应是（　　）。【2009年5月真题】

（A）①②③　　（B）③②①　　（C）①③②　　（D）②①③

【答案】D　品质主导型考评着眼于员工“他这个人怎么样？”，由于品质主导型的考评需要使用定性的形容词，所以在绩效考评的过程中，需要运用特殊的测量方法，采用特定的、专业性很强的测量指标和标准，才能保证它的信度和效度。行为主导型考评主要着眼于员工在“干什么?”“如何进行操作的?”“怎样完成任务的?”，重在对员工工作过程的考评，而非工作的业绩和结果。行为主导型考评的标准较容易确定，操作性较强。效果主导型着眼于“干出了什么”，重点在于产出和贡献，而不关心行为和过程。由于它考评的是工作业绩，而不是工作过程，所以考评的标准容易制定，并且考评也容易操作。

4. 以下关于绩效考评行为观察量表法的叙述不正确的是(　　)。【2009 年 5 月真题】

(A) 它是在关键事件法的基础上发展起来的

(B) 评定的总分不能作为不同员工进行比较的依据

(C) 发生频率很高或很低的工作行为不能选作评定项目

(D) 它要求考评者根据某工作行为发生的频率或次数对被考评者打分

【答案】B　行为观察量表法是在关键事件法的基础上发展起来的，它要求评定者根据某一工作行为发生频率或次数的多少来对被评定者打分。对不同工作行为的评定分数可以相加得到一个总分数，也可以按照工作行为对工作绩效的重要性程度赋予不同的权重，经加权后再相加得到总分。总分可以作为不同员工之间进行比较的依据，故 B 项说法错误。发生频率过高或过低的工作行为不能选作评定项目。

5. 绩效考评的特点不包括(　　)。【2009 年 5 月真题】

(A) 独立性　　(B) 指向性　　(C) 针对性　　(D) 时限性

【答案】A　绩效考评的特点包括：(1)绩效考评不是孤立的事件。(2)绩效考评具有指向性。(3)绩效考评具有层次性和针对性。(4)绩效考评具有时限性。(5)绩效考评是一个过程，不是简单的行为。故选 A。

6. 以下关于绩效管理可靠性的说法不正确的是(　　)。【2008 年 11 月真题】

(A) 它强调绩效考核的一致性与稳定性

(B) 它强调不同评价者之间对同一个人或同一组人的评价结果应该大体一致

(C) 绩效管理的可靠性称为信度，是指绩效考核能反映其所测量内容的准确程度

(D) 如果绩效管理因素和绩效管理尺度是明确的则有助于改善绩效管理的可靠性

【答案】C　绩效管理的可靠性又称信度，是指某项测量的一致性和稳定性。绩效管理的信度是指绩效管理方法保证收集到的人员能力、工作态度、工作行为、工作绩效等信息的稳定性和一致性，它强调不同评价者之间对同一个人或同一组人评价的结果应该大体一致。故 C 项说法错误。

7. (　　)是绩效管理体系的灵魂，使绩效管理建立在科学合理、现实可行的基础上。【2008 年 11 月真题】

(A) 绩效沟通　　(B) 绩效计划　　(C) 绩效反映　　(D) 绩效诊断

【答案】A　绩效沟通与指导使绩效管理建立在科学合理、现实可行的基础上，从这个意义上看，绩效沟通与指导是绩效管理体系的灵魂。

8. (　　)考评着眼于员工“干什么”“如何进行操作”“怎样完成任务”等问题。【2008 年 11 月真题】

(A) 行为主导型　　(B) 效果主导型　　(C) 态度主导型　　(D) 品质主导型

【答案】A　行为主导型考评是以员工在工作过程中的行为表现为主要内容的绩效考评，行为主导型考评主要着眼于员工在“干什么?”“如何进行操作的?”“怎样完成任务的?”，重在对员工工作过程的考评，而非工作的业绩和结果。

9. 以下关于工作要项的说法不正确的是(　　)。【2008 年 11 月真题】

(A) 它必须是大量的重复性活动

(B) 一个岗位的工作要项不超过 4 ~8 个

(C) 它可能是对组织有重大影响的活动

(D) 抓住了工作要项就等于抓住了关键环节

【答案】A　工作要项是指工作结果对组织有重大影响的活动或大量的重复性活动，故 A 项说法不正确。一项工作往往由许多活动构成，但考评不可能针对每一个工作活动进行。一个岗位的工作要项，一般不应超过 4 ~8 个要项，抓住了工作要项就等于抓住了关键环节，也就能够有效地组织考评。

10. 以下关于绩效考评的特点描述不正确的是(　　)。【2008 年 11 月真题】

(A) 绩效考评必须定期进行

(B) 绩效考评是一个过程，不是简单的行为

(C) 绩效考评的出发点和终点都是企业整体绩效

(D) 绩效考评与企业的发展战略、组织构架和人力资源管理息息相关

【答案】A　绩效考评具有时限性，它要求在一段时间以内，对考评做出明确的结论。考评既可以按照月度、季度、年度定期进行，也可以不定期进行。故 A 项说法不正确。

二、多项选择题(每题有两个或两个以上正确答案。错选、少选、多选均不得分)

1. 从对员工个人的贡献来看，绩效管理有(　　)等功能。【2009 年 5 月真题】

(A) 导向　　(B) 发展　　(C) 激励　　(D) 控制

(E) 沟通

【答案】BCDE　从员工个人的贡献来看，绩效管理的功能有：(1)激励功能。(2)规范功能。(3)发展功能。(4)控制功能。(5)沟通功能。

2. 从对企业的贡献来看，绩效管理的功能包括(　　)。【2008 年 11 月真题】

(A) 诊断功能　　(B) 监测功能　　(C) 激励功能　　(D) 导向功能

(E) 竞争功能

【答案】ABDE　从对企业的贡献来看，绩效管理的功能包括：(1)诊断功能。(2)监测功能。(3)导向功能。(4)竞争功能。

3. 对员工进行态度考评时，可以选取的考评要素包括(　　)。【2008 年 11 月真题】

(A) 纪律性　　(B) 理解力　　(C) 积极性　　(D) 判断力

(E) 出勤状况

【答案】ACE　对员工进行态度考评时，可以选取的考评要素包括：出勤状况、纪律性、协作性、积极性、责任心等。

4. 以下关于考评文档安全的说法正确的是(　　)。【2008 年 11 月真题】

(A) 资料借用要签收　　(B) 考评资料不应留在桌子上

(C) 传递时放入文件夹中携带　　(D) 不用的资料用碎纸机粉碎

(E) 离开办公室时，应注意锁好抽屉

【答案】ABCDE　为确保考评数据资料的安全，应采取相应措施：(1)考评资料应立即归档，不应留在桌子上。(2)文件柜应锁好。(3)当离开办公室时，应注意锁上办公室的门和抽屉。(4)复印考评资料完成后，不要忘记从复印机上取走原件。(5)考评资料只供有

此权限的人使用，借用要签收。(6)在清理不再需要的考评资料时，用碎纸机粉碎。(7)考评文档在办公室之间互相传递时，应始终放在文件夹中携带，以防考评资料撒落丢失。

5. 以下关于考评数据分析方法的说法正确的是(　　)。【2008 年 11 月真题】

(A) 能级分析法只将分数排队

(B) 顺序法只能依据总分排序

(C) 对比分析法可以采取要素得分来比较

(D) 综合分析法要求不与别人的考评结果进行对比

(E) 常模分析法将考评结果与某个固定岗位模式进行对比

【答案】ACDE　考评数据的分析方法中，顺序法将考评分数按照其高低顺序进行排列，根据员工考评得到的分值所处的位置，说明员工在考评中的排序。顺序法可依据总分进行排序，也可依照要素得分或指标得分进行排序。故 B 项说法错误。

三、简答题

1. 简要说明行为导向型的绩效考评方法。【2009 年 5 月真题】

【答案】 行为导向型的绩效考评方法包括以下几种：

(1) 关键事件法，指在某些工作领域内，员工在完成工作任务过程中有效或无效的工作行为导致了不同的结果：成功或失败。

(2) 行为观察量表法，是在关键事件法的基础上发展起来的，它要求评定者根据某一工作行为发生频率或次数的多少来对被评定者打分。对不同工作行为的评定分数可以相加得到一个总分数，也可以按照工作行为对工作绩效的重要性程度赋予不同的权重，经加权后再相加得到总分。总分可以作为不同员工之间进行比较的依据。发生频率过高或过低的工作行为不能选作评定项目。

(3) 行为定点量表法，和关键事件法一样，也需要由主管事先为每一个工作维度搜集可以描述有效、平均和无效的工作行为，每一组行为可以用来评定一种工作或绩效的维度。

(4) 硬性分配法，假设员工的工作行为和工作绩效整体呈正态分布，那么按照正态分布的规律，员工的工作行为和工作绩效好、中、差的分布存在一定的比例关系，处于中的员工应该最多，好、差的极少，采用这种方法，可以避免传统考评中大多数良好，至少也是过得去的情况的发生。

(5) 排队法，按照员工行为或工作业绩的好坏把员工从最好到最坏排队，并将排队结果作为人事决策及诊断不良工作行为的依据。用排队法考评员工既可以只用单一指标，也可以使用多元指标。

2. 请简述绩效考评的作用。【2008 年 11 月真题】

【答案】 绩效考评的作用有：

(1) 上级主管不必介入所有具体的事务中。

(2) 通过赋予员工必要的知识来帮助他们进行合理的自我决策，从而节省管理者的时间。

(3) 减少员工之间因职责不明而产生的误解，减少出现当上级主管需要信息时没有信息的局面。

(4) 通过帮助员工找到效率低下的原因，减少错误和偏差(包括重复出错的问题)。同时，绩效考评还能使员工得到有关他们工作业绩和工作现状的反馈。

(5) 通过定期的交流，员工不但对自己的长处有了全面、正确的估计，也能清醒、冷静地面对自己的不足和缺陷，从而激发他们劳动的积极性、主动性和创新性，扬长避短，努力学习，不断进步。

3. 设计绩效管理系统时应遵循哪些原则?【2007 年 11 月真题】

【答案】 绩效管理系统设计的基本原则有：

（1）公开与开放的原则。

（2）反馈与修改的原则。

（3）定期化与制度化原则。

（4）可靠性与有效性原则。

（5）可行性与实用性原则。

第五章 薪酬管理

【命题规律】

根据对近年考试大纲及考试命题进行总结发现，本章的命题规律具体表现在以下几点：

1. 企业薪酬管理的含义、原则、程序、相关法规、制度分析，以及奖金分配是本章常考的知识点。

2. 各类工资形式的含义、计算方法及所得税的计算、工资支付有关规定及编制工资表是本章重要的命题采分点。

3. 工作岗位评价概述、不同岗位评价方法的基本程序是考试中经常考核的知识点。

4. 福利的概念和范围是重要的考核点。

5. 薪酬的实质、工资形式的种类、工资总额与平均工资的统计分析、工作岗位分析、收集岗位评价有关信息的工作程序，薪酬调整需要测算的主要内容，以及信息收集步骤，福利的作用、提取，企业建立薪酬福利和保险台帐是需要了解和熟悉的内容。

【命题点解读】

命题点1 企业薪酬管理

1. 薪酬的基本概念

(1) 薪酬的含义

薪酬是员工为企业提供劳动而得到的各种货币与实物报酬的总和，可以包括：工资、奖金、津贴、提成工资、劳动分红、福利等。

(2) 薪资的含义

薪资即薪金、工资的简称。

薪金亦称薪水，通常是指以较长时间为单位计算员工的劳动报酬。

工资通常是指以工时或完成产品的件数计算员工应当获得的劳动报酬。

(3) 与薪酬相关的其他概念

① 报酬。员工完成任务后，所获得的一切有形和无形的待遇。

② 收入。员工所获得的全部有形报酬，包括薪资、奖金、津贴和加班费等项目的总和。

③ 薪给。分为工资和薪金两种形式。

④ 奖励。员工超额劳动的报酬。

⑤ 福利。公司为每个员工提供的福利项目。

⑥ 分配。社会在一定时期内对新创造出来的产品或价值，即国民收入的分配，包括初次分配、再分配。在初次分配中又包括：一次分配，即国家与企业之间的分配；二次分配，企业与员工之间的分配。

2. 薪酬的实质

从某种意义上说，薪酬是组织对员工的贡献包括员工的行为、态度及其业绩等所做出的各种回报。

3. 薪酬管理的目标、原则和内容

（1）基本目标

① 保证薪酬在劳动力市场上具有竞争性，吸引并留住优秀人才；

② 对各类员工的贡献给予充分肯定，使员工及时得到相应的回报；

③ 合理控制企业人工成本，提高劳动生产效率，增强企业产品的竞争力；

④ 通过薪酬激励机制的确立，将企业与员工长期、中短期经济利益有机地结合在一起，促进公司与员工结成利益关系的共同体，谋求员工与企业的共同发展。

（2）基本原则

实际上薪酬原则是一个企业给员工传递信息的渠道，也是企业价值观的体现。目前企业普遍认为进行有效的薪酬管理应遵循以下原则：对外具有竞争性原则；对内具有公正性原则；对员工具有激励性原则；对成本具有控制性原则。

（3）内容

① 企业员工工资总额管理：

工资总额的组成是：工资总额＝计时工资＋计件工资＋奖金＋津贴和补贴＋加班加点工资＋特殊情况支付的工资；

② 企业员工薪酬水平的控制；

③ 企业薪酬制度设计与完善；

④ 日常薪酬管理工作。

4. 薪酬管理的相关法规

（1）最低工资

《劳动法》明确规定：国家实行最低工资保障制度。

“最低工资”是指劳动者在法定工作时间内提供了正常劳动的前提下，其所在企业应支付的最低劳动报酬。最低工资率是指单位劳动时间的最低工资数额。

最低工资率的确定实行政府、工会、企业三方代表民主协商原则。

最低工资应以法定货币按时支付。

（2）工资指导线

是企业工资宏观调控办法改革的一项重要举措。

① 工资指导线的制定遵循以下原则：符合国家宏观经济政策和对工资增长的总体要求，坚持“两低于”原则；结合地区、行业、企业特点，实行分级管理、分类调控的原则；实行协商原则，以劳动行政部门为主，政府有关部门、工会、企业协会等组织共同制定。

② 工资指导线的基本内容：一是经济形势分析，包括国家宏观经济形势和宏观政策简析；本地区上一年度经济增长、企业工资增长分析；本年度经济增长预测以及与周边地区的比较分析。二是工资指导线意见，包括本年度企业货币工资水平增长基准线、上线、下线。

③ 工资指导线对不同类别的企业实行不同的调控办法：国有企业和国有控股企业，应严格执行政府颁布的工资指导线。

（3）工效挂钩

是指企业工资总额同经济效益挂钩。工效挂钩办法是国家对国有企业工资总额进行管理的一种形式。具体做法是，企业根据劳动保障部门、财政部门核定的工资总额基数、经济效益基数和挂钩浮动比例，按照企业经济效益增长的实际情况提取工资总额，并在国家指导下按以丰补歉、留有结余的原则合理发放工资。

(4) 劳动力市场工资指导价位

是市场经济条件下，国家对企业工资分配进行指导和间接调控的一种方式。从微观上指导企业合理确定劳动者个人工资水平和各类人员的工资关系。

(5) 人工成本预测预警制度

是政府对企业人工成本管理和工资分配进行间接调控的一种方式，是企业工资宏观调控体系的重要组成部分。

5. 企业薪酬制度的分析

(1) 企业薪酬总额分析

是通过企业的各种财务报表以及同行企业的有关资料进行的。

(2) 企业各员工的薪酬分析

其依据的是薪酬台账、当地标准生活费用、本企业与同行业其他企业的薪酬制度及规定等。

(3) 企业薪酬制度分析

其依据是企业的薪酬制度、奖励制度、职级制度和人事考核制度。

(4) 员工薪酬意识分析

其常用的方法是问卷调查法和面谈法。

(5) 企业薪酬策略分析

其依据是企业战略规划、企业的核心竞争力、企业文化、企业财务支付能力、市场薪酬水平、企业的用工制度等。

6. 常见的几种企业工资制度

(1) 计件工资制

是以员工完成的合格产品或工作量以及事先规定的计件单价计算出的工资。员工计件工资的多少取决于员工完成的合格产品数量或工作量，还取决于计件单价的高低。

$$员工计件工资 = 产品量(工作量) \times 计件单价$$

适用范围和对象：生产目的是提高产量，而且生产有连续性和稳定性，员工或部门/班组的产量或工作量可以计量，企业是有科学的定额等制度的企业。

(2) 销售提成制

是根据员工所销售产品的数量和事先确定的销售单位产品可以得到的提成金额或提成比例计算工资的一种工资制度，提成金额或提成比例的高低取决于商品销售的难易程度，难销售的商品提成多一些，反之则少一些。

其适用对象：销售人员。

(3) 技术等级工资制

是根据劳动复杂程度、繁重程度、精确程度和工作责任大小等因素划分技术等级，按等级规定工资标准的一种工资制度。

适用范围和对象：技术复杂程度高、劳动熟练程度差别大、工作物等级不同的工种。

(4) 岗位或职务等级工资制

是按照岗位或职务规定工资标准的一种工资制度。

适用范围和对象：主要是企业中的各类生产技能人员、管理人员或专业技术人员。

（5）结构工资制

又称为多元化工资、组合工资、分解工资。

结构工资通常由五个部分组成：

① 基本（基础）工资；

② 职务（岗位）工资；

③ 技能工资；

④ 年功工资（工龄）；

⑤ 奖励工资（效益工资）。

适用范围和对象：企业生产、管理、技术等各类员工。

（6）岗位技能工资制

是根据按劳分配原则，以劳动技能、劳动责任、劳动强度、劳动条件等基本要素的岗位评价为基础，以岗位和技能工资为主的企业基本工资制度。

岗位技能工资由岗位工资与技能工资两个单元组成。

（7）薪点工资制

是用点数和点值来确定员工的工资，即员工的工资由薪点数乘以点值确定。

（8）选择最适合的工资制度

在选择最适合的工资制度时，一般考虑以下因素：

① 企业的盈利水平；

② 企业所处行业的发展进度；

③ 企业规模；

④ 工资管理成本。

7. 企业薪酬管理的基本程序

（1）明确企业的薪酬政策与目标。

（2）工作岗位分析与评价。

（3）不同地区、行业和不同类型企业的薪酬调查。

（4）企业工资制度结构的确定。

（5）设定工资等级与工资标准。

（6）工资制度的贯彻实施。

在工资制度确定以后，应当完成以下工作，才能保证企业员工工资制度得以贯彻实施：

① 建立工作标准与工资的计算方式；

② 建立员工绩效管理体系，对全员进行工作业绩的动态考评；

③ 通过有效的激励机制和薪酬计划，对表现突出的优秀员工进行必要的表彰和物质鼓励，以鞭策员工对企业做出更多更大的贡献。

8. 企业员工奖金的分配

确定企业奖金总额应本着保证股东回报的原则。

不同员工的奖金分配原则依据的是不同岗位的工作性质，一般来说非关键岗位重保障，中高级管理岗位重激励。

不同性质的员工有不同的奖金分配办法。企业效益奖金适合所有员工的分配，计件工资适合生产和服务人员，销售提成工资适合销售人员。

命题点 2　工资形式

1. 含义

指劳动计量和工资支付的方式，就是在确定各类员工工资标准的基础上，计量各个劳动者的实际劳动数量，并把员工的工资等级标准同他们的劳动数量联系起来，计算出企业应当支付给员工的工资报酬量，并由企业按照预定的支付周期直接支付给员工本人。

工资形式的关键是以何种方式准确地反映和计量员工实际提供的劳动数量，提供最终支付工资的劳动数量依据。

工资的形式主要体现劳动者实际支出的劳动量或实际取得的劳动成果的差别，它按照事先规定的劳动标准和报酬标准，计量各个员工的实际劳动量和应得的工资，把劳动与报酬有机地联系起来。

2. 内容

（1）劳动计量

即以劳动时间直接计量或以劳动产品以及其他形式表现的劳动成果间接计量，反映劳动者的劳动数量。

（2）工资支付

即按照既定的工资标准和计量的实际劳动量计算应付工资，并向劳动者支付。

3. 选择工资形式的原则

（1）选择的具体工资形式要与岗位的特点相吻合。

（2）员工收入与本人的工作效率直接成正比关系。

（3）计划简明易懂，便于计算。

（4）工资的发放要及时。

（5）工资实施计划一经制订出来，就应当比较稳定。

命题点 3　工资形式的种类

1. 计时工资制

（1）计时工资的概念

是按计时工资标准（包括地区生活费补贴）和工作时间支付给个人的劳动报酬。包括：对已做工作按计时工资标准支付的工资；实行结构工资制的单位支付给员工的基础工资和职务（岗位）工资；新参加工作员工的见习工资（学徒的生活费）；运动员的体育津贴。

（2）形式

按照计算的时间单位不同，我国常用的有三种具体形式：

① 月工资制

即按月计发员工工资的制度。

② 日工资制

即根据工人的日工资标准和实际工作日数计发员工工资的形式。

③ 小时工资制

即根据工人的小时工资标准和实际工作小时数计发员工工资的形式。

（3）特点

优点：

① 计时工资的基础是按照一定质量劳动的直接持续时间支付工资，工资数额的多少取

决于员工的工资等级标准的高低和劳动时间的长短；

② 由于时间是劳动的天然尺度，各种劳动都可以直接用时间来计量，并且计算简便，所以，计时工资制简单易行、适应性强、适用范围广。

不足：

① 计时工资侧重以劳动的外延量计算工资，至于劳动的内涵量，即劳动强度则不能准确反映；

② 就劳动者本人来说，计时工资难以准确反映其实际提供的劳动数量与质量，工资与劳动量之间往往存在着不相当的矛盾；

③ 就同等级的各个劳动者来说，付出的劳动量有多有少，劳动质量也有高低之别，而计时工资不能反映这种差别，所以实行计时工资制对激励劳动者的积极性不利。

2. 计件工资制

（1）计件工资的概念

指根据员工完成合格产品的数量，按计件单价支付的劳动报酬，包括：实行超额累进计件、直接无限计件、限额计件、超定额计件等工资制，按劳动部门或主管部门批准的定额和计件单价支付给个人的工资；按工作任务包干方法支付给个人的工资；按营业额提成或利润提成办法支付给个人的工资。

与计时工资相比，计件工资的特点就在于它与计时工资计量劳动的方式不同。

（2）特点

优点：

① 能够从劳动成果上准确地反映出劳动者实际付出的劳动量，并按体现劳动量的劳动成果计酬，不但劳动激励性强，而且使人们感到公平；

② 同计时工资相比，它不仅能够反映不同等级的工人之间的劳动差别，而且能够反映同等级工人之间的劳动差别，即同等级的工人，由于所生产合格产品的数量、质量不同，所得到的工资收入也不同；

③ 由于产量与工资直接相连，所以计件工资能够促使工人经常改进工作方法，提高劳动生产率。

缺点：

① 实行计件工资制，容易出现片面追求产品数量，而忽视产品质量、消耗定额、安全和不注意爱护机器设备的倾向；

② 因管理或技术改造而使生产效率增加时，提高定额会遇到困难；

③ 因追求收入会使工人工作过度紧张，有碍健康；

④ 在企业以利润最大化为目标时，容易导致对计件制的滥用；

⑤ 计件工资制本身不能反映物价的变化。

（3）组成

① 工作物等级

又称“工作等级”，它是根据某项工作的技术复杂程度及劳动繁重程度而划分的等级。

② 劳动定额

在计件工资制中，劳动定额规定着单位生产时间内完成合格产品数量的标准尺度，它是计件单价的依据之一，是实行计件工资制的关键。

③ 计件单价

是完成某种产品或作业的单位产量的工资支付标准。它是支付计件工资的主要依据之一。

（4）具体形式

① 直接无限计件工资制

指无论工人完成或超额完成劳动定额的多少，都按同一计件单价计发工资，不受限制。

② 直接有限计件工资制

就是给计件工人规定超额工资不得超过本人标准工资的一定百分比或绝对金额的限制。

③ 累进计件工资制

指产量在定额以内部分，按照一种计件单价计算工资，超额部分则按照一种或几种递增的计件单价计算工资。

④ 超额计件工资制

国外有的称之为“有计时工资保证的计件工资制”。我国流行两种计发超额计件工资的办法：一种是定额以内部分，按照本人的标准工资和完成定额的比例计发工资，完成定额可以拿到本人的标准工资，完不成定额酌减，但须保证本人80%或85%的标准工资，超额部分，不同等级的工人按照同一单价计发超额计件工资；另一种是定额以内部分实行计时，按计时工资标准计发工资，保证本人的标准工资，超额部分，不同等级的工人按照同一单价计发超额计件工资。

⑤ 包工工资制

指将一定数量和质量的生产或工作任务包给工人（班组或工程队），预先规定完成工作的期限和工资总额，在包工工人按期完成任务后，就可领取全部包工工资。

⑥ 提成工资制

指工人的工资总额按照企业的营业额或毛利等的一定比例提取，然后再按照各个工人的技术水平和作业量进行分配，也可以是直接按照个人的营业额和所创利润提取一定的比例，作为员工本人的工资。

⑦ 间接计件工资制

直接计件工资制的对称，它是针对辅助工人制定的一种计件工资制，即根据他们所服务的对象——直接计件工人实际完成的产量，或根据车间、工段的实际产量计算应得的工资。

⑧ 综合计件工资制

即计件单价不仅以产量定额来计算，而且还把质量、原材料消耗以及产品成本综合考虑进去。

3. 奖金

（1）概念

是给予付出超额劳动的劳动者的现金奖励。

作为劳动报酬的奖金，按照超额劳动对生产的作用是否直接可以分为两大类：一类是由于劳动者提供了超额的劳动、直接增加了社会财富给予的奖励，这一类称为生产性奖金或工资性奖励；另一类是由于劳动者的劳动改变了生产条件，为提高社会劳动效率、增加社会财富创造了有利条件所给予的奖励，这一类称为创造发明奖或合理化建议奖等。这里研究的是第一类奖金，即生产性奖金或工资性奖励。

（2）特点

① 单一性。这是相对于工资的综合性来说的。

② 灵活性。奖金的单一性决定了它的灵活性，这种灵活性表现在奖励条件上是多种多样的，并可及时根据生产的需要，对奖励的范围、项目、标准、周期进行调整。

③ 及时性。由于一些奖金项目的周期可以定得较短，奖励条件可以灵活制定，奖金额和受奖人数可以随生产需要而变化。

④ 政治荣誉性。奖金是对那些为社会做了更多贡献、提供了超额劳动的劳动者进行的奖励。

4. 津贴和补贴

（1）含义

国家或企业对员工在特殊劳动条件下工作而付出的额外劳动消耗和生活费用支出所给予的补偿。一般来说，将生产性质的补偿称作“津贴”，而生活支出方面的补偿称作“补贴”。

（2）种类

① 为了补偿员工特殊或额外劳动消耗而建立的津贴；

② 为了保障员工身体健康，给予从事有毒有害作业员工的津贴，一般可简称为保健性津贴；

③ 为了补偿员工生活费用的额外支出而建立的津贴或补贴；

④ 为保障员工工资水平不受物价上涨影响而支付的各种补贴，主要是各种生活消费品价格补贴。

此外，还有属于技术性、年功性、福利性的津贴等。

（3）特点

① 它是一种补偿性的劳动报酬；

② 具有单一性，多数津贴和补贴是根据某一特定的条件为某一特定的目的而制定的，具有较强的针对性，一般是一事一津贴；

③ 具有较大的灵活性，可以随工作环境、劳动条件的变化而变化。

5. 加班加点和特殊情况下支付的工资

加班加点工资是指按规定支付的加班工资和加点工资。特殊情况下的工资包括根据国家法律、法规和政策规定，因病、工伤、产假、计划生育假、婚丧假、事假、探亲假、定期休假、停工学习、执行国家或社会义务等原因按计时工资标准或计件工资标准的一定比例支付的工资、附加工资和保留工资。

6. 不列入工资总额范围的项目

根据国务院发布的有关规定颁发的发明创造奖、自然科学奖、科学技术进步奖和支付的合理化建议和技术改进奖以及支付给运动员、教练员的奖金；有关劳动保险和员工福利方面的各项费用；有关离休、退休、退职人员待遇的各项支出；劳动保护的各项支出；稿费、讲课费及其他专门工作报酬；出差伙食补助费、误餐补助、调动工作的旅费和安家费；对自带工具、牲畜来企业工作的员工所支付的工具、牲畜等的补偿费用；实行租赁经营单位的承租人的风险性补偿收入；对购买本企业股票和债券的员工所支付的股息（包括股金分红）和利息；劳动合同制员工解除劳动合同时由企业支付的医疗补助费、生活补助费等；因录用临时工而在工资以外向提供劳动力单位支付的手续费或管理费；支付给加工工人的加工费和按加工订货办法支付给承包单位的发包费用；支付给参加企业劳动的在校学生的补贴；计划生育独生子女补贴。

命题点4　国家有关规定

1. 工资支付

（1）形式

工资应当以法定货币支付，不得以实物及有价证券替代货币支付。

(2) 对象

用人单位应将工资支付给劳动者本人。

(3) 工资必须在用人单位与劳动者约定的日期支付

如遇节假日或休息日，则应提前在最近的工作日支付。

(4) 参加社会活动、休假和停工期间以及破产时的工资支付

劳动者在法定工作时间内依法参加社会活动期间，用人单位应视其提供了正常劳动而支付工资。

劳动者依法享受年休假、探亲假、婚假、丧假期间，用人单位应按劳动合同规定的标准支付劳动者工资。

非因劳动者原因造成单位停工、停产在一个工资支付周期内的，用人单位应按劳动合同规定的标准支付劳动者工资。

(5) 用人单位不得克扣劳动者工资，有下列情况之一的，用人单位可以代扣劳动者工资：

① 用人单位代扣代缴的个人所得税；

② 用人单位代扣代缴的应由劳动者个人负担的各项社会保险费用；

③ 法院判决、裁定中要求代扣的抚养费、赡养费；

④ 法律、法规规定可以从劳动者工资中扣除的其他费用。

(6) 列为侵犯劳动者合法权益的行为

用人单位有下列侵害劳动者合法权益行为，由劳动行政部门责令其支付劳动者工资和经济补偿，并可责令其支付赔偿金：克扣或者无故拖欠劳动者工资的；拒不支付劳动者延长工作时间工资的；低于当地最低工资标准支付劳动者工资的。

2. 工作时间

根据国家关于员工每日工作8小时，每周工作时间40小时的规定，以及法定节假日中元旦1天、春节3天、五一劳动节3天、国庆节3天的规定，每月制度工日数为20.917天。用人单位在劳动者完成劳动定额或规定的工作任务后，根据实际需要安排劳动者在法定标准工作日以外工作的，应按以下标准支付工资：

(1) 用人单位依法安排劳动者在法定标准工作时间以外延长工作时间的，按照不低于劳动合同规定的劳动者本人日或小时工资标准的150%支付劳动者工费。

(2) 用人单位依法安排劳动者在休息日工作，而又不能安排补休的，按照不低于劳动合同规定的劳动者本人日或小时工资标准的200%支付劳动者工资。

(3) 用人单位依法安排劳动者在法定休假节日工作的，按照不低于劳动合同规定的劳动者本人日或小时工资标准的300%支付劳动者工资。

(4) 实行计件工资的劳动者，在完成计件定额任务后，由用人单位安排延长工作时间的，应根据上述规定的原则，分别按照不低于其本人法定工作时间计件单价的150%、200%、300%支付其工资。

(5) 经劳动行政部门批准实行综合计算工时工作制的，其综合计算工作时间超过法定标准工作时间的部分，应视为延长工作时间，并应按本规定支付劳动者延长工作时间的工资。

实行不定时工时制度的劳动者，不执行上述规定。

3. 经济补偿

因劳动者本人原因给用人单位造成经济损失的，用人单位可按照劳动合同的约定要求其

赔偿经济损失。用人单位有下列行为的，由劳动行政部门责令其支付劳动者工资和经济补偿，并可责令其支付赔偿金。

（1）用人单位克扣或者无故拖欠劳动者工资以及拒不支付劳动者延长工作时间工资报酬的，除在规定的时间内全额支付劳动者工资报酬外，还需加发相当于工资补偿25%的经济补偿金。

（2）用人单位支付劳动者的工资报酬低于当地最低工资标准的，要在补足低于标准部分的同时。另外支付相当于低于部分25%的经济补偿金。

（3）经劳动合同当事人协商一致，由用人单位解除劳动合同的，用人单位应根据劳动者在本单位的工作年限，每满一年发给相当于一个月工资的经济补偿金，但最多不超过12个月，工作时间不满一年的按一年的标准发给经济补偿金。

4. 个人所得税

在中国境内有住所，或者无住所而在境内居住满一年的个人，从中国境内和境外取得的所得都应依法缴纳个人所得税。在中国境内无住所又不居住或者无住所而在境内居住不满一年的个人，从中国境内取得的所得，依照本法规定缴纳个人所得税。

命题点5　不同工资形式的具体计算方法

1. 计时工资的计算

$$计时工资=工资标准\times实际工作时间$$

（1）月工资制

指按月计发工资的制度、实行月工资标准的员工遇有加班或请假需要加发或减发工资时，一般是按日工资标准处理，即以本人月工资标准除以平均每月法定工作天数（每周40小时工作制，平均每月法定工作天数为20.92天）求得。

（2）日工资制

日工资制的计算方法为：

$$日工资标准=\frac{月工资标准}{20.92}$$

$$实际工资=日工资标准\times实际工作天数$$

（3）小时工资制

钟点工一般采用小时工资制。

2. 计件工资与计件单价的计算

（1）计件工资的计算

$$计件工资=合格产品数量\times计件单件$$

实付工资的计算方法为：

$$实际计件工资=\sum_{i=1}^{n}(w_i p_i)$$

其中，w_i表示完成的任务数；p_i表示该完成任务数量档次的单价。

（2）计件单价的计算

① 个人计件

如规定的是产量定额，则：

$$计件单价=\frac{该工作等级的单位时间的工资标准}{单位时间的产量定额}$$

如规定的是工时定额，则：

$$工时单价 = \frac{该工件等级的单位时间的工资标准}{单位时间的工时定额}$$

此时，

$$计件单价 = 工时单价 \times 单位产品的工时定额$$

② 集体计件

如规定的是产量定额，则：

$$计件单价 = \frac{定员内集体人员单位时间的工资标准总额}{集体人员单位时间的产量定额}$$

如规定的是工时定额，则：

$$工时单价 = \frac{定员内集体人员单位时间的工资标准总额}{集体人员单位时间的总工时定额}$$

此时，

$$计件单价 = 工时单价 \times 单位产品的工时定额$$

3. 奖金的计算

(1) 奖金总额的计算

① 按企业超额利润的一定百分比提取奖金，计算公式为：

本期新增奖金额 =（本期实际利润 - 上期利润或计划利润）× 超额利润奖金系数

② 按产量、销售量、成本节约量来发放奖金总额，据情况不同有以下三种计算方法：

按企业实际经营效果和实际支付的人工成本两因素决定奖金的支付。计算公式为：

奖金总额 = 生产（或销售）总量 × 标准人工成本费用 - 实际支付工资总额

按企业年度产量（销售量）的超额程度提取奖金。计算公式为：

年度奖金总额 =（年度实现销售额 - 年度目标销售额）× 计奖比例

按成本节约量的一定比例提取奖金总额。计算公式为：

奖金总额 = 成本节约额 × 计奖比例

(2) 个人奖金额的计算

根据各项奖励规定的最高分数以及员工完成定额情况所得的分数进行计算，公式为：

个人奖金额 =（企业奖金总额 ÷ 各人考核总得分）× 个人考核得分

根据岗位贡献的大小确定岗位奖金系数，再根据个人完成定额情况的系数进行计算，公式为：

个人奖金额 = [企业奖金总额 ÷ Σ（岗位人数 × 岗位系数）] × 个人岗位计奖系数

命题点 6 所得税的计算和编制工资表

1. 所得税的计算

根据《中华人民共和国个人所得税法》，个人的工资、薪金所得、经营所得、劳动报酬所得、稿酬、财产租赁和转让所得、特许权使用费所得、偶然所得、利息、股息、红利所得，以及经国务院财政部门确定征税的其他所得，均需缴纳个人所得税，通常由个人所在的单位代扣代缴。

具体应缴纳的个人所得税可按下式计算：

$$个人所得税 = \sum_{i=1}^{n} (A_i B_i)$$

式中，A_i是指在 B_i是税率下的应纳税所得额；B_i是指在应纳所得额范围内的对应税率。

2. 编制工资表

编制工资表主要涉及两方面的内容：

（1）工资的计算

① 根据员工对应的薪酬等级，对照岗位工资表、能力工资表确定员工的岗位工资标准、能力工资标准；

② 根据员工所在薪酬等级，确定各项津贴、补贴的金额，再根据员工考勤记录，扣除缺勤工资、各项社会保险个人承担部分以及个人所得税，计算员工的实际工资额；

③ 根据员工的绩效考核结果、个人所处的薪酬等级，根据由企业的经济效益和所在部门/小组的任务完成情况确定的企业奖金总额或部门/小组奖金总额，按照奖金分配办法计算员工的奖金。

（2）工资的汇总

企业一般在编制工资汇总表时，将汇总企业工资总额和各部门的工资总额。

命题点 7　工资总额与平均工资的统计分析

1. 工资统计分类

主要包括工资总额和平均工资两项指标：

（1）工资总额是指各单位在一定时期内直接支付给本单位全部员工的劳动报酬总额。

（2）平均工资是指一定时期内员工平均每人所得的工资数额。

2. 工资总额动态指标分析

计算公式为：

$$\text{工资总额动态指标} = \frac{\text{报告期工资总额}}{\text{基期工资总额}} \times 100\%$$

工资总额的变动受员工人数变动和员工平均工资变动的影响。因此，统计分析时要分别计算这两个因素变动对工资总额的影响。

（1）员工人数变动对工资总额的影响。计算公式为：

$$\text{员工人数变动对工资总额影响} = (\text{报告期员工平均人数} - \text{基期员工平均人数}) \times \text{基期员工平均工资}$$

（2）员工平均工资变动对工资总额的影响。计算公式为：

$$\text{员工平均工资变动对工资总额影响} = (\text{报告期员工平均工资} - \text{基期员工平均工资}) \times \text{报告期员工平均人数}$$

（3）员工人数和平均工资变动对工资总额的影响。计算公式为：

$$\text{报告期工资总额} - \text{基期工资总额} = (\text{报告期员工平均工资人数} - \text{基期员工平均人数}) \times \text{基期员工平均工资} + (\text{报告期员工平均工资} - \text{基期员工平均工资}) \times \text{报告期员工平均人数}$$

3. 平均工资指数分析

是两个时期的平均工资的对比。计算公式为：

$$\text{平均工资指数} = \frac{\text{报告期平均工资}}{\text{基期平均工资}} = \frac{\text{报告期工资总额}}{\text{报告期员工平均人数}} \bigg/ \frac{\text{基期工资总额}}{\text{基期员工平均人数}}$$

平均工资的高低，受员工构成变动和平均工资变动的影响。因此，还要分别计算以下两个指标：

（1）消除员工构成变动影响，单纯观察工资水平变动，计算固定构成平均工资指数。计算公式为：

$$平均工资固定构成指数 = \frac{\sum(\bar{X}_1 T_1)}{\sum T_1} \Big/ \frac{\sum(\bar{X}_0 T_1)}{\sum T_1}$$

式中 $\bar{X}_1$、$\bar{X}_0$——报告期和基期的组平均工资；

T_1、T_0——报告期和基期的组员工平均人数。

（2）消除平均工资变动的影响，单纯观察各组员工构成变动影响，计算平均工资结构影响指数。计算公式为：

$$平均工资结构变动影响指数 = \frac{\sum(\bar{X}_0 T_1)}{\sum T_1} \Big/ \frac{\sum(\bar{X}_0 T_0)}{\sum T_0}$$

命题点 8　工作岗位评价信息的采集

1. 工作岗位分析

其作为工作岗位研究的组成部分是一项重要的人力资源管理基础技术。它是对企业各个岗位的设置目的、性质、任务、职责、权力、隶属关系、工作条件、工作环境以及承担该职务所需的资格条件等进行系统分析和研究，并制定出岗位规范和工作说明书等文件的过程。

2. 工作岗位评价

工作岗位评价是在岗位分析的基础上，对工作岗位的难易程度、责任大小、能力要求、劳动强度和工作环境等相对价值进行衡量评比的过程。岗位评价的结果是确定岗位工资的基本依据。岗位评价是以岗位为对象而不是评价承担本岗位工作的现任人员。

3. 不同岗位评价方法的基本程序

（1）排序法的工作程序

① 获取岗位信息；

② 选择等级参照物并划分岗位等级；

③ 选择报酬因素；

④ 对岗位进行排序。

（2）岗位归类法的工作程序

① 岗位分类：将相似的岗位划分为一类；

② 岗位分级：将复杂度相似的同类岗位划分为一级。

（3）要素比较法的工作程序

① 获取岗位信息；

② 确定薪酬评价要素；

③ 选择关键基准岗位；

④ 根据薪酬要素将关键岗位排序；

⑤ 对每个岗位分别分配各评价因素所占权重；

⑥ 按权重对岗位进行排序；

⑦ 确立各岗位每个评价因素所对应的薪酬；

⑧ 将其他岗位与关键岗位按照评价要素进行比较。

（4）要素计点法的工作程序

① 确定岗位系列；

② 搜集岗位信息；

③ 选择评价要素；

④ 定义评价要素；

⑤ 确定要素等级；

⑥ 确定各要素的权重；

⑦ 确定各要素及各要素等级的点值。

4. 收集岗位评价有关信息的工作程序

（1）确定所需的信息。

（2）设计各种专用的表格。

（3）岗位评价结果的汇总。

（4）设计表格时的注意事项。

① 保证表格满足它的使用目的；

② 请一位员工来填写表格样本，倾听他的反馈意见，了解表格设计是否合理；

③ 要求语言标准，问题简单、明确；

④ 把相关问题放在一起；

⑤ 尽量用画圈决定是/否的问题，减少表中的文字书写；

⑥ 保证留有足够的填写空间——记住，一些人手写时字体较大；

⑦ 坚持平等原则，询问人的学名（正式姓名）；

⑧ 使用简单的打印样式以确保容易阅读；

⑨ 如果觉得有帮助，可注明填表须知；

⑩ 考虑信息如何处理；

⑪ 如果在多种场合需要该信息，可考虑表格带有复写纸，这样可以减少表格的多次填写；

⑫ 如果采用机读的方式收集数据，表格则需要非常仔细地设计，保证准确地完成数据处理。

命题点9　薪酬调整信息

1. 薪酬调整需要测算的主要内容

（1）原有的薪酬总额以及每个员工的薪酬福利水平；

（2）原有薪酬总额占企业销售收入的比例，原有薪酬总额占企业总成本的比例；

（3）每个员工按照薪酬调整方案的规定计算出的薪酬水平；

（4）按照调整方案计算的薪酬总额占企业销售收入的比例，薪酬总额占企业总成本的比例等。

2. 收集薪酬调整测算信息的具体步骤

（1）收集薪酬市场调查的信息；

（2）收集岗位分析、岗位评价、能力测评、绩效考核的结果以及员工定级的结果；

（3）收集企业销售收入、总成本、各部门费用管理等数据；

（4）收集往年的薪酬总额以及各构成项目所占比例；

(5) 收集企业战略规划和各部门人力资源规划信息；

(6) 收集各员工的基本薪酬信息、员工的能力、所处岗位、绩效考评等信息。

命题点 10 员工福利

1. 广义福利与狭义福利

广义的福利是指在支付工资、奖金之外，企业员工的所有待遇，包括社会保险在内。

狭义的福利是指在工资、奖金以及社会保险之外，企业员工享受的其他待遇。

2. 法定福利与补充福利

(1) 法定福利

亦称基本福利，是指按照国家法律、法规和政策规定必须发生的福利项目，其特点是只要企业建立并存在，就有义务、有责任且必须按照国家统一规定的福利项目和支付标准支付，不受企业所有制性质、经济效益和支付能力的影响。法定福利包括：

① 社会保险，包括养老保险、医疗保险、失业保险、工伤保险、生育保险以及疾病、伤残、遗属三种津贴；

② 法定带薪假日；

③ 特殊情况下的工资支付，是指除属于社会保险之外的特殊情况下的工资支付；

④ 工资性津贴，包括上下班交通费补贴、洗理费、书报费等；

⑤ 工资总额外补贴项目：计划生育独生子女补贴，冬季取暖补贴。

(2) 补充福利

指在国家法定的基本福利之外，由企业自定的福利项目，企业补充福利项目的多少和标准的高低在很大程度上要受到企业经济效益和支付能力的影响以及企业出于自身某种目的的考虑。

补充福利的项目五花八门，经常见到的有：交通补贴、房租补助、免费住房、工作午餐、女工卫生费、通讯补助、互助会、员工生活困难补助、财产保险、人寿保险、法律顾问、心理咨询、贷款担保、内部优惠商品、搬家补助、子女医疗费补助等。

3. 集体福利与个人福利

集体福利是指全部员工可以享受的公共福利设施，包括员工集体生活设施、集体文化体育设施、医疗设施。

个人福利是指在个人具备国家及所在企业规定的条件时可以享受的福利。

4. 经济性福利与非经济性福利

(1) 经济性福利

① 住房性福利；

② 交通性福利；

③ 饮食性福利；

④ 教育培训性福利：

⑤ 医疗保健性福利；

⑥ 有薪节假；

⑦ 文化旅游性福利；

⑧ 金融性福利；

⑨ 其他生活性福利；

⑩ 企业补充保险与商业保险。

（2）非经济性福利

① 咨询性服务；

② 保护性服务；

③ 工作环境保护。

命题点 11　员工福利的作用

（1）吸引优秀员工。

（2）提高员工的士气。

（3）降低员工辞职率。

（4）激励员工。

（5）凝聚员工。

（6）提高企业经济效益。

命题点 12　社会保险的基本内容

1. 养老保险

（1）概念

其是社会保障制度的重要组成部分，是社会保险五大险种中最重要的险种之一。所谓养老保险（或养老保险制度）是国家和社会根据一定的法律和法规，为解决劳动者在达到国家规定的解除劳动义务的劳动年龄界限，或因年老丧失劳动能力退出劳动岗位后的基本生活而建立的一种社会保险制度。

（2）特点

① 由国家立法强制实行，企业单位和个人都必须参加，符合养老条件的人，可向社会保险部门领取养老金；

② 养老保险费用来源，一般由国家、单位和个人三方或单位和个人双方共同负担，并实现广泛的社会互济；

③ 养老保险具有社会性，影响很大，享受人多且时间较长，费用支出庞大，因此，必须设置专门机构，实行现代化、专业化、社会化的统一规划和管理。

（3）我国养老保险的构成

① 基本养老保险；

② 企业补充养老保险；

③ 个人储蓄型养老保险。

2. 医疗保险

是当人们生病或受到伤害后，由国家或社会给予的一种物质帮助，即提供医疗服务或经济补偿的一种社会保障制度。

3. 失业保险

（1）含义

指国家通过立法强制实行的，由社会集中建立基金。对因失业而暂时中断生活来源的劳动者提供物质帮助的制度。

它是社会保障体系的重要组成部分，是社会保险的主要项目之一。

(2) 特点

① 普遍性；

② 强制性；

③ 互济性。

(3) 来源

① 失业保险费，包括单位缴纳和个人缴纳两部分，这是基金的主要来源；

② 财政补贴，这是政府负担的一部分；

③ 基金利息，这是基金存入银行和购买国债的收益部分；

④ 其他资金，主要是指对不按期缴纳失业保险费的单位征收的滞纳金等。

4. 工伤保险

是国家为了保障劳动者在工作中遭受事故伤害和患职业病后获得医疗救治、经济补偿和职业康复的权利，分散工伤风险，促进工伤预防的一种社会保障手段。

5. 生育保险

是国家通过立法，对怀孕、分娩女员工给予生活保障和物质帮助的一项社会政策。其宗旨在于通过向职业妇女提供生育津贴、医疗服务和产假，帮助她们恢复劳动能力，重返工作岗位。

命题点 13　基本社会保险费的计算

1. 基本养老保险缴费

国务院《关于建立统一的企业员工基本养老保险制度的决定》(国发[1997]26 号)(以下简称《决定》)，其核心是统一全国企业员工基本养老保险制度。缴费规定如下：

企业缴纳基本养老保险费(以下简称企业缴费)的比例。一般不得超过企业工资总额的 20%(包括个人账户的部分)，具体比例由省、自治区、直辖市人民政府确定。少数省、自治区、直辖市因离退休人数较多、养老保险金负担过重，确需超过企业工资总额 20% 的，应报劳动和社会保障部、财政部审批。个人缴纳基本养老保险费为本人缴费工资的 8%。

2. 基本医疗保险缴费

国务院《关于建立城镇员工基本医疗保险制度的决定》(国发[1998]44 号)提出：基本医疗保险费由用人单位和员工共同缴纳。用人单位缴费率应控制在员工工资总额的 6% 左右，员工缴费率一般为本人工资收入的 2%。随着经济发展，用人单位和员工缴费率可作相应调整。

3. 失业保险缴费

1999 年 1 月 22 日国务院发布的《失业保险条例》(国务院令第 258 号)规定：城镇企业、事业单位按本单位工资总额的 2% 缴纳失业保险费；城镇企业、事业单位员工个人按本人工资的 1% 缴纳失业保险费。用人单位招用的农民合同制工人本人不缴纳失业保险费。

4. 工伤保险缴费

2003 年 4 月 16 日国务院公布，自 2004 年 1 月 1 日起施行《工伤保险条例》(国务院令第 375 号)规定：

(1) 工伤保险基金按照以支定收、收支基本平衡的原则确定费率；

(2) 用人单位应当按时缴纳工伤保险费，员工个人不缴纳工伤保险费。

5. 生育保险缴费

《企业员工生育保险试行办法》(以下简称《办法》)(劳部发[1994] 504 号)规定：

生育保险基金根据"以支定收、收支平衡"的原则筹集资金，由企业按照其工资总额的一定比例同社会保险经办机构缴纳生育保险费建立生育保险基金。

《办法》规定，生育保险费的具体提取比例由人民政府根据计划内生育人数、生育津贴和生育医疗费等项费用确定，最高不得超过企业工资总额的 1%。企业缴纳的生育保险费作为期间费用处理，列入企业管理费用。需要强调指出的是，1% 不是规定生育基金的提取比例，也不是其攀比目标，而是最高上限，具体的提取比例要经过周密测算来确定，测算的出发点要基于：

(1) 保持收支基本平衡；

(2) 尽量减轻企业负担，树立良好的社会形象；

(3) 员工个人不缴纳生育保险费。

命题点 14　员工福利费用的提取

员工福利费用是国家和单位用于员工生活福利设施和福利补贴的各种费用的总称。

1. 企业员工福利基金的提取

财政部于 1992 年 4 月 30 日发布《关于提高国营企业员工福利基金提取比例调整员工福利基金和员工教育经费计提基数的通知》([92]财工字第 120 号)，从 1992 年 5 月 1 日起执行，将员工福利基金改按员工工资总额的 14% 从成本中提取；同时，将 1985 年以来由企业福利基金负担的企业员工的各种副食品价格补贴，改为从企业成本中列支。

2. 机关事业单位员工福利费的提取

国家机关事业单位的员工福利费，主要由国家财政拨款。

3. 其他来源

(1) 国家为各单位提供的、与员工基本生活有关的非生产性建设投资费用；

(2) 工会经费中用于员工福利的费用；

(3) 各单位举办的员工福利设施的收入；

(4) 企业税后留利中提取的法定公益金，最低占企业税后留利的 5%。

命题点 15　社会保险的缴费工作程序

(1) 企业必须向当地社会保险经办机构办理社会保险登记，参加社会保险。

① 填写社会保险登记表；

② 申请办理社会保险登记时，应当出示以下证件和资料。

(2) 企业每月按照社会保险经办机构规定的时间，向其送达月报表和有关资料。

(3) 社会保险经办机构进行即时审核，对申报资料齐全、缴费基数和费率符合规定、填报数量关系一致的月报表签章核准；对不符合规定的月报表提出审核意见，退企业修正后再次审核。

(4) 企业缴费申报经核准后，可以采取下列方式之一缴纳社会保险费：

① 企业到其开户银行缴纳；

② 企业到社会保险经办机构以支票或现金形式缴纳；

③ 企业与社会保险经办机构约定的其他方式。

命题点 16　建立工资福利与保险台账

1. 建立工资台账

由于员工工资总额是重要的国情国力统计指标，是衡量员工生活水平和计算离退休金及有关费用的重要依据，是企业人工成本的主要组成部分，因此，准确统计薪酬(工资)数据具有重要意义。

2. 建立福利台账

建立福利台账时，要将所有能用货币形式表示的福利支出信息包含在内。

3. 建立保险基金台账

根据国家规定，企业及个人均应缴纳各类社会保险基金。因此它也构成了企业的一项支出，是人工成本的组成部分。在建立保险基金台账时，要将所有的保险基金信息包括在内。

【经典真题详解】

一、单项选择题(每小题只有一个正确答案)

1. 从广义上说，薪酬可以分为(　　)。【2009 年 5 月真题】

(A) 内部薪酬和外部薪酬　　(B) 直接薪酬和间接薪酬

(C) 组织薪酬和个人薪酬　　(D) 基本薪酬和激励薪酬

【答案】A　从广义上来说，薪酬包括工资、奖金、休假等外部回报，也包括参与决策、承担更大的责任等内部回报。

2. 奖励是指员工超额劳动的报酬，它不包括(　　)。【2009 年 5 月真题】

(A) 奖金　　(B) 佣金　　(C) 红利　　(D) 利润分享计划

【答案】A　奖励指员工超额劳动的报酬，如红利、佣金、利润分享计划等。故选项 A 错误。

3. 工资指导线颁布之后执行时间为(　　)日历年度。【2009 年 5 月真题】

(A) 1 个　　(B) 2 个　　(C) 3 个　　(D) 4 个

【答案】A　工资指导线在每年三月底以前颁布，执行时间为一个日历年度(1 月 1 日至 12 月 31 日)。

4. 在销售提成工资制中，提成金额或提成比例的高低取决于(　　)。【2009 年 5 月真题】

(A) 销货额　　(B) 商品单价　　(C) 销售量　　(D) 销售难易程度

【答案】D　销售提成制是根据员工所销售产品的数量和事先确定的销售单位产品可以得到的提成金额或提成比例计算工资的一种工资制度，提成金额或提成比例的高低取决于商品销售的难易程度，难销售的商品提成多一些，反之则少一些。

5. (　　)是建立员工激励制度的前提和基础，也是贯彻企业工资制度的基础保障。【2009 年 5 月真题】

(A) 有效的激励机制　　(B) 工资标准

(C) 员工绩效管理制度　　(D) 工资计算方法

【答案】C　员工绩效管理制度是建立员工激励制度的前提和基础，也是贯彻执行企业工资制度的基本保障。

6. 在计件工资制中(　　)是计算计件单价的基础。【2009 年 5 月真题】

(A) 技术等级　　(B) 工作等级　　(C) 劳动定额　　(D) 劳动数量

【答案】B　在计件工资制中，工作等级是计算计件单价的基础。

7. 用人单位依法安排劳动者在法定标准工作时间以外延长工作时间的，应当按照不低于劳动合同规定的劳动者本人日或小时工资标准的(　　)支付其工资。【2009 年 5 月真题】

(A) 125%　　(B) 150%　　(C) 200%　　(D) 300%

【答案】B　用人单位依法安排劳动者在法定标准工作时间以外延长工作时间的，按照不低于劳动合同规定的劳动者本人日或小时工资标准的 150% 支付劳动者工资。

8. 以下有关计件单价的计算公式错误的是(　　)。【2009 年 5 月真题】

(A) 计件单价 = 该工作等级的单位时间的工资标准/单位时间的产量定额

(B) 计件单价 = 企业或计件单位工人的平均等级工资标准/产量定额

(C) 计件单价 = 工资成本总额/历史最高产量

(D) 计件单价 = 工资总成本/产量定额

【答案】D　计件单价的计算：个人计件中，如规定的是产量定额，则：计件单价 = $\frac{\text{该工作等级的单位时间的工资标准}}{\text{单位时间的产量定额}}$；集体计件中，如规定的是产量定额，则：计件单价 = $\frac{\text{定员内集体人员单位时间的工资标准总额}}{\text{集体人员单位时间的产量定额}}$；关于计件单价的确定，有些单位实行了如下方法：(1) 如果缺乏明确的工作等级，则：计件单价 = $\frac{\text{企业或计件单位工人的平均等级工资标准}}{\text{产量定额}}$；(2) 按照历史的最高产量水平确定计件单价，然后再按照各车间的各工序工作难易程度、劳动强度等情况分解到各种工作，确定不同的计件单价：计件单价 = $\frac{\text{工资成本总额}}{\text{历史最高产量}}$。故选 D。

9. 薪酬是组织对员工的(　　)做出的各种回报。【2008 年 11 月真题】

(A) 贡献　　(B) 行为　　(C) 态度　　(D) 业绩

【答案】A　从某种意义上说，薪酬是组织对员工的贡献，包括员工的行为、态度及其业绩等所做出的各种回报。

10. 工资指导线在每年(　　)底之前颁布。【2008 年 11 月真题】

(A) 一月　　(B) 二月　　(C) 三月　　(D) 四月

【答案】C　工资指导线制度是企业工资宏观调控办法改革的一项重要举措。工资指导线在每年三月底以前颁布，执行时间为一个日历年度(1 月 1 日至 12 月 31 日)。

11. 最适用于销售人员的工资制度是(　　)。【2008 年 11 月真题】

(A) 计件工资制　　(B) 销售提成制　　(C) 结构工资制　　(D) 薪点工资制

【答案】B　销售提成制是根据员工所销售产品的数量和事先确定的销售单位产品可以得到的提成金额或提成比例计算工资的一种工资制度，提成金额或提成比例的高低取决于商品销售的难易程度，难销售的商品提成多一些，反之则少一些。销售提成制的适用对象是销售人员。

12. (　　)是根据某项工作的技术复杂程度及劳动繁重程度而划分的等级。【2008 年 11 月真题】

(A) 技术等级　　(B) 工作等级　　(C) 劳动定额　　(D) 计件单件

【答案】B　工作物等级，又称“工作等级”，它是根据某项工作的技术复杂程度及劳动繁重程度而划分的等级。它规定按照技术等级标准从事该项工作的工人所应达到的技术等级。它是区分各种工作以及从事该项工作的工人技术等级的主要标志，也是确定劳动定额水平、计件单价、合理安排劳动力的一个科学依据。

13. (　　)是国家或企业给予在特殊劳动条件下工作的员工的生产性质的补偿。【2008 年 11 月真题】

(A) 工资　　(B) 奖金　　(C) 津贴　　(D) 补贴

【答案】C　津贴和补贴的含义是国家或企业对员工在特殊劳动条件下工作而付出的额外劳动消耗和生活费用支出所给予的补偿。一般来说，将生产性质的补偿称作"津贴"，而生活支出方面的补偿称作"补贴"。

14. 因劳动者本人原因给用人单位造成经济损失的，可从劳动者工资中扣除，但每月扣除部分不能超过当月工资的(　　)。【2008 年 11 月真题】

(A) 20%　　(B) 30%　　(C) 40%　　(D) 50%

【答案】A　因劳动者本人原因给用人单位造成经济损失的，用人单位可按照劳动合同的约定要求其赔偿经济损失。经济损失的赔偿，可从劳动者本人的工资中扣除，但每月扣除的部分不得超过劳动者当月工资的 20%。若扣除后的剩余工资部分低于当地月最低工资标准，则按最低工资标准支付。

15. 以下有关奖金总额的计算公式错误的是(　　)。【2008 年 11 月真题】

(A) 奖金总额 = 成本节约额 × 计奖比例

(B) 奖金总额 = 实际利润总额 × 超额利润奖金系数

(C) 奖金总额 =(年度实现销售额 - 年度目标销售额) × 计奖比例

(D) 奖金总额 = 生产总量 × 标准人工成本费用 - 实际支付工资总额

【答案】B　按产量、销售量、成本节约量来发放奖金总额，据情况不同有以下三种计算方法：(1)按企业实际经营效果和实际支付的人工成本两个因素决定奖金的支付。计算公式为：奖金总额 = 生产(或销售)总量 × 标准人工成本费用 - 实际支付工资总额。(2)按企业年度产量(销售量)的超额程度提取奖金。计算公式为：年度奖金总额 =(年度实现销售额 - 年度目标销售额) × 计奖比例。(3)按成本节约量的一定比例提取奖金总额。计算公式为：奖金总额 = 成本节约额 × 计奖比例。

16. 非经济性福利中的工作环境保护项目不包括(　　)。【2008 年 11 月真题】

(A) 实行弹性工作时间　　(B) 缩短工作时间

(C) 员工参与民主化管理　　(D) 实行轮班制度

【答案】D　企业提供非经济性福利，基本目的在于全面改善员工的"工作生活质量"。这类福利形式包括：(1)咨询性服务，如免费提供法律咨询和员工心理健康咨询等。(2)保护性服务，如平等就业权利保护(反性别、年龄歧视等)、隐私权保护等。(3)工作环境保护，如实行弹性工作时间、缩短工作时间、员工参与民主化管理等。

17. (　　)是指由员工自愿参加、自愿选择经办机构的一种补充保险形式。【2008 年 11 月真题】

(A) 基本养老保险　　(B) 企业补充养老保险

(C) 企业储蓄型养老保险　　(D) 个人储蓄型养老保险

【答案】D　员工个人储蓄型养老保险是我国多层次养老保险体系的一个组成部分，是由员工自愿参加、自愿选择经办机构的一种补充保险形式。

二、多项选择题(每题有两个或两个以上正确答案。错选、少选、多选均不得分)

1. 企业进行有效的薪酬管理应遵循的原则包括(　　)。【2008 年 11 月真题】

(A) 对员工具有激励性原则　　(B) 对内具有公正性原则

(C) 对社会具有贡献性原则　　(D) 对外具有竞争性原则

(E) 对成本具有控制性原则

【答案】ABDE　薪酬原则是一个企业给员工传递信息的渠道，也是企业价值观的体现。目前企业普遍认为进行有效的薪酬管理应遵循以下原则：对外具有竞争性原则；对内具有公正性原则；对员工具有激励性原则；对成本具有控制性原则。

2. 企业编制的工效挂钩方案需审核报批的部门包括(　　)。【2008 年 11 月真题】

(A) 劳动保障部门　(B) 国资委　(C) 国家发改委　(D) 财政部门

(E) 国务院办公厅

【答案】AD　企业应根据国家对于工效挂钩实施办法的有关文件规定，结合本企业实际情况，选择能够反映企业经济效益和社会效益的指标，作为与工资总额挂钩的指标，认真编制工资总额同经济效益挂钩方案，报劳动保障部门、财政部门审核后批准下达执行。

3. 企业薪酬制度分析的主要内容包括(　　)。【2008 年 11 月真题】

(A) 企业薪酬总额分析　　(B) 企业薪酬策略分析

(C) 企业薪酬制度分析　　(D) 员工薪酬意识分析

(E) 企业各员工的薪酬分析

【答案】ABCDE　企业薪酬制度分析主要内容包括：(1)企业薪酬总额分析，是通过企业的各种财务报表以及同行业企业的有关资料进行的。(2)企业各员工的薪酬分析，依据的是薪酬台账、当地标准生活费用、本企业与同行业其他企业的薪酬制度及规定等。(3)企业薪酬制度分析，依据是企业的薪酬制度、奖励制度、职级制度(岗位等级或能力等级)和人事考核制度。(4)员工薪酬意识分析，常用的方法是问卷调查法和面谈法。(5)企业薪酬策略分析，依据是企业战略规划、企业的核心竞争力、企业文化、企业财务支付能力、市场薪酬水平、企业的用工制度等。

4. 影响薪酬的外部因素包括(　　)。【2008 年 11 月真题】

(A) 企业利润水平　(B) 劳动力市场　(C) 经济发展状况　(D) 物价、工会

(E) 相关劳动法规

【答案】BCDE　影响薪酬的因素很多，其中主要的内在因素有：劳动差别因素、工资形式、企业经济效益、报酬政策；主要的外在因素有：相关的劳动法规、劳动力市场、物价、工会、社会保障水平和经济发展状况等。

5. 选择工资形式的原则包括(　　)。【2008 年 11 月真题】

(A) 工资的发放要及时

(B) 计划简明易懂，便于计算

(C) 选择的具体工资形式要与岗位的特点相吻合

(D) 员工收入与本人的工作效率直接成正比关系

(E) 工资实施计划一经制订出来，就应当比较稳定

【答案】ABCDE　选择工资形式的原则包括：(1)选择的具体工资形式要与岗位的特点相吻合。(2)员工收入与本人的工作效率直接成正比关系。(3)计划简明易懂，便于计算。(4)工资的发放要及时。(5)工资实施计划一经制订出来，就应当比较稳定。

6. 补充福利项目包括(　　)。【2008年11月真题】

(A) 免费住房　　(B) 工作午餐　　(C) 通讯补助　　(D) 法律顾问

(E) 带薪假期

【答案】ABCD　补充福利的项目五花八门，经常见到的有：交通补贴、房租补助、免费住房、工作午餐、女工卫生费、通讯补助、互助会、员工生活困难补助、财产保险、人寿保险、法律顾问、心理咨询、贷款担保、内部优惠商品、搬家补助、子女医疗费补助等。

三、计算题

1. 某企业基期与报告期的员工人数及工资的统计资料见表5-1。

表5-1　企业员工人数及工资统计表

项　目	基　期	报告期	动态指标
工资总额(元)	1160000	1440000	
员工平均人数(人)	1000	1200	
员工平均工资(元/人)			

请运用相关知识计算、填写该表，并计算：

(1) 员工人数变动对工资总额的影响及其占工资总增加额的比重。

(2) 员工平均工资变动对工资总额的影响及其占工资总增加额的比重。

(3) 报告期工资总额比基期增加额。

【答案】　根据工资总额动态指标的计算公式：$工资总额动态指标=\frac{报告期工资总额}{基期工资总额}\times 100\%$，得工资总额动态指标 = 1440000/1160000×100% = 124.1%，员工平均人数动态指标 = 1200/1000 = 120%。

员工平均工资 = 工资总数/员工平均人数，则基期员工平均工资 = 1160000/1000 = 1160(元/人)，报告期员工平均工资 = 1440000/1200 = 1200(元/人)。

根据上述动态指标的计算公式，得员工平均工资动态指标 = 1200/1160 = 103.4%。

则填表5-1得表5-2：

表5-2　企业员工人数及工资统计表

项　目	基　期	报告期	动态指标
工资总额(元)	1160000	1440000	124.1%
员工平均人数(人)	1000	1200	120%
员工平均工资(元/人)	1160	1200	103.4%

(1) 根据员工人数变动对工资总额的影响的计算公式为：员工人数变动对工资总额影响 = (报告期员工平均人数 - 基期员工平均人数) × 基期员工平均工资，得员工人数变动工资总额影响 = (1200 - 1000) × 1160 = 232000(元)，占工资总增加额的比重 = 232000 ÷ (1440000 - 1160000) × 100% ≈ 82.9%。

(2) 根据员工平均工资变动对工资总额影响的计算公式为：员工平均工资变动对工资总额影响 = (报告期员工平均工资 - 基期员工平均工资) × 报告期员工平均人数，得员工平均工资变动对工资总额影响 = (1200 - 1160) × 1200 = 48000(元)，占工资总增加额的比重 = 48000/(1440000 - 1160000) × 100% ≈ 17.1%。

（3）报告期工资总额比基期增加额的计算为：1440000 - 1160000 = 280000（元）。

2. 2008 年某清洁工的月工资标准为 800 元/月，10 月份，该清洁工请假 5 天，周末加班 12 小时，国庆期间加班 10 小时。【2008 年 11 月真题】

请问：该清洁工 10 月份的工资应为多少？

【答案】 月工资制一般是按日工资标准处理，即以本人月工资标准除以平均每月法定工作天数（每周 40 小时工作制，平均每月法定工作天数为 20.92 天）求得，则有：

$$日工资标准 = 月工资标准/20.92 = 800/20.92 = 38.24（元/天）$$

该清洁工 10 月份不算加班的实际工资为：38.24 ×（20.92 - 5）= 608.78（元）

依据《劳动合同法》规定，用人单位依法安排劳动者在休息日工作，而又不能安排补休的，按照不低于劳动合同规定的劳动者本人日或小时工资标准的 200% 支付劳动者工资。用人单位依法安排劳动者在法定休假节日工作的，按照不低于劳动合同规定的劳动者本人日或小时工资标准的 300% 支付劳动者工资。则该清洁工的加班费用为：

$$加班费 = (12 \div 8 \times 2 + 10 \div 8 \times 3) \times 38.24 = 258.12（元）$$

故该清洁工 10 月份的工资为：工资 = 实际工资 + 加班费 = 608.78 + 258.12 = 866.9（元）。

四、综合分析题

某房地产集团下属一家物业经营管理公司成立初期，非常注重管理的规范化和充分调动员工积极性，制定了一套科学完善的薪酬管理制度，公司得到了较快的发展。随着规模的扩大，该公司的经营业绩却不断滑坡，客户的投诉也不断增加，员工失去了往日的工作热情，出现了部分技术、管理骨干离职，其他人员也出现不稳定的征兆。

经过对公司内部管理的深入了解和诊断，发现问题出在公司的薪酬系统上：关键的技术骨干员工的薪酬水平明显低于市场水平，对外缺乏竞争力；公司的薪酬结构也不尽合理，从而导致技术骨干和部分中层管理人员流失。针对这一具体问题，该公司进行了薪酬市场调查分析，并对公司原有薪酬制度进行调整，制定了新的与企业战略和组织架构相匹配的薪资方案，激发了员工的积极性和创造性，公司发展又开始恢复良好的势头。【2007 年 11 月真题】

请问该公司员工流失的原因是什么？从中能够获得什么启示？

【答案】（1）该公司员工流失的原因包括：

① 该公司关键的技术骨干员工的薪酬水平低，对外缺乏竞争力。企业的薪酬水平是否合理，直接影响到企业在人才市场上的竞争力。只有对外部具有竞争力的薪酬，企业才能吸引所需的各类优秀人才。上述案例中的企业薪酬水平偏低，特别是关键的技术骨干力量的薪酬水平较市场明显偏低，对外缺乏竞争力，从而导致技术骨干和部分中层管理人员流失。薪酬缺乏市场竞争力，造成企业人才流失的后果是极为明显的，其结果是造成企业不断招聘新员工以满足运作需求的同时，老员工又不断离职的恶性循环，这是对人力资源的极大浪费。

② 公司的薪酬结构不合理。公司的薪酬对内缺乏公平性，员工关心薪酬差别的程度高于关心薪酬水平。员工个人能力及其工作职务、工作态度的区别必然带来个人薪酬的差别，如何使这种"差别"既能鼓励先进又能被大多数员工所接受，这对薪酬管理来说越来越重要。薪酬的内部公平性是稳定公司员工队伍，激发员工积极性和创造性的重要手段。

（2）从该案例得到的启示有：

① 企业管理者必须认识到薪酬对激励员工的重要意义，薪酬管理并不是对金钱的直接

关注，而是关注如何正确使用薪酬这一金钱的激励作用。即使薪酬总额相同，但其分配的方式不同，会取得不同的激励效果。

② 重视薪酬市场调查的作用，通过薪酬市场调查，使企业的薪酬水平保持对外具有竞争力。

③ 薪酬结构的设计要科学。适当拉开员工薪酬差距，激励员工努力工作的同时，保证薪酬水平的内部公平性。防止薪酬结构不合理造成员工不满，带来企业员工队伍的不稳定。

第六章　劳动关系管理

【命题规律】

对近年考试的命题进行研究可以发现，本章的命题规律主要体现在以下几个方面：

1. 劳动关系、劳动法律关系的含义和特征，劳动合同变更、解除、终止的具体程序与基本要求是本章特别重要的考核点。

2. 劳动合同的含义、特征和内容，订立合同的程序，专项协议的含义、事实劳动关系、劳动合同的履行与无效劳动合同，以及劳动合同的续订都是本章常考的知识点。

3. 劳动管理的概念和鉴证审查的内容，劳动合同鉴证的程序，企业劳动安全技术规程的主要内容是本章的命题采分点。

4. 劳动关系的调整方式，劳动合同订立和履行的原则、步骤、特殊规则、法人授权书，职业分类的一般知识、企业特殊岗位的种类、劳动合同文档管理、劳动合同台帐，特殊岗位证书制度，劳动安全技术规程、劳动卫生规程、劳动安全卫生管理制度、女职工与未成年工的特殊保护制度的内容和要求都是需要熟悉的知识点。

【命题点解读】

命题点 1　劳动关系的相关知识

1. 劳动关系的含义

一般而言，所谓劳动关系通常是指用人单位（雇主）与劳动者（雇员）之间在运用劳动者的劳动能力，实现劳动过程中所发生的关系。

劳动关系所反映的是一种特定的经济关系，即劳动给付与工资的交换关系。

2. 劳动关系的特征

（1）劳动关系的内容是劳动。在现代市场经济条件下，劳动关系是劳动的社会形式，劳动是这种关系的基础，也是它的实质和内容。

（2）劳动关系具有人身关系属性和财产关系属性相结合的特点。

（3）劳动关系具有平等性和隶属性的特点。

3. 劳动法律关系的含义

是指劳动法律规范在调整劳动关系过程中所形成的雇员与雇主之间的权利义务关系，即雇员与雇主在实现现实的劳动过程中所发生的权利义务关系。

4. 劳动法律关系的特点

（1）劳动法律关系是劳动关系的现实形态。

（2）劳动法律关系的内容是权利和义务。

（3）劳动法律关系的双务关系。

（4）劳动法律关系具有国家强制性。

5. 劳动关系的调整方式

（1）劳动法律法规由国家制定，体现国家意志，覆盖所有劳动关系，通常为调整劳动关系应当遵循的原则性规范和最低标准。其基本特点是体现国家意志。

（2）劳动合同是劳动者与用人单位确立劳动关系、明确双方权利义务的协议。

（3）集体合同。

（4）民主管理（职工代表大会、职工大会）制度。

（5）企业内部的劳动规则。

（6）劳动争议处理制度。

（7）劳动监督检查制度。

命题点 2　劳动合同的订立与履行

1. 劳动合同的含义

其是劳动者与用人单位确立劳动关系、明确双方权利义务的协议。

订立劳动合同的目的是为了在劳动者和用人单位之间建立劳动法律关系，规定劳动合同双方当事人的权利和义务。

2. 专项协议的含义

其是劳动关系当事人为明确劳动关系中特定权利义务，在平等自愿、协商一致的基础上所达成的契约。

3. 事实劳动关系

指用人单位与劳动者之间没有签订劳动合同，但劳动者在事实上为用人单位提供有偿劳动的一种劳动关系。

4. 劳动合同的特点

（1）劳动合同的主体具有特定性。

（2）由于劳动法律关系是双务关系，故劳动合同属于双务合同。

（3）劳动合同当事人的法律地位平等，但在组织管理上具有隶属关系。

（4）劳动合同属于法定要式合同。

5. 劳动合同的内容

（1）法定条款

是依据法律规定劳动合同双方当事人必须遵守的条款，不具备法定条款，劳动合同不能成立。《劳动法》规定，劳动合同应当具备以下条款：

① 劳动合同期限；

② 工作内容；

③ 劳动保护和劳动条件；

④ 劳动报酬；

⑤ 社会保险；

⑥ 劳动纪律；

⑦ 劳动合同终止的条件；

⑧ 违反劳动合同的责任。

（2）约定条款

劳动合同除以上法定条款以外，双方当事人可以根据实际需要在协商一致的基础上，规定其他补充条款。一般常见的约定条款有以下内容：

① 试用期限；

② 保守商业秘密条款；

③ 培训；

④ 保密事项；

⑤ 补充保险和福利待遇；

⑥ 第二职业条款；

⑦ 变更、解除合同；

⑧ 当事人协商约定的其他事项。

6. 劳动合同的履行

指合同当事人双方履行劳动合同所规定义务的法律行为，即劳动者与用人单位按照劳动合同的要求，共同实现劳动过程和各自合法权益。

劳动合同的履行包括完全履行、不完全履行、延迟履行、不履行。

7. 劳动合同订立的原则

（1）平等原则。

（2）自愿原则。

（3）协商一致原则。

（4）合法原则。

8. 劳动合同履行的原则

（1）实际履行原则。

（2）全面履行原则。

（3）亲自履行原则。

（4）协作履行原则。

9. 劳动合同履行的特殊规则

（1）履行不明确条款的规则。

（2）向第三人履行的规则。

（3）履行约定之外劳动给付的规则。

10. 订立劳动合同的程序

（1）要约和承诺。

（2）相互协商。

（3）双方签约。

11. 法人授权书

企业人力资源部门的代理行为，是基于法定代表人的委托授权而发生的代理，在我国劳动法律适用中，委托代理授权为要式行为授权，即应当以书面形式授权。代理证书是委托授权的书面形式，是由法人代表机关制作的证明代理人的代理权及其权限范围的证明。在劳动合同管理的实践中通常称为法人授权书。代理证书应包括代理人的姓名或名称、代理事项、权限范围、有效期限、被代理人的签名盖章等。代理证书应详尽具体，不应产生歧义。

12. 劳动合同的履行与无效劳动合同

（1）劳动合同的履行

指劳动合同当事人按照劳动合同规定的条款，双方各自履行合同规定的义务和实现合同规定的权利的行为。劳动合同的履行应遵循实际履行和全面履行的原则。

（2）无效劳动合同

劳动合同的效力是劳动法律赋予依法成立的劳动合同具有约束劳动关系当事人双方乃至第三人的强制力。

依据劳动法的有关规定，下列劳动合同无效：

① 劳动合同主体不合法，即劳动者不具有劳动权利能力和行为能力，或者用人单位不具有用工权利能力和行为能力；

② 劳动合同的内容不合法，劳动合同的条款违反法律或行政法规的规定；

③ 劳动合同的形式不合法，应当采取书面形式而未采取书面形式订立的劳动合同；

④ 劳动合同订立程序不完备；

⑤ 意思表示不真实，采取欺诈、威胁等手段订立的劳动合同等。

13. 劳动合同的续订

劳动合同期满前30日，用人单位应将《续订(终止)劳动合同意向通知书》送达劳动者，经协商有意续订劳动合同的，应在劳动合同期限届满前办理续订劳动合同的手续。续订劳动合同不得约定试用期。

命题点3　劳动合同的变更、解除和终止

1. 劳动合同的变更

指劳动合同双方当事人就已经订立的合同条款达成修改或补充的法律行为。

劳动合同变更的条件是：

（1）订立劳动合同所依据的法律、行政法规、规章制度发生变化，应变更相关的内容。

（2）订立劳动合同所依据的客观情况发生重大变化，致使劳动合同无法履行，应变更相关的内容。

2. 劳动合同的解除

指劳动合同签订以后，尚未全部履行之前，由于一定事由的出现，提前终止劳动合同的法律行为。

（1）劳动合同的协议解除(约定解除)。

依据劳动法的规定，经当事人协商一致，劳动合同可以解除。双方协议解除劳动合同时，应书面提前通知对方。

（2）用人单位单方解除劳动合同。

（3）劳动者单方解除劳动合同。

（4）不得解除劳动合同的条件：

① 患职业病或者因工负伤并被确认丧失或部分丧失劳动能力的；

② 患病或者负伤，在规定的医疗期内的；

③ 女职工在孕期、产期、哺乳期内的；

④ 法律法规规定的其他情形。

3. 劳动合同的终止

（1）自然终止

① 定期劳动合同到期；

② 劳动者退休；

③ 以完成一定工作为期限的劳动合同规定的工作任务完成，合同即为终止。

（2）因故终止

① 劳动合同约定的终止条件出现，劳动合同终止；

② 劳动合同双方约定解除劳动关系；一方依法解除劳动关系；

③ 劳动关系主体一方消灭；

④ 不可抗力导致劳动合同无法履行；

⑤ 劳动争议仲裁机构的仲裁裁决、人民法院判决亦可导致劳动合同终止。

命题点 4　劳动合同管理

1. 概念

从广义讲，劳动合同的管理是指司法机关、劳动保障行政机关、用人单位、工会组织以及用人单位内部行政和工会组织，在各自的职责范围内。

从狭义讲，劳动合同的管理仅指劳动保障行政部门依法对劳动合同的订立、履行、变更、解除、终止及违约责任承担等一系列活动进行统一化、专门化的管理。

2. 劳动合同鉴证审查的内容

（1）双方当事人是否具备签订劳动合同的资格。

（2）合同内容的合法性，合同条款是否完备、权利义务是否明确；若雇用外籍员工，中外合同文本是否一致。

（3）劳动合同签订程序的合法性。

3. 职业分类的一般知识

（1）职业的特征

① 目的性；

② 社会性；

③ 稳定性；

④ 规范性；

⑤ 群体性。

（2）职业分类

职业分类是以工作性质的同一性为基本原则，对职业进行的系统划分与归类。所谓工作性质，即一种职业区别于另一种职业的根本属性或标准，一般是通过职业活动的对象、职业活动方式的不同来体现。根据职业分类的层次，工作性质的同一性的具体内涵有所不同。

我国职业分为 8 个大类、66 个中类、413 个小类、1838 个细类(职业)。

4. 企业特殊岗位的种类

（1）高低压电力设备安装、运行、检修，以及配电、变电、输电、供电设备安装、运行操作、维修。

（2）电梯设备维修、操作。

（3）金属焊接、气割设备操作。

(4) 场地运输机械设备操作。

(5) 起重机械设备操作。

(6) 制冷系统设备操作。

5. 劳动合同鉴证的程序

(1) 劳动合同鉴证应提交的材料。

(2) 双方当事人到场。

(3) 对审查合格的劳动合同文本鉴证人签名加盖公章、注明鉴证日期。

6. 劳动合同文档管理

(1) 劳动合同分类管理。

(2) 类别划分的方法

① 按照劳动合同期限进行分类；

② 按照工作岗位分类。

7. 劳动合同台账

其是企业劳动合同管理的一项重要的基础工作，为了做到心中有数，应准确记录报告期内各类合同变动的情况，并及时准确的登录在账页上，妥善进行分类保管。

劳动合同管理台账一般包括：

① 员工登记表；

② 劳动合同台账；

③ 员工统计表；

④ 岗位(专项)协议台账；

⑤ 医疗期台账；

⑥ 员工培训台账；

⑦ 终止或解除劳动合同员工去向台账；

⑧ 其他必要的台账。

8. 特殊岗位资格证书制度

(1) 职业资格证书制度

为了提高劳动者的职业技术素质，训练劳动者的专业技术能力，我国对劳动者实施技术等级考核和技术资格考评制度。为此，国家制定了《工人考核条例》《职业技能鉴定规定》和《职业资格证书规定》等，全面规范了职业技能考评鉴定活动。

(2) 特殊岗位资格证书制度

特殊岗位资格证书制度是我国职业资格证书制度的一种，在特殊岗位或准备在该种岗位工作的劳动者，必须进行专门的、达到一定时间标准的理论与实际操作培训，通过地区的劳动行政部门或者会同行业主管部门组织的资格考试，考试合格、获得特种作业资格，方能上岗工作。

特殊岗位是指从事该种岗位工作，其所涉及的专门知识、所使用的工具、采用的技术方法有别于其他岗位，该种岗位的产品或服务对其他劳动过程、社会生活甚至公共安全都有重大影响，必须达到一定的水平和熟练程度，才能保证劳动过程的效率与安全，有效地避免工伤事故、防止生产设备遭到破坏。

命题点5　企业劳动安全技术规程的主要内容

1. 工厂安全技术规程的主要内容

(1) 厂房、建筑物和道路的安全措施，以及坚固安全，符合防火、防爆的规定。

（2）工作场所、爆炸危险场所的安全技术措施。

（3）机器设备的安全措施。

（4）电气设备的安全措施。

（5）动力锅炉、压力容器的安全装置。

2. 矿山安全规程

（1）矿山设计的安全要求。

（2）矿山开采的安全要求。

（3）作业场所的安全要求。

3. 建筑安装工程安全技术规程

为了改善劳动条件，保护建筑施工生产过程中劳动者的安全和健康而制定的各种法律规范和技术标准，包括建筑安装施工的一般安全要求，施工现场、脚手架、土石方工程、机电设备、防护用品发放等，严格执行安全帽、安全标志、高处作业等国家标准。

命题点 6　劳动安全卫生管理制度

1. 劳动安全卫生管理制度

（1）安全生产责任制度

企业各级领导、职能部门，工程技术人员和生产工人在生产过程中，对各自的职务或职责范围内的劳动安全卫生都负有相应的责任。

（2）安全技术措施计划管理制度

此项制度是企业编制年度生产、技术、财务计划的同时，必须编制以改善劳动条件，防止和消除伤亡事故和职业病为目的的技术措施计划的管理制度。其计划项目主要包括：安全技术措施，劳动卫生措施，辅助性设施建设、改善措施以及劳动安全卫生宣传教育措施等。

（3）安全生产教育制度

此项制度是企业对劳动者进行安全技术知识、安全技术法制观念的教育、培训和考核的制度，是防止发生工伤事故的重要措施。

（4）安全生产检查制度

此项制度是劳动部门、产业主管部门、用人单位、工会组织对劳动安全卫生法律、法规、制度的实施依法进行监督检查的制度。

（5）重大事故隐患管理制度

此项制度是对企业可能导致重大人身伤亡或重大经济损失，潜伏于作业场所、设备设施以及生产、管理行为中的安全缺陷进行预防、报告、整改的规定。

（6）安全卫生认证制度

此项制度是通过对劳动安全卫生的各种制约因素是否符合劳动安全卫生要求进行审查、并对符合要求者正式认可、允许进入生产过程的制度。

（7）伤亡事故报告和处理制度

此项制度是国家制定的对劳动者在劳动生产过程中发生的和生产有关的伤亡事故的报告、登记、调查、处理、统计和分析的规定。其目的是及时报告、统计、调查和处理职工伤亡事故，采取预防措施，总结经验，追究事故责任，防止伤亡事故再度发生。

包括以下内容：

① 企业职工伤亡事故分类；

② 伤亡事故报告；

③ 伤亡事故调查；

④ 伤亡事故处理。

（8）个人劳动安全卫生防护用品管理制度

个人劳动防护用品管理制度分为两类：其一是国家关于从劳动安全卫生防护用品的国家标准和行业标准的制定、生产特种个人劳动防护用品的企业生产许可证颁发、质量检验检测的规定；其二为企业内部有关个人劳动防护用品的购置、发放、检查、修理、保存、使用的规定，包括个人劳动防护用品发放制度、检查修理制度、相关教育培训制度等。其目的是保证防护用品充分发挥对操作人员及有关人员的劳动保护作用。

（9）劳动者健康检查制度

健康检查制度包括两类制度：①员工招聘健康检查；②企业员工的定期体检，发现疾病及时治疗以及预防职业病的发生。

2. 劳动安全技术规程

其是国家为了防止和消除在生产过程中的伤亡事故，保障劳动者的生命安全和减轻繁重体力劳动，以及防止生产设备遭到破坏而制定的法律规范。

企业必须建立健全劳动安全卫生制度，执行国家劳动安全卫生规程和标准，为劳动者提供符合劳动安全卫生标准的劳动条件；对劳动者进行劳动安全卫生教育和劳动保护技术培训。

3. 劳动卫生规程

其是国家为了保护劳动者在生产过程中的健康，防止和消除职业危害而制定的各种法律规范和技术标准的总和。

（1）防止有毒有害物质危害。

（2）防止粉尘危害。

（3）防止噪声和强光刺激。

（4）防止电磁辐射危害。

（5）防暑降温和防冻取暖。

（6）通风和照明。

（7）个人防护用品和生产辅助设施。

（8）职业病防治。

4. 女职工与未成年工的特殊保护制度

（1）禁止安排女职工从事不利于身体健康的工作

① 矿山井下作业；

② 森林业伐术、归楞及流放作业；

③ 第四级体力劳动强度的作业；

④ 建筑业脚手架组装和拆除作业，以及电力电信行业的高处架线作业；

⑤ 标准以上的负重作业。

（2）执行女职工生理机能变化过程中的特殊保护

① 经期保护；

② 孕期保护；

③ 产期保护；

④ 哺乳期保护。

（3）女职工特殊保护设施

建立女职工卫生室、孕妇休息室、哺乳室等。

（4）执行未成年工特殊保护制度

① 最低就业年龄的规定；

② 禁忌劳动范围；

③ 未成年工实行定期健康检查；

④ 使用未成年工实行登记制度；

⑤ 未成年工必须在上岗前进行职业安全卫生教育、培训。

【经典真题详解】

一、单项选择题（每小题只有一个正确答案）

1. 以下关于劳动关系的说法中错误的是（　　）。【2009 年 5 月真题】

（A）劳动过程的社会形式　　（B）劳动给付和工资的交换关系

（C）反映了人和物的关系　　（D）劳动力与资本相结合的表现

【答案】C　劳动关系就其本来意义来观察，它并不是反映人和物的关系、劳动过程与产品或服务的投入与产出关系。劳动关系所反映的是一种特定的经济关系，即劳动给付与工资的交换关系。故 C 项说法错误。

2. 在劳动关系的调整方式中，（　　）的基本特点是体现国家意志。【2009 年 5 月真题】

（A）劳动合同　　（B）民主管理制　　（C）集体合同　　（D）劳动法律法规

【答案】D　在劳动关系的调整方式中，劳动法律法规由国家制定，体现国家意志，覆盖所有劳动关系，通常为调整劳动关系应当遵循的原则性规范和最低标准。其基本特点是体现国家意志。

3. （　　）指用人单位与劳动者之间没有签订劳动合同，但劳动者在事实上为用人单位提供有偿劳动的一种劳动关系。【2009 年 5 月真题】

（A）专项协议　　（B）劳动合同　　（C）要式合同　　（D）事实劳动关系

【答案】D　事实劳动关系是指用人单位与劳动者之间没有签订劳动合同，但劳动者在事实上为用人单位提供有偿劳动的一种劳动关系。

4. 劳动合同中，法定条款不包括（　　）。【2009 年 5 月真题】

（A）合同期限　　（B）工作内容　　（C）保密事项　　（D）劳动报酬

【答案】C　法定条款是依据法律规定劳动合同双方当事人必须遵守的条款，不具备法定条款，劳动合同不能成立。《劳动法》规定，劳动合同应当具备以下条款：（1）劳动合同期限。（2）工作内容。（3）劳动保护和劳动条件。（4）劳动报酬。（5）社会保险。（6）劳动纪律。（7）劳动合同终止的条件。（8）违反劳动合同的责任。

5. 劳动法规定试用期最长不得超过（　　）。【2009 年 5 月真题】

（A）1 个月　　（B）3 个月　　（C）6 个月　　（D）1 年

【答案】C　试用期是劳动者和用人单位为相互了解，选择而约定的考察期，当事人分别用于考察劳动者是否符合录用条件，用人单位所介绍的劳动条件是否符合实际情况。依据劳动法的规定，试用期限最长不得超过六个月。对于两年期以下的短期劳动合同，试用期限基本按照合同期限的1/12确定；半年期劳动合同试用期限不得超过十五天，一年期劳动合同试用期限不得超过一个月。

6. 劳动者提前(　　)以书面形式通知用人单位，可以解除劳动合同。【2009年5月真题】

(A) 15日　　(B) 20日　　(C) 30日　　(D) 60日

【答案】C　劳动者单方解除劳动合同的，劳动者以辞职的形式解除劳动合同必须提前30天通知。

7. 以下关于雇主的说法中错误的是(　　)。【2008年11月真题】

(A) 与雇员相对的一方　　(B) 企业财产的人格化代表

(C) 一个孤立的自然人　　(D) 生产经营与管理权的载体

【答案】C　雇主一般通过雇员的概念来定义，在劳动关系中与雇员相对的一方是雇主，他是企业或者其他类型的用人单位的财产的人格化代表，是生产经营与管理权的载体。雇主完成生产经营和各类管理，并通过各级各类管理人员的职能行为来实现。因此在劳动关系的实际运行中，雇主通常并不是一个孤立的自然人，而是一个具有经营管理权的团体，故C项说法错误。

8. 调整劳动关系应当遵循的原则性规范和最低标准是(　　)。【2008年11月真题】

(A) 劳动合同　　(B) 劳动法律法规　　(C) 社会道德　　(D) 民主管理制度

【答案】B　劳动关系的调整方式的具体内容之一是：劳动法律法规由国家制定，体现国家意志，覆盖所有劳动关系，通常为调整劳动关系应当遵循的原则性规范和最低标准。其基本特点是体现国家意志。

9. (　　)指必须具备特定的形式或履行一定手续方具有法律效力的合同。【2008年11月真题】

(A) 专项协议　　(B) 劳动合同　　(C) 要式合同　　(D) 集体合同

【答案】C　所谓要式合同是指必须具备特定的形式或履行一定手续方具有法律效力的合同；且要式合同由法律直接规定的则是法定要式合同。根据《劳动法》的规定，劳动合同应当以书面形式订立、劳动合同必须具备法定条款等。上述法律规定使劳动合同成为法定要式合同。

10. 对于两年以下的短期合同，试用期限基本按照合同期限的(　　)确定。【2008年11月真题】

(A) 1/12　　(B) 1/10　　(C) 1/8　　(D) 1/6

【答案】A　依据《劳动法》的规定，试用期限最长不得超过六个月。对于两年期以下的短期劳动合同，试用期限基本按照合同期限的1/12确定；半年期劳动合同试用期限不得超过十五天，一年期劳动合同试用期限不得超过一个月。

11. 订立4年期的劳动合同，双方约定了6个月的试用期，则劳动合同期限为(　　)个月。【2008年11月真题】

(A) 42　　(B) 48　　(C) 50　　(D) 54

【答案】B　依据《劳动法》的规定，试用期包含在劳动合同的期限之内。劳动合同的期限是4年，故为48个月。

12. 2004年6月，李先生与某企业签订了5年期的劳动合同，2007年1月，企业因工作需要与李先生协商一致，同意解除劳动合同，李先生可以得到(　　)个月工资的经济补偿。【2008年11月真题】

(A) 3　　　　(B) 4　　　　(C) 5　　　　(D) 12

【答案】A　依据劳动法的规定，经当事人协商一致，劳动合同可以解除。双方协议解除劳动合同时，应书面提前通知对方。由用人单位提出解除劳动合同的，用人单位应根据劳动者在本单位的工作年限，每满一年发给相当于一个月的工资作为经济补偿金，最多不超过12个月，工作时间不满一年的按一年的标准发放。

二、多项选择题(每题有两个或两个以上正确答案。错选、少选、多选均不得分)

1. 根据签约代表所代表的范围不同，集体合同可分为(　　)。【2008年11月真题】

(A) 基层集体合同　(B) 单位集体合同　(C) 行业集体合同　(D) 地区集体合同

(E) 国家集体合同

【答案】ACD　集体合同根据协商、签约代表所代表范围的不同，分为基层集体合同、行业集体合同、地区集体合同等。

2. 以下关于企业内部劳动规则制定的说法正确的有(　　)。【2008年11月真题】

(A) 它以雇员为制定的主体

(B) 它以企业为制定的主体

(C) 它的制定是用人单位的单方法律行为

(D) 它的制定程序应当保证劳动者的参与

(E) 它以企业公开、正式的行政文件为表现形式

【答案】BCDE　企业内部劳动规则的制定和实施，以规范化、制度化的方法协调劳动关系，对劳动过程进行组织和管理的行为。企业内部劳动规则以企业为制定的主体，以企业公开、正式的行政文件为表现形式，只在本企业范围内适用。故A项说法错误。

3. 劳动合同的法定条款应明确规定劳动条件条款，具体的生产工作条件包括(　　)。【2008年11月真题】

(A) 劳动工作条件　(B) 生产工艺流程　(C) 安全操作规程　(D) 安全卫生制度

(E) 女工及未成年工特殊保护

【答案】ABCDE　劳动条件是为完成工作任务应由用人单位提供的、不得低于国家规定标准的必要条件，具体的生产工作条件应当包括：加班加点、工作班制、劳动工作条件、劳动工具、生产工艺流程、安全操作规程、安全卫生制度、健康检查、女工及未成年工特殊保护和伤亡事故处理制度等。

4. 伤亡事故报告和处理制度的内容包括(　　)。【2008年11月真题】

(A) 伤亡事故分类　(B) 伤亡事故报告　(C) 伤亡事故调查　(D) 伤亡事故处理

(E) 伤亡事故总结

【答案】ABCD　伤亡事故报告和处理制度包括以下内容：(1)企业职工伤亡事故分类；(2)伤亡事故报告；(3)伤亡事故调查；(4)伤亡事故处理。

三、综合分析题

吴先生被分配至SM公司工作，2000年3月被借调到SM公司上级公司的交易部(以下简称交易部)工作，2001年3月起，吴先生离开交易部，与好友一起从事商贸活动。

2001年1月20日，交易部因吴先生一直未上班，致函SM公司将其退回，此后，吴先生未回SM公司上班。2005年12月4日，SM公司在清理整顿时，发现吴先生长期不上班并在外经商的情况。遂以吴先生违反劳动法规为由，对其做了除名决定，并于同年12月19日开出通知单。2005年12月23日，吴先生在收到通知单，获悉被除名的决定之后，随即向

当地劳动争议仲裁委员会提出仲裁申请，要求SM公司撤销除名决定并补发2001年3月至2005年10月的工资。【2007年11月真题】

请回答：当地劳动争议仲裁委员会应当如何裁决这一案件，其主要依据是什么？

【答案】 当地劳动争议仲裁委员会应当驳回吴先生的仲裁申请，依据如下：

（1）劳动合同是劳动者与用人单位确立劳动关系、明确双方权利义务的协议。订立劳动合同的目的是为了在劳动者和用人单位之间建立劳动法律关系，规定劳动合同双方当事人的权利和义务。

（2）《劳动法》明确规定，劳动者严重违反劳动纪律或企业各项规章制度的，用人单位可以解除劳动合同。自吴先生与SM公司签订无固定劳动期限劳动合同后，并没有按照劳动合同的规定履行自己的义务，严重违反了用人单位的规章制度，因此，SM公司有权解除与吴先生的劳动合同，将其除名。

（3）依《劳动法》规定，用人单位与劳动者应当按照劳动合同的约定，全面履行各自的义务。劳动者和用人单位签订劳动合同法律地位平等，但在劳动合同履行过程中，劳动者必须参加到用人单位的劳动组织中，担任一定职务或工种、岗位的工作，服从用人单位的领导和指挥，遵守用人单位的劳动纪律、内部劳动规则和各项规章制度，同时享有用人单位的工资、劳动保险和福利待遇。从2001年3月到2005年10月，吴先生既没有在交易部上班，也没有回SM公司上班。吴先生在履行劳动合同的过程中，违反了劳动合同的约定，因此，不能享用用人单位的工资、劳动保险和福利待遇。所以，吴先生无权要求SM公司补发2001年3月到2005年10月的工资。

第二篇　模拟试卷

模拟试卷（一）

卷册一　理论知识题

第一部分　职业道德

（第 1 ~25 题，共 25 道题）

一、职业道德基础理论与知识部分（第 1 ~16 题）

（一）单项选择题（第 1 ~8 题）

1. 关于节约是从业人员事业成功的法宝，以下表述错误的是(　　)。

（A）节约使员工珍惜时间资源，将全部精力投入到工作当中

（B）节约使员工产生创新的动机

（C）节约促使员工学习新知识

（D）节约使员工珍惜物质资源，做到“节用有度”，仔细考虑和安排每一分钱的用处

2. 现代企业发展目标的实现，是以在激烈的竞争中寻求(　　)为前提的。

（A）创新、节约　（B）节约、双赢　（C）奉献、合作　（D）合作、双赢

3. 在市场经济条件下企业的职责是(　　)。

（A）培养员工技能　（B）追求利润最大化　（C）为社会作贡献　（D）培养员工素质

4. (　　)是指职业道德具有促进职业活动规范化和标准化的效用。

（A）规范功能　（B）导向功能　（C）整合功能　（D）激励功能

5. 职业道德建设保持时代性的关键是(　　)。

（A）爱国主义和改革创新　（B）努力奋斗和爱国主义

（C）精益求精和改革创新　（D）改革创新和努力奋斗

6. 具备良好的(　　)是取得职业成就乃至得到社会认可的基本途径。

（A）职业化技能　（B）职业化知识　（C）职业化素养　（D）职业化行为规范

7. 美国著名的社会心理学家马斯洛认为，一个人只要活着，都希望得到社会和他人的肯定、认同和尊重，达到自我实现的目标。其强调的是(　　)。

（A）职业技能是从业人员履行职业责任的重要前提

（B）职业技能是实现自身价值的手段

（C）职业技能有助于增强竞争力

（D）职业技能是就业的保障

8. (　　)既是道德修养的一种方法，又是一种崇高的精神境界。

（A）学习　（B）慎独　（C）奉献　（D）助人

（二）多项选择题（第 9 ~16 题）

9. 关于遵守法律法规，从业人员要树立法制意识，掌握法的精神。其中要注意(　　)。

（A）要正确看待法律与自由、权利的关系

（B）要树立法治观念

（C）要坚持“法律面前人人平等”的原则

（D）要正确区分和处理“人情与法”的关系，树立法高于人情的理念

10. 敬业在工作中的主要表现有(　　)。
(A) 从业人员真诚的感情和追求，要转化为实实在在的工作成效
(B) 从业人员要学好技术知识，考取技术资格证书
(C) 敬业来自从业人员内心的真诚情感和追求，而不是虚伪的承诺
(D) 良好的同事关系，明确的上下级关系
11. 遵守诚信之规是人的社会化的必需，而人的社会化过程包括(　　)。
(A) 要求产品必须货真价实
(B) 要认真履行各种承诺和契约
(C) 要掌握人类的科学知识和技能以获取谋生的本领
(D) 要通晓社会规则，获得在社会交往中的通行证
12. 从业人员在职业活动中应努力做到(　　)。
(A) 追求真理　　(B) 平等待人　　(C) 坚持原则　　(D) 公私分明
13. 从业人员要做到节约资源，应当具有的素质包括(　　)。
(A) 创新节约资源方法　　(B) 具备节约资源意识
(C) 具有节约资源的良好道德　　(D) 明确节约资源责任
14. 职业活动中，从业人员应当树立合作意识，按照企业的总体发展目标，不断地进行自我调整，处理好个人与团队、个人与他人关系。具体来说应做到(　　)。
(A) 端正态度，树立大局意识　　(B) 换位思考，不考虑个人利益
(C) 善于沟通，提高合作能力　　(D) 律己宽人，融入团队之中
15. 从业人员在职业活动中怎样做才能为人民服务？(　　)
(A) 寻找为人民服务的机会　　(B) 树立为人民服务的意识
(C) 提高为人民服务的本领　　(D) 培育为人民服务的荣誉感
16. 以下表述符合《公民道德建设实施纲要》规定的有(　　)。
(A) 要把道德特别是职业道德作为岗前和岗位培训的重要内容
(B) 帮助从业人员熟悉和了解与本职工作相关的道德规范，培养敬业精神
(C) 要把遵守职业道德的情况作为考核、奖惩的重要指标
(D) 促使从业人员养成良好的职业习惯，树立行业新风

二、职业道德个人表现部分(第17~25题)

17. 每到春节，家家户户都要放鞭炮，如果你是负责这项工作的社区管理人员，发现有居民未按市政府要求在规定时间和地点放鞭炮，你会(　　)。
(A) 劝导　　(B) 向上级反映
(C) 按照规定给予处罚　　(D) 只要觉得没有危险，可以让居民燃放
18. 你和几个同事在聊天，其中两个同事因对某一问题的看法不同而争吵起来，这时你会(　　)。
(A) 立即转换话题，讨论一些趣事
(B) 任他们争吵，看看谁的辩论水平更胜一筹
(C) 急忙制止他们，借故把其中一个叫走
(D) 表扬他们的辩论水平，并说明自己的观点
19. 我之所以在目前这个单位工作，是因为这个单位(　　)。
(A) 离家比较近　　(B) 领导待人好
(C) 工资待遇比较好　　(D) 同事们比较关照

20. 最近一个时期，你觉得时间过得(　　)。

(A) 很慢　　(B) 很快　　(C) 比较快　　(D) 与往常一样

21. 如果你因某件事处理不当得罪了上司，而恰在此时你在工作中又出了差错，于是他借机扣发了你当月的奖金。其实，如果你所出的差错出在他人身上肯定不值一提，因为这样的事情屡屡发生。此时，你会(　　)。

(A) 把这件事情作为警示

(B) 主动找上司说明情况，化解矛盾

(C) 默默承受，毕竟是自己的错误

(D) 觉得自己遭遇不公平待遇，向同事诉苦

22. 公司安排你带一名实习生，一段时间后，你发现他的进步不大，工作中频繁出现差错，此时，你会(　　)。

(A) 向上司提出更换其他实习生　　(B) 失去信心，不再对他进行辅导

(C) 给他制定更加严格的要求　　(D) 顺其自然，让他自己领悟

23. 在某次公司会议上，领导表扬你工作很努力，但是你自己觉得做得远远不够，在你看来，领导表扬你的原因是(　　)。

(A) 他想鼓励自己　　(B) 他不了解自己

(C) 他可能弄错了对象　　(D) 他只不过是顺口说说而已

24. 由于你的住所离单位较远，因此每天都需要驱车前去上班。但是最近政府出台了一项规定，要求开车的人们每周少开一天车，如果你无法开车上班，会在路上多花费 2 个多小时，此时你会(　　)。

(A) 理解，并支持　　(B) 理解，但不支持

(C) 理解，但会提出疑问　　(D) 理解，但希望获得补偿

25. 你在上级领导的办公室等待请示工作，但是领导临时有事暂时回不来，要求你稍等片刻。在桌上摆满了报纸和你爱吃的糖果，你会(　　)。

(A) 静静等待　　(B) 过会儿再来

(C) 边吃糖果边等待　　(D) 看看报纸打发时间

第二部分　理论知识

(第 26 ~ 125 题，共 100 道题，满分为 100 分)

一、单项选择题(第 26 ~ 85 题，每题 1 分，共 60 分。每小题只有一个最恰当的答案)

26. 劳动经济学中(　　)以某种价值判断为基础，说明经济现象及其运行应该是什么的问题。

(A) 个案研究方法　　(B) 实证研究方法　　(C) 规范研究方法　　(D) 经验研究方法

27. 劳动力供给量变动对工资率变动的反应程度被定义为劳动力供给的(　　)。

(A) 工资水平　　(B) 工资结构　　(C) 工资弹性　　(D) 工资形式

28. 劳动的计量和工资支付的方式即(　　)。

(A) 福利形式　　(B) 工资形式　　(C) 薪酬形式　　(D) 薪资形式

29. 劳动者进入劳动力市场寻找工作直至获得就业岗位时所产生的时间滞差，以及劳动者在就业岗位之间的变换所形成的失业，称为(　　)。

(A) 技术性失业　(B) 结构性失业　(C) 季节性失业　(D) 摩擦性失业

30. 保障劳动者劳动权的原则中，劳动权的核心是(　　)。
(A) 平等的就业权和自由择业权　(B) 劳动报酬权和休息休假权
(C) 劳动保护权和职业培训权　(D) 劳动保护权和自由择业权

31. 依法能够引起劳动法律关系产生、变更和消灭的客观现象为(　　)。
(A) 劳动法律内容　(B) 劳动法律主体　(C) 劳动法律事实　(D) 劳动法律客体

32. 企业在能力分析的过程中，应采取(　　)的方法进行分析。
(A) 优化　(B) 调查　(C) 对比　(D) 核查

33. 在决策分析过程中，只要有(　　)，就能抵消固定成本。
(A) 边际成本　(B) 边际收益　(C) 边际产量　(D) 边际生产率

34. 企业经常采用的品牌与商标策略不包括(　　)。
(A) 品牌创作策略　(B) 品牌化策略　(C) 品牌统分策略　(D) 品牌使用者策略

35. 所谓个体差异，是指个体在成长过程中，因受遗传和(　　)的交互影响，使不同个体之间在身心特征上显示出的彼此各不相同的现象。
(A) 职业　(B) 动机　(C) 兴趣　(D) 环境

36. 人际相互关系中他们不仅相互包容、理解，而且能很好地相互预测和解释对方的行为，此时他们处于人际关系的(　　)。
(A) 加强阶段　(B) 融合阶段　(C) 盟约阶段　(D) 定向阶段

37. 经理角色分析中，向优秀员工颁奖的总经理属于(　　)。
(A) 决策类角色　(B) 信息类角色　(C) 倾听类角色　(D) 人际关系类角色

38. 在理想的情况下，所有的管理者都应当是(　　)。
(A) 联络员　(B) 传播者　(C) 企业家　(D) 领导者

39. 关于人性假设的基本内涵叙述有误的是(　　)。
(A) 人性假设的主体是被管理者
(B) 管理中的人性假设，即为管理中的人本观
(C) 管理者对被管理者的人性的看法并非一成不变
(D) 人性假设是管理者对被管理者实施管理的依据

40. 人力资本投资的基本含义不包括(　　)。
(A) 人力资本投资旨在通过对企业的资本投入，投资者未来获取价值增值的劳动产出及由此带来的收入的增加，或者其他收益
(B) 人力资本投资首先需要确定投资者，亦即投资主体
(C) 人力资本投资直接改善、提高或增加人的劳动生产能力，即人进行劳动所必需的智力、知识、技能和体能
(D) 人力资本投资的对象是人，一般为投资主体所辖范围之内的人

41. 制定人力资源开发目标，以(　　)人力资源开发为出发点。
(A) 多元性　(B) 整体性　(C) 战略性　(D) 层次性

42. 人力资源作为一种“活”资源，无论是存在还是被开发利用都离不开(　　)。
(A) 创新　(B) 消费　(C) 竞争　(D) 技术

43. 人员素质测评是采用(　　)相结合的科学方法，对各类人员的德、智、体等素质进行系统的测量与评定的过程。

(A) 定质和定量　(B) 定性和定量　(C) 定位和定性　(D) 定性和定质

44. 广义的人力资源规划是企业(　　)的总称。
(A) 战略规划　(B) 所有人力资源计划
(C) 具体的实施计划　(D) 战术计划

45. 企业组织信息处理的内容不包括(　　)。
(A) 调研报告的撰写　(B) 企业组织信息的传输、存储和检索
(C) 企业组织信息的分析　(D) 企业组织信息的评价

46. 在现代企业组织结构中,(　　)是一种集权和分权相结合的组织结构形式。
(A) 直线制　(B) 职能制　(C) 直线职能制　(D) 事业部制

47. 根据岗位的性质和特点,对岗位员工全部的工作任务和工作责任,从时间、空间上所做出的界定是(　　)。
(A) 职责　(B) 职权　(C) 权限　(D) 责任

48. 在工作岗位调查时,岗位写实与作业测时的区别不包括(　　)。
(A) 两者的具体作用不同　(B) 两者的研究范围不同
(C) 两者观测的精细程度不同　(D) 两者的目的不同

49. 在工作时间的构成中,(　　)是整个时间资源的总量,是员工工作时间的自然极限。
(A) 制度工作时间　(B) 加班时间　(C) 日历时间　(D) 非生产时间

50. 主要用于衡量工人的生产成绩,核算和平衡企业的生产能力,安排生产作业计划,计算计件工资和奖金,核算产品成本等的劳动定额是(　　)。
(A) 设计定额　(B) 现行定额　(C) 计划定额　(D) 不变定额

51. 在工资项目预算的前期工作中,最低工资标准是根据(　　)进行调整的。
(A) 消费者的消费水平
(B) 消费者物价指数
(C) 当地政府相关部门发布的工资指导线
(D) 市场物价指数

52. 人力资源管理费用核算的目的不包括(　　)。
(A) 节约能耗　(B) 提高经济效益
(C) 节省企业不必要的支出　(D) 控制成本

53. 竞聘上岗的理论基础是(　　)。
(A) 领导主观判断　(B) 专业技能与岗位匹配
(C) 学历高者优先　(D) 能岗匹配原理

54. 在企业中,(　　)是制定招聘计划的重要内容,也是确保招聘成功的必要准备工作。
(A) 人力资源管理费用的核算　(B) 招聘需求信息
(C) 人员招聘的方式　(D) 信息发布的范围

55. 公司应该对员工的晋升机会、工作过程中的监控程度和各个部门的情况逐一介绍,尽可能地把公司全面的信息介绍给应聘者,这体现了编写公司简介应遵循(　　)原则。
(A) 真实性　(B) 全面性　(C) 详细性　(D) 可信性

56. 在选拔人才过程中被普遍使用的是(　　)。
(A) 个人简历　(B) 推荐材料　(C) 申请表　(D) 履历分析

57. 企业在进行人员招募时,通常选用(　　)的方式。

（A）内部招募　（B）外部招募　（C）内外结合招募　（D）熟人推荐

58. 员工信息资料的收集是由(　　)通过各种渠道，将有关人员历史上形成的和近期形成的人事材料收集而成。

（A）人力资源部门　（B）人才交流中心　（C）咨询服务中心　（D）中介机构

59. 企业培训属于企业的(　　)。

（A）营运流程　（B）服务流程　（C）人力资源流程　（D）管理流程

60. 下列不属于岗前培训内容的影响因素的是(　　)。

（A）新员工的素质　（B）新员工的文化水平

（C）企业的生产经营特点　（D）企业文化

61. 在计划岗位培训时，制定的方法一般采用(　　)。

（A）自上而下　（B）上下同时进行

（C）自下而上　（D）由人力资源部门直接确定

62. 在员工培训的形式中，(　　)可以被看作是一种特殊的研讨方法。

（A）讲授法　（B）研讨法　（C）案例分析法　（D）专题讲座法

63. 具有应用广泛，可用于基层生产工人优点的指导方法是(　　)。

（A）工作指导法　（B）个别指导法　（C）对比指导法　（D）工作轮换法

64. 保障培训系统运作的最主要支撑点是(　　)。

（A）培训教材　（B）培训教师　（C）培训计划　（D）培训的后勤保障

65. 员工的绩效随着时间的推移会发生变化，体现了绩效的(　　)。

（A）多因性　（B）多维性　（C）动态性　（D）可变性

66. 绩效管理能为组织变革和组织发展提供重要的依据，这体现了其具有(　　)。

（A）诊断功能　（B）监测功能　（C）导向功能　（D）支持功能

67. 行为导向型的考评方法中，(　　)是指在某些工作领域内，员工在完成工作任务过程中有效或无效的工作行为导致了不同的结果。

（A）关键事件法　（B）行为观察量表法

（C）行为定性量表法　（D）硬性分配法

68. 在绩效考评的数据处理中，(　　)对考评工作的有效运作是至关重要的。

（A）绩效考评数据的记录　（B）考评数据的统计

（C）考评数据的分析　（D）考评数据的保存

69. 在绩效管理系统设计的五阶段法中，(　　)是整个绩效管理体系中非常重要的环节，具有前瞻性。

（A）绩效沟通　（B）绩效考评　（C）绩效计划　（D）绩效总结

70. 全面性与完整性是由绩效管理的(　　)带来的要求。

（A）动态性　（B）多因性　（C）多维性　（D）多面性

71. 员工自身心理上感受到的回报措施是(　　)。

（A）外部回报　（B）内部回报　（C）薪酬回报　（D）奖励

72. 在技术等级工资制中，用来确定各工种起点等级、最高等级的等级线是(　　)。

（A）工资等级线　（B）技术制度线　（C）工种等级线　（D）技术等级线

73. 制定(　　)的主要依据是本地区年度经济增长率、社会劳动生产率、城镇居民消费价格指数，并综合考虑城镇就业状况、劳动力市场价格、人工成本水平和对外贸易状况等相关因素。

(A) 最低工资　(B) 工资指导线水平　(C) 薪酬　(D) 福利

74. 计件工资制中，(　　)是区分各种工作以及从事该项工作的工人技术等级的主要标志。

(A) 工作物等级　(B) 计件单价　(C) 技能等级　(D) 劳动定额

75. 根据相关规定，在我国，员工每月制度工日数为(　　)天。

(A) 21.917　(B) 22.917　(C) 20.917　(D) 23.917

76. 岗位评价的结果是确定(　　)的基本依据。

(A) 奖金　(B) 劳动定额　(C) 岗位工资　(D) 福利待遇

77. 在员工福利中，(　　)亦称为基本福利。

(A) 补充福利　(B) 个人福利　(C) 经济性福利　(D) 法定福利

78. 按国家统一政策规定强制实施的为保障广大离退休人员基本生活需要的一种养老保险制度是(　　)。

(A) 基本养老保险　(B) 国家统筹型养老保险

(C) 个人储蓄型养老保险　(D) 企业补充型养老保险

79. 在个人具备国家及所在企业规定的条件时可以享受的福利是(　　)。

(A) 法定福利　(B) 补充福利　(C) 个人福利　(D) 经济福利

80. 在现代市场经济条件下，(　　)是劳动关系的基础，也是它的实质和内容。

(A) 劳动　(B) 劳动条件　(C) 生产资料　(D) 物质回报

81. 我国集体合同制以(　　)为主导体制。

(A) 管理层集体合同　(B) 地区集体合同

(C) 同行业集体合同　(D) 基层集体合同

82. 依照《劳动法》的规定，半年期劳动合同试用期限为(　　)。

(A) 15 天以内　(B) 1 个月　(C) 7 天　(D) 2 个月

83. 企业劳动合同管理的一项重要的基础工作是(　　)。

(A) 劳动合同鉴证　(B) 劳动合同台账　(C) 劳动合同签订　(D) 劳动合同变更

84. 劳动合同双方当事人就已经订立的合同条款达成修改或补充的法律行为是(　　)。

(A) 劳动合同的修改　(B) 劳动合同的修订

(C) 劳动合同的变更　(D) 劳动合同的重新订立

85. 劳动关系调整的方式中，(　　)是企业以规范化、制度化的方法协调劳动关系，对劳动过程进行组织和管理的行为，是企业以经营权为基础决定的、行使用工权的形式和手段。

(A) 民主管理制度　(B) 集体合同的制定

(C) 劳动争议处理制度　(D) 企业内部劳动规则的制定和实施

二、多项选择题(第 86 ~ 125 题，每小题 1 分，共 40 分。每题有多个正确答案。错选、少选、多选，均不得分。)

86. 运用实证研究方法研究劳动力市场现象，必须坚持调查研究，一切从实际出发；同时需要(　　)方法，还需要逻辑学、数学、统计学等多方面的知识和分析工具。

(A) 动态分析　(B) 静态分析

(C) 市场非均衡分析　(D) 经济学知识

(E) 均衡分析

87. 在形成失业现象的间接原因方面，将具有共同性质和特点的失业现象进行归类，主要有(　　)。
(A) 结构性失业　(B) 周期性失业　(C) 季节性失业　(D) 技术性失业
(E) 摩擦性失业
88. 劳动关系民主化原则的具体内容有(　　)。
(A) 劳动关系当事人双方享有集体协商权和共同决定权
(B) 劳动关系当事人双方有就劳动关系事务和生产经营事务进行平等协商的权利
(C) 政府制定或调整重大劳动关系标准应当贯彻"三方原则"，即政府、工会和企业家协会共同参与决定或听取工会和企业家协会的意见
(D) 劳动争议仲裁委员会的组成应当贯彻"三方原则"
(E) 工会享有广泛的参与权、知情权和咨询权
89. 企业战略具有(　　)的特征，离开这些特征就称不上经营战略。
(A) 长远性　(B) 系统性　(C) 风险性　(D) 抗争性
(E) 全局性
90. 企业风险型决策的方法有(　　)。
(A) 关系网　(B) 非敏感性分析　(C) 决策树　(D) 收益矩阵
(E) 敏感性分析
91. 根据参与者的介入程度和品牌间的差异程度，可将消费者购买行为分为(　　)。
(A) 复杂的购买行为　(B) 习惯性购买行为
(C) 影响性购买行为　(D) 化解不协调的购买行为
(E) 寻求多样化的购买行为
92. 认知先于行为，构成人的(　　)。
(A) 思维　(B) 态度　(C) 知觉　(D) 问题解决
(E) 信息加工的输入
93. 领袖魅力的管理者的关键特征有(　　)。
(A) 远见　(B) 自信
(C) 行为不循规蹈矩　(D) 是变革的代言人
(E) 有清楚表达目标的能力
94. 心理测验按测验的内容可分为(　　)。
(A) 人格测验　(B) 环境测验　(C) 能力测验　(D) 操作测验
(E) 情境测验
95. 人性在自然界和社会经济活动中呈现出的独有的特征有(　　)。
(A) 社会性　(B) 两面性　(C) 能动性　(D) 整体性
(E) 稳定性
96. 在进行人力资本投资评价时，为了准确地描述人力资本投资行为，经常用到(　　)与成本相关的概念。
(A) 沉淀成本　(B) 边际成本
(C) 流动成本　(D) 社会成本和私人成本
(E) 人力资本投资的机会成本
97. 人力资源开发目标的特性有(　　)。

（A）层次性　　（B）多元性　　（C）整体性　　（D）战略性
（E）竞争性

98. 企业信息采集和处理应遵循(　　)原则。
（A）准确性　　（B）及时性　　（C）广泛性　　（D）经济性
（E）适用性

99. 企业组织信息的分析包括(　　)。
（A）经济学分析　　（B）可靠性分析　　（C）理论性分析　　（D）实用性分析
（E）数理统计分析

100. 在现代企业组织结构中，事业部制遵循(　　)原则。
（A）分散经营　　（B）集中决策　　（C）独立任免　　（D）分散管理
（E）各事业部自行决策

101. 从具体形态来看，系统表现为(　　)。
（A）实体系统与概念系统　　（B）动态系统与静态系统
（C）开放系统与封闭系统　　（D）自然系统与人造系统
（E）单一化系统与多元化系统

102. 评价和衡量企业劳动定额的贯彻实施的情况，可采用(　　)标准。
（A）企业的计划、生产、财务、劳动各职能部门是否按劳动定额组织企业的生产经营管理
（B）企业为了推行新定额是否采取了有效的措施
（C）劳动定额面的大小
（D）是否满足企业生产组织和劳动组织的需要
（E）企业或车间、班组是否按劳动定额对工人的劳动量进行了严格的考核，做到“日清月结”

103. 人力资源管理费用核算的要求有(　　)。
（A）适应企业特点、管理要求，采用适当的核算方法
（B）符合各项法律规定
（C）从企业整体出发，注意不同项目之间的联系
（D）加强费用开支的审核和控制
（E）正确划分各种费用的界限

104. 外部人员招募的来源包括(　　)。
（A）退伍军人　　（B）下岗失业者
（C）学校招聘　　（D）竞争对手与其他单位
（E）退休人员

105. 材料筛选法的具体形式有(　　)。
（A）推荐信　　（B）申请表　　（C）背景调查　　（D）履历分析
（E）证明材料

106. 采用校园招聘方法，在选择学校时主要考虑的因素有(　　)。
（A）学校的知名度
（B）在本企业关键技术领域的师资水平
（C）该校往届毕业生在本企业的业绩和服务年限

（D）在本企业关键技术领域的学术水平

（E）学校的地理位置

107. 下列属于员工信息管理步骤有(　　)。

（A）员工信息的分析　　（B）员工信息的保管

（C）员工信息的核实　　（D）员工信息的收集

（E）员工信息的整理

108. 企业员工培训中，多样性培训原则体现在(　　)。

（A）培训方式的多样性　　（B）培训要求的多样性

（C）培训方法的多样性　　（D）培训内容的多样性

（E）培训课程的多样性

109. 编写岗前培训的提纲内容包括(　　)。

（A）将新同事介绍给各部门经理、主管　　（B）企业文化介绍

（C）设施条件说明　　（D）人力资源管理制度说明

（E）企业介绍

110. 制定在岗培训计划时，确定培训指导负责人的标准有(　　)。

（A）较强的自制能力　　（B）深厚的学识修养

（C）高超的职业技能　　（D）相当强的协调能力

（E）较高的学历水平

111. 案例编写的信息来源一般有(　　)。

（A）自己的经历　　（B）公开出版发行的报刊书籍

（C）有关人员的叙述　　（D）内部文件资料

（E）自己的想象

112. 在绩效管理系统的五阶段法中，绩效诊断的具体内容包括(　　)。

（A）对绩效考核指标体系的诊断　　（B）对考核者全面、全过程的诊断

（C）对管理制度的诊断　　（D）对企业绩效管理体系的诊断

（E）对被考核者全面、全过程的诊断

113. 根据绩效考评的时限不同，可将绩效考评分为(　　)。

（A）周考评　　（B）月考评　　（C）季度考评　　（D）半年考评

（E）年度考评

114. 绩效管理系统的四阶段法设计方案中，绩效管理系统由(　　)组成。

（A）定义绩效　　（B）绩效反馈　　（C）绩效考评　　（D）绩效改善

（E）绩效计划

115. 下列关于绩效考评发挥的作用表述正确的有(　　)。

（A）减少出现当上级主管需要信息时没有信息的局面

（B）通过赋予员工必要的知识来帮助他们进行合理的自我决策

（C）通过定期的交流，员工不但对自己的长处有了全面、正确的估计，也能清醒、冷静地面对自己的不足和缺陷

（D）上级主管不必介入所有具体的事务中

（E）通过帮助员工找到效率低下的原因，减少错误和偏差

116. 技术等级工资制度由(　　)组成。

(A) 技术等级标准 (B) 技术等级 (C) 工资标准 (D) 工资等级线
(E) 工资等级表

117. 在工资中，(　　)对劳动者有明显的刺激性。
(A) 计件工资 (B) 津贴
(C) 特殊情况下的工资 (D) 奖金
(E) 计时工资

118. 工资指导线的制定应遵循的原则有(　　)。
(A) 坚持国家、企业双方代表民主协商的原则
(B) 实行协商原则以劳动行政部门为主，政府有关部门、工会、企业协会等组织共同制定
(C) 符合国家宏观经济政策和对工资增长的总体要求
(D) 结合地区、行业、企业特点，实行分级管理、分类调控的原则
(E) 坚持“两低于”原则

119. 下列关于工资形式说法正确的有(　　)。
(A) 工资的形式主要体现劳动者实际支出的劳动量或实际取得的劳动成果的差别
(B) 工资形式的关键是以何种方式准确地反映和计量员工实际提供的劳动数量
(C) 选择的具体工资形式要与岗位的等级相吻合
(D) 工资形式是指劳动计量和工资支付的方式
(E) 工资形式就是在确定各类员工工资标准的基础上，计量各个劳动者的实际劳动数量，并把员工的技能等级标准同他们的劳动数量联系起来，计算出企业应当支付给员工的工资报酬量

120. 薪酬调整需要测算的主要内容包括(　　)。
(A) 按照调整方案计算的薪酬总额占企业销售收入的比例
(B) 原有薪酬总额占企业销售收入的比例，原有薪酬总额占企业总成本的比例
(C) 原有的薪酬总额以及每个员工的薪酬福利水平
(D) 每个员工按照薪酬调整方案的规定计算出的薪酬水平
(E) 薪酬总额占企业总成本的比例

121. 下列属于失业保险所需奖金的来源有(　　)。
(A) 对不按期缴纳失业保险费的单位征收的滞纳金
(B) 企业支付的补贴
(C) 财政补贴
(D) 基金利息
(E) 失业保险费

122. 对于雇主而言，雇员的(　　)因素直接影响着企业的生存与发展，直接影响着资本投资者的利益。
(A) 自身素质 (B) 劳动效率 (C) 工资和福利水平 (D) 专业技能
(E) 劳动态度

123. 劳动合同的履行包括(　　)。
(A) 不完全履行 (B) 不履行 (C) 提前履行 (D) 完全履行
(E) 延迟履行

124. 劳动合同鉴证时当事人应提交的材料包括(　　)。

(A) 劳动者的授权委托书

(B) 签订的劳动合同文本三份

(C) 用人单位法定代表人授权委托书

(D) 国家工商行政管理部门颁发的营业执照

(E) 劳动者的身份证明

125. 重大事故隐患管理制度的要点包括(　　)。

(A) 重大事故隐患预防与整改措施　　(B) 重大事故隐患的调查

(C) 重大事故隐患分类　　(D) 重大事故隐患报告

(E) 劳动行政部门、企业主管部门对重大事故隐患整改的完成情况的检查验收

卷册二　专业技能题

一、简答题(本题共 2 题，每小题 15 分，共 30 分。)

1. 简述调研报告的内容、原则及撰写调研报告时的注意事项。

2. 简述技术定额法的内容及步骤。

二、计算题(本题 1 题，共 18 分。)

某电子生产公司营运部库管员需要经常填写入库单据，现要对其填写单据的情况进行抽样调查。总观察次数为 1000 次，发现其在 100 小时内处理了 500 份单据；对工作活动进行必要的评定，其结果见下表：

观察次数	工作内容	评定系数	折合次数
300	填写单据	0.70	300 × 0.70
200	查询	1.15	200 × 1.15
100	电话聊天	0.65	100 × 0.65
200	分类存档入账	1.05	200 × 1.05
200	无事	—	—
合计	—	—	715

求该公司处理单据的时间定额标准。

三、综合分析题(本题共 3 题，第 1 题 16 分，第 2 题 18 分，第 3 题 18 分，共 52 分。)

1. 某国有企业主要生产和经营数码产品和家用电器。该企业根据产品和地域的不同成立了六个事业部：北京数码事业部 A_1、北京家电事业部 A_2、上海数码事业部 B_1、上海家电事业部 B_2、深圳数码事业部 C_1、深圳家电事业部 C_2，各事业部实行独立核算、自负盈亏，并可根据经营需要设置相应的职能部门。该企业总部下设企划部、行政部、人力资源部、财务部四大职能部门，负责研究和制定重大方针、政策，掌握投资、重要人员任免、价格幅度和经营监督等方面的大权。各事业部下均设有研发、制造和销售三大职能部门。为了便于管理，去年总公司成立了三个超事业部：北京超事业部、上海超事业部和深圳超事业部，分别负责管理和协调北京、上海和深圳的事业部。根据该企业实际变化的情况，根据组织结构框图的设计要求，绘制出其组织结构框图。

2. 在我国，国有企业的员工都是“终身制”，大家感觉工作是一个铁饭碗，除非犯了重大错误，否则企业不可能辞退他们。因此，这些企业的员工大都抱有“不求有功，但求无

过”的态度，对企业的事情不甚关心，对自己的工作也是敷衍了事，遇到困难总是寻找客观原因，导致优秀人才外流或被埋没，从而削弱了企业的竞争力。

请问：如果你是国有企业人力资源部门经理，如何改变这种局面？并做简要分析。

3. 某跨国电子企业，每年都会招收一批新的职员。这些职员到公司后，首先就是到生产第一线去实习。该企业认为：假如制定销售计划的人没有从事销售工作的亲身经历，那么即使他才识渊博，并且他能凭借此制定出计划，我们也只能说他是纸上谈兵，而且这种计划多以失败告终。另外，就技术人员而言，假如他们根本没有实际生产经验，即使他们也在从事开发工作，也在搞设计，很难想象他们设计出的产品会受欢迎。

请问：（1）试分析该公司新员工实习的特点。

（2）该公司这种做法的意义有哪些？

模拟试卷（二）

卷册一　理论知识题

第一部分　职业道德

（第1~25题，共25道题）

一、职业道德基础理论与知识部分（第1~16题）

（一）单项选择题（第1~8题）

1. (　　)是指企业通过职业道德核心理念对企业内部不同部门、不同个体之间进行调节，起到凝聚人心、协调统一的效用。

（A）规范功能　（B）导向功能　（C）整合功能　（D）激励功能

2. 从业人员事业成功的必备条件是(　　)。

（A）诚实守信　（B）奉献社会　（C）办事公道　（D）爱岗敬业

3. (　　)是新型劳动观的核心内容。

（A）企业化　（B）社会化　（C）一体化　（D）职业化

4. 20多年前的会计职业，只要求会计人员能够熟练运用算盘即可，而今天，会计人员则必须熟练应用计算机技术，不断提高网络报表和结算技能，这体现了职业技能的(　　)。

（A）专业性　（B）时代性　（C）发展性　（D）综合性

5. 实现市场经济的道德前提是(　　)。

（A）诚实　（B）信用　（C）善良　（D）忍耐

6. 培育员工的(　　)是企业管理的内在要求，是增强企业竞争力的重要因素。

（A）人际关系　（B）职业技能　（C）敬业精神　（D）职业道德

7. 诚信关系着企业的兴衰，具体表现不包括(　　)。

（A）诚信是企业组织绩效的保证

（B）诚信是企业发展的不竭动力

（C）诚信是企业形成持久竞争力的无形资产

（D）诚信是企业树立良好形象的需要

8. 平等待人的精髓是(　　)。

（A）理解　　（B）互爱　　（C）尊重　　（D）体谅

（二）多项选择题(第 9～16 题)

9. 从业人员不能占用公物的含义包括(　　)。
（A）可以使用公物干私事，但不能据为己有
（B）不将公物据为己有
（C）不用公物干私事
（D）在合法范围内可以将公物据为己有

10. 合作的要求包括(　　)。
（A）爱岗敬业　　（B）公平竞争　　（C）互相协作　　（D）求同存异

11. 从业人员要树立为人民服务的意识，其包括(　　)。
（A）要对企业怀有感恩之心　　（B）要有学习的动力
（C）要始终讲究社会效益　　（D）要对顾客怀有爱心

12. 职业道德激励功能的实现途径主要有(　　)。
（A）通过考评奖惩机制　　（B）通过教育引导
（C）通过教育培训　　（D）通过榜样、典型示范

13. 在职业活动中，个人利益与集体利益的冲突，具体表现在(　　)的冲突上。
（A）局部利益与长远利益　　（B）眼前利益与长远利益
（C）局部利益与整体利益　　（D）国家利益与企业利益

14. 职业化要求从业人员在(　　)等方面都符合职业规范和标准。
（A）道德、态度　　（B）知识、技能　　（C）观念、思维　　（D）心理、行为

15. (　　)已成为我们这个时代支撑技术有效发挥的一种重要精神品质，成为企业选人、用人的重要指标。
（A）职业技能　　（B）职业精神　　（C）职业道德　　（D）道德责任

16. 市场经济环境下的职业道德应该(　　)。
（A）讲诚信　　（B）讲效率　　（C）讲公平　　（D）讲法治

二、职业道德个人表现部分(第 17～25 题)

17. 最近公司员工迟到早退现象非常严重，为了监督员工按规定时间上下班，在以下措施中，你认为最有效的办法是(　　)。
（A）统一使用指纹报道器　　（B）公司各级领导亲自参与监督
（C）大幅提高迟到早退者的处罚金额　　（D）一经发现迟到早退立即予以辞退

18. 某商场正在营业时，线路出现故障突然停电，超市内一片黑暗，人们嚷着纷纷往外挤，商场顿时陷入混乱状态。如果你碰到此类情况，你会(　　)。
（A）估计商场会因此丢失很多东西
（B）担心商场会发生踩踏事故
（C）相信商场领导和全体员工会迅速行动起来做好工作
（D）马上报警维持秩序

19. 如果某位亲戚要你帮他办件“小事”，尽管这件事在一定程度上违反了规定，但不会出现任何影响你声誉的问题，这时你会(　　)。
（A）帮他，因为帮亲戚的忙是理所当然的
（B）帮他，但告诉他仅此一次，下不为例

(C) 帮他，但告诉亲戚不要对外讲
(D) 不帮，并给予说明

20. 你对日常生活中的“马拉松”式的聊天聚会的感受是(　　)。
(A) 纯粹是浪费时间
(B) 虽然觉得没有意思，但是只能应付
(C) 聊天聚会有必要，但不应成为“马拉松”式的
(D) 紧张工作的有效放松方式

21. 你有位同事，很喜欢搞恶作剧，尽管没做出过出格的事情，但是他的行为时常令人感到不自在，如果这样的事发生在你身上，你会(　　)。
(A) 一笑了之　　(B) 不理睬对方
(C) 向对方发出警告　　(D) 也拿对方搞点恶作剧

22. 你是某公司普通员工，遇到下列情况时，你最有可能做出的选择是(　　)。
(A) 如果有出国深造的机会，“我”绝不会放弃
(B) 就目前状态而言，“我”会继续呆在这家公司
(C) 如果有人给“我”100 万元，“我”就可以辞职不干了
(D) 如果有公司聘“我”去当经理，“我”会认真考虑

23. 一般在大型运动会中，都会有很多志愿者，他们工作很繁重，但却没有报酬。你认为他们当志愿者的主要目的是(　　)。
(A) 为运动会出把力
(B) 积累一些社会阅历
(C) 能够近距离地感受运动会的热烈氛围
(D) 有机会在电视上露露脸儿

24. 你最要好的朋友们约好周末去踏青，邀请你也参加，但是你因为家务缠身，而且对这项活动也没有多大兴趣，你会(　　)。
(A) 委婉谢绝　　(B) 提出别的活动
(C) 把自己的真实想法告诉大家　　(D) 积极参与，支持朋友们的活动

25. 李某是你最要好的同事，每天都会挤出一点时间和你聊天，但是自从他当上主管后，你们见面的次数越来越少，此时你会(　　)。
(A) 估计过一段时间会好的
(B) 仿佛觉得李某的心态变了
(C) 只是觉得李某比较忙碌而已
(D) 依稀感觉长此下去，李某不再和自己成为朋友

第二部分　理论知识

(第 26～125 题，共 100 道题，满分为 100 分)

一、单项选择题(第 26～85 题，每题 1 分，共 60 分。每小题只有一个最恰当的答案。)

26. 资源的(　　)称为资源的稀缺性。
(A) 限制性　　(B) 有限性　　(C) 不可再生性　　(D) 可持续性

27. 与附加性劳动力假说与悲观性劳动力假说的前提观点相对的劳动力群体被称作劳动力市

场的(　　)。

(A) 一级劳动力　(B) 二级劳动力　(C) 高级劳动力　(D) 低级劳动力

28. 工资的决定是以(　　)为基础，最终取决于劳动的边际生产率和劳动力再生产费用及劳动的负效用。

(A) 劳动力数量　(B) 劳动力价值　(C) 劳动力体力　(D) 劳动力时间

29. 在现代经济学中，对于收入差距的衡量指标，最常用的是(　　)。

(A) 帕累托定律　(B) 库兹涅茨比率　(C) 基尼系数　(D) 洛伦茨曲线

30. (　　)有权根据宪法和劳动法律制定调整劳动关系和各项劳动标准的规范性文件。

(A) 国务院　(B) 全国人民代表大会

(C) 全国人民代表大会常务委员会　(D) 国务院办公厅

31. 劳动法律关系的(　　)是指劳动法律关系主体依法享有的权利和承担的义务。

(A) 主体　(B) 客体　(C) 内容　(D) 规则

32. 一般来说，企业的外部环境是指企业周围的、不受企业控制但与企业生产经营活动相关联的各种外界因素，人们把这些因素叫做企业的(　　)。

(A) 环境影响　(B) 经营环境　(C) 客观环境　(D) 市场环境

33. 量本利分析的基本原理是(　　)。

(A) 沉淀分析理论　(B) 成本分析理论　(C) 环境分析理论　(D) 边际分析理论

34. (　　)是根据所选定目标市场上的竞争者现有产品所处的位置和企业自身的条件，从各方面为企业产品创造一定的特色，塑造并树立一定的市场形象，以求在目标顾客心目中形成一种特殊的偏好。

(A) 市场细分　(B) 市场定位　(C) 市场评价　(D) 目标市场的选择

35. 以下对激励员工问题的表述错误的是(　　)。

(A) 支付高的工资和好的福利及舒适的工作环境员工会得到激励

(B) 马斯洛的需求理论使管理者意识到工作中的员工有着多种需要，这就要求企业提供充足的财政储备来满足员工的多重需要

(C) 为员工提供更能发挥他们能力的任务，把工作责任交给员工，或者进行授权以表示对他们工作的认可，来满足员工被尊重和成就的需要

(D) 赫兹伯格的双因素理论对工作内容的重要性给予了很高的关注，而从前的管理者主要关注的是工作条件，很少注意甚至完全忽视了工作本身带给员工的成就感、责任感和挑战性的激励作用

36. 在工作团队有效性的理论中主要边界管理活动不包括(　　)。

(A) 与其他群体进行协调　(B) 增加成员满意度

(C) 缓和团队的政治斗争　(D) 劝说高层管理者支持团队的工作

37. 在20世纪50年代末提出了第一个综合的权变模型的人是(　　)。

(A) 罗宾斯　(B) 赫塞　(C) 布关查德　(D) 费德勒

38. 一个好的测验在编制和使用时必须经过标准化的过程，其标准步骤顺序正确的是(　　)。①从施测结果中建立常模；②施测程序标准化；③选定所需要的测验题；④抽样选定标准化样本进行试测。

(A) ③④②①　(B) ③④①②　(C) ①④②③　(D) ②①③④

39. 下列不属于人类共同心理特征的是(　　)。

(A) 认知　　(B) 意志　　(C) 情感　　(D) 动机

40. 衡量市场是否完善，进入或退出壁垒的一个重要方面是通过(　　)来考察。

(A) 稳定性　　(B) 流动性　　(C) 安全性　　(D) 可靠性

41. 人力资源开发是一项宏大的系统工程，其主要的理论基础是(　　)。

(A) 人类学和人口学　　(B) 生理学和心理学

(C) 经济学和管理学　　(D) 社会学和伦理学

42. 人力资源开发计划不包括(　　)

(A) 个人开发计划　(B) 管理开发计划　(C) 组织开发计划　(D) 环境开发计划

43. 所谓高素质的人才不包括(　　)。

(A) 具有较高的文化学历

(B) 具有经营战略头脑的企业家人才

(C) 掌握并具有开发能力的管理和技术人才

(D) 一大批训练有素，具有敬业、创业精神的员工队伍

44. 各种人力资源具体计划的核心是(　　)。

(A) 战略规划　　(B) 组织规划　　(C) 人员规划　　(D) 制度规划

45. 具有双道命令系统的现代企业组织结构形式是(　　)。

(A) 超事业部制　　(B) 矩阵制　　(C) 职能部制　　(D) 直线职能制

46. 既是现代企业人力资源管理的基础，也是有效推行各项管理的重要手段的是(　　)。

(A) 系统化　　(B) 能级化　　(C) 最优化　　(D) 标准化

47. 在岗位调查的作业测时方法中，实地测时观察通常采用(　　)方法。

(A) 整体测时　　(B) 间断式测时　　(C) 连续测时　　(D) 反复测时

48. 在工作岗位抽样调查方法中，要掌握员工工作活动的一般情况，需要观测(　　)次。

(A) 1000～2000　　(B) 3000～4000　　(C) 3000～5000　　(D) 5000～10000

49. 人力资源管理人员按职业资格分类不包括(　　)。

(A) 人力资源管理师　　(B) 初级人力资源管理师

(C) 高级人力资源管理师　　(D) 助理人力资源管理师

50. 按劳动定额的用途分类，(　　)主要用来制定生产、劳动、成本计划及计算产品价格。

(A) 评估定额　　(B) 现行定额　　(C) 计划定额　　(D) 技术定额

51. 劳动定额的(　　)标志着新的定额产生，使企业劳动定额水平向前推进了一步。

(A) 制定　　(B) 贯彻执行　　(C) 统计分析　　(D) 修订

52. 按水平的高低分类，劳动定额的分类不包括(　　)。

(A) 先进定额　　(B) 一般定额

(C) 落后定额　　(D) 平均先进或先进合理的定额

53. 从广义上讲，人员招聘的阶段不包括(　　)。

(A) 招聘实施　　(B) 招聘评估　　(C) 招聘调查　　(D) 招聘准备

54. 在发布广告信息时，(　　)比较适合于在某个特定地区的招聘、适合候选人数量较大的岗位、适合流失率较高的行业或职业。

(A) 报纸招聘广告　　(B) 杂志招聘广告

(C) 广播电视招聘广告　　(D) 网络招聘广告

55. 将在职的行为表现与过去在各种情况下的态度、行为、偏好和价值观等联系在一起进行

考察，以便对应聘者的未来发展做出预测分析的设计原理属于(　　)。

(A) 加权招聘调查表　(B) 自传式调查表
(C) 应聘者推荐表　(D) 个人简历

56. 在一般情况下，用人单位发出录用通知是在面试后的(　　)。

(A) 半个月内　(B) 三天内　(C) 一周内　(D) 不确定

57. 在员工信息管理系统中，(　　)是整个系统正常运转的基础。

(A) 业务处理层　(B) 基础数据层　(C) 绩效评估层　(D) 决策支持层

58. 企业专业人员与技术人员的重要来源是(　　)。

(A) 大学校园　(B) 大型企业　(C) 培训班　(D) 研究机构

59. 在企业管理中，(　　)是重要的一环。

(A) 员工绩效考评　(B) 员工信息的管理
(C) 劳动定额的制定　(D) 员工培训

60. 一般用于涉及面广，不要求很快见效的培训任务应采用(　　)。

(A) 脱产培训　(B) 转岗培训　(C) 在岗培训　(D) 岗前培训

61. 制定晋升培训计划、指导晋升培训的依据是(　　)。

(A) 岗位需求　(B) 个人培训需求　(C) 企业性质　(D) 晋升目的

62. 在员工培训的形式中，(　　)适合于管理人员或技术人员了解专业技术发展方向或当前热点问题等方面的知识的传授。

(A) 专题讲座法　(B) 研讨法　(C) 讲授法　(D) 案例分析法

63. 通过资历较深的员工的指导，使新员工能够迅速掌握岗位技能，描述的是(　　)的主要特点。

(A) 工作指导法　(B) 工作轮换法　(C) 特别任务法　(D) 个别指导法

64. 自学的组织形式中，不受时间和空间的限制、费用低的是(　　)。

(A) 指定学习资料　(B) 购买光盘　(C) 网上学习　(D) 电视教育

65. 绩效管理系统运行的重要支撑点是(　　)。

(A) 绩效考评　(B) 绩效考核　(C) 绩效评估　(D) 绩效内容

66. 考评标准应适合相同类型的所有员工，不能区别对待或经常变动，致使考评结果的横向与纵向可比性降低或丧失，绩效管理就失去了必要的可信度，这体现了制定起草企业绩效管理制度的(　　)要求。

(A) 明确性与具体性　(B) 原则一致性与可靠性
(C) 公正性与客观性　(D) 民主性与透明度

67. 对行为的结果进行绩效考评和评价指的是(　　)。

(A) 业绩考评　(B) 文化考评　(C) 能力考评　(D) 素质考评

68. 在企业中，(　　)是指员工完成指定的工作任务和由此带来的诸多效果。

(A) 员工考评　(B) 员工绩效
(C) 员工专业技能的考评　(D) 员工综合素质的绩效

69. 行为导向型的考评方法中，采用(　　)考评员工既可以只用单一指标，也可以使用多元指标。

(A) 关键事件法　(B) 行为定点量表法
(C) 排队法　(D) 硬性分配法

70. 使组织根据考核结果，制定正确的培训计划，达到提高全体员工素质的目标。这体现了绩效管理的(　　)功能。

(A) 导向　　(B) 激励　　(C) 规范　　(D) 发展

71. 员工为企业提供劳动而得到的各种货币与实物报酬的总和指的是(　　)。

(A) 工资　　(B) 薪酬　　(C) 津贴　　(D) 劳动分红

72. 在企业中，(　　)是建立员工激励制度的前提和基础，也是贯彻执行企业工资制度的基本保障。

(A) 员工绩效管理制度　　(B) 企业薪酬管理制度
(C) 企业工资制度　　(D) 最低工资制度

73. 在企业工资制度中，(　　)又称为多元化工资。

(A) 岗位技能工资制　　(B) 技术等级工资制
(C) 结构工资制　　(D) 岗位或职务工资制

74. 目前，我国计时工资一般是以(　　)为基准。

(A) 日工资率　　(B) 月工资率　　(C) 周工资率　　(D) 季工资率

75. 在工资统计中，(　　)是研究员工生活水平、各类员工工资差别以及工资和劳动生产率增长关系的重要指标。

(A) 工资总额　　(B) 分项工资　　(C) 平均工资　　(D) 专项工资

76. 在社会保险中，(　　)是社会保险五大险种中最为重要的险种之一。

(A) 养老保险　　(B) 医疗保险　　(C) 工伤保险　　(D) 失业保险

77. 行业差别费率是根据各行业的(　　)的类别划分的。

(A) 环境的恶劣程度　　(B) 职业危害性
(C) 伤亡事故风险和职业危害程度　　(D) 事故发生率

78. 在企业薪酬管理中，(　　)是重要的国情国力统计指标，是衡量员工生活水平和计算离退休金及有关费用的重要依据，是企业人工成本的主要组成部分。

(A) 员工工资总额　　(B) 员工个人工资　　(C) 员工福利　　(D) 个人所得税

79. 企业必须在社会保险经办机构核准其缴费申报后的(　　)缴纳社会保险费。

(A) 2 日内　　(B) 3 日内　　(C) 1 周内　　(D) 6 日内

80. 在现代社会，(　　)的社会形式成为经济社会最普遍、最基本的社会关系。

(A) 人际　　(B) 资源　　(C) 劳动　　(D) 生产

81. 如果在劳动合同的履行期间订立专项协议书，必须保证与劳动合同的(　　)。

(A) 相关性　　(B) 隶属性　　(C) 同等性　　(D) 一致性

82. 劳动行政管理、监督、服务的一种手段是(　　)。

(A) 劳动合同的订立　　(B) 劳动合同的签订
(C) 劳动合同鉴证　　(D) 劳动合同的变更

83. 在劳动安全卫生管理制度中，(　　)是企业编制年度生产、技术、财务计划的同时，必须编制以改善劳动条件，防止和消除伤亡事故和职业病为目的的技术措施计划的管理制度。

(A) 安全生产教育制度　　(B) 个人劳动安全卫生防护用品管理制度
(C) 安全生产检查制度　　(D) 安全技术措施计划管理制度

84. 劳动合同履行的原则中，(　　)是合同履行的最理想模式。

(A) 实际履行原则 (B) 全面履行原则 (C) 分工履行原则 (D) 协作履行原则

85. 劳动合同的基本特点是( )。

(A) 建立劳动关系 (B) 确立当事人双方的权利与义务

(C) 体现劳动关系当事人双方的意志 (D) 体现劳动关系当事人双方的平等性

二、多项选择题(第 86～125 题，每小题 1 分，共 40 分。每题有多个正确答案，错选、少选、多选，均不得分。)

86. 劳动力需求是一种派生性需求，在假设其他条件不变的情况下，劳动力需求与工资率存在的关系有( )。

(A) 工资率提高，劳动力需求减少 (B) 工资率提高，劳动力需求增加

(C) 工资率降低，劳动力需求减少 (D) 工资率降低，劳动力需求增加

(E) 两者相等

87. 福利作为劳动力价格的构成部分和工资的转化形式，具有( )特征。

(A) 自主性 (B) 法定性

(C) 企业自定性和灵活性 (D) 固定性

(E) 福利支付以劳动为基础，但并不与个人劳动量直接相关

88. 根据《宪法》和《劳动法》的有关规定，可以将劳动法的基本原则归纳为( )。

(A) 物质帮助权原则 (B) 保障劳动者劳动权的原则

(C) 劳动关系民主化原则 (D) 劳动合同原则

(E) 雇佣规则

89. 劳动法律关系的构成要素分别为劳动法律关系的( )。

(A) 客体 (B) 规则 (C) 内容 (D) 权利义务

(E) 主体

90. 企业资源分析的具体内容包括( )。

(A) 财务资源状况 (B) 管理资源状况

(C) 无形资产状况 (D) 人力资源状况

(E) 技术资源状况

91. 量本利分析法根据产品( )的关系，建立参数模型，分析决策方案对企业盈亏的影响。

(A) 利润 (B) 净利润 (C) 成本 (D) 销售量

(E) 生产量

92. 营销计划的执行过程包括( )。

(A) 建立组织结构 (B) 设计决策和报酬制度

(C) 制订详细的行动方案 (D) 开发并合理调配人力资源

(E) 建立适当的企业文化和管理风格

93. 在现代人力资源管理中，报酬的形式包括( )。

(A) 奖金 (B) 喜爱的任务

(C) 正式的和非正式的认可 (D) 办公室的位置

(E) 工作设备的分配

94. 通常在建立人际关系时会经过( )。

(A) 加强阶段 (B) 融合阶段 (C) 盟约阶段 (D) 试验和探索阶段

(E) 选择或定向阶段

95. 员工的工作成熟度与心理成熟度高低程度不同，组合情况也就不同，可分为(　　)。

(A) 不发生关系　(B) 无能力，但有动机

(C) 有能力，但无动机　(D) 既无能力，又无动机

(E) 有工作能力，也有工作动机

96. 在使用心理测验对应聘者进行评价和筛选时，可以采用的策略有(　　)。

(A) 比较策略　(B) 淘汰策略　(C) 择优策略　(D) 轮廓匹配策略

(E) 环境情境策略

97. 人的本能的(　　)常常成为人的行为的内在驱动力。

(A) 渴望　(B) 冲动　(C) 追求　(D) 欲念

(E) 形态

98. 事业部制结构适合那些(　　)的企业。

(A) 经营规模大　(B) 横向联系少

(C) 要求较强适应性　(D) 生产经营业务多元化

(E) 市场环境差异大

99. 下列属于工作岗位调查的目的是(　　)。

(A) 为制定各种人事文件、进行岗位分析提供数据

(B) 为改进工作岗位的设计提供信息

(C) 为人力资源的战略规划管理提供依据

(D) 为工作岗位评价与工作岗位分类提供必要的依据

(E) 收集各种相关的数据、资料，以便系统、全面、深入地对岗位进行描述

100. 在制度工时利用率指标中，按工时计算的制度工时利用率反映了(　　)等所占用时间的影响程度。

(A) 非全日的缺勤 (B) 全日缺勤　(C) 停工　(D) 全日非生产

(E) 非生产

101. 劳动定额按表现形式可以分为(　　)。

(A) 产量定额　(B) 设备定额　(C) 人员定额　(D) 技术定额

(E) 时间定额

102. 劳动定额的影响因素包括(　　)。

(A) 劳动力的配备与组织有关的因素　(B) 与工作地有关的因素

(C) 与生产情况、生产过程有关的因素　(D) 与设备、工具有关的因素

(E) 与操作方法有关的因素

103. 人力资源费用预算的原则有(　　)。

(A) 客观准确原则　(B) 严肃认真原则

(C) 合法合理原则　(D) 整体兼顾原则

(E) 标准化原则

104. 企业组织竞聘时，发布竞聘公告的内容包括(　　)。

(A) 竞聘岗位　(B) 面试考官　(C) 职务　(D) 报名时间

(E) 企业组织结构介绍

105. 下列关于背景调查内容的说法正确的有(　　)。

(A) 内容实用是指调查的项目必须与拟任职位需求高度相关

（B）背景调查内容以简明、实用为原则
（C）内容简明是为了控制背景调查的工作量，降低调查成本，缩短调查时间
（D）调查与职位说明书要求相关的工作经验、技能和业绩，要做到面面俱到
（E）调查毕业证书和学位证书的真实性、任职资格证书的有效性

106. 企业进行校园招聘时，面试考题不包括(　　)等方面。
（A）学生的应变能力　　（B）学生的知识面
（C）工作经验　　（D）组织和领导能力
（E）素质和潜力

107. 在员工信息管理系统中，业务处理层提供的数据将成为企业(　　)的主要数据来源。
（A）考评员工工作能力　　（B）掌握人力资源状况
（C）提高人力资源管理水平　　（D）提供决策支持
（E）制定劳动定额

108. 一套完整的培训计划应包括的内容有(　　)。
（A）进行培训课程的设计　　（B）选择培训的方式方法
（C）编制出培训计划　　（D）确定培训时间
（E）编制出培训预算

109. 为确保培训各项准备工作的顺利进行，会场培训员在岗前培训实施前，应做好的工作有(　　)。
（A）座位的排定　　（B）资料、学习用品的准备
（C）温度的调节　　（D）设备的检查与调试
（E）人员的分工安排

110. 案例分析法的特点包括(　　)。
（A）案例分析法的学习方式是学生通过对案例的分析，从中总结出某些规律
（B）案例分析法揭示了人的行为的动因
（C）案例分析法可以让学生掌握解决问题的一些基本方法和程序
（D）案例分析法的目的是提高学生分析问题和解决问题的能力，学生需要在课外去完成案例的知识准备
（E）案例分析法的主体是教师

111. 以改善绩效、培训人才为目的的现场培训确定的培训需求包括(　　)。
（A）通过自我申报确定培训需求
（B）根据员工自身的因素确定现场培训需求
（C）根据绩效改进计划确定现场培训需求
（D）根据测试考评结果确定现场培训需求
（E）根据员工发展规划确定现场培训需求

112. 绩效管理系统设计的基本原则有(　　)。
（A）可靠性与有效性原则　　（B）公开与开放的原则
（C）定期化与制度化原则　　（D）可行性与实用性原则
（E）反馈与修改的原则

113. 在拟定起草绩效管理制度时，一定注重其(　　)。
（A）科学性　　（B）可行性　　（C）严密性　　（D）实用性
（E）系统性

114. 行为导向型的考评方法包括(　　)。
(A) 关键事件法 (B) 行为观察量表法
(C) 行为定点量表法 (D) 量表评定法
(E) 硬性分配法

115. 绩效的多因性主要体现在(　　)。
(A) 激励 (B) 机会 (C) 技能 (D) 环境
(E) 自为与自主的需要方面

116. 关于工资总额的管理方法，下列说法正确的有(　　)。
(A) 可以采用工资总额与销售额的方法或盈亏平衡点的方法推算合理的工资总额
(B) 考虑企业的支付能力、员工的生活费用、市场薪酬水平以及员工现有薪酬状况等因素
(C) 考虑确定合理的工资总额所需考虑的因素
(D) 计算合理的工资总额
(E) 可以采用工资总额占附加值比例的方法来推算合理的工资总额

117. 从广义上来说，薪酬包括(　　)等回报。
(A) 工资 (B) 休假
(C) 承担更大的责任 (D) 参与决策
(E) 奖金

118. 员工薪酬意识分析常用的方法是(　　)。
(A) 电话访问法 (B) 面谈法 (C) 问卷调查法 (D) 调研法
(E) 综合分析法

119. 奖金的特点包括(　　)。
(A) 及时性 (B) 单一性 (C) 政治荣誉性 (D) 鼓励性
(E) 灵活性

120. 下列属于补充福利的有(　　)。
(A) 内部优惠商品 (B) 交通补贴
(C) 书报费 (D) 房租补助
(E) 冬季取暖补贴

121. 工作岗位分析是对企业各个岗位的设置(　　)等进行系统分析和研究，并制定出岗位规范和工作说明书等文件的过程。
(A) 隶属关系 (B) 目的、性质
(C) 工作环境 (D) 承担该职务所需的资格条件
(E) 职责、权力

122. 下列属于劳动法律关系的特点的有(　　)。
(A) 劳动法律关系的双务关系
(B) 劳动法律关系具有国家强制性
(C) 劳动法律关系是劳动关系的现实形态
(D) 劳动法律关系具有平等性和隶属性
(E) 劳动法律关系的内容是权利与义务

123. 劳动合同履行的原则有(　　)。
(A) 实际履行原则 (B) 全面履行原则

(C) 亲自履行原则　　(D) 委托他人履行原则

(E) 协作履行原则

124. 职业类别的划分是按照(　　)分类的。

(A) 企业性质　　(B) 劳动合同期限

(C) 工作岗位职权　　(D) 工作岗位

(E) 劳动合同内容

125. 伤亡事故报告和处理制度的内容包括(　　)。

(A) 伤亡事故处理　　(B) 伤亡事故报告

(C) 伤亡事故调查　　(D) 企业职工伤亡事故分类

(E) 伤亡事故统计

卷册二　专业技能题

一、简答题(本题共2题，每小题15分，共30分。)

1. 通常一个完备的绩效管理系统应当做出明确规定的内容有哪些?

2. 简述行为导向型的考评方法。

二、计算题(本题1题，共18分。)

根据某企业两个时期的下列资料，计算平均工资构成指数和平均工资结构变动影响指数。

员工组别	工资总额(元)		平均人数(人)		平均工资(元)		指数(%)
	报告期	基期	报告期	基期	报告期	基期	
低级工	180000	40000	200	50	900	800	112.5
高级工	450000	280000	300	200	1500	1400	107.1
合计	630000	320000	500	250	1260	1280	98.4

三、综合分析题(本题共2题，第1题25分，第2题27分，共52分。)

1. 某公司近几年发展迅速，其根据职能来设计组织结构的职能部门包括财务、人事、生产、销售等。随着公司的壮大，产品已经从单一的手机扩展到电脑、电视等多种电子产品。旧结构已经无法适应产品的多样性。职能部门之间矛盾重重，主要决策均需要总裁亲自做出。于是该企业总裁根据产品种类将公司分为五个独立经营的分公司，每一分公司经理对各自经营的产品负有完全责任，只要能盈利，总部不再干涉分公司的具体运作。但是公司重组后总裁感觉到很难再对每个分公司实行充分的控制，各分公司经理常常不顾总公司的方针政策，各自为政，而且分公司之间在采购、人事等职能方面也出现了许多交叉重叠。该公司总裁认识到他在分权方面有些过分，下令收回分公司经理大部分的职权，并规定了总裁对某些事项的最终决策权。职权被收回后，分公司经理纷纷报怨，有人递交了辞呈。

请回答：(1) 该公司重组前后的组织结构各有什么优缺点?

(2) 该公司总裁在第二次职权划分时，存在哪些不足?

2. 某公司是专门提供高科技研发的公司，近年来发展非常迅速。该公司高层领导者认为员工素质的不断提升是公司在未来立于不败之地的决定性因素。因此，与某培训公司合作，组织了几次大型培训。可结果是，奖金投进了不少，效果却不尽如人意。

从下列事例中进行分析：小王在参加技能培训前向培训负责人反映："新机器比我原来操作的那台复杂多了，并且在操作时总是出错。"负责人说："也许你尚未完全掌握要领，而我们提供的这次培训就是帮助你胜任这项工作的。”然而，培训后的小王却满是疑问：“可是在培训中演练的那台机器与我的这台完全不同呀！”另有技术骨干小周反映：“直属上司似乎并不支持我来参加培训，在培训期间不断布置新任务，我根本没有精力，也无法静下心来上课。”

请回答：（1）分析上述事例出现的问题的原因。

（2）请你为该公司设计一个比较合理的培训方案。

模拟试卷（三）

卷册一　理论知识题

第一部分　职业道德

（第1~25题，共25道题）

一、职业道德基础理论与知识部分(第1~16题)

(一)单项选择题(第1~8题)

1.（　　）是一切职业道德基本规范的基础，也是做好本职工作的重要前提和可靠保障。

（A）敬业　（B）学历　（C）交际　（D）能力

2.（　　）是人类得以生存和发展的基础，是社会财富创造的源泉。

（A）娱乐　（B）学习　（C）劳动　（D）运动

3. 如何处理（　　）的关系，是衡量一个人是否公道正派的重要标准。

（A）企业之间　（B）员工之间　（C）上下级之间　（D）公私之间

4. 节约资源的主要方向是（　　）。

（A）具备节约资源意识　（B）具备节约资源道德

（C）创新节约资源的方法　（D）明确节约资源责任

5.“万人持弓，共射一招，招无不中。”这句话强调的是（　　）的重要性。

（A）合作　（B）服务　（C）纪律　（D）奉献

6.（　　）是工作中的高尚品德，也是一种道德感化力量。

（A）合作　（B）公道　（C）奉献　（D）节约

7.（　　）既是中国传统道德的基本内容，也是传统职业道德的重要体现。

（A）大公无私　（B）公忠为国　（C）爱岗敬业　（D）恪尽职守

8. 职业道德中的最高境界是（　　）。

（A）办事公道　（B）服务群众　（C）任劳任怨　（D）奉献社会

(二)多项选择题(第9~16题)

9. 实现职业化需要（　　）。

（A）集体职业化　（B）自我职业化　（C）职业化管理　（D）社会职业化

10. 在实际工作中，通过提高职业道德以提升职业技能的办法包括（　　）。

（A）我行我素　（B）脚踏实地　（C）勇于进取　（D）永无止境

11. 下列关于加强职业道德修养有利于职业生涯的拓展的表述正确的有（　　）。

（A）良好的职业道德修养能帮助从业者度过难关，走向辉煌

(B) 职业道德修养可以为一个人的成功提供社会资源

(C) 就业方式的转变对员工的职业道德修养提出了更高的要求

(D) 职业道德修养是个人职业规划的重要组成部分

12. 关于从业人员提高职业技能的方法，以下表达正确的有(　　)。

(A) 要勇于实践　(B) 要勇于冒险　(C) 要强化责任意识　(D) 要开拓创新

13. 在职业生活中，诚信对从业者的要求首先是尊重事实，从客观存在的事实出发。而要做到这些，需要从(　　)方面着手。

(A) 主动担当，不自保推责

(B) 澄清事实，主持公道

(C) 踏实肯干，不搭便车

(D) 坚持正确原则，不为个人利害关系左右

14. 从业人员要在职业活动中树立艰苦奋斗的品质，应当努力做到(　　)。

(A) 要经常超越困难　(B) 树立不怕困难的精神

(C) 正确理解艰苦奋斗　(D) 永远保持艰苦奋斗的作风

15. 互助合作是团队合作的体现，它对从业人员的要求包括(　　)。

(A) 竭尽全力帮助他人　(B) 帮助他人就是帮助自己

(C) 爱岗敬业，为人民服务　(D) 诚实守信，办事公道

16. 职业技能是人们谋生和发展的必要条件和重要保障的具体体现有(　　)。

(A) 职业技能是就业的保障

(B) 职业技能有助于增强竞争力

(C) 职业技能是实现个人理想的重要途径

(D) 职业技能是履行职业责任、实现自身价值的手段

二、职业道德个人表现部分(第 17 ~ 25 题)

17. 你所在的公司最近招聘了一批新员工，你希望这批员工是(　　)。

(A) 时髦新潮型的　(B) 学习钻研型的　(C) 活泼开朗型的　(D) 埋头苦干型的

18. 周末时楼上某户居民搞生日聚会，声音很大，影响了你的休息，这时你会(　　)。

(A) 登门说明，让该户居民注意

(B) 通过敲打隔壁，提示楼上居民

(C) 虽然影响自己的休息，但是不想让该户居民扫兴

(D) 认为该户居民的活动很快就能结束，自己可以再忍受一会儿

19. 如果你所在公司的经济效益很不错，但是高层领导却整日花天酒地，你会(　　)。

(A) 私下抱怨、担心，但是表面上装作若无其事的样子

(B) 非常担心，但是不知道怎么办

(C) 认为如此作风还能取得好业绩，敬佩他们

(D) 担心未来会出问题，找机会离开公司

20. 每天下班时，你通常会(　　)。

(A) 准时离开　(B) 整理当天的工作再离开

(C) 避开下班人流高峰迟些离开　(D) 把明天的工作计划好再离开

21. 在正常上班时间，你的感受一般是(　　)。

(A) 每个人都像蚂蚁一样在各忙各的

(B) 紧张忙碌，就像上了发条的机器一样
(C) 好像外面有人在召唤自己，总想向外面瞭望
(D) 感觉好像总有很多双眼睛在盯着自己

22. 见到单位领导时，你的心情一般是(　　)。
(A) 兴奋　　(B) 平静　　(C) 想躲避　　(D) 有点紧张

23. 在日常工作和生活中，你觉得(　　)。
(A) 大家很关照自己　　(B) 别人对自己不公平
(C) 别人不愿意和自己交往　　(D) 高兴的事儿总会感染自己

24. 有人赞同“企业家应该成为大家学习的榜样”这个观点，也有人持反对意见。如果你赞同这个观点，你的理由是(　　)。
(A) 企业家有资本　　(B) 企业家有能力
(C) 企业家社会地位高　　(D) 企业家可以做慈善事情

25. 如果你非常喜欢某支球队，但是这支球队一直表现不好，原因是少数球员的作风存在问题，这令你很失望。如果该球队马上将在你所居住的地方进行一场十分重要的比赛，你会(　　)。
(A) 虽然感到失望，但是还是会前去观看
(B) 已经非常失望，所以不会再关注他们的比赛
(C) 要是自己有权力决定该球队的去留，一定会解散它
(D) 虽然失望，但仍然会持续关注，只是不再去现场观看比赛了

第二部分　理论知识

（第26～125题，共100道题，满分为100分）

一、单项选择题(第26～85题，每题1分，共60分。每小题只有一个最恰当的答案。)

26. 劳动经济学是研究市场经济制度中的(　　)的科学。
(A) 经济市场现象及劳动力市场运行规律
(B) 经济市场现象及经济市场运行规律
(C) 劳动力市场现象及劳动力市场运行规律
(D) 劳动力市场现象及经济市场运行规律

27. 统计研究证明，在经济衰退时期，当悲观性劳动力效应的作用更强时，劳参率与失业率存在的关系是(　　)。
(A) 正向　　(B) 反向　　(C) 相等　　(D) 无法判断

28. 按要素类别分配社会总产品或收入，称为(　　)收入分配。
(A) 功能性　　(B) 价值性　　(C) 劳动性　　(D) 经济性

29. 总供给价格依企业所提供的就业量的变化而变化，这说明两者存在的关系为(　　)。
(A) 倍数关系　　(B) 相等关系　　(C) 函数关系　　(D) 线性关系

30. 劳动法的监督检查制度与其他各项劳动法律制度的区别不包括(　　)。
(A) 其他各项劳动法律制度主要规定劳动关系的内容、运行规则和调整原则与方式，而劳动法的监督检查制度主要是规定以何种手段实现和保证各项劳动法律制度的实施
(B) 其他各项劳动法律制度是劳动监督检查实施时确定监督检查客体的行为合法与否的

标准以及对违法情况进行处理的法律依据，而劳动监督检查制度是实施劳动监督检查的职权划分和行为规则

（C）劳动监督检查制度既独立于其他各项劳动法律制度之外，同时又是其他各项劳动法律制度的组成部分

（D）各项劳动法律制度的范围与劳动监督检查制度的范围是不一致的

31. 依据我国劳动法的规定，(　　)是团体劳动法律关系的形式主体。

（A）工会　（B）国务院　（C）仲裁委员会　（D）人民法院

32. 企业战略控制是企业系统中战略层的控制，是由企业(　　)执行的控制。

（A）员工代表　（B）经理层　（C）最高领导层　（D）股东大会

33. PDCA 循环法是按照一定的顺序周而复始地循环进行计划管理的一种工作方法，包括：①检查、②计划、③处理、④执行四个阶段，则正确顺序为(　　)。

（A）①②③④　（B）②④①③　（C）④②①③　（D）②④③①

34. 以下不属于市场按照活动范围和区域划分的是(　　)。

（A）个人交易　（B）地方市场　（C）世界市场　（D）全国性市场

35. 从产品的整体概念来理解，产品的层次不包括(　　)。

（A）附加产品　（B）无形产品　（C）有形产品　（D）核心产品

36. 通过观察人的(　　)来确定价值观是个很有效的方法。

（A）长相　（B）态度　（C）言行　（D）外貌

37. 在期望理论中，人们是否努力工作的判断标准不包括(　　)。

（A）判断自己良好的工作绩效能否带来组织的奖励

（B）判断自己的努力是否能导致良好的业绩和评价

（C）判断自己的努力能否带来更高更合理的效益

（D）判断组织的奖励是否符合个人的需要

38. 与个体决策相比，群体决策存在的缺点不包括(　　)。

（A）对决策结果的责任不清

（B）由于从众心理会妨碍不同意见的表达

（C）如果群体由少数人控制，群体讨论时易产生个人倾向

（D）要比个体决策需要更少的时间

39. 刻画测验信度的系数都是(　　)的数字。

（A）大于 1　（B）小于 0　（C）0 ~ 1 之间　（D）大于 0

40. 下列不属于人的需要的是(　　)。

（A）企业投资者的需要，即实现投资最大化

（B）企业全体员工的需要，获取收入最大化

（C）社会的人的需要，企业不断创造顾客，满足社会消费需求

（D）企业全体员工的需要，施展才干、实现抱负，个人获得全面发展

41. 人力资本投资报酬递减的原因不包括(　　)。

（A）边际教育成本的快速增长

（B）人力资本投资与人的预期收益时间有关

（C）宏观经济水平及国家的财政政策、货币政策和分配政策

（D）随着受教育年限延长，技能与知识边际增长率下降，从而使边际增长速度放慢，因

而影响到内部收益率

42. 人力资源开发以____为核心，以____为宗旨，以____为特征，形成一个相对独立的理论体系。(　　)

(A) 挖掘潜力；立体开发；提高效率　　(B) 立体开发；提高效率；挖掘潜力

(C) 提高效率；立体开发；挖掘潜力　　(D) 提高效率；挖掘潜力；立体开发

43. 现代人力资源管理的三大基础工作不包括(　　)。

(A) 员工绩效管理　　(B) 员工教育培训

(C) 员工技能开发　　(D) 定编定岗定员定额

44. 在调查研究的方法中，适用于要及时采集的一些简单信息，尤其是在只要了解被调查者对某种情况的方法是(　　)。

(A) 电话调查法　　(B) 当面调查法　　(C) 邮寄调查法　　(D) 会议调查法

45. 对企业组织信息进行分析中，SWOT 分析法属于(　　)。

(A) 数理统计分析　　(B) 经济学分析

(C) 企业现状分析　　(D) 可靠性分析

46. "工作"和"职业"的主要区别在于其(　　)不同。

(A) 性质　　(B) 特征　　(C) 界定　　(D) 范围

47. 在工作岗位调查中，下列不属于岗位抽样的作用的是(　　)。

(A) 用于研究机械设备的运转情况，调查设备的利用率、故障率

(B) 用于调查各类员工在工作班内的工作活动情况，掌握其内容、程序、步骤等各种相关数据和资料

(C) 用于改进工作程序和操作方法

(D) 为掌握岗位的劳动负荷量，以及进行体力劳动强度分级提供依据

48. 工作时间的构成中，(　　)是考核企业工作时间利用程度充分与否的标准。

(A) 制度公休时间　　(B) 出勤时间

(C) 制度内实际工作时间　　(D) 制度工作时间

49. 在劳动定额的分类中，(　　)可以作为新产品投入后企业逐步降低工时消耗的努力方向。

(A) 设计定额　　(B) 统计定额　　(C) 计划定额　　(D) 不变定额

50. 在制定劳动定额的基本方法中，(　　)是一种比较先进和科学的方法。

(A) 统计分析法　　(B) 技术定额法　　(C) 类推比较法　　(D) 经验估工法

51. 在企业中，一个生产经营周期一般为(　　)年。

(A) 1　　(B) 2　　(C) 3　　(D) 4

52. 工作时间利用程度分析中，(　　)亦称为作业率。

(A) 出勤时间利用率　　(B) 工作负荷率

(C) 出勤率　　(D) 制度工时利用率

53. 企业人员外部招募的优点不包括(　　)。

(A) 有利于招到一流人才　　(B) 费用较低

(C) 带来新思想、新方法　　(D) 树立形象的作用

54. 招聘需求信息发布的时间、方式、渠道与范围是根据(　　)来确定的。

(A) 招聘信息的收集　　(B) 人员招聘方式

(C) 招聘计划　　(D) 人员招聘的费用

55. 在发布广告信息时，(　　)被广泛采用。

(A) 网上招聘　　(B) 报纸杂志招聘

(C) 传单招聘　　(D) 广播电视招聘

56. 在编写公司简介收集资料时，要注意资料的(　　)，尽可能采用最新、最全、最为可信的资料。

(A) 时效性　　(B) 严谨性　　(C) 准确性　　(D) 合法性

57. 在企业人员招聘时，(　　)是招聘过程中最关键的一步，也是技术性最强、难度最大的一步。

(A) 人员招聘信息的收集　　(B) 人员选拔

(C) 人员招聘信息的设计　　(D) 招聘申请表的设计

58. 校园招聘小组的人员不包括(　　)。

(A) 需求人才部门的主管人员　　(B) 企业人力资源部人员

(C) 企业高层领导　　(D) 了解学校情况的人

59. 员工培训与开发的重要保障是(　　)。

(A) 培训师资　　(B) 培训经费

(C) 高层管理者的支持　　(D) 培训机构

60. 由于转岗的原因不同，岗位转换的"跨度"有大有小，这就决定了转岗培训的方式(　　)。

(A) 多样性　　(B) 差异性　　(C) 系统性　　(D) 特定性

61. 从培训的内容看，脱产培训的类型可分为(　　)。

(A) 短期培训和长期培训　　(B) 学历培训和更新技能培训

(C) 组织安排培训和个人选择培训　　(D) 分阶层培训和分专业培训

62. U 形布置法适合于(　　)的培训方法。

(A) 研讨法　　(B) 视听法　　(C) 模拟练习法　　(D) 演示法

63. 让受训者在预定时期内变换工作岗位，使其获得不同岗位的工作经验的培训方法是(　　)。

(A) 工作轮换法　　(B) 岗位调换法　　(C) 特别指导法　　(D) 个别指导法

64. 企业投入培训经费带来的收益体现中，比较重要的，也是效益最高的是(　　)。

(A) 随着技能的完善和提高，任职者可以从事以前无法胜任的工作，进而减少用人，降低人工成本

(B) 任职者可以提高完成本职工作的质量

(C) 提高了企业整体任职人员的工作素质，增加了企业整体的工作效益和质量，增强了企业的市场竞争力

(D) 为企业中长期的人才需求做好储备

65. 绩效的优劣不只取决于单一的因素，而要受到主、客观多种因素的影响，这体现了绩效的(　　)。

(A) 多因性　　(B) 多维性　　(C) 动态性　　(D) 多样性

66. 根据绩效考评的内容不同，绩效考评的类型不包括(　　)。

(A) 品质主导型　　(B) 行为主导型　　(C) 效果主导型　　(D) 能力主导型

67. 根据企业实际情况，建立以(　　)为中心的管理体系，意味着企业采用科学规范的绩效考评程序，选择最适合自身情况的考评制度、考评方法和考评程序。
(A) 绩效考核　(B) 绩效评估　(C) 绩效考评　(D) 绩效管理
68. 员工绩效考评的基本步骤中，(　　)是绩效考评极为重要的环节，但常常被忽略。
(A) 评价实施　(B) 确定工作要项
(C) 面谈　(D) 改进绩效的指导
69. 在绩效管理系统的四阶段法设计方案中，(　　)是进行绩效考评的基础，也是绩效管理的关键。
(A) 绩效考评　(B) 绩效改善　(C) 定义绩效　(D) 绩效反馈
70. 对绩效管理方案进行可行性分析时，下列不属于分析的内容是(　　)。
(A) 限制因素　(B) 目标效益　(C) 组织环境　(D) 潜在问题
71. 重要的人力资源管理的基础技术是(　　)。
(A) 薪酬管理　(B) 工作岗位分析
(C) 绩效考评　(D) 员工工资的统计分析
72. 国民收入的分配中，企业与员工之间的分配属于(　　)。
(A) 一次分配　(B) 再分配　(C) 二次分配　(D) 次级分配
73. 最低工资率的确定实行(　　)原则。
(A) 政府、企业双方代表民主协商　(B) 工会、企业双方代表民主协商
(C) 企业自主　(D) 政府、工会、企业三方代表民主协商
74. 劳动计量和工资支付的方式是(　　)。
(A) 工资形式　(B) 薪酬形式　(C) 报酬方式　(D) 薪水方式
75. 津贴和补贴的特点不包括(　　)。
(A) 广泛性　(B) 灵活性
(C) 单一性　(D) 是一种补偿性的劳动报酬
76. 由国家宏观指导、企业内部决策执行，其费用可由企业完全承担，或由企业和员工双方共同承担的保险是(　　)。
(A) 基本养老保险　(B) 企业补充养老保险
(C) 个人储蓄型养老保险　(D) 国家统筹型养老保险
77. 在失业保险的来源中，(　　)是基金的主要来源。
(A) 失业保险费　(B) 财政补贴　(C) 基金利息　(D) 滞纳金
78. 给予付出超额劳动的劳动者的现金奖励是(　　)。
(A) 福利　(B) 津贴　(C) 奖金　(D) 提成工资
79. 现代企业应当坚持(　　)的原则，构建和完善企业的薪酬制度。
(A) 对外具有竞争力，对内具有凝聚力　(B) 对外具有竞争力，对内具有执行力
(C) 对外具有竞争性，对内具有激励性　(D) 对外具有竞争力，对内具有约束力
80. 在市场经济条件下，人力资源的配置是通过(　　)实现的。
(A) 劳动力市场　(B) 企业人力资源部门
(C) 国家人力资源管理部门　(D) 人才的自由流动
81. 劳动关系的特征不包括(　　)。
(A) 劳动关系具有人身关系属性和财产关系属性相结合的特点

（B）劳动关系具有平等性和隶属性的特点
（C）劳动关系具有雇佣与被雇佣关系的特点
（D）劳动关系的内容是劳动

82. 既是民法的基本原则，也是指导劳动合同的基本原则是(　　)。
（A）协商一致原则　（B）自愿原则　（C）平等原则　（D）合法原则

83. 劳动关系当事人为明确劳动关系中特定权利义务，在平等自愿、协商一致的基础上所达成的契约是(　　)。
（A）劳动合同　（B）专项协议　（C）特定契约书　（D）约定条款

84. 根据相关规定，由用人单位提出解除劳动合同时，用人单位应根据劳动者在本单位的工作年限，每满一年发给相当于一个月的工资作为经济补偿金，最多不超过(　　)个月。
（A）3　（B）6　（C）12　（D）24

85. 工资标准不得低于当地最低工资标准，同时也不得低于本单位(　　)规定的最低工资标准。
（A）集体合同　（B）专项协议　（C）劳动合同　（D）要式合同

二、多项选择题(第 86 ~ 125 题，每小题 1 分，共 40 分。每题有多个正确答案，错选、少选、多选，均不得分。)

86. 劳动经济学的研究方法主要有(　　)。
（A）个案研究方法　（B）规范研究方法
（C）经验研究方法　（D）实事研究方法
（E）实证研究方法

87. 应用最普遍的基本工资支付方式有(　　)。
（A）计时工资　（B）计件工资　（C）货币工资　（D）实际工资
（E）福利和津贴

88. 福利的支付方式大体划分为(　　)。
（A）实物支付　（B）货币支付　（C）股份支付　（D）延期支付
（E）分红支付

89. 无论是何种类型的失业，都给经济增长与社会发展带来负面影响，包括(　　)。
（A）失业造成岗位空缺　（B）失业造成家庭生活困难
（C）失业直接影响劳动者精神需要的满足程度
（D）失业是劳动力资源浪费的典型形式　（E）失业容易造成社会动荡

90. 劳动法基本原则的作用有(　　)。
（A）指导劳动法的实施，正确适用法律，防止出现偏差
（B）基本原则所覆盖的事实状态远远地大于具体规定
（C）指导劳动法的制定、修改和废止，保证各项劳动法律制度的统一、协调
（D）劳动法律制度中的各类具体规定不能与基本原则相抵触，基本原则适用于所有的劳动关系
（E）劳动法的基本原则有助于劳动法的理解、解释，对于认识劳动法本质有指导意义，可以弥补劳动法律规范可能存在的缺陷

91. 经营环境的微观分析主要有(　　)。
（A）顾客力量的分析　（B）潜在竞争对手分析

(C) 供应商力量的分析 (D) 现有竞争对手的分析
(E) 替代产品或服务威胁的分析

92. 战略控制一般由(　　)方面的活动组成。
(A) 制定战略评价标准 (B) 建立各种规章制度
(C) 针对偏差采取纠偏行动 (D) 进行实际成效与标准的对比分析
(E) 合理配置资源，制定预算和规划

93. 线性规划的模型是由(　　)构成的。
(A) 变量 (B) 成本
(C) 企业组织的人员数量 (D) 约束条件
(E) 目标函数

94. 市场营销计划的控制主要有(　　)。
(A) 效率控制 (B) 战略控制
(C) 效益控制 (D) 年度计划控制
(E) 盈利能力控制

95. 一般而言，员工工作满意度来源于(　　)方面。
(A) 公平的报酬 (B) 融洽的人际关系
(C) 富有挑战性的工作 (D) 支持性的工作环境
(E) 个人特征与工作的匹配

96. 影响群体决策的因素有(　　)。
(A) 群体规模 (B) 群体熟悉度
(C) 群体的认知能力 (D) 群体多样性
(E) 群体成员的配合能力

97. 领导情境理论把领导的行为方式按“关心人”和“关心工作”两个维度划分成(　　)类型的领导方式。
(A) 低关系—高工作的命令式 (B) 高关系—低工作的参与式
(C) 低关系—低工作的授权式 (D) 高关系—高工作的推销式
(E) 高关系—低工作的命令式

98. 人力资源费用计划包括人力资源费用的(　　)等。
(A) 预算 (B) 审核 (C) 结算 (D) 控制
(E) 核算

99. 衡量岗位研究所阐述的基本原理是否具有科学性，可以从(　　)等方面进行论述。
(A) 研究对象的普遍性 (B) 基本方法的精确度
(C) 知识系统的完整性 (D) 基本方法的可操作性
(E) 概念体系的完整性

100. 在工作岗位调查方法中，作业测时观察的次数根据(　　)来确定。
(A) 作业性质 (B) 工序延续时间的长短
(C) 调查范围 (D) 生产类型
(E) 调查对象

101. 按制定方法分类，劳动定额可以分为(　　)。
(A) 统计定额 (B) 类推比较定额

(C) 评估定额 (D) 测量定额

(E) 统一定额

102. 对于生产性行业，工作时间统计的作用有( )。

(A) 通过工作时间统计可以对工作者进行考核，以作为对其进行各种类型的奖励和晋升的重要依据

(B) 可以为合理安排生产作业计划，督促和检查生产计划的执行情况，提供了部分的数据

(C) 为提高工作效率提供依据

(D) 为企业产品总量提供依据

(E) 可以发现和总结在工作时间利用方面的先进经验，为更加充分合理地利用工作时间创造条件

103. 企业员工结构统计包括( )。

(A) 员工性别构成统计 (B) 员工职业资格结构统计

(C) 员工年龄构成统计 (D) 员工服务内容统计

(E) 员工专业构成统计

104. 企业人员外部招募的不足有( )。

(A) 招募成本大 (B) 进入角色慢

(C) 影响内部员工的积极性 (D) 筛选难度大，时间长

(E) 决策风险大

105. 国外的专家认为，招聘广告应当向受众传输( )等方面的信息。

(A) 工资水平 (B) 发展前景 (C) 公司概况 (D) 个人素质

(E) 工作前景

106. 编写公司简介的原则包括( )。

(A) 重点性 (B) 真实性 (C) 全面性 (D) 准确性

(E) 可信性

107. 背景调查的内容通常包括应聘者的( )。

(A) 个人品质 (B) 教育状况 (C) 工作能力 (D) 个人兴趣

(E) 工作经历

108. 管理从其内容或者目标可分为( )。

(A) 人力资源流程 (B) 行政后勤流程

(C) 质量管理与控制流程 (D) 设备维修流程

(E) 财务流程

109. 在岗培训的内容包括( )。

(A) 在岗人员文化素质的培训 (B) 在岗人员专业性技能培训

(C) 培训迁移的有效促进 (D) 企业文化的进一步宣传

(E) 在岗人员管理技能培训

110. 对于大多数小企业而言，如果没有明显的地域限制，对员工的培训采用( )是最好的选择。

(A) 岗前培训 (B) 在岗培训 (C) 脱岗培训 (D) 半脱岗培训

(E) 自学

111. 晋升培训设计时，任职前训练阶段的目的有(　　)。

(A) 增长受训者的才干　(B) 提高受训者的理论水平和业务水平

(C) 提高受训者的管理能力　(D) 丰富受训者的工作经验

(E) 提高受训者的情商

112. 下列关于绩效考评的说法不正确的有(　　)。

(A) 绩效考评是绩效管理活动的核心内容

(B) 绩效考评是一个孤立的事件

(C) 绩效考评从宏观上体现了绩效管理的目标和要求

(D) 绩效考评是一个过程，不是简单的行为，它是由诸多步骤共同组合而成的行为的集合

(E) 绩效考评具有层次性和针对性，不同的岗位、不同的部门和不同的行业对绩效考评的标准、方式和内容的要求是不同的

113. 制定起草企业绩效管理制度时，应体现的要求包括(　　)。

(A) 民主性与透明度　(B) 原则一致性与可靠性

(C) 公正性与客观性　(D) 全面性与完整性

(E) 相关性与有效性

114. 在贯彻绩效管理系统的公开与开放的原则时，需要注意的事项有(　　)。

(A) 引入自我评价及自我申报机制，对公开的工作绩效评价做出补充

(B) 通过制定岗位任职资格标准及绩效管理标准，将组织对其员工的期望和要求明确地规定下来

(C) 对员工的评价结果进行公开

(D) 实现绩效管理活动的公开化，破除神秘感，进行上下级间的直接对话，将技能开发与员工发展的要求引入考评体系之中

(E) 根据企业不同，分阶段引入绩效管理的评价标准和规则

115. 下列属于业绩考评的内容有(　　)。

(A) 任务完成度　(B) 工作的改进与改善

(C) 工作数量　(D) 工作质量

(E) 统筹安排

116. 企业薪酬制度现状的分析的主要内容包括(　　)。

(A) 员工薪酬意识分析　(B) 企业薪酬制度分析

(C) 企业薪酬总额分析　(D) 企业各员工的薪酬分析

(E) 企业薪酬策略分析

117. 外部薪酬包括(　　)。

(A) 非工作日工资　(B) 额外的津贴　(C) 单身公寓　(D) 绩效工资

(E) 日薪

118. 计时工资制的形式有(　　)。

(A) 小时工资制　(B) 日工资制　(C) 月工资制　(D) 季度工资制

(E) 年工资制

119. 下列属于法定福利的有(　　)。

(A) 计划生育独生子女补贴　(B) 医疗保险

（C）法定带薪假日　　　　　　　　　　（D）工资性津贴
（E）探亲假工资

120. 下列属于企业薪酬管理的基本程序的有(　　)。
（A）工资指导线的贯彻实施
（B）明确企业的薪酬政策与目标
（C）同一地区、行业和不同类型企业的薪酬调查
（D）企业工资制度结构的确定
（E）工作岗位分析与评价

121. 下列关于计时工资制的特点表述正确的有(　　)。
（A）计时工资侧重以劳动的外延量和劳动强度计算工资
（B）计时工资的基础是按照一定质量劳动的直接持续时间支付工资
（C）实行计时工资制有利于激励劳动者的积极性
（D）计时工资制简单易行、适应性强、适用范围广
（E）就劳动者本人来说，计时工资难以准确反映其实际提供的劳动数量与质量，工资与劳动量之间往往存在着不相当的矛盾

122. 下列关于雇主的说法正确的有(　　)。
（A）雇主通常是一个孤立的自然人
（B）雇主与雇员的关系表现为管理方群体与雇员群体之间的关系
（C）是企业或者其他类型的用人单位的财产的人格化代表，是生产经营与管理权的载体
（D）雇主完成生产经营和各类管理，并通过各级各类管理人员的职能行为来实现
（E）雇主一般通过雇员的概念来定义，在劳动关系中与雇员相对的一方是雇主

123. 劳动争议处理制度中，调解的基本特点包括(　　)。
（A）强制性　　　　（B）群众性　　　　（C）自治性　　　　（D）非强制性
（E）民主性

124. 劳动合同法定条款的内容包括(　　)。
（A）工作内容　　　　　　　　　　（B）违反劳动合同的责任
（C）劳动保护和劳动条件　　　　　（D）社会保险
（E）劳动纪律

125. 劳动合同台账种类的确定与记录必须坚持(　　)的原则。
（A）系统　　　　（B）稳定　　　　（C）准确　　　　（D）及时
（E）简明

卷册二　专业技能题

一、简答题(本题共3题，每小题10分，共30分。)

1. 简述人员招聘的基本程序。
2. 简述招聘申请表的设计要求。
3. 应聘人员的背景调查内容及方法有哪些?

二、计算题(本题共 2 题，每小题 10 分，共 20 分。)

1. 某企业为了奖励、鼓励员工多做工作，实行计件工资制。生产量为 5000 个，单价为 1 元/个,若生产量超过 5000 个，计件单价增加 1 元/个。现在某员工生产量为 5400 个，请计算其实际工资。
2. 某企业共有员工人数 500 人，在 2009 年 1 月初招进 100 人，4 月初辞职 10 人，7 月初又招进 20 人，9 月初有 5 名工人退休。求该企业 2009 年的年平均人数。

三、综合分析题(本题共 2 题，第 1 题 24 分，第 2 题 26 分，共 50 分。)

1. 某房地产公司，年底都会有绩效考评，因为每年年底的绩效考评是与奖金挂钩的，大家都非常重视。人力资源部将一些考评表发到各部门的经理手中，要求部门经理在规定的时间内填写完表格，再交回人力资源部。

　　王经理是销售部经理，拿到人力资源部送来的考评表格，却不知怎么办。表格主要包括了对员工工作业绩和工作态度的评价。工作业绩那一栏分为五个档，每一档只有简短的评语。年初由于种种原因，王经理没有将员工的业绩目标清楚地确定下来。因此对业绩考评时，无法判断谁超额完成任务，谁没有完成任务。工作态度就更难填写了，由于平时没有收集和记录员工的工作表现，到了年底，只对近一两个月的事情有一点记忆。

　　由于人力资源部催得紧，王经理只好在这些考评表上勾勾圈圈，再加上一些轻描淡写的评语，交给人力资源部。想到这些绩效考评要与奖金挂钩，王经理感到这么做有些不妥，他决定向人力资源部建议重新设计本部门销售人员的考评方法。

　　请回答：(1)在设计绩效考评方法时应注意哪些问题?

　　　　　　(2)公司制定绩效考评的作用有哪些?

2. 张经理是某信息科技有限公司的市场部经理，由于他为人直率，性格外向，擅长人与人之间的感情联络，因此带领市场部的人员为公司立下不少功劳。但是，近一段时间张经理的情绪一直很不稳定，有几次向公司提出要辞职，原因是他的工资自加入公司以来只增加了一次，现为 3500 元/月，外加 0.1% 的业务提成。张经理认为，他刚加入公司时，公司正在创业时期，他不顾个人利益得失，总希望先干出成绩来，待到公司壮大以后老板一定不会忘记他。可是，公司到现在都没有提到加薪的事。

　　某一天，张经理收到一份聘书：

　　尊敬的张先生：

　　我公司诚心邀请您能加入我公司，您的起步薪资为 5000 元/月，外加 0.35% 的业务提成，另给 10% 的股份，还可以解决家属的户口及孩子的入学问题，详情请来公司面谈。

　　×××董事长×××

　　张经理知道该公司在同行业中是一家非常有实力的企业，而且还解决家属问题，于是向现就职公司呈交了他的辞职报告。

　　请回答：(1)公司是否应留住张经理? 说明原因。若想留住张经理，公司应该如何做?

　　(2)公司现行的薪酬制度存在哪些不合理的地方，如何改进?

模拟试卷（四）

卷册一　理论知识题

第一部分　职业道德

（第1~25题，共25道题）

一、职业道德基础理论与知识部分(第1~16题)

(一) 单项选择题(第1~8题)

1. 1978年，通过了《从政职业法》并将之作为规范政府官员的职业准则的国家是(　　)。
   (A) 美国　　(B) 英国　　(C) 法国　　(D) 德国
2. 职业道德是所有从业人员在职业活动中应该遵循的行为准则，涵盖的关系不包括(　　)。
   (A) 从业人员与服务对象之间的关系　　(B) 职业与职工之间的关系
   (C) 职业与职业之间的关系　　(D) 社会与自然之间的关系
3. 以(　　)来从事自己的职业并持续追求体现工作的最优效果，是现代职业观和职业人的理想境界。
   (A) 职业化的职业精神　　(B) 社会化的职业精神
   (C) 职业化的敬业精神　　(D) 社会化的敬业精神
4. 在个人的职业生涯中起着极其重要的作用的是(　　)。
   (A) 职业知识　　(B) 职业技术　　(C) 职业素质　　(D) 职业技能
5. 市场经济环境下的职业道德内含着(　　)的道德要求。
   (A) 为企业牟利　　(B) 为祖国献身　　(C) 为社会奉献　　(D) 为人民服务
6. 美国著名社会学家盖洛普博士最早提出了(　　)的观点。
   (A) 员工能力水平　　(B) 员工敬业度
   (C) 员工技能水平　　(D) 员工职业道德水平
7. 诚信的本质内涵不包括(　　)。
   (A) 信任　　(B) 真实　　(C) 合作　　(D) 守诺
8. 以下不属于平等待人是员工具有公道素质的重要表现的要求是(　　)。
   (A) 树立市场面前利益第一的观念　　(B) 树立市场面前顾客平等的观念
   (C) 树立按贡献取酬的平等观念　　(D) 树立按德才谋取职位的平等观念

(二) 多项选择题(第9~16题)

9. 从业人员在公平竞争中至少要做到的有(　　)。
   (A) 竭尽全力帮助他人　　(B) 换位思考，理解他人
   (C) 在竞争中团结合作　　(D) 在合作中争先创优
10. 要成为一名具有奉献素质的员工，需要在职业活动中培育和加强的有(　　)。
    (A) 敬业精神　　(B) 尽职尽责　　(C) 尊重集体　　(D) 为人民服务
11. 职业道德的规范功能表现在(　　)。
    (A) 根据企事业发展战略和经营理念，引导企事业和从业人员集中智慧和力量，促进企事业健康发展，推动从业人员取得事业成功

(B) 通过岗位责任的总体规定，使从业人员明白职业活动的基本要求

(C) 确立正确的职业理想，使企业和从业人员提高社会责任感，坚持社会文明前进的方向

(D) 通过具体的操作规程和违规处罚规则，让从业人员了解职业行为底线，不越“雷池”，避免受处罚

12. 职业道德和社会公德是部分与整体、个性与共性的关系，二者既有区别，又有联系。主要表现在(　　)。

(A) 它们存在着相通性　　(B) 它们适用的范围不同

(C) 它们反映的利益不同　　(D) 它们相互包含

13. 职业技能的特点有(　　)。

(A) 专业性　　(B) 层次性　　(C) 综合性　　(D) 时代性

14. 21 世纪，社会发展对从业人员的职业技能提出了更高的要求，主要是指(　　)。

(A) 人们生活水准的提高对产品质量、服务水平提出了更高的要求，进而对从业人员的职业技能提出了更新、更专业化的要求

(B) 随着新技术的进步和普及应用，原有职业的科技含量和技术水准在不断提高，职业技能因此需要不断更新换代

(C) 市场经济迅速发展所带来的各行各业竞争的加剧，对从业人员的职业技能提出了更高的要求

(D) 社会分工进一步细化，新职业不断涌现

15. 离职信用的要求包括(　　)。

(A) 不说同事的坏话，和同事处好关系

(B) 离职前后，不能只考虑自己的利益，不考虑就职单位的工作和需要

(C) 不能随意离职，必须履行就职时与单位或公司签订的履职时间合同

(D) 遵守单位离职申请规定

16. 西方发达国家职业道德精华包括(　　)。

(A) 社会责任至上　　(B) 敬业　　(C) 诚信　　(D) 创新

二、职业道德个人表现部分(第 17 ~ 25 题)

17. 晚上你有一个重要的约会，为了按时到达，你会(　　)。

(A) 向领导请假，早一点赶去赴会

(B) 抓紧时间把当天的工作干完，提前赴会

(C) 下班后乘坐最快的交通工具赶过去

(D) 把自己的工作托付给别的同事，早早出发赴会

18. 某部门主管十分爱听别人表扬他的话，许多员工了解主管的脾气，都学着表扬他。如果你碰上这样一位主管，和他打交道时，你会(　　)。

(A) 少接触，少说话　　(B) 专挑主管的缺点说

(C) 适当时候要表扬一下　　(D) 和其他员工一样多表扬主管

19. 在闲暇之余，你和同事们经常谈论的话题是(　　)。

(A) 重大新闻　　(B) 生产和销售

(C) 朋友的逸闻趣事　　(D) 单位同事的花边新闻

20. 每天下班时，你通常会(　　)。

（A）准时离开　　（B）整理当天的工作再走开
（C）避开下班人流高峰迟些离开　　（D）把明天的工作计划好再离开

21. 尽管天气寒冷，但是家里的几头大蒜却长出了嫩芽。母亲感到很失望，此时你想对母亲说的话是（　　）。
（A）“好像春天到了”
（B）“别那么节俭！不值得为几头大蒜伤心”
（C）“要是长得再长一点，就可以炒菜了”
（D）“眼不见心不烦，扔了它，我再去买几头”

22. 公司派你去参加会议，但是会议的内容让你感到很无聊，此时，你最有可能做的事情是（　　）。
（A）休息　　（B）用手机上网聊天
（C）和旁边的人聊天　　（D）浏览事先带的报纸

23. 上午你接到总经理的电话，告知你市长下午要到公司视察工作，要求你立即准备一份汇报材料，你估计凭自己的能力在这么短的时间内无法完成任务，此时你会（　　）。
（A）做了再说
（B）找自己的主管商量一下
（C）向总经理报告，说明自己完不成的原因
（D）直接向总经理推掉这份棘手的工作，并推荐其他人选

24. 你的一位同事甲某总喜欢跟你说乙某的坏话，而据你所知，乙某并不像甲某所说的那样，你会（　　）。
（A）给甲某讲清这样做的危害
（B）远离甲某，同时对乙某保持警惕
（C）相信自己的判断，不会相信甲某的话
（D）暂时相信甲某的话，对乙某进行仔细观察

25. 一个多年不联系的大学同学突然来访，而你正忙着筹备下午召开的会议，无暇顾及，这时你会（　　）。
（A）狠狠地责怪他不提前打招呼
（B）让他耐心等待，然后忙自己的工作
（C）要他出去转转，等到下班时再来找自己
（D）边工作边询问他最近几年的情况，但主要在干自己的工作

第二部分　理论知识

（第26~125题，共100道题，满分为100分）

一、单项选择题（第26~85题，每题1分，共60分。每小题只有一个最恰当的答案。）

26.（　　）行为的观点，通常作为经济分析的基本假设。
（A）福利最大化　　（B）利益最大化　　（C）利润最大化　　（D）效用最大化

27. 劳动力需求的理论是关于（　　）的理论。
（A）经济　　（B）生产　　（C）劳动　　（D）绩效

28. 福利无论以何种具体方式表现，实质上都是由（　　）支付的。

(A) 企业　(B) 国家　(C) 集体　(D) 工人自己的劳动

29. 一国在一定时期内生产的最终产品和服务按价格计算的货币价值总量是(　　)。
(A) 总需求　(B) 总供给　(C) 就业总量　(D) 均衡国民收入

30. (　　)是当前我国调整劳动关系的主要依据。
(A) 劳动法律　(B) 国务院劳动行政法规
(C) 宪法中关于劳动问题的规定　(D) 劳动规章

31. 企业生产所利用的各种生产要素的成本和可用性是关系企业战略优势的重要方面属于(　　)。
(A) 供应商力量的分析　(B) 顾客力量的分析
(C) 潜在竞争对手的分析　(D) 替代产品威胁的分析

32. 企业实行纵向一体化的缺点不包括(　　)。
(A) 规模过大可能带来规模的不经济　(B) 横向管理难度加大
(C) 企业资本投入增加　(D) 纵向生产能力难以平衡

33. 在经营状况分析中，盈亏平衡点下移的方法不包括(　　)。
(A) 增加变动成本　(B) 增加固定成本，降低变动成本
(C) 降低变动成本　(D) 降低固定成本

34. 产业购买者购买情况的类型不包括(　　)。
(A) 新购　(B) 间接重购　(C) 修正重购　(D) 直接重购

35. 下列不属于市场营销策略中促销策略的是(　　)。
(A) 广告　(B) 公共关系　(C) 营业推广　(D) 售后服务

36. 下列关于个体差异中能力差异的表述错误的是(　　)。
(A) 指个人在某方面所表现出的实际能力
(B) 指个人将来有机会通过学习，在行为上表现出的能力
(C) 无实际能力和潜在能力之分
(D) 人的实际能力分为一般能力和特殊能力

37. 组织承诺反映的是员工对组织的(　　)，通过组织承诺表达了他们对组织及其将来的成功和发展的关注。
(A) 执著度　(B) 忠诚度　(C) 依赖度　(D) 信任度

38. 关于工作团队有效性的理论表述错误的是(　　)。
(A) 团队运作及其有效性的获得有赖于组织的背景，其中包括组织文化、团队设计方式和报酬系统
(B) 报酬系统是决定团队成员之间以及团队与外界互动的重要背景因素
(C) 团队管理是指团队被组织按照什么方式建立起来，包括任务的性质、对成员的要求和团队的结构
(D) 团队有效性的模型对团队的管理起到了一种指南针的作用

39. 下列关于心理测验的类型表述错误的是(　　)。
(A) 能力测验分为成就测验和性向测验
(B) 人格测验中最常用的方式有：限定答案的客观式自陈量表和不限定答案的主观式投射测验
(C) 按同时施测人数多少可分为个别测验和团体测验

（D）诊断性测验的目的在于对被试的能力水平、人格特征、知识水平等进行描述和评定

40. “社会人”假设建立在人性是(　　)的基础之上。

（A）丑陋　（B）善良　（C）可靠　（D）复杂

41. 关于人力资本理论的产生表述错误的是(　　)。

（A）世界两大阵营的形成与对峙，推动了人力资本理论的产生

（B）马克思理论的广泛应用与西欧迅速复兴的实践，推进了人力资本理论的诞生

（C）经济学界面临求解“经济之谜”的挑战，是人力资本理论产生的学术背景和推动力量

（D）美国经济学家T·W·舒尔茨于20世纪五六十年代相继发表了几篇重要文章，成为现代人力资本理论的奠基之作

42. 组织开发的主要方法中，库尔特·利温的三步模式不包括(　　)。

（A）解冻　（B）冻结　（C）改变　（D）重新冻结

43. 在管理形式上，传统的劳动人事管理属于(　　)。

（A）动态管理　（B）静态管理　（C）积极管理　（D）消极管理

44. 根据企业内部各管理层次和管理系统的不同需求提供不同类别和形式的信息指的是企业信息采集和处理中的(　　)原则。

（A）针对性　（B）适用性　（C）准确性　（D）有效性

45. 下列不属于撰写调研报告必须坚持的原则是(　　)。

（A）真实原则　（B）普遍原则　（C）客观原则　（D）完整原则

46. 实现工作岗位研究的各项任务，提高岗位分析、评价与分类质量的首要环节和重要保证是(　　)。

（A）工作岗位设计　（B）工作岗位调查

（C）工作岗位评价　（D）工作岗位分析

47. 在工作岗位调查方法中，采用(　　)有助于鉴别出本岗位工作的中心内容和重要项目。

（A）技术会议法　（B）抽样调查法　（C）关键事件法　（D）档案资料法

48. 我国制度公休时间为(　　)天。

（A）104　（B）110　（C）114　（D）120

49. 按编制的综合程度分类，劳动定额的种类不包括(　　)。

（A）多项定额　（B）单项定额　（C）时间定额　（D）综合定额

50. 制定劳动定额的科学依据不包括(　　)。

（A）心理生理依据　（B）技术依据

（C）人员数量统计　（D）经济依据

51. 根据有关文件的规定，员工全年月平均工作天数调整为(　　)天。

（A）22.86　（B）21　（C）20.92　（D）21.56

52. 企业员工平均人数统计不包括(　　)。

（A）日平均人数统计　（B）月平均人数统计

（C）季平均人数统计　（D）年平均人数统计

53. 在人员招聘中，招聘工作的实施步骤不包括(　　)。

（A）录用阶段　（B）招募阶段　（C）评估阶段　（D）筛选阶段

54. 信息发布的范围是由(　　)来决定的。

（A）招聘对象的范围　（B）企业招聘的岗位要求

(C) 人力资源管理人员　　(D) 企业规模

55. “你将投身于一项富有挑战性的工作!”“你愿意与充满活力的单位共同成长吗?”等广告词属于招聘广告原则中的(　　)。

(A) 引起读者的注意　　(B) 激发读者的兴趣

(C) 创造求职的愿望　　(D) 促使求职的行动

56. 在发布招聘广告信息时，一般来说，(　　)的覆盖面比较广，影响持续的时间较长。

(A) 网上招聘广告　　(B) 报纸招聘广告

(C) 广播电视招聘广告　　(D) 海报招聘广告

57. 招聘申请表的目的是(　　)。

(A) 筛选出那些背景和潜质都与职务规范所需的条件相当的候选人，并从合格的应聘者中选出参加后续选拔的人员

(B) 加快预选速度

(C) 便于用人单位了解应聘者情况

(D) 保证应聘者信息的准确性

58. 在通知被录用者方面，最重要的原则是(　　)。

(A) 及时性　　(B) 公开性　　(C) 准确性　　(D) 经济性

59. 企业提供员工培训的最终目的是(　　)。

(A) 提高企业的经济效益　　(B) 改善自身的竞争优势

(C) 提高员工的自身素质　　(D) 提高员工的工作效率

60. 根据培训工作与员工的关系分类，(　　)不适合技术性强、对操作经验要求高的岗位。

(A) 脱产培训　　(B) 轮岗培训　　(C) 岗前培训　　(D) 在岗培训

61. 根据绩效考核的结果，有针对性地制订培训计划，实施培训，可以使任职前培训的不足得以弥补，使员工进一步发展和提高自己的工作能力。这体现了以改善绩效为目的的培训的(　　)特点。

(A) 以一对一指导为主要办法　　(B) 任职前培训的延续

(C) 多种培训方法　　(D) 以客观、公正的绩效考核为依据

62. 教室布置的方法中，典型的以学生为中心的布置方法是(　　)。

(A) U 形布置法　　(B) V 形布置法

(C) 臂章形布置法　　(D) 环形布置法

63. 下列属于间接培训成本的是(　　)。

(A) 教师的费用　　(B) 培训项目的管理费用

(C) 学生的住宿费　　(D) 教室设备的租赁费用

64. 在现场培训的形式中，(　　)常用于管理培训。

(A) 工作指导法　　(B) 工作轮换法　　(C) 特别任务法　　(D) 个别指导法

65. 影响激励最大的因素是(　　)。

(A) 个性　　(B) 价值观　　(C) 学习过程　　(D) 需要层次

66. 要达到绩效管理的基本目标，各级主管在组织绩效管理的活动中，应当充分发挥绩效管理的(　　)功能，通过积极主动的绩效沟通和面谈，采用科学的方法从不同需求出发，激励、诱导下属，朝着一个共同目标努力学习，积极进取。

(A) 竞争　　(B) 诊断　　(C) 监测　　(D) 导向

67. 下列关于书面法的表述错误的是(   )。

(A) 书面法要求考评者以报告的形式，认真描述被评价的员工

(B) 对员工的所有特征进行描述，如果与其他方法一起使用时，不要求作全面描述，可以省去很多时间

(C) 书面法带有主观性，描述的重点不一定能放在与绩效管理相关的方面

(D) 书面法可以提供一些其他方法所不能提供的描述性信息，使考评者有机会指出员工独有的特征

68. 在考评数据的分析方法中，(   )同顺序法的主要区别是顺序法只将分数排队。

(A) 常模分析法　(B) 综合分析法　(C) 对比分析法　(D) 能级分析法

69. 绩效管理是一种(   )的管理过程。

(A) 间断性　(B) 连续性　(C) 随机性　(D) 固定性

70. 员工绩效考评的方法中，具有采用不同的测量和评鉴方式的特点的方法是(   )。

(A) 行为导向型考评方法　(B) 按照员工的工作成果进行考评的方法

(C) 按具体形式区分的考评方法　(D) 按具体内容分类的考评方法

71. 收集岗位评价有关信息的工作程序不包括(   )。

(A) 设计各种专用的表格　(B) 对收集的信息进行整理

(C) 岗位评价结果的汇总　(D) 确定所需的信息

72. 实际上，(   )是一个企业给员工传递信息的渠道，也是企业价值观的体现。

(A) 薪酬原则　(B) 薪酬目标　(C) 薪酬内容　(D) 薪酬方式

73. 薪酬总额分析是通过企业的各种(   )以及同行业企业的有关资料进行的。

(A) 绩效考核表　(B) 工作评估表　(C) 标准考核表　(D) 财务报表

74. 在计件工资制中，(   )是计算机计件单价的基础。

(A) 技能等级　(B) 工作物等级　(C) 职务等级　(D) 劳动定额

75. 我国养老保险的组成部分不包括(   )。

(A) 个人储蓄型养老保险　(B) 企业补充养老保险

(C) 基本养老保险　(D) 国家统筹型养老保险

76. 在各类保险中，(   )是社会保障的重要组成部分，是社会保险的主要项目之一。

(A) 养老保险　(B) 失业保险

(C) 交通事故保险　(D) 工伤保险

77. 在计件工资制的形式中，国外有的称之为“有计时工资保证的计件工资制”的是(   )。

(A) 累计计件工资制　(B) 提成工资制

(C) 直接有限计件工资制　(D) 超额计件工资制

78. 用人单位根据劳动合同的规定，以各种形式支付给劳动者的工资报酬是(   )。

(A) 奖金　(B) 津贴　(C) 报酬　(D) 工资

79. 根据劳动复杂程度、繁重程度、精确程度和工作责任大小等因素划分技术等级，按等级规定工资标准的一种工资制度是(   )。

(A) 技术等级工资制　(B) 业务等级工资制

(C) 岗位或职务等级工资制　(D) 结构工资制

80. 一般而言，用人单位与劳动者之间在运用劳动者的劳动能力，实现劳动过程中所发生的关系是(   )。

(A) 雇佣关系 (B) 需要与被需要关系
(C) 劳动关系 (D) 生产关系

81. 用人单位将《续订(终止)劳动合同意向通知书》交付劳动者的时间是在劳动合同期满前(　　)。
(A) 5 日 (B) 10 日 (C) 30 日 (D) 15 日

82. 企业劳动安全管理的首要任务是(　　)。
(A) 全面掌握国家在劳动安全卫生方面的要求
(B) 全面掌握国家对用人单位在劳动安全卫生方面的规定
(C) 全面掌握国家规定的相关规程和标准，掌握国家对用人单位在劳动安全卫生方面的要求
(D) 全面掌握用人单位的相关标准，掌握用人单位在劳动安全卫生方面的要求

83. 劳动法律关系与劳动关系的最主要区别在于(　　)。
(A) 前者体现了劳动者意志 (B) 前者体现了国家意志
(C) 后者体现了国家意志 (D) 后者体现了劳动者意志

84. 下列关于试用期的说法不正确的是(　　)。
(A) 试用期限最长不得超过 6 个月
(B) 试用期包含在劳动合同的期限之内
(C) 对于两年期以下的劳动合同，试用期限基本按照合同期限的 1/12 确定
(D) 一年期劳动合同试用期限不得超过 2 个月

85. 劳动保障行政部门依法对劳动合同的订立、履行、变更、解除、终止及违约责任承担等一系列活动进行统一化、专门化的管理指的是(　　)。
(A) 劳动合同的鉴证 (B) 劳动合同的程序
(C) 劳动合同的管理 (D) 劳动合同的运用

二、多项选择题(第 86～125 题，每小题 1 分，共 40 分。每题有多个正确答案，错选、少选、多选，均不得分。)

86. 现代劳动经济学产生于劳动资源的(　　)的存在，其研究对象正是这种客观存在所决定的。
(A) 成本 (B) 资本 (C) 可再生性 (D) 限制性
(E) 稀缺性

87. 根据劳动力供给弹性的不同取值，一般将劳动力供给弹性分为(　　)。
(A) 供给缺乏弹性 (B) 供给富有弹性
(C) 供给无弹性 (D) 单位供给弹性
(E) 供给有无限弹性

88. 生产要素分为(　　)。
(A) 企业家才能 (B) 劳动
(C) 资本 (D) 时间
(E) 土地

89. 政府实施货币政策的主要措施包括(　　)。
(A) 调节法定准备金率 (B) 调整政府购买水平
(C) 调整政府税率 (D) 调整贴现率

(E) 公开市场业务

90. 劳动权受到国家的保障，这种劳动权保障具体体现在(　　)方面。

(A) 全面保护　(B) 特殊保护　(C) 优先保护　(D) 局部保护

(E) 基本保护

91. 企业的外部经营环境，按照对企业经营活动影响的密切程度可以分为(　　)。

(A) 行业环境　(B) 市场环境　(C) 技术环境　(D) 微观环境

(E) 宏观环境

92. 新兴行业战略制定的内容包括(　　)。

(A) 进入时机的选择　(B) 发展战略的选择

(C) 竞争方式的选择　(D) 稳定战略的选择

(E) 撤退战略的选择

93. 风险型决策的决策树的构成要素有(　　)。

(A) 方案枝　(B) 概率枝　(C) 关系枝　(D) 决策点

(E) 状态节点

94. 按交换对象不同可将市场分为(　　)。

(A) 技术市场　(B) 信息市场　(C) 服务市场　(D) 商品市场

(E) 劳动力市场

95. 判断人的社会知觉的方法有(　　)。

(A) 光环效应　(B) 投射效应　(C) 刻板印象　(D) 对比效应

(E) 首因效应

96. 个人和组织同处于一个社会文化环境之中，社会文化环境通过自己的(　　)，对组织和个人产生影响。

(A) 约束　(B) 职业激励　(C) 成功标准　(D) 技术系统

(E) 价值系统

97. 人本管理的原则有(　　)。

(A) 人的管理第一　(B) 和谐的人际关系

(C) 员工个人与组织共同发展　(D) 满足人的需要，实施激励

(E) 优化教育培训，完善人、开发人、发展人

98. 人员规划是对企业人员(　　)的整体规划。

(A) 层次　(B) 构成　(C) 素质　(D) 总量

(E) 流动

99. 工作岗位研究是(　　)等项活动的总称。

(A) 岗位分析　(B) 岗位设计　(C) 岗位评价　(D) 岗位分级

(E) 岗位调查

100. 企业员工按专业构成分类，可分为(　　)。

(A) 行政管理人员　(B) 财务人员

(C) 技术人员　(D) 服务人员

(E) 营销人员

101. 工作时间利用的加班时间的分析包括(　　)。

(A) 加班强度指标　(B) 加班长度指标

(C) 平均加班长度指标　　(D) 总的加班长度指标
(E) 加班比重指标

102. 人工成本费用包括(　　)。
(A) 非奖励基金的奖金　　(B) 工资专案
(C) 保险福利项目　　(D) 退休费用
(E) 社会费用

103. 关于劳动定额，下列说法正确的有(　　)。
(A) 劳动定额的对象是劳动者的劳动量
(B) 劳动定额所规定的是完成合格产品或符合质量要求工作任务的劳动消耗量，它只限制有效的劳动
(C) 劳动定额是在生产或工作进行之前预先制定的
(D) 劳动定额是对劳动者在生产或工作过程中活劳动消耗量所规定的限额
(E) 劳动定额是在一定条件下制定的，劳动定额不能脱离具体的生产、技术、组织条件

104. 狭义的招聘主要包括(　　)。
(A) 招聘准备　　(B) 筛选　　(C) 招募　　(D) 招聘评估
(E) 录用

105. 在招聘需求信息的整理中，按所要招聘人员的岗位分类，可将招聘需求信息分为(　　)。
(A) 一般员工的岗位　　(B) 经理助理
(C) 经理　　(D) 销售部
(E) 售后服务部

106. 在设计应聘申请表时，应考虑的内容有(　　)。
(A) 审查已有的申请表
(B) 要注意有关法律和政策，不要将涉及国家机密的内容列入招聘申请表的调查项目
(C) 内容的设计要根据职务说明书来确定
(D) 使应聘者感到可以信赖
(E) 要考虑申请表的存储、检索问题

107. 下列属于个人简历的优点的有(　　)。
(A) 允许应聘者强调自认为重要的东西　　(B) 费用较小
(C) 体现应聘者的个性　　(D) 结构完整
(E) 允许应聘者略去某些东西

108. 培训项目的全过程，按时间顺序包括(　　)部分。
(A) 培训反馈　　(B) 制定培训计划
(C) 教学设计　　(D) 需求确认
(E) 实施培训计划

109. 岗前培训的阶段一般由(　　)组成。
(A) 分支机构或部门培训　　(B) 实践培训
(C) 工作现场培训　　(D) 课堂培训
(E) 总部培训

110. 自学的优点有(　　)。

(A) 不影响工作　　(B) 学习者自主性强

(C) 费用低　　(D) 可体现学习的个别差异

(E) 培养员工的自学能力

111. 在岗培训的特点不包括(　　)。

(A) 缺乏良好的组织　　(B) 不易较快地取得效果

(C) 成本较高　　(D) 适用于涉及面广、见效快的培训任务

(E) 较不规范

112. 对于员工个人，绩效管理的功能有(　　)。

(A) 沟通功能　　(B) 控制功能　　(C) 激励功能　　(D) 规范功能

(E) 发展功能

113. 绩效考评的具体内容有(　　)。

(A) 业绩考评　　(B) 操作考评　　(C) 能力考评　　(D) 态度考评

(E) 素质考评

114. 在绩效管理工作中，人力资源管理部门的责任包括(　　)。

(A) 宣传企业员工的绩效管理制度，说明贯彻该项制度的重要意义、目的、方法与要求

(B) 督促、检查、帮助本企业各部门贯彻现有绩效管理制度，培训实施绩效管理的人员

(C) 在本部门认真执行企业的绩效管理制度，以起到示范作用

(D) 设计、试验、改进和完善绩效管理制度，并向有关部门建议推广

(E) 根据绩效管理的结果，制定相应的人力资源开发计划，并提出相应的人力资源管理决策

115. 所有的考评表格都应该包括的内容有(　　)。

(A) 考评人员名称　　(B) 考评指标体系

(C) 考评方法　　(D) 考评要素

(E) 考评应达到的标准

116. 企业薪酬策略分析的依据是(　　)。

(A) 企业战略规划　　(B) 企业文化

(C) 市场薪酬水平　　(D) 企业财务支付能力

(E) 企业的核心竞争力

117. 在执行工资制度的过程中，最主要的问题是(　　)。

(A) 薪酬的标准制度　　(B) 薪酬总水平的控制

(C) 薪酬的等级划分　　(D) 薪酬总额的标准

(E) 薪酬的调整

118. 下列关于用人单位根据实际需要安排劳动者在法定标准工作日以外工作的支付的工资标准说法不正确的有(　　)。

(A) 用人单位依法安排劳动者在法定休假节日工作的，按照不低于劳动合同规定的劳动者本人日或小时工资标准的300%支付劳动者工资

(B) 实行计件工资的劳动者，在完成计件定额任务后，由用人单位安排延长工作时间的，应根据规定的原则，按照不低于其本人法定工作时间计件单价的300%支付其工资

(C) 用人单位依法安排劳动者在休息日工作，而又不能安排补休的，按照不低于劳动

合同规定的劳动者本人日或小时工资标准的300%支付劳动者工资

(D) 经劳动行政部门批准实行综合计算工时工作制的，其综合计算工作时间超过法定标准工作时间的部分，应视为延长工作时间，并应按本规定支付劳动者延长工作时间的工资

(E) 用人单位依法安排劳动者在法定标准工作时间以外延长工作时间的，按照不低于劳动合同规定的劳动者本人日或小时工资标准的200%支付劳动者工资

119. 下列关于工伤保险缴费表述正确的有(　　)。

(A) 用人单位缴纳工伤保险费的数额为本单位员工工资总额乘以单位缴费费率之积，按年缴纳工伤保险费

(B) 用人单位应当按时缴纳工伤保险费，员工个人不缴纳工伤保险费

(C) 统筹地区经办机构根据用人单位工伤保险费使用、工伤发生率等情况，使用所属行业内相应的档次确定单位缴费费率

(D) 工伤保险基金按照以支定收、收支基本平衡的原则确定费率

(E) 工伤保险费根据"以支定收、收支平衡"的原则筹集资金

120. 岗位或职务等级工资制的适用范围和对象主要是企业中的(　　)。

(A) 后勤人员　　(B) 专业技术人员

(C) 各类生产技能人员　　(D) 服务人员

(E) 管理人员

121. 下列属于工资指导线的基本内容有(　　)。

(A) 国家宏观政策简析　　(B) 工资指导线意见

(C) 本年度经济增长预测　　(D) 企业工资增长分析

(E) 与周边地区的比较分析

122. 下列关于企业内部的劳动规则的表述不正确的有(　　)。

(A) 制定内部劳动规则是用人单位的单方法律行为，制定程序、决定和公布都应当保证劳动者的参与

(B) 虽然企业内部劳动规则以企业为制定的主体，以企业公开、正式的行政文件为表现形式，但是适用范围不仅是在本企业内部

(C) 企业内部劳动规则的制定和实施是企业以经营权为基础决定的、行使用工权的形式和手段

(D) 企业内部劳动规则所调整的行为是作为劳动过程组成部分的用工行为和劳动行为，既约束全体劳动者，又约束企业行政各职能部门和企业的各组成部分

(E) 企业内部劳动规则是企业经营权与职工民主管理权相结合的产物

123. 下列关于劳动合同的说法正确的有(　　)。

(A) 按照《劳动法》规定，订立劳动合同既可以采取书面形式，也可以采用电子版形式

(B) 劳动合同的条款为协商条款

(C) 劳动者和用人单位签订劳动合同的法律地位平等

(D) 劳动合同是劳动者与用人单位确立劳动关系、明确双方权利义务的协议

(E) 订立劳动合同的目的是为了在劳动者和用人单位之间建立劳动法律关系，规定劳动合同双方当事人的权利和义务

124. 下列属于劳动合同的约定条款内容有(　　)。

(A) 第二职业条款　　(B) 变更、解除合同

(C) 培训　　　　　　　　　　(D) 试用期限

(E) 补充保险和福利待遇

125. 下列属于工厂安全技术规程的主要内容有(　　)。

(A) 电气设备的安全措施

(B) 机器设备的安全措施

(C) 工作场所、爆炸危险场所的安全技术措施

(D) 动力锅炉、压力容器的安全装置

(E) 厂房、建筑物和道路的安全措施，以及坚固安全，符合防火、防爆的规定

卷册二　专业技能题

一、简答题(本题共 2 题，每小题 15 分，共 30 分。)

1. 简述企业组织信息采集方法中的调查研究法的具体方法。
2. 简述人力资源管理费用的核算步骤和方法。

二、计算题(本题 1 题，共 18 分。)

某个公司人力资源管理部门连续 15 天，每天进行 150 人次的岗位抽样，结果是办公室人员在工作班内利用电话聊天事件的发生率为 20%。

请计算该公司上、下控制界限分别是多少。

三、综合分析题(本题共 2 题，第 1 题 25 分，第 2 题 27 分，共 52 分。)

1. A 公司是一个小规模的企业，近年来，随着市场竞争的加剧，公司越来越意识到，要想把企业做大做强，必须加强绩效管理。2011 年，该公司在各部门推行了新的绩效管理制度，希望以此来调动员工的积极性，制度如下：每季度考评一次，主要考核研发人员为企业创收的情况，连续四个季度排名在该部门最后两名的员工将被辞退。但结果并没有很好地调动起员工的积极性，反而激起了员工的不满情绪。

   请回答：(1)绩效管理在企业中有何功能？

   (2)你认为该公司研发部门的绩效管理存在哪些问题？

2. 张某 2006 年 5 月进入服装厂工作，并与服装厂签订了 5 年期的劳动合同。2010 年 6 月张某患神经性萎缩症住院一个月后回厂上班，但为巩固治疗效果，每周需去医院针灸两次。2010 年 8 月，该厂以张某患病不能从事正常工作为由解除了与张某签订的劳动合同。因合同未到期，张某不接受解除劳动合同，并向当地劳动争议仲裁委员会提出申诉。

   请回答：如果你是仲裁委员会委员，你会如何判决？

模拟试卷（五）

卷册一　理论知识题

第一部分　职业道德

(第 1 ~ 25 题，共 25 道题)

一、职业道德基础理论与知识部分(第 1 ~ 16 题)

(一) 单项选择题(第 1 ~ 8 题)

1. 企业和从业人员承担社会责任，实现职业理想的前提是(　　)。

A. 遵守集体道德规范　　B. 遵守职业道德规范
C. 遵守社会道德规范　　D. 遵守个人道德规范

2. (　　)就是为满足群众需要，为群众办实事、办好事，为群众排忧解难。
(A) 办事公道　(B) 服务群众　(C) 想群众所想　(D) 爱岗敬业

3. (　　)既是人的职业道德也是人的潜在才能的开发。
(A) 技能学习　(B) 人力资源　(C) 职业素养　(D) 职业思想

4. 既是一个民族的灵魂，也是一个国家兴旺发达的强大动力的是(　　)。
(A) 奋斗　(B) 学习　(C) 团结　(D) 创新

5. (　　)是从业人员成长成才的需要。
(A) 加强职业技术水平　(B) 加强职业道德修养
(C) 加强社会道德修养　(D) 加强知识文化水平

6. (　　)就是不用领导督促，不待外力推动，积极主动地开展职业活动。
(A) 务实　(B) 主动　(C) 诚实　(D) 持久

7. 与一般员工相比，管理者更要以(　　)为本。
(A) 技能　(B) 学历　(C) 信用　(D) 敬业

8. 以下不属于从业人员在职业活动中坚持原则应注意的是(　　)。
(A) 方法要灵活　(B) 立场要坚定　(C) 要努力工作　(D) 要以德服人

(二) 多项选择题(第 9 ~ 16 题)

9. 同事信赖的建立应遵循的规则包括(　　)。
(A) 不说同事的坏话　(B) 经常彼此商量
(C) 不随便批评同事的言行　(D) 开诚布公相处

10. 社会主义职业道德的特征包括(　　)。
(A) 先进性和广泛性相统一　(B) 科学性与创造性的统一
(C) 继承性与创造性的统一　(D) 阶级性和人民性相统一

11. 在社会主义市场经济条件下，集体主义作为公民道德建设的原则，是社会主义(　　)的必然要求。
(A) 道德建设　(B) 经济建设
(C) 政治建设　(D) 文化建设

12. 在职业道德建设中，坚持集体主义原则，要求把握(　　)方面。
(A) 正确处理集体利益和个人利益的关系
(B) 坚持集体利益和个人利益的统一
(C) 正确处理“小集体”与“大集体”的关系
(D) 反对形形色色的错误思想

13. 关于员工在职业中要勇于进取，以下表述正确的有(　　)。
(A) 树立远大的奋斗目标　(B) 端正态度
(C) 自信坚定，持之以恒　(D) 勇于创新

14. 对从业人员与时俱进的要求包括(　　)。
(A) 立足时代，充分认识职业技能加快发展更新的特点
(B) 立足国际，充分认识我国总体的职业技能水平与西方发达国家的差距
(C) 立足未来，践行终身学习的理念

（D）立足企业，充分认识企业的发展方向

15. 以下关于自信坚定、持之以恒表述正确的有（　　）。

（A）一个没有崇高理想追求的从业人员，很难成为一名优秀的员工

（B）有信心就有成功的可能

（C）提高职业技能，贵在坚持

（D）要取得事业的成功，就必须具有创新精神和创新能力

16. 立足岗位实际，学习提高职业技能，要求围绕岗位职责学习与之相关的理论知识和技术，这就要求我们要（　　）。

（A）认清岗位责任　　（B）化压力为动力

（C）勇于进取　　（D）训练提高

二、职业道德个人表现部分（第 17～25 题）

17. 小吴的隔壁住着年过八旬的王奶奶。由于白天工作繁忙十分劳累，因此晚上小吴需要好好休息。但是最近王奶奶家在 11 点后总传来“咚咚”的声音，让她无法入睡。原来，王奶奶患有失眠症，有人告诉王奶奶每天临睡前吃 3 个核桃能解决这一问题。如果你碰到此类情况，你会（　　）。

（A）给她买个核桃夹子

（B）向王奶奶建议，希望她白天砸核桃，晚上吃

（C）反正就 3 个核桃，就忍耐一下

（D）表达自己的不满，告诉王奶奶不能影响别人休息

18. 工作繁忙时，你一般会（　　）。

（A）调整心态　　（B）感到压力巨大

（C）心情很抑郁　　（D）找到其中的乐趣

19. 最近工作十分忙碌，因此你打算好好利用周末休息，但是几位朋友不期而至，占用了你大半天的时间，此时你会（　　）。

（A）觉得无所谓　　（B）感到有点沮丧

（C）认为周末过得还可以　　（D）觉得这个周末过得不如意

20. 你的邻居吴某的电动车不知道被谁划了一道长长的刮痕，为这事他们一家人连续几天在你家附近破口大骂，面对此情况你会（　　）。

（A）离吴某家远一点

（B）认为吴某的做法可以理解

（C）建议吴某报案，别指桑骂槐

（D）认为一定是吴某怀疑自己划了他的车

21. 你的同事何某因为总喜欢谈论对公司发展的见解，因此被人误认为是爱出风头，遭到同事们的非议。你对公司的发展也有许多思考，你会（　　）。

（A）一起和其他同事谴责何某的行为

（B）通过写信的方式给公司领导提出建议

（C）怕遭到他人的非议，闭口不谈自己的观点

（D）由于自己的观点是真知灼见，要想办法提出来

22. 如果你所在的公司因管理不善，无法正常发放工资，但是在你看来，公司凭借特有的产品和技术，还是有希望扭亏为盈，此时你会（　　）。

(A) 立即离开这家公司　　(B) 观察一段时间再做决定
(C) 边工作边找其他单位　　(D) 坚持在这家公司工作下去

23. 总经理让秘书通知你马上赶赴市内某地参加一项重要活动。于是你急忙联系，确认眼下只有两种交通方式可选择，一是乘坐公交车，且在道路不堵、一切顺利的前提下，时间可能提前2分钟，费用是0.4元；二是乘出租车，可以保证提前到达20分钟，费用40元，根据公司规定，市内交通费用均由个人自理，此时你会(　　)。
(A) 请示领导　　(B) 乘坐公交车
(C) 乘坐出租车　　(D) 请办公室秘书决定

24. 在你刚进入公司时，有同事说A爱向领导打小报告，你在与A相处时会(　　)。
(A) 疏远　　(B) 观察　　(C) 防备　　(D) 鄙视

25. 你所在的公司经常要求员工周末加班，但是从来不支付加班费。之前曾经有员工因向公司提出支付加班费的要求而被公司以各种理由辞退，现在大家都不敢提加班费的事。虽然没有加班费，但你对目前的工作还算满意，这时你会(　　)。
(A) 既然公司不支付加班费，那么就劝大家消极对待工作
(B) 既然自己对工作满意，所以就不提加班费的事情
(C) 虽然自己对工作满意，但加班费是另一码事，自己会提出
(D) 既然人家都不提加班费的事儿，那么自己就没有必要提出来

第二部分　理论知识

(第26~125题，共100道题，满分为100分)

一、单项选择题(第26~85题，每题1分，共60分。每小题只有一个最恰当的答案。)

26. 所谓劳动力供给，是指在一定的(　　)的条件下，劳动力供给的决策主体愿意并且能够提供的劳动时间。
(A) 劳动力参与率　　(B) 市场工资率　　(C) 就业率　　(D) 失业率

27. 社会生产得以进行的前提条件是(　　)。
(A) 消费市场　　(B) 生产力发展　　(C) 劳动力市场　　(D) 高素质人才

28. 均衡价格论，是说明通过(　　)的运动决定商品价格形成的理论。
(A) 商品生产与商品销售　　(B) 商品设计与商品销售
(C) 商品生产与商品需求　　(D) 商品供给与商品需求

29. 财政政策的内容包括通过增减(　　)和预算支出水平来调节经济。
(A) 财政收入　　(B) 税率　　(C) 机构设置　　(D) 政府税收

30. 任何一种社会关系经相应的法律规范调整后即转变为(　　)。
(A) 劳动关系　　(B) 合同关系　　(C) 经济关系　　(D) 法律关系

31. 在企业能力分析的方法中，(　　)可以帮助企业根据对手的优势取长补短，提高竞争优势。
(A) 技术分析　　(B) 财政分析　　(C) 纵向分析　　(D) 横向分析

32. 一般竞争战略不包括(　　)。
(A) 重点战略　　(B) 发展战略　　(C) 差异化战略　　(D) 低成本战略

33. 下列不属于编制经营计划的方法的是(　　)。

（A）滚动计划法　（B）综合平衡法　（C）PDCA 循环法　（D）敏感系数法

34. 具有不可储存、无法转售、不可触知等无形特征，必须采取相应的营销措施的是市场中的(　　)。

（A）商品市场　（B）金融市场　（C）服务市场　（D）技术市场

35. 关于市场营销策略产品生命周期特点的叙述错误的是(　　)。

（A）衰退期阶段产品的销售量和利润都迅速下降

（B）成长期阶段产品销售量迅速增长

（C）投入期阶段只有少数企业生产该产品

（D）成熟期阶段市场虽已基本饱和，但新的需求还在不断增多

36. 最早提出组织承诺的是(　　)。

（A）贝克尔　（B）阿伦　（C）梅耶　（D）赫威斯

37. 绩效薪资的最大特点在于，它是由(　　)决定的。

（A）工作时间或工作资历　（B）工作绩效或组织奖励

（C）组织奖励或个人需求　（D）个人或群体或组织的绩效水平

38. 依据对周哈利窗的分析，平衡地使用暴露和反馈的方法，达到最有效的人际沟通的人属于(　　)。

（A）自我克制型　（B）自我保护型　（C）自我实现型　（D）自我暴露型

39. 对领导行为有效性的考察或预测，不包括(　　)。

（A）确定领导的能力　（B）确定领导的具体情境

（C）确定领导者的行为风格　（D）确定领导风格与具体情境是否匹配

40. 人性具有可变性，这一特征首先缘于人性的(　　)属性。

（A）社会　（B）集体　（C）个人　（D）团体

41. 人力资本与非人力资本之和是(　　)。

（A）个人总财富　（B）企业总财富　（C）社会总财富　（D）国家总财富

42. 人力资源开发的最高目标是(　　)。

（A）促进企业的发展　（B）促进国家的发展

（C）促进人的发展　（D）促进社会的发展

43. 人力资源管理理论是以(　　)的人力资源为核心，研究如何实现人力资源与其他资源合理配置的学问。

（A）计划中　（B）控制中　（C）组织中　（D）企业中

44. 调研顺利进行的保证是(　　)。

（A）理想的调查问卷和科学合理的抽样方法

（B）理想的调查团队

（C）科学的调查问卷

（D）科学的调查方法

45. 在现代企业组织结构中，又被称为分权制结构的是(　　)。

（A）职能制　（B）事业部制　（C）直线职能制　（D）超事业部制

46. 基本时间和辅助时间要分开；机动时间、手动时间和手工操作时间要分开的划分原则属于(　　)的调查方法。

（A）岗位写实　（B）作业测时　（C）岗位抽样　（D）结构调查表

47. 在工作岗位调查方法中，(　　)有助于掌握现有人—机总体系统的性质和特征。

(A) 综合调查法　　(B) 岗位写实法

(C) 结构调查表法　　(D) 活动记录法

48. 对工作时间利用程度进行分析时，(　　)是工作时间利用统计的核心指标。

(A) 出勤率　　(B) 制度工时利用率

(C) 制度实际工时利用率　　(D) 出勤时间利用率

49. 在劳动定额的制定中，影响的因素是多方面的，但不包括(　　)。

(A) 劳动工具　　(B) 劳动者　　(C) 劳动对象　　(D) 劳动工序

50. 按表现形式分类，劳动定额不包括(　　)。

(A) 时间定额　　(B) 产量定额　　(C) 服务定额　　(D) 企业定额

51. 某公司在 4 月 5 日建立，员工人数为 50 人，在 4 月份以后人员基本未变动，则该公司在 4 月份的全月平均人数约为(　　)人。

(A) 43　　(B) 44　　(C) 50　　(D) 51

52. 在岗位调查的作业测时方法中，根据测时资料计算稳定系数时，如果稳定系数接近 1，则说明(　　)。

(A) 测时数列波动越小，可靠性小　　(B) 测时数列波动越小，比较可靠

(C) 测时数列波动越大，比较可靠　　(D) 测时数列波动大小与可靠性无关

53. 人力资源管理的首要环节是(　　)。

(A) 管理费用的核算　　(B) 人员招聘

(C) 劳动定额的管理　　(D) 员工工资费用编制

54. 各单位技术人才和管理人才的最主要来源是(　　)。

(A) 学校毕业生　　(B) 下岗人员　　(C) 退伍军人　　(D) 停薪留职人员

55. 招聘需求信息的整理不包括(　　)。

(A) 对招聘需求信息的打印　　(B) 人员招聘信息的报送与审批

(C) 对招聘需求信息的审核　　(D) 对招聘信息进行记录、保存

56. 使用招聘广告时要注意(　　)取决于招聘工作岗位的类型。

(A) 广告发布的时间　　(B) 广告媒体的选择

(C) 广告的设计原则　　(D) 广告的基本结构

57. 下列关于传统简历调查与档案考核的测评手段说法不正确的是(　　)。

(A) 是一种重要的测评手段　　(B) 提供的流息量小

(C) 缺乏预测性　　(D) 科学性较强

58. 用人单位通过第三者对应聘者的情况进行了解和验证指的是(　　)。

(A) 背景调查　　(B) 材料证明

(C) 熟人推荐　　(D) 个人材料核实

59. 新员工获取企业信息的基本来源是(　　)。

(A) 企业简介　　(B) 网上查询　　(C) 入职培训　　(D) 员工手册

60. 晋升培训的多种培训方法并用是由培训内容的(　　)决定的。

(A) 战略性　　(B) 系统性　　(C) 多样性　　(D) 专业性

61. 在员工培训的形式中，(　　)本质上是一种归纳式学习方法。

(A) 专题讲座法　　(B) 研讨法　　(C) 案例分析法　　(D) 讲授法

62. 从宏观上看，企业总体的绩效是由(　　)集合而成的。

(A) 各个层次员工微观的绩效　(B) 员工宏观绩效

(C) 企业单个微观绩效　(D) 企业员工的绩效

63. 一般的“初级董事会”由(　　)名受训者组成。

(A) 8 ~ 10　(B) 10 ~ 12　(C) 10 ~ 15　(D) 12 ~ 15

64. 调查企业目前从业员工现状时，一般采用(　　)的方式。

(A) 填写调查表　(B) 电话咨询　(C) 谈话　(D) 电子邮件

65. 绩效管理是以(　　)为基础的人力资源管理的子系统。

(A) 绩效考评制度　(B) 绩效考核制度

(C) 绩效评价制度　(D) 绩效评估制度

66. 要实现掌握和提高员工工作绩效目标的人力资源管理的重要措施是(　　)。

(A) 员工绩效管理　(B) 员工绩效考评

(C) 员工绩效评估　(D) 员工绩效考核

67. 在员工培训的方法中，(　　)是最基本的方法。

(A) 研讨法　(B) 演示法　(C) 模拟练习法　(D) 讲授法

68. 起草绩效管理制度中，对绩效管理制度在内容上的要求是(　　)。

(A) 相关性与有效性　(B) 全面性与完整性

(C) 明确性与具体性　(D) 可操作性与精确性

69. 按具体形式区分的考评方法不包括(　　)。

(A) 量表评定法　(B) 书面法

(C) 混合标准尺度法　(D) 观察测量法

70. 在考评数据的分析方法中，将某个员工的考评结果与某个固定的岗位模式要求进行分析比较，看与这个模式相符的程度，从而对其绩效进行评价的考评方法属于(　　)。

(A) 综合分析法　(B) 能级分析法　(C) 常模分析法　(D) 顺序法

71. 在支付工资、奖金之外，企业员工的所有待遇是(　　)。

(A) 广义的福利　(B) 津贴　(C) 补贴　(D) 狭义的福利

72. 对于企业来说，(　　)是人工成本的一部分，是企业进行人工成本控制的重要方面。

(A) 薪酬　(B) 收入总额　(C) 工资总额　(D) 报酬

73. 在企业工资制度中，适用于技术复杂程度高、劳动熟练程度差别大、工作物等级不同的工种的工资制度是(　　)。

(A) 结构工资制　(B) 技术等级工资制

(C) 销售提成制　(D) 计件工资制

74. 在企业员工奖金的分配方法中，如果企业生产人员或服务人员的工作量可以计量，并且工作量受外界因素影响比较小，可采用(　　)。

(A) 企业效益奖金　(B) 销售提成工资

(C) 计时工资　(D) 计件工资

75. 在计件工资制中，(　　)是实行计件工资制的关键。

(A) 工作物等级　(B) 劳动定额　(C) 计件单价　(D) 计件总量

76. 失业保险的特点不包括(　　)。

(A) 普遍性　(B) 及时性　(C) 强制性　(D) 互济性

77. 我国根据自身的具体国情，实行的基本养老保险制度是(　　)。

(A) 投保资助地养老保险

(B) 强制储蓄型养老保险

(C) 社会统筹与个人账户相结合的养老保险

(D) 国家统筹型养老保险

78. 因劳动者本人原因给用人单位造成经济损失的，用人单位可以从劳动者本人的每月工资中扣除不得超过劳动者当月工资的(　　)。

(A) 15%　　(B) 20%　　(C) 25%　　(D) 30%

79. 生育保险缴费提取比例的测算出发点不包括(　　)。

(A) 员工个人不缴纳生育保险费

(B) 保持收支基本平衡

(C) 员工个人缴纳部分生育保险费

(D) 尽量减轻企业负担，树立良好的社会形象

80. 劳动关系所反映的是(　　)关系。

(A) 劳动与产品　　(B) 投入与产出

(C) 付出与回报　　(D) 劳动给付与工资的交换

81. 由用人单位提出解除劳动合同的，用人单位应根据劳动者在本单位的工作年限，每满一年发给相当于一个月的工资作为经济补偿金，最多不超过(　　)个月。

(A) 6　　(B) 10　　(C) 12　　(D) 8

82. 自愿原则是从(　　)引申的。

(A) 协商一致原则　　(B) 合法原则　　(C) 公平原则　　(D) 平等原则

83. 目前，我国职工参与管理的形式主要是(　　)制度和平等协商制度。

(A) 职工代表大会　　(B) 职工大会

(C) 经合法程序产生职工代表参与　　(D) 监事会

84. 我国规定最低的就业年龄为(　　)周岁。

(A) 15　　(B) 16　　(C) 18　　(D) 19

85. 雇员与雇主在实现现实的劳动过程中所发生的权利义务关系指的是(　　)。

(A) 生产法律关系　　(B) 劳动法律关系

(C) 雇佣关系　　(D) 雇佣法律关系

二、多项选择题(第 86 ~ 125 题，每小题 1 分，共 40 分。每题有多个正确答案，错选、少选、多选，均不得分。)

86. 使互惠交换不能实现的主要障碍有(　　)。

(A) 市场缺陷　　(B) 体制障碍　　(C) 信息障碍　　(D) 管理障碍

(E) 法律障碍

87. 劳动力市场的均衡分析分为(　　)。

(A) 局部均衡分析　　(B) 一般均衡分析

(C) 对比均衡分析　　(D) 静态均衡分析

(E) 动态均衡分析

88. 实际工资受(　　)因素的影响。

(A) 货币工资　　(B) 货币工资率

(C) 价格指数 (D) 工资制度安排
(E) 工作时间长度

89. 需求不足性失业具体表现为(　　)形式。
(A) 季节性失业 (B) 技术性失业
(C) 周期性失业 (D) 增长差距性失业
(E) 结构性失业

90. 劳动法律的主要内容分为(　　)。
(A) 劳动标准法 (B) 劳动权利法 (C) 劳动体系法 (D) 劳动保障法
(E) 劳动关系法

91. 在资源的开发和利用活动的分类中，基本活动一般可以细分为(　　)活动。
(A) 生产加工 (B) 成品储运 (C) 市场营销 (D) 技术开发
(E) 售后服务

92. 不确定型决策方法的标准有(　　)。
(A) 中庸决策标准 (B) 悲观决策标准
(C) 同等概率标准 (D) 乐观系数决策标准
(E) 最小后悔决策标准

93. 影响产业购买者购买决定的主要因素有(　　)。
(A) 个人因素 (B) 人际因素 (C) 组织因素 (D) 需求因素
(E) 环境因素

94. 在产品生命周期的衰退期，企业通常有(　　)。
(A) 放弃策略 (B) 改良策略 (C) 收缩策略 (D) 集中策略
(E) 维持策略

95. 20 世纪 80 年代以后，心理学家关于(　　)核心的人格特质理论说明了人格中具有决定意义的特质因素的重要性。
(A) 外向 (B) 开放性 (C) 责任感 (D) 宜人性
(E) 情绪稳定性

96. 团队过程的主要范畴是(　　)问题。
(A) 冲突 (B) 决策 (C) 氛围 (D) 环境
(E) 沟通

97. 人力资本投资的特征有(　　)。
(A) 收益形式多样 (B) 连续性、动态性
(C) 主体与客体具有同一性 (D) 运作的安全性、稳定性
(E) 投资者与收益者的不完全一致性

98. 从规划的期限上看，人力资源规划可分为(　　)。
(A) 短期计划 (B) 中短期计划
(C) 中期计划 (D) 中长期规划
(E) 长期规划

99. 在企业中，组织结构设计后的实施原则有(　　)。
(A) 分配职责的原则 (B) 管理系统多元化原则
(C) 优先组建管理机构的原则 (D) 优先配备人员的原则

（E）明确责任和权限的原则

100. 在工作岗位调查中，作业测时的基本功能有(　　)。

（A）分析和研究多机台看管和生产流水线的节拍，合理确定各工作岗位的劳动负荷量，改善劳动组织，提高劳动生产率

（B）为掌握岗位的劳动负荷量，以及进行体力劳动强度分级提供依据

（C）弥补岗位写实无法获得的工时数据资料

（D）总结和推广先进员工的操作方法和先进经验，帮助后进员工改善操作方法，使操作方法合理化、科学化，不断减轻员工的体力消耗和劳动强度

（E）以工序作业时间为消耗对象，进行深入系统的分析研究，为制定工时定额提供数据资料

101. 下列关于停工时间的说法不正确的有(　　)。

（A）由材料供应中断、动力不足、检修设备、任务安排不足、等待图纸和设计更改等原因造成员工无法从事生产作业活动的时间

（B）停工时间分为停工被利用时间和停工损失时间

（C）停工时间是指在制度工作时间内，由于企业的原因造成员工上班但没有从事生产活动的时间

（D）如果企业因某些原因将公休日与工作日调换使用，则工作日休息也算停工时间

（E）企业安排员工从事的是非生产性活动，属于停工被利用时间

102. 劳动定额按其用途分类，可分为(　　)。

（A）设计定额　　（B）评估定额　　（C）不变定额　　（D）现行定额

（E）统计定额

103. 企业员工可以按(　　)分类。

（A）职业资格　　（B）年龄构成　　（C）学历结构　　（D）专业构成

（E）性别构成

104. 下列关于企业人员外部招募的说法正确的有(　　)。

（A）使得录用决策耗费的时间较长

（B）从外部招募来的员工对现有的组织文化有一种崭新的、大胆的视角，而较少有感情的依恋

（C）由于外部招募的人员来源广，选择余地很大，能招聘到许多优秀人才，尤其是一些稀缺的复合型人才，节省了招聘费用

（D）从外部招募来的员工需要花费较长的时间来进行培训和定位，才能了解组织的工作流程和运作方式，增加了培训成本

（E）从外部招募优秀的技术人才和管理专家，可以在无形中给组织原有员工施加压力，打消员工的积极性

105. 在媒体选择上，网站被单位广泛应用的原因包括(　　)。

（A）范围广　　（B）传播速度快　　（C）查询方便　　（D）刷新速度快

（E）可以把信息放在单位主页上供应聘者查询

106. 下列属于背景调查的方法的有(　　)。

（A）网上查询　　（B）要求提供推荐信

（C）打电话　　（D）访谈

（E）查看简历

107. 一般来说，一套典型的员工信息管理系统，从功能结构上分为（ ）。

（A）数据评估层 （B）业务处理层 （C）绩效考评层 （D）决策支持层

（E）基础数据层

108. 员工培训需求分析系统的基本功能包括（ ）。

（A）确定培训师资 （B）制定培训标准

（C）分析培训对象 （D）核算培训预算

（E）明确培训对象

109. 根据培训目的，可以将员工培训分为（ ）。

（A）知识更新培训 （B）上岗培训

（C）专业人才培训 （D）人员晋升培训

（E）转岗培训

110. 影响课堂培训效果的因素包括（ ）。

（A）教学方法 （B）学员的学习态度

（C）课堂的布置 （D）教师的教学水平

（E）培训内容是否充实

111. 岗前培训的内容主要有（ ）。

（A）行为规范 （B）企业概况 （C）产品知识 （D）规章制度

（E）共同价值观

112. 对于企业，绩效管理的功能有（ ）。

（A）竞争功能 （B）诊断功能 （C）导向功能 （D）规范功能

（E）监测功能

113. 按照绩效考评的对象不同，绩效考评可分为（ ）。

（A）自我考评 （B）上级考评 （C）同级考评 （D）外人考评

（E）下级考评

114. 绩效的性质和特点包括（ ）。

（A）绩效的多样性 （B）绩效的多因性

（C）绩效的稳定性 （D）绩效的多维性

（E）绩效的动态性

115. 下列属于企业员工的绩效管理的基本特点的有（ ）。

（A）绩效管理的范围，覆盖组织中所有的人员和所有的活动过程

（B）绩效管理是企业人力资源管理制度的重要组成部分

（C）绩效管理是以绩效考评制度为基础的人力资源管理的子系统

（D）绩效管理的目标是不断改善组织氛围，优化作业环境，持续激励员工，提高组织效率

（E）绩效管理是指一套正式的、结构化的制度

116. 目前企业普遍认为进行有效的薪酬管理应遵循的原则有（ ）。

（A）对员工具有激励性原则 （B）对内具有利用性原则

（C）对成本具有控制性原则 （D）对外具有竞争性原则

（E）对内具有公正性原则

117. 关于工资指导线，下列说法不正确的有(　　)。

(A) 工资指导线在每年三月底以前颁布，执行时间为一个日历年度

(B) 工资指导线对不同类别的企业实行的调控办法相同

(C) 企业在生产经营正常的情况下，工资增长可以低于工资指导线所规定的基准线水平

(D) 非国有企业应依据工资指导线进行集体协商确定工资

(E) 在工资指导线规定的区间内，对工资水平偏高、工资增长过快的国有垄断性行业和企业，按照国家宏观调控阶段性从紧的要求，根据有关政策，从严控制其工资增长

118. 影响薪酬的因素有(　　)。

(A) 相关的劳动法规　　(B) 工资形式

(C) 企业经济效益　　(D) 物价

(E) 社会保障水平

119. 计时工资包括(　　)。

(A) 新参加工作员工的见习工资

(B) 运动员的体育津贴

(C) 对已做工作按计时工资标准支付的工资

(D) 实行结构工资制的单位支付给员工的基础工资

(E) 按营业额提成或利润提成办法支付给个人的工资

120. 按使用目的划分，津贴和补贴可以分为(　　)。

(A) 为了补偿员工特殊或额外劳动消耗而建立的津贴

(B) 保健性津贴

(C) 为了补偿员工意外事故而建立的津贴或补助

(D) 为了补偿员工生活费用的额外支出而建立的津贴或补贴

(E) 为保障员工工资水平不受物价上涨影响而支付的各种补贴

121. 目前，在我国企业中，企业工资制度的主要特点有(　　)。

(A) 级别少　　(B) 级差大　　(C) 级差小　　(D) 水平低

(E) 级别多

122. 下列关于劳动法律关系的表述正确的有(　　)。

(A) 劳动关系经劳动法律规范、调整和保护后，即转变为劳动法律关系

(B) 与劳动关系的最主要的区别在于劳动法律关系体现了个人意志

(C) 劳动法律关系是指劳动法律规范在调整劳动关系过程中所形成的雇员与雇主之间的权利义务关系

(D) 劳动法律关系是劳动关系的现实形态

(E) 受到国家法律规范、调整和保护的雇主与雇员之间以权利义务为内容的劳动关系即为劳动法律关系

123. 在订立劳动合同的同时协商确定的专项协议书有(　　)。

(A) 补充保险协议　　(B) 培训协议

(C) 因企业拖欠劳动者工资而签订协议书　(D) 因结构调整而签订的协议书

(E) 保守企业商业秘密协议

124. 劳动合同订立的原则有(　　)。

(A) 有效性原则　　(B) 合法原则

(C) 协商一致原则　　(D) 自愿原则

(E) 平等原则

125. 劳动合同的变更条件有(　　)。

(A) 迁移厂址

(B) 劳动者个人情况发生变化

(C) 企业调整生产任务

(D) 订立劳动合同所依据的法律、行政法规等发生变化

(E) 发生自然灾害

卷册二　专业技能题

一、简答题(本题共 2 题，每小题 15 分，共 30 分。)

1. 简述劳动合同的特点。

2. 简述人员录用的程序。

二、计算题(本题 1 题，共 18 分。)

下表为某企业员工人数及工资的统计资料：

项　目	单位	报告期	基期	动态指数(%)
工资总额	元	225000	203000	100.4
员工平均人数	人	150	140	107.1
员工平均工资	元/人			

请将上表填写完整，并计算员工平均人数增加和员工平均工资增加对工资总额的影响。

三、综合分析题(本题共 2 题，第 1 题 25 分，第 2 题 27 分，共 52 分。)

1. 下列是一家娱乐公司的招聘广告：

诚招千里马　　共拓万里路

鹏程万里马术娱乐有限公司

由我国知名的××集团公司创办的规模宏伟、水平一流的马术城——鹏程万里马术娱乐有限公司将于 2011 年 10 月隆重开业。本公司以发展我国马术运动、弘扬马术文化、推进全民健身为宗旨，集马术运动和文化娱乐为一体，融旅游度假与愉悦身心于一身，面向国际国内马术爱好团体和个人提供高品位、高档次的综合服务。公司所辖国际骑士俱乐部采用国际通行会员制，凡俱乐部会员均可享受多方面优惠待遇。绅士的运动，一流的设施，应由一流的人才组织管理，提供一流服务。为此，经行政主管部门批准，诚聘以下高级管理人才：

资金策划部：经理 1 人，高级主管 5 人，会计师 2 人，出纳 1 人。要求具有丰富的资金策划管理和融资能力。

公关策划部：经理 1 人，高级职员 10 人，含人事、俄语、法语、美术摄影各 1 名。要求相貌端正、有丰富的公关经验和两年以上俱乐部管理经历。

会员管理部：经理 1 人，助理 2 人，要求具有本科或相当学历，至少精通 1 门外语，口语流利，具有四年以上工作经验，擅长俱乐部会员管理事务。

工程部：经理助理1人，建筑师1人，园林师1人，结构工程师1人，给排水工程师1人，电器工程师1人，工程管理技术人员2人，工程预算员1人，要求具有相当专业能力。

马术运动部：总教练高级助理1人，驯马师8人，马术教练3人，兽医3人。

市场销售部：经理1人，销售人员3人。要求具有敏锐的市场预测能力，两年以上销售经验。

计算机部：软件工程师5人，硬件工程师3人。要求熟悉程序编制以及常用计算机管理技术。

一经聘任，待遇从优。应聘者请将详细自传及1张近照邮寄至：××市××区××路友谊大厦××集团公司人事部。来人恕不接待，所寄资料恕不退还。

联系人：刘雨　　邮政编码：100080　　联系电话：×××××××××

传真：×××××××××；　　电子信箱：×××××××××@××××.com

请回答：(1)上述招聘信息有哪些不足？

(2)在设计招聘广告时的原则有哪些？

2. 罗伯新近被任命为SWEETWATER州立大学行政事务副校长，上任开始他就面临着严重的问题。3周前，校长就告诉他，他首先要做的事情之一就是改进该校的秘书和勤杂人员的工作绩效评估系统。该校绩效评估系统的主要问题是，它将工作绩效考评结果与年底的工资晋级联系在一起。但是，大多数管理者对秘书和勤杂人员的工作绩效进行评价时，往往不注意保持评价的精确性，主要采用了加权选择量表方法。管理者经常将其下属的秘书和勤杂人员都简单地评为“优秀”。而这样做的结果使学校所有的辅助雇员每年都得到最高级的工资晋级。

但是目前学校的预算已经不具备在下一个年度为每一位事务工作人员都提升一级最高工资的能力了。此外，SWEETWATER州立大学的校长也认为，为每一位秘书人员和勤杂人员提供有效的工作绩效反馈这种惯例并不是一种经常的情况。因此，他希望罗伯能够对原有的工作绩效评估系统进行重新审查。罗伯向每一位行政管理人员下发一份备忘录，要求大家只能将其手下一半的人评为优秀。这份备忘录立刻得到行政管理人员和秘书勤杂人员的广泛抵制——管理人员害怕其手下会到私营企业找更赚钱的工作；秘书人员认为新的工作绩效评估系统是不公正的，它剥夺了每一位秘书都能获得高工资晋升的机会。

在这种情况下，罗伯找到了该校工商管理学院的几位绩效评价方面的专家讨论这个问题。罗伯首先说明了他发现的问题：现有的工作绩效评价系统早在十年前即该校刚成立时便建立起来了。而当时的工作绩效评价表格是由秘书委员会设计的。这种每年一次的工作绩效评价制度几乎一开始就陷入困境。因为，管理者对工作绩效标准的解释大相径庭，同时他们在填写表格以及对下属进行监督时的负责程度也相差很大。问题还不仅仅如此，这种绩效评价方法的弊端在第一年底就已经显现出来，每一位秘书的工资实际上是直接与工作绩效评价联系在一起的。由于该校支付给秘书的工资比私营企业的低，因此，在第一年有些没拿到优秀即没有得到最高工资晋升的秘书一怒而去。从那时起，很多行政管理人员为了降低离职率，就开始将下属的工资绩效定为优秀。这样可以确保他们得到最高一级的工资晋升。

几位专家中有两位答应考虑这一问题，并在两周后提出如下建议：

(1)原有的评价表基本上不起说明作用。比如，优秀和工作质量本身的含义是不清楚的。结果导致大多数管理者对每一项评价指标的理解不清楚，也有歧异。他建议换一种表格。

(2)同时，他还建议罗伯撤销备忘录，因为强制性地要求将一半秘书划为优秀是不公正的。并且，在考核时最好使用排序法。

(3)要想使得所有的管理人员认真对待工作绩效评价，就必须停止将工作绩效评价结果与工资晋升联系在一起。至于工资晋升，则应不仅仅以工作绩效评价为基础，还要考虑其他的一些因素，这样，管理人员在对其手下的工作绩效进行评价时，就不会再犹豫是否要诚实地对下属人员的实际工作绩效做出评价了。

请回答：(1)分析专家建议使用排序法的原因。

(2)员工绩效考评的方法有哪些？

参考答案及解析

模拟试卷（一）

卷册一　理论知识题

第一部分　职业道德

一、职业道德基础理论与知识部分

（一）单项选择题

1.【答案】C　对从业人员来说，节约不仅是自己立足企业的素质，还是取得事业成功的法宝：(1)节约使员工珍惜时间资源，将全部精力投入到工作当中。(2)节约使员工珍惜物质资源，做到“节用有度”，仔细考虑和安排每一分钱的用处。(3)节约使员工产生创新的动机。

2.【答案】D　现代企业发展目标的实现，是以在激烈的竞争中寻求合作、双赢为前提的。企业之间相互合作，就会实现资源重组、优势互补和协调发展；企业的员工只有把个人发展建立在与上司、同事以及企业合作的基础上，相互尊重、相互信任、密切协作，才能形成团队精神，早日实现自己的职业理想。

3.【答案】B　在市场经济条件下，追求利润最大化是企业的职责，这是无可厚非、天经地义的，否则企业将无法自存、难以为继。

4.【答案】A　规范功能是指职业道德具有促进职业活动规范化和标准化的效用。职业活动，特别是窗口行业从业人员的一举一动应该符合职业规范的要求。

5.【答案】A　随着我国社会进步和时代发展，不但催生了许多新的职业，而且引起了就业观、劳动观和职业观的变化，并形成了鲜明的时代特色，这一切必然要在职业道德中反映出来。但不管有哪些变化，爱国主义和改革创新都是职业道德建设保持时代性的关键。

6.【答案】C　具备良好的职业化素养是取得职业成就乃至得到社会认可的基本途径。

7.【答案】B　职业技能是实现自身价值的手段。美国著名的社会心理学家马斯洛认为，一个人只要活着，都希望得到社会和他人的肯定、认同和尊重，达到自我实现的目标。

8.【答案】B　一个人若能在独立工作或独处、无人监督、有做坏事的可能的时候，仍能坚持道德信念，自觉地、严格要求自己，按照道德规范约束自己的行为，不做任何不道德的事，那么，这就达到了一种崇高的精神境界，即“慎独”。由此可见，“慎独”既是道德修养的一种方法，又是一种崇高的精神境界。

（二）多项选择题

9.【答案】ABCD　关于遵守法律法规，从业人员首先要树立法制意识，掌握法的精神。在这方面，要注意一些什么问题呢？首先，要树立法治观念。其次，要坚持“法律面前人人平等”的原则。再次，要正确区分和处理“人情与法”的关系，树立法高于人情的理念。另外，还要正确看待法律与自由、权利的关系。

10.【答案】AC　敬业不是空洞的口号，而是必须落实到具体工作岗位上，以实际行动才能判断一个人是否真正敬业。一方面，敬业来自从业人员内心的真诚情感和追求，而不是虚伪的承诺；另一方面，这种真诚的感情和追求，要转化为实实在在的工作成效，才能为人们所认可。

11.【答案】CD　人是通过“社会化”完成其从生命体的自然人到具有社会角色的社会人的转化的，而人的社会化过程，一是要掌握人类的科学知识和技能以获取谋生的本领；二是要通晓社会规则，包括政治、法律、道德等，以获得在社会交往中的通行证，而作为社会道德的诚信，则是人立足于社会的基础。

12.【答案】ABCD　对从业人员来说，养成公道的道德品质，不仅是企业集体发展的需求，而且是自身职业理想实现的基础，同时，企业员工提高公道正派的素质，将大大有利于和谐社会的建设。为此，从业人员在职业活动中，应努力做到下列几点：(1)平等待人。(2)公私分明。(3)坚持原则。(4)追求真理。

13.【答案】ABD　从业人员要做到节约资源，应当在意识、责任和方法上下工夫。即：(1)具备节约资源的意识。(2)明确节约资源责任。(3)创新节约资源方法。

14.【答案】ACD　一支优秀团队的战斗力，来自于每个人合作而产生的能量。在职业活动中，从业人员应当树立合作意识，按照企业的总体发展目标，不断地进行自我调整，处理好个人与团队、个人与他人关系。具体来说应做到以下几点：(1)端正态度，树立大局意识。(2)善于沟通，提高合作能力。(3)律己宽人，融入团队之中。

15.【答案】BCD　在职业活动中，从业人员怎样做到为人民服务呢？以下几点，值得深入理解，并认真去实践：(1)树立为人民服务的意识。(2)培育为人民服务的荣誉感。(3)提高为人民服务的本领。

16.【答案】ABCD　《公民道德建设实施纲要》规定：“要把道德特别是职业道德作为岗前和岗位培训的重要内容，帮助从业人员熟悉和了解与本职工作相关的道德规范，培养敬业精神。要把遵守职业道德的情况作为考核、奖惩的重要指标，促使从业人员养成良好的职业习惯，树立行业新风。”随着我国对职业道德建设越来越重视，职业道德考核测评工作也必然会越来越规范科学。

二、职业道德个人表现部分

因该部分的题目是按读者自己的心理思维道德完成的，故无标准答案。

第二部分　理论知识

一、单项选择题

26.【答案】C　劳动经济学中规范研究方法以某种价值判断为基础，说明经济现象及其运行应该是什么的问题。规范研究方法研究客观现象的目的在于：提出一定的标准作为经济理论的前提，并以该标准作为制定经济政策的依据，以及研究如何使经济现象的运行符合或实现这些标准。

27.【答案】C　劳动力供给量变动对工资率变动的反应程度被定义为劳动力供给的工资弹性，简称劳动力供给弹性。

28.【答案】B　工资形式即劳动的计量和工资支付的方式。工资形式的关键，是以何种方式准确地反映和计量劳动者实际提供的劳动数量。

29.【答案】D　劳动者进入劳动力市场寻找工作直至获得就业岗位时所产生的时间滞差，以及劳动者在就业岗位之间的变换所形成的失业，称为摩擦性失业。

30.【答案】A　保障劳动者劳动权的原则中，平等的就业权和自由择业权是劳动权的核心。该项权利对于公民来说，不分性别、民族、政治信仰、财产状况，均有权实现就业，有权依法自由地选择职业，有权利用国家和社会提供的各种就业促进条件，以提高就业能力和增加就业机会，禁止任何形式的就业歧视和职业歧视；对于国家来说，应当为公民实现劳动权提供必要的保障，为提高促进经济和社会发展创造就业条件，扩大就业机会。

31.【答案】C　依法能够引起劳动法律关系产生、变更和消灭的客观现象为劳动法律事实。并不是任何事实都可以成为劳动法律事实，只有依据劳动法的规定，带来一定劳动法律后果的事实才能成为劳动法律事实。

32.【答案】C　企业在能力分析的过程中，应采取对比的方法，进行横向和纵向的分析，只有这样才能了解企业能力的形成、变化过程，了解企业的优势能力和弱势能力，以及企业所处的竞争地位。

33.【答案】B　在决策分析过程中，进行边际收益分析是非常重要的，只要有边际收益，就能抵消固定成本。

34.【答案】A　企业经常采用的品牌与商标策略包括：(1)品牌化策略。(2)品牌使用者策略。(3)品牌统分策略。

35.【答案】D　人有差异是心理学的第一定律。所谓个体差异，是指个体在成长过程中，因受遗传和环境的交互影响，使不同个体之间在身心特征上显示出的彼此各不相同的现象。

36.【答案】B　在人际关系的发展阶段中，融合阶段是人际相互关系中，双方个性开始融合的阶段，他们不仅相互包容、理解，而且能很好地相互预测和解释对方的行为。只有当人们形成深入的、重要的关系时，才会达到融合阶段。

37.【答案】D　经理角色分析中，人际关系类角色：当管理者在履行礼仪性和象征性的义务时，如向优秀员工颁奖的总经理、与重要客户共进午餐的市场部经理、带领一群外来者参观视察公司的主管，他们都在扮演“挂名首脑”的角色。故答案选D。

38.【答案】D　要达到组织的最佳效果，领导和管理同样重要；在理想的情况下，所有的管理者都应当是领导者。

39.【答案】B　管理中的人性假设，即为管理中的人性观。它是指管理者对被管理者的需求、工作目标、工作态度的基本估计或基本看法。它有的基本内涵之一是人性假设的主体是管理者，客体是被管理者，人性假设是管理者对被管理者的人性的认识、看法和判断。故B项错误。

40.【答案】A　人力资本投资包含如下基本含义：(1)人力资本投资首先需要确定投资者，亦即投资主体。(2)人力资本投资的对象是人，一般为投资主体所辖范围之内的人。(3)人力资本投资直接改善、提高或增加人的劳动生产能力，即人进行劳动所必需的智力、知识、技能和体能。(4)人力资本投资旨在通过对人的资本投入，投资者未来获取价值增值的劳动产出及由此带来的收入的增加，或者其他收益。

41.【答案】B　制定人力资源开发目标，以整体性人力资源开发为出发点，既要考虑层次之分，也要考虑类型之别，但不同层次、类型的目标不是孤立的，而是相互联系、彼此制约的一个有机整体。

42.【答案】B　人力资源作为一种“活”资源，无论是存在还是被开发利用都离不开消费。劳动者个人既是生产者，又是消费者。企业在研究开发和利用自身人力资源时，必须注意物质原则的贯彻，因为劳动者具有生存、享受与发展的物质需要。

43.【答案】B　人员素质测评是采用定性和定量相结合的科学方法，对各类人员的德、智、体等素质进行系统的测量与评定的过程。

44.【答案】B　人力资源规划有广义和狭义之分，广义的人力资源规划是企业所有人力资源计划的总称，是战略规划与战术计划，即具体的实施计划的统一。

45.【答案】D　企业组织信息的处理是指对调查研究所获得的数据进行去粗取精、去伪存真的筛选，并对资料进行科学统计和综合分析的过程，包括企业组织信息的分析，调研报告的撰写，企业组织信息的传输、存储和检索。故选项D错误。

46.【答案】C　在现代企业组织结构中，直线职能制是一种集权和分权相结合的组织结构形式，它在保留直线制统一指挥优点的基础上，引入管理工作专业化的做法，因此，既保证统一指挥，又发挥职能管理部门的参谋指导作用，弥补领导人员在专业管理知识和能力方面的不足，协助领导人员决策。

47.【答案】A　职责即职责范围，是岗位的职务、任务与责任的简称。职责是根据岗位的性质和特点，对岗位员工全部的工作任务和工作责任，从时间、空间上所做出的界定。

48.【答案】D　在工作岗位调查时，岗位写实与作业测时的区别有：(1)两者的研究范围不同。(2)两者观测的精细程度不同。(3)两者的具体作用不同。故选项D错误。

49.【答案】C　工作时间的构成中，日历时间是整个时间资源的总量，是员工工作时间的自然极限。

50.【答案】B　现行定额，即在日常生产和管理中具体实行的劳动定额。它是根据生产的技术条件，考虑了现有的生产设备、工具、使用的原料、材料，按产品零件，分工序制定的。现行定额主要用于衡量工人的生产成绩，核算和平衡企业的生产能力，安排生产作业计划，计算计件工资和奖金，核算产品成本等。

51.【答案】B　在一般情况下，消费者物价指数只会大于或等于最低工资标准的调整幅度，因为最低工资标准是根据消费者物价指数进行调整的。

52.【答案】C　人力资源管理费用核算的目的就是控制成本、节约能耗、提高经济效益。所以费用的开支要由专人审核和控制，对招聘、培训等费用是否合理，是否对提高经济效益具有巨大意义等做出判断。核算人员要与审核、控制人员及时沟通，提高核算的利用价值。

53.【答案】D　竞聘上岗的理论基础是能岗匹配原理。根据这一原理，企业聘任谁来承担某一管理岗位的工作，谁是这一岗位的最适合者，不是凭领导主观判断，而是通过公开竞聘的方式，从企业现有的具备聘任条件的各级专业技术、经营管理人员来挑选。具体地说，竞聘上岗是采用科学的选拔方法，对企业内部应聘人员经过层层筛选，由专家小组集体做出评判，从应聘者当中选拔出较为合格人员的活动过程。

54.【答案】B　在企业中，招聘需求信息是制定招聘计划的重要内容，也是确保招聘成功的必要准备工作。

55.【答案】B　公司应该对员工的晋升机会、工作过程中的监控程度和各个部门的情况逐一介绍，尽可能地把公司全面的信息介绍给应聘者，这属于编写公司简介的全面性原则。

56.【答案】C　申请表比较客观，易审核，成本低，所以它在选拔人才过程中被普遍使用。

57.【答案】C　由于内部招募与外部招募各有其优势与不足，而且两者在一定程度上还是互补的，因此，企业在进行人员招募时，要进行综合考虑，通常选用内外部结合的方式效果最佳，既可以发挥内外部招募各自的优势，又可以在一定程度上避免其不足。

58.【答案】A　员工信息资料的收集是由人力资源部门通过各种渠道，将有关人员历史上形成的和近期形成的人事材料收集而成，尤其是对新招聘员工信息资料的收集。

59.【答案】D　企业培训流程是指企业员工培训组织实施活动有序的排列，它是企业的人力资源管理流程的一部分，属于企业的管理流程。

60.【答案】B　岗前培训内容的影响因素有：(1)企业的生产经营特点。(2)企业文化。(3)新员工的素质。故选项 B 错误。

61.【答案】C　在计划岗位培训时，目前一般采取自下而上的方法制定：首先，是企业各下属机构或部门分别制定各自下一年度的培训计划；其次，各下属机构或部门在规定的期限内将培训计划上报人事部，由人事部汇总；人力资源部门(或教育培训部门)召开各下属机构或部门培训负责人会议，确定公司的年度培训计划(共同培训部分)。

62.【答案】C　在员工培训的形式中，案例分析法是指针对特定案例进行讨论，寻求解决问题方案的方法，它可以被看作是一种特殊的研讨方法。

63.【答案】A　工作指导法的优点是应用广泛，可用于基层生产工人。如让受训者通过观察教练工作和实际操作，掌握机械操作的技能。或用于各级管理人员培训，让受训者与现任管理人员一起工作，后者负责对受训者进行指导，一旦现任管理人员因退休、提升、调动等原因离开岗位时，已经训练有素的受训者便可立即顶替。

64.【答案】B　培训教师是保障培训系统运行的最主要的支撑点，是开展培训工作必不可少的基础条件之一。有人将培训教师与培训的管理者同等对待，或者归为一部分，是有欠考虑的，因为从职责上讲，他们之间有着本质的不同。

65.【答案】C　绩效的动态性，即员工的绩效随着时间的推移会发生变化。绩效差的可能改进转好，绩效好的也可能退步变差，因此管理者切不可凭一时印象，以僵化的观点看待员工的绩效。

66.【答案】A　绩效管理的一个重要的功能就是它的组织诊断功能，如同医生使用的听诊器，可以对组织进行诊断分析，为组织变革和组织发展提供重要的依据。

67.【答案】A　行为导向型的考评方法中，关键事件法是指在某些工作领域内，员工在完成工作任务过程中有效或无效的工作行为导致了不同的结果：成功或失败。这些有效或无效的工作行为被称为“关键事件”，考评者要记录和观察这些关键事件，因为它们通常描述了员工的工作行为以及工作行为发生的具体情境，这样在评定一个员工的工作行为时，就可以利用关键事件作为衡量的尺度。

68.【答案】D　在绩效考评的数据处理中，考评数据的保存应该满足考评工作的要求，根据需要能迅速检索，及时调用，这对考评工作的有效运作是至关重要的。

69.【答案】C　在绩效管理系统设计的五阶段法中，绩效计划是整个绩效管理体系中非常重要的环节，它具有前瞻性，其作用在于帮助员工认清方向，明确目标。

70.【答案】C　全面性与完整性是绩效管理的多维性带来的要求，绩效管理虽不能包罗万象，过于烦琐，但必须包括影响工作绩效的各种因素，只有这样才能避免片面性。

71.【答案】B　内部回报指员工自身心理上感受到的回报措施，主要体现为一些社会和心理方面的回报，一般包括参与企业决策、获得更大的工作空间或权限、更大的责任、更有趣的工作、个人成长的机会和活动的多样化等。

72.【答案】C　在技术等级工资制中，用来确定各工种起点等级、最高等级的等级线叫工种等级线。工种等级线的起点、终点和等级线的幅度取决于该工种技术、责任、劳动强度等因素。而该工种的技术等级标准则是指不同工种、同一工种不同级别应该达到的技术水平和劳动技能的标准，包括：应知、应会、工作实例。

73.【答案】B　工资指导线水平制定的主要依据是本地区年度经济增长率、社会劳动生产率、城镇居民消费价格指数，并综合考虑城镇就业状况、劳动力市场价格、人工成本水平和对外贸易状况等相关因素。

74.【答案】A　计件工资制中，工作物等级，又称"工作等级"，它是根据某项工作的技术复杂程度及劳动繁重程度而划分的等级。它规定按照技术等级标准从事该项工作的工人所应达到的技术等级。它是区分各种工作以及从事该项工作的工人技术等级的主要标志，也是确定劳动定额水平、计件单价、合理安排劳动力的一个科学依据。

75.【答案】C　根据国家关于员工每日工作 8 小时，每周工作时间 40 小时的规定，以及法定节假日中元旦 1 天、春节 3 天、五一劳动节 3 天、国庆节 3 天的规定，每月制度工日数为 20.917 天。

76.【答案】C　工作岗位评价是在岗位分析的基础上，对工作岗位的难易程度、责任大小、能力要求、劳动强度和工作环境等相对价值进行衡量评比的过程。岗位评价的结果是确定岗位工资的基本依据。

77.【答案】D　法定福利亦称基本福利，是指按照国家法律、法规和政策规定必须发生的福利项目，其特点是只要企业建立并存在，就有义务、有责任且必须按照国家统一规定的福利项目和支付标准支付，不受企业所有制性质、经济效益和支付能力的影响。

78.【答案】A　基本养老保险是按国家统一政策规定强制实施的为保障广大离退休人员基本生活需要的一种养老保险制度。它居于多层次养老保险体系中的第一层次。

79.【答案】C　个人福利是指在个人具备国家及所在企业规定的条件时可以享受的福利，如探亲假、冬季取暖补贴、子女医疗补助、生活困难补助、房租补贴等。

80.【答案】A　在现代市场经济条件下，劳动关系是劳动的社会形式，劳动是这种关系的基础，也是它的实质和内容。劳动关系以劳动力的所有权与使用权相分离为核心，雇员在劳动关系中始终是劳动力的所有者，在劳动过程中是劳动力的支出者；雇主以其占有的生产资料(资本)的产权或经营权为基础，能够为劳动力的使用提供物质条件，成为劳动力的使用者，通过劳动关系这种形式实现现实的劳动过程。

81.【答案】D　集体合同根据协商、签约代表所代表范围的不同，分为基层集体合同、同行业集体合同、地区集体合同等。我国集体合同体制以基层集体合同为主导体制，即集体合同由基层工会组织与企业签订，只对签订单位具有法律效力。

82.【答案】A　试用期是劳动者和用人单位为相互了解，选择而约定的考察期，当事人分别用于考察劳动者是否符合录用条件，用人单位所介绍的劳动条件是否符合实际情况。依据劳动法的规定，试用期限最长不得超过六个月。对于两年期以下的短期劳动合同，试用期限基本按照合同期限的 1/12 确定；半年期劳动会同试用期限不得超过十五天，一年期劳动合同试用期限不得超过一个月。试用期包含在劳动合同的期限之内。

83.【答案】B　劳动合同台账是企业劳动合同管理的一项重要的基础工作，为了做到心中有数，应准确记录报告期内各类合同变动的情况，并及时准确的登录在账页上，妥善进行分类保管。

84.【答案】C　劳动合同的变更是指劳动合同双方当事人就已经订立的合同条款达成修改或补充的法律行为。通过权利义务关系的调整，使劳动合同适应变化发展的新情况，从而保证合同的继续履行。

85.【答案】D　企业内部劳动规则是企业规章制度的组成部分，企业内部劳动规则的制定和实施是企业以规范化、制度化的方法协调劳动关系，对劳动过程进行组织和管理的行为，是企业以经营权为基础决定的、行使用工权的形式和手段。

二、多项选择题

86.【答案】ABCDE　运用实证研究方法研究劳动力市场现象，必须坚持调查研究，一切从实际出发；同时需要经济学知识和均衡分析、市场非均衡分析、静态分析和动态分析方法，还需要逻辑学、数学、统计学等多方面的知识和分析工具。

87.【答案】ACDE　在形成失业现象的间接原因方面，将具有共同性质和特点的失业现象进行归类，主要有以下失业类型：(1)摩擦性失业。(2)技术性失业。(3)结构性失业。(4)季节性失业。

88.【答案】ABCDE　除选项 ABCDE 外，劳动关系民主化原则的具体内容还包括：(1)劳动者有依据法律的规定享有参加和组织工会的权利，有通过工会、职工大会或职工代表大会参与民主管理的权利。(2)用人单位制定重要规章制度涉及劳动者利益的、用人单位对劳动者进行重大处罚等事项应当通过一定形式听取工会意见。

89.【答案】ABCDE　企业战略具有全局性、系统性、长远性、风险性、抗争性的特征，离开这些特征就称不上经营战略。

90.【答案】CDE　企业风险型决策的方法有收益矩阵、决策树、敏感性分析等方法，应用最广泛的是前两种。

91.【答案】ABDE　根据参与者的介入程度和品牌间的差异程度，可将消费者购买行为分为四种：(1)习惯性购买行为。(2)化解不协调的购买行为。(3)寻求多样化的购买行为。(4)复杂的购买行为。

92.【答案】ACDE　认知观点强调人类行为积极的、自由的一面，多运用期望、要求、诱因等概念。认知先于行为，构成人的思维、知觉、问题解决、信息加工的输入。

93.【答案】ABCDE　领袖魅力的管理者的关键特征有：(1)自信。(2)远见。(3)有清楚表达目标的能力。(4)对目标的坚定信念。(5)行为不循规蹈矩。(6)是变革的代言人。(7)对环境敏感。

94.【答案】AC　心理测验的类型，按测验的内容可分为两大类，一类是能力测验，另一类是人格测验。

95.【答案】ABCD　人性在自然界和社会经济活动中呈现出的独有的特征包括：(1)人性具有能动性。(2)人性具有社会性。(3)人性具有整体性。(4)人性具有两面性。(5)人性具有可变性。(6)人性具有个体差异性。

96.【答案】ABDE　在进行人力资本投资评价时，为了准确地描述人力资本投资行为，经常用到以下几个与成本相关的概念：(1)人力资本投资的机会成本。(2)社会成本和私人成本。(3)边际成本。(4)沉淀成本。

97.【答案】ABC　人力资源开发目标的特性有：(1)多元性。(2)层次性。(3)整体性。

98.【答案】ABDE　企业信息采集和处理的基本原则包括：准确性原则、系统性原则、针对性原则、及时性原则、适用性原则、经济性原则。

99.【答案】ABE　企业组织信息的分析包括：可靠性分析、数理统计分析、经济学分析。

100.【答案】AB　在现代企业组织结构中，事业部制也称分权制结构，是一种在直线职能制基础上演变而来的现代企业组织结构形式。它遵循“集中决策、分散经营”的总原则，实行集中决策指导下的分散经营，按产品、地区和顾客等标志将企业划分为若干相对独立的经营单位，分别组成事业部。各事业部在经营管理方面拥有较大的自主权，实行独立核算、自负盈亏，并可根据经营需要设置相应的职能部门。

101.【答案】ABCD　从具体形态来看，系统表现为：(1)自然系统与人造系统。(2)实体系统与概念系统。(3)动态系统与静态系统。(4)开放系统与封闭系统。

102.【答案】ABCE　劳动定额的贯彻执行是企业劳动定额管理的一项很重要的工作内容。评价和衡量企业劳动定额的贯彻实施的情况，可采用以下几项标准：(1)劳动定额面的大小。(2)企业的计划、生产、财务、劳动各职能部门是否按劳动定额组织企业的生产经营管理。(3)企业或车间、班组是否按劳动定额对工人的劳动量进行了严格的考核，做到“日清月结”。(4)企业为了推行新定额是否采取了有效的措施。

103.【答案】ADE　人力资源管理费用核算的要求有：(1)加强费用开支的审核和控制。(2)正确划分各种费用的界限。(3)适应企业特点、管理要求，采用适当的核算方法。

104.【答案】ABCDE　采用外部招募的方式来获取所需的人员的具体来源有：(1)学校招聘；(2)竞争对手与其他单位；(3)下岗失业者；(4)退伍军人；(5)退休人员。

105.【答案】ABCDE　材料筛选法就是通过一些材料信息来考察和选拔人才的方法。申请表、履历分析、证明材料、推荐信、背景调查等都是材料筛选法的具体形式。材料筛选法主要依据应聘者个人的基本信息及背景材料，因而必须与其他人才选拔方法如面试、笔试等方法结合使用，才能取得令人满意的效果。

106.【答案】BCDE　采用校园招聘方法在选择学校时，主要应考虑以下因素：(1)在本企业关键技术领域的学术水平；(2)符合本企业所需专业的毕业生人数；(3)该校往届毕业生在本企业的业绩和服务年限；(4)在本企业关键技术领域的师资水平；(5)该校毕业生过去录用数量与实际报到数量的比率；(6)学生的质量；(7)学校的地理位置。

107.【答案】BDE　员工信息管理的一般步骤和方法：(1)员工信息的收集。(2)员工信息的整理。(3)员工信息的保管。

108.【答案】AC　企业中不同员工的能力有偏差，具体的工作分工也不同，因此员工培训要坚持多样性原则。多样性原则包括培训方式的多样性，如岗前培训、在岗培训、脱产培训等；也包括培训方法的多样性，如专家讲授、教师示范、教学学习等。

109.【答案】ABCDE　编写岗前培训提纲，应包括以下内容：(1)企业介绍：公司组织架构及其主要职能；本年度公司的经营方向和重点。(2)企业文化介绍：公司使命、核心价值观、企业精神等。(3)人力资源管理制度说明：薪酬制度；工作绩效考评制度；公司培训条例；劳动保险制度和有关税收政策；公司考勤制度介绍和公司福利介绍等。(4)其他管理制度：生产运作管理、安全管理、物流管理和保密规定等。(5)设施条件说明：OA 管理介绍、交通路线与办公设施。(6)将新同事介绍给各部门经理、主管。

110.【答案】ABCD　在岗培训计划制定时，培训指导负责人应该具备以下条件：深厚的学识修养和高超的职业技能；一定的组织能力和策划能力；相当强的协调能力；一定的语言表达能力和控制能力；较强的自制能力。

111.【答案】ABCD　案例编写的信息的来源一般有四个：(1)公开出版发行的报刊书籍。(2)内部的文件资料。(3)有关人员的叙述。(4)自己的经历。如果仅依据公开的报刊书籍而不进行深入调查，很难编写出高水平的案例。

112.【答案】ABCDE　在绩效管理系统的五阶段法中，绩效诊断的具体内容包括：(1)对管理制度的诊断。(2)对企业绩效管理体系的诊断。(3)对绩效考核指标体系的诊断。(4)对考核者全面、全过程的诊断。(5)对被考核者全面、全过程的诊断。

113.【答案】BCDE　根据绩效考评的时限不同，可以将绩效考评分为：月度考评、季度考评、半年考评和年度考评等方式的考评。

114.【答案】ABCD　绩效管理系统的四阶段法设计方案之一认为，企业绩效管理作为一个完整的人力资源子系统，它是由定义绩效、绩效考评、绩效反馈和绩效改善四个阶段所组成。

115.【答案】ABCDE　通过绩效考评可以发挥以下作用：(1)上级主管不必介入所有具体的事务中。(2)通过赋予员工必要的知识来帮助他们进行合理的自我决策，从而节省管理者的时间。(3)减少员工之间因职责不明而产生的误解，减少出现当上级主管需要信息时没有信息的局面。(4)通过帮助员工找到效率低下的原因，减少错误和偏差。同时，绩效考评还能使员工得到有关他们工作业绩和工作现状的反馈。(5)通过定期的交流，员工不但对自己的长处有了全面、正确的估计，也能清醒、冷静地面对自己的不足和缺陷，从而激发他们劳动的积极性、主动性和创新性，扬长避短，努力学习，不断进步。

116.【答案】ACE　技术等级工资制是根据劳动复杂程度、繁重程度、精确程度和工作责任大小等因素划分技术等级，按等级规定工资标准的一种工资制度。它由工资等级表、技术等级标准和工资标准三项组成。

117.【答案】ADE　全部工资，既包括按劳分配的工资，即与劳动者的劳动数量直接成正向联系的工资，如计时工资、计件工资、奖金等；也包括非按劳分配的工资，即不与劳动者的劳动数量发生直接正向联系的工资，如津贴、补贴、特殊情况下的工资等。对用人单位来说，前者带有变动工资成本的性质，对劳动者有明显的刺激性；后者带有准固定成本的性质，具有福利性。

118.【答案】BCDE　工资指导线的制定应遵循以下原则：符合国家宏观经济政策和对工资增长的总体要求，坚持“两低于”原则；结合地区、行业、企业特点，实行分级管理、分类调控的原则；实行协商原则以劳动行政部门为主，政府有关部门、工会、企业协会等组织共同制定。

119.【答案】ABD　工资形式是指劳动计量和工资支付的方式，就是在确定各类员工工资标准的基础上，计量各个劳动者的实际劳动数量，并把员工的工资等级标准同他们的劳动数量联系起来，计算出企业应当支付给员工的工资报酬量，并由企业按照预定的支付周期直接支付给员工本人，故E项说法错误。选择的具体工资形式要与岗位的特点相吻合，故C项说法错误。

120.【答案】ABCDE　薪酬调整需要测算的主要内容包括：(1)原有的薪酬总额以及每个员工的薪酬福利水平。(2)原有薪酬总额占企业销售收入的比例，原有薪酬总额占企业总成本的比例。(3)每个员工按照薪酬调整方案的规定计算出的薪酬水平。(4)按照调整方案计算的薪酬总额占企业销售收入的比例，薪酬总额占企业总成本的比例等。

121.【答案】ACDE　失业保险所需资金的来源有：(1)失业保险费，包括单位缴纳和个人缴纳两部分，这是基金的主要来源。(2)财政补贴，这是政府负担的一部分。(3)基金利息，这是基金存入银行和购买国债的收益部分。(4)其他资金，主要是指对不按期缴纳失业保险费的单位征收的滞纳金等。

122.【答案】BCE　对于雇主而言，雇员的劳动效率和劳动态度、工资和福利水平等因素则直接影响着企业的生存与发展，直接影响着资本投资者的利益。

123.【答案】ABDE　劳动合同的履行包括完全履行、不完全履行、延迟履行、不履行。

124.【答案】BCDE　劳动合同鉴证时当事人应提交下列材料：签订的劳动合同文本三份；用人单位法定代表人身份证明或授权委托书，用人单位若不是法人的，应提供主要负责人的身份证明或授权委托书；国家工商行政管理部门颁发的营业执照；劳动者的身份证明等。

125.【答案】ACDE　重大事故隐患管理制度是对企业可能导致重大人身伤亡或重大经济损失，潜伏于作业场所、设备设施以及生产、管理行为中的安全缺陷进行预防、报告、整改的规定。其要点为：(1)重大事故隐患分类；(2)重大事故隐患报告；(3)重大事故隐患预防与整改措施；(4)劳动行政部门、企业主管部门对重大事故隐患整改的完成情况的检查验收。

卷册二　专业技能题

一、简答题

1.【答案】　内容：调研报告是指根据调查研究和资料分析的情况写出的、供企业决策者使用的书面报告，主要包括调研的目的和要求、调研的方式和方法。调研结果的结论和对相关问题的建议等，以及调研过程的详细资料和统计分析附表。

原则：撰写调研报告必须坚持真实、完整、客观和适用的原则。

注意事项：(1)必须明确说明调研数据的来源，以示资料的可靠性；(2)必须说明对数据进行统计分析的方法，以示资料的科学性；(3)必须说明被调查对象的基本情况，以示资料的可信性；(4)必须对企业组织信息进行分类。企业不同人员对信息的种类、性质和形式的需求各不相同，因此必须根据管理决策的需求，对企业组织信息进行分类，形成各类报表与文件。

2.【答案】　内容：技术定额法是通过对生产技术条件的分析，在挖掘生产潜力以及操作合理化的基础上，采用分析计算或实地测定来制定定额的方法，是一种比较先进和科学的方法。

其步骤如下：(1)分解工序。将工序分解为工步、操作组、操作、动作等，并分析工序结构，将不合理的或多余操作、动作予以删除或重新组合，使操作方法合理化。(2)分析设备状况。主要分析设备、工具的性能及技术参数，充分发挥现有设备和工具的效能，并采用新的工艺规程，以达到工艺技术的先进性。(3)分析生产组织与劳动组织。主要了解劳动分工、协作与车间布局是否合理；操作者技术水准、设备性能精度和加工件技术等级要求是否适应等。(4)现场观察和分析计算。在上述分析的基础上，通过现场工作日写实、测时、摄影、录像和分析计算，求出该项作业的各部分工时消耗的数值。

二、计算题

1.【答案】　为了求出处理单据的标准时间，应按下列步骤进行：

(1) 计算出填单据实际耗用的时间

$$T_g = T_c n/N = 100 \times (300 + 200 + 100 + 200) \div 1000 = 80(\text{工时})$$

(2) 计算总的平均工作效率

$$P_x = H/n = 715 \div (300 + 200 + 100 + 200) \approx 0.89 \text{ 或 } 89\%$$

(3) 计算出总的正常工作时间

$$T_{zh} = T_g P_x = 80 \times 0.89 = 71.2(\text{工时})$$

(4) 计算出处理每份单据的正常工作时间

$$T_d = T_{zh}/D_c = 71.2 \div 500 = 0.1424(\text{工时/份})$$

(5) 赋予宽放时间，最后求出标准时间

由于本项工作完全是手工操作，故时间宽放率为20%（$K=0.2$）

$$T_b = T_b/(1-K) = 0.1424 \div (1-0.2) = 0.178(\text{工时/份})\text{或者 } 10.68(\text{工分/份})$$

最后，根据岗位抽样的结果，可制定出处理单据的标准时间为10.68工分/份。

三、综合分析题

1.【答案】根据组织机构框图的设计要求，该国有企业的组织结构框图如下图所示：

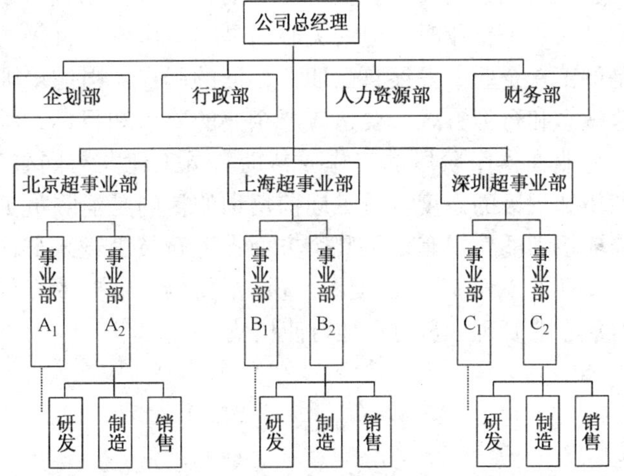

2.【答案】 如果我是国有企业人力资源部经理，会采取竞聘上岗的方式，原因如下：

(1) 竞聘上岗是我国国有企业在经济改革的实践活动中，涌现出来的一件新事物。它对传统体制下“终身制”、“铁饭碗”、“铁交椅”的劳动人事制度产生了巨大的冲击，成为促进企业劳动人事制度改革的重要突破口。

(2) 推行竞聘上岗的人员选拔制度，充分体现了公平、公开和公正的人事原则，对完善企业内部各类人员的聘任制，激发企业各类专业技术人员、经营管理人员的积极性和创造性具有十分重要的促进作用。

(3) 竞聘上岗的理论基础是能岗匹配原理。根据这一原理，企业聘任谁来承担某一管理岗位的工作，谁是这一岗位的最适合者，不是凭领导主观判断，而是通过公开竞聘的方式，从企业现有的具备聘任条件的各级专业技术、经营管理人员来挑选。具体地说，竞聘上岗是采用科学的选拔方法，对企业内部应聘人员经过层层筛选，由专家小组集体做出评判，从应聘者当中选拔出较为合格人员的活动过程。

(4) 企业推行竞聘上岗制度时，应注意以下情况：①统一规定所有上岗人员的任期，任期一到，全部卸任，而后在企业内部重新公开竞聘上岗；②对现有空缺岗位与新增岗位竞聘上岗；③对部分岗位工作竞聘上岗的试验，以求取得经验，在不断完善聘任制度的条件下，再逐步推广。

3.【答案】（1）该公司新员工实习属于岗前培训，其特点如下：①基础性培训。岗前培训的目的是使任职者具备一名合格员工的基本条件。作为企业的一员，任职者必须具有该企业产品的知识，熟悉企业的规章制度。因此，岗前培训又被称为上岗引导活动。②适应性培训。在被录用的员工中，有相关工作经验者一般占相当大的比重，许多企业只聘用有一定工作经验的求职者。这些人尽管有一定工作经验，但由于企业和具体工作的特点，仍须接受培训，除了要了解这个企业的概况、规章制度外，还必须熟悉这个企业的产品和技术开发的管理制度。③非个性化培训。岗前培训的内容和目标是以企业的要求、岗位的任职条件为依据。也就是说，这种培训是为了使新员工能够达到工作的要求，而较少考虑他们之间的具体差异。根据每一个员工的具体需要进行培训，是在岗培训的基本任务。

（2）该公司这种做法的意义有：岗前培训的主要目的是让员工尽快熟悉企业、适应环境和形势。新员工进入组织会面临“文化冲击”，有效的岗前培训可以减少这种冲击的负面影响。员工刚刚进入一个企业时，他最关心的是如何形成与自己的角色相符的行为方式。而岗前培训是员工在企业中发展自己职业生涯的起点。岗前培训意味着员工必须放弃某些理念、价值观念和行为方式，要适应新企业的要求和目标，学习新的工作准则和有效的工作行为。企业在这个阶段的工作要帮助新员工建立与同事和工作团队的关系，形成符合实际的期望和积极的态度。员工岗前培训的目的是消除员工新进公司产生的焦虑，具体而言，岗前培训的作用有以下几个方面：①新员工进入群体过程的需要；②打消新员工对新的工作环境不切实际的期望；③满足新员工需要的专门信息；④降低文化冲击的影响；⑤避免企业管理人员过多地行使权威。

模拟试卷（二）

卷册一　理论知识题

第一部分　职业道德

一、职业道德基础理论与知识部分

（一）单项选择题

1.【答案】C　整合功能是指企业通过职业道德核心理念对企业内部不同部门、不同个体之间进行调节，起到凝聚人心、协调统一的效用。

2.【答案】D　爱岗敬业是从业人员事业成功的必备条件。只有爱岗敬业，才能把职业当成自己应尽的义务和责任，精益求精地去追求。

3.【答案】D　职业化是新型劳动观的核心内容。劳动既是一种谋生手段，也是一种成就自己和实现人生价值的基本途径。

4.【答案】B　职业技能不是一成不变的，一般来说，它总是与时俱进、不断发展的。随着时代的进步，职业的发展会对从业人员职业技能提出更高的作业标准和技术要求。例如，

20多年前的会计职业，只要求会计人员能够熟练运用算盘即可，而今天，会计人员则必须熟练应用计算机技术，不断提高网络报表和结算技能。

5.【答案】B　市场经济是一种道德经济、信用经济。信用是实现市场经济的道德前提，如果没有信守承诺的坚定意志，交换就不能进行，社会劳动分工就会遭破坏，社会生活就不能正常进行，社会就会到处充斥着虚假与欺诈。

6.【答案】C　对于零售业、银行业、电话销售等服务业而言，低敬业度员工的影响是破坏性的，得罪顾客的结果只能是让他们流向竞争对手。因此，培育员工的敬业精神，是企业管理的内在要求，是增强企业竞争力的重要因素。

7.【答案】B　诚信关系着企业的兴衰，具体表现在：(1)诚信是企业形成持久竞争力的无形资产。(2)诚信是企业树立良好形象的需要。(3)诚信是企业组织绩效的保证。故选项B错误。

8.【答案】C　平等待人不能片面的理解为完全相同地待人，而是要求给予不同的人以不同的对待。对老弱妇幼等特殊群体，应当提供更加耐心细致的服务。“相同”并非平等待人的精髓，尊重才是平等待人的精髓。

（二）多项选择题

9.【答案】BC　从业人员不能占用公物，包括两层含义：一是不将公物据为已有。有一些员工，不注意克服人性的弱点，养成爱占公家便宜的习惯，经常将企业的物品顺手牵羊，拿回自己家中使用。二是不用公物干私事。有的员工在别人不注意时，总是利用公物干自己的事情。

10.【答案】BCD　随着合作在从业人员团队协作中双赢作用的愈加突出，强化职业人的团结协作意识，提高职业人的合作职业道德素养，已经成为每个从业人员在激烈的职场竞争中能够脱颖而出的必然要求，包括：(1)求同存异。(2)互相协作。(3)公平竞争。

11.【答案】CD　从业人员应树立为人民服务的意识，其包括：(1)要始终讲究社会效益。(2)要对顾客怀有爱心。

12.【答案】ABD　职业道德的激励功能可通过以下途径来实现：一是通过教育引导，帮助从业人员树立崇高的职业理想；二是通过榜样、典型的示范，提供鲜活、明确、具有感召力的行为坐标参照系。三是通过考评奖惩机制，不仅满足从业人员物质和精神需求，更重要的是促进从业人员产生强大的精神动力，最大限度地挖掘内在潜力，既有效保证职业行为沿着企业预期的目标和方向发展，又有利于从业人员自我价值的实现。

13.【答案】BC　在职业活动中，从业人员利益与企业集体利益从根本上来说是一致的。但是，这并不意味着二者之间在任何情况下都是一致的，有时候也会发生冲突。个人利益与集体利益的冲突，具体表现在眼前利益与长远利益、局部利益与整体利益的冲突上。

14.【答案】ABCD　职业化也称为“专业化”，是一种自律性的工作态度。简单地讲，职业化就是一种按照职业道德要求的工作状态的标准化、规范化、制度化，即以严格的职业道德标准，在合适的时间、合适的地点，用合适的方式，说合适的话，做合适的事，并圆满完成自己所承担的工作职责。它要求从业人员在道德、态度、知识、技能、观念、思维、心理、行为等方面都符合职业规范和标准。

15.【答案】BD　现实中，太多的事例让我们意识到，今天职业生活中并不缺乏有专业技术能力的人才，而是缺乏真正有责任感的专业技能人才。职业精神、道德责任已成为我们这个时代支撑技术有效发挥的一种重要精神品质，成为企业选人、用人的重要指标。

16.【答案】ABCD　市场经济环境下的职业道德应该讲法治、讲诚信、讲效率、讲公平。

二、职业道德个人表现部分

因该部分的题目是按读者自己的心理思维道德完成的，故无标准答案。

第二部分　理论知识

一、单项选择题

26.【答案】B　资源的有限性称为资源的稀缺性，或者更准确地说：相对于人类社会的无限需要而言，客观上存在着制约满足人类需要的力量，此种力量定义为资源的稀缺性。

27.【答案】B　附加性劳动力假说与悲观性劳动力假说的前提观点是相同的，即男性成年人的劳动力参与率与经济周期不存在敏感的反应性。这个劳动力群体被称为一级劳动为。与此相对的劳动力群体被称作劳动力市场的二级劳动力。二级劳动力主要由中年妇女构成。二级劳动力参与率与经济运行周期存在着较敏感的反应性。

28.【答案】B　从表象上看，工资作为劳动力要素的均衡价格是由劳动力的供给价格和需求价格的相互作用共同决定的。但是，如果进行深层次的分析可以看到，工资具有与劳动的净产品相等的趋势，劳动的边际生产率决定劳动力的需求价格。所以，工资的决定是以劳动力价值为基础，最终取决于劳动的边际生产率和劳动力再生产费用及劳动的负效用。

29.【答案】C　在现代经济学中，对于收入差距的衡量指标，有洛伦茨曲线、基尼系数、库兹涅茨比率、人口(或家庭)众数组分布频率、帕累托定律等。最常用的是基尼系数，它具有方法简单(用一个数值即可表示社会收入差距程度)和可比性强的特点。

30.【答案】A　国务院是国家最高行政机关。为管理劳动事务，有权根据宪法和劳动法律制定调整劳动关系和各项劳动标准的规范性文件，这些规范性文件统称为劳动行政法规，其效力低于宪法和法律，在全国具有普遍的法律效力。

31.【答案】C　劳动法律关系的内容是指劳动法律关系主体依法享有的权利和承担的义务。因为劳动法律关系为双务关系，当事人互为权利义务主体，即一方的义务为另一方的权利。

32.【答案】B　一般来说，企业的外部环境是指企业周围的、不受企业控制但与企业生产经营活动相关联的各种外界因素，人们把这些因素叫做企业的经营环境。

33.【答案】D　量本利分析的基本原理是边际分析理论。使用的具体方法是将企业的生产总成本分为固定成本和变动成本，观察产品销售单价与单位变动成本的差额，若前者大于后者，便存在“边际贡献”。

34.【答案】B　所谓市场定位，就是根据所选定目标市场上的竞争者现有产品所处的位置和企业自身的条件，从各方面为企业产品创造一定的特色，塑造并树立一定的市场形象，以求在目标顾客心目中形成一种特殊的偏好。

35.【答案】A　在激励员工问题上没有简单化的解决方案。管理者往往很困惑，他们支付了更高的工资，为员工提供了额外的福利和更舒适的工作环境，但是他们的员工仍然得不到激励。因此，现代组织除了提供工资、福利和安全舒适的工作环境，还给员工提供更能发挥他们能力的任务，把工作责任交给员工，或者进行授权以表示对他们工作的认可，来满足员工被尊重和成就的需要。故 A 选项错误。

36.【答案】B　在工作团队有效性的理论中主要边界管理活动包括缓和团队的政治斗争，劝说高层管理者支持团队的工作，与其他群体进行协调和谈判等。故 B 选项错误。

37.【答案】D　费德勒在 20 世纪 50 年代末提出了第一个综合的权变模型。他认为，任何一种领导风格都可能是有效的，也可能是无效的，关键是它是否适合于特定的领导环境。

38.【答案】A　一个好的测验在编制和使用时必须经过标准化的过程，即经过四个标准步骤：(1)选定所需要的测验题；(2)抽样选定标准化样本进行试测；(3)施测程序标准化，对每个被试按同样规定施测；(4)从施测结果中建立常模。

39.【答案】D　认知、情感、意志，人皆有之，是人类共同的心理特征。在人的心理活动过程中，每个人有各自独有的特点，呈现出各种迥然不同的个性差异。

40.【答案】B　衡量市场是否完善，进入或退出壁垒的一个重要方面就是通过流动性来考察。正是因为流动的人力资本改进效应，流动支出也是人力资本投资成本的一部分。

41.【答案】C　人力资源开发是一项宏大的系统工程，它广泛涉及应用经济学、管理学、生理学、人口学、人类学、社会学、伦理学、教育学、工效学等多学科领域的知识。其主要的理论基础是经济学和管理学。

42.【答案】A　人力资源开发计划包括环境开发计划、组织开发计划、管理开发计划和职业开发计划。组织开发与管理开发之间的主要区别是，组织开发集中注意的是组织及其工作氛围；而管理开发是指对个人行为的激励和规范。

43.【答案】A　所谓高素质的人才包括三类：(1)具有经营战略头脑的企业家人才；(2)掌握并具有开发能力的管理和技术人才；(3)一大批训练有素，具有敬业、创业精神的员工队伍。

44.【答案】A　战略规划是根据企业总体发展战略的目标，对企业人力资源开发和利用的大政方针、政策和策略的规定，是各种人力资源具体计划的核心，是事关全局的关键性规划。

45.【答案】B　矩阵制组织结构是由职能部门系列和为完成某一临时任务而组建的项目小组系列组成的，具有双道命令系统的现代企业组织结构形式。

46.【答案】D　标准化是现代企业人力资源管理的基础，也是有效推行各项管理的重要手段。现代化企业，不仅要实现产品设计、工艺、质量、销售等项生产活动中的标准化，还要促进企业管理的标准化。

47.【答案】C　在岗位调查的作业测时方法中，实地测时观察通常采取连续测时法，就是按操作顺序，连续记录每个操作的起止时间。也可以采取整体法，即反复记录全部操作的延续时间。如果工序中的延续时间较短，不容易连续记录，也可以采用反复测时法，如第一次测定一、三、五项操作，第二次测定二、四项操作，交替测定记录。

48.【答案】A　经过多次反复的实验证明，要掌握员工工作活动的一般情况，需要观测 1000 ~2000 次，如果要精确测定设备停机率或工时利用率，需要测定 3000 ~ 5000 次。为了精确制定出时间定额标准，需要观测 5000 ~ 10000 次。为了减少岗位抽样的工作量，可按上述概率标准确定观测次数。

49.【答案】B　企业员工按职业资格分类，根据员工的职业技能的高低进行分类，如管理人员可分为高级管理人员、中级管理人员、初级管理人员；人力资源管理人员可分为高级人力资源管理师、人力资源管理师、助理人力资源管理师、人力资源管理员；技术人员可分为高级技师、技师、高级工、中级工、初级工等。

50.【答案】C　计划定额，即计划期内预计要实行的定额。它是以现行定额为基础，充分考虑了计划期内生产任务变动的情况、组织技术措施采用的状况、劳动组织的改善、先进经验的推广、劳动者技术水准以及劳动生产率提高的可能性。经过综合评定而最后确定的。计划定额主要用来制定生产、劳动、成本计划及计算产品价格。

51.【答案】D　随着企业生产的发展，企业原有的定额就会落后于现实的生产水平。企业只有在总结推广先进经验的基础上，不断组织力量修改原有的劳动定额，提高企业生产经营管理水平，才能促进企业生产的发展。劳动定额的修订是在定额的贯彻实施、统计分析之后，对定额的重新整顿和修改，它既是劳动定额管理的最后一个环节，又标志着新的定额产生，它使企业劳动定额水平向前推进了一步。

52.【答案】B　按劳动定额水平的高低分类，可将其区分为：先进定额、平均先进或先进合理的定额、落后的定额三种。

53.【答案】C　从广义上讲，人员招聘包括招聘准备、招聘实施和招聘评估三个阶段；狭义的招聘即指招聘的实施阶段，其中主要包括招募、筛选、录用三个具体步骤。

54.【答案】A　在发布广告信息时，报纸发行量大，能够迅速将信息传达给读者，同时广告的大小可以灵活选择，但阅读对象较杂，很多读者并不是所要寻找的岗位候选人，保留的时间也较短，同时报纸的纸质和印刷质量可能会对广告设计造成限制。因此，一般情况下，报纸招聘广告比较适合于在某个特定地区的招聘、适合候选人数量较大的岗位、适合流失率较高的行业或职业。

55.【答案】B　自传式调查表亦称应聘人员履历表。其设计原理是：将在职的行为表现与过去在各种情况下的态度、行为、偏好和价值观等联系在一起进行考察，以便对应聘者的未来发展做出预测分析。

56.【答案】C　用人单位在招聘人才时，对应聘者的学历、职称等硬件和经历、能力等软件的了解基本上以应聘者的本人介绍为主，对其的审查往往通过面试来完成。在一般情况下，用人单位在面试后的一周内就会发出录用通知，在办完录用手续后才转移应聘者的个人档案材料。

57.【答案】B　在员工信息管理系统中，基础数据在HR系统初始化的时候要用到，是整个系统正常运转的基础。

58.【答案】A　大学校园是企业专业人员与技术人员的重要来源。公司在设计校园招募活动时，需要考虑学校的选择和应聘者的吸引两个问题。企业在选择学校时，应根据自己的财务预算和所需要的员工类型来进行决策。

59.【答案】D　员工培训是企业管理的重要一环，这要求企业在组织员工培训时，一定要从企业的发展战略出发去思考相关问题，使员工培训工作构成企业发展战略的重要内容。

60.【答案】C　在岗培训的优点是简单易行、成本较低，不需要另外添加设备、场所，有时也不需要专职的教员，而是利用现有的人力、物力来培训、培训对象不用脱离工作岗位，可以不影响生产或工作，但这种培训往往缺乏良好的组织，较不规范、不易较快地取得效果。因此，这种培训一般用于涉及面广，不要求很快见效的培训任务。

61.【答案】B　晋升目标是员工发展规划的重要内容。员工现状与晋升目标要求之间的差距就是个人培训需求。个人培训需求是制定晋升培训计划、指导晋升培训的依据。

62.【答案】A　在员工培训的形式中，专题讲座法适合于管理人员或技术人员了解专业技术发展方向或当前热点问题等方面知识的传授。

63.【答案】D　个别指导法和我国以前的“师傅带徒弟”或“学徒工制度”相类似。目前我国仍有很多企业在实行这种帮带式培训方式，其主要特点在于通过资历较深的员工的指导，使新员工能够迅速掌握岗位技能。

64.【答案】C　自学的组织形式中，企业在互联网上建立网页，开设网上课程，员工无论何时何地，只要打开网页就可以学习。不受时间和空间的限制、费用低是网上学习的最大优势。

65.【答案】A　绩效考评仅仅是绩效管理活动中的一个重要环节，它是考评者按照特定程序，采用一定方式方法，根据预定的量化指标和标准，对员工个人或团队的行为和结果进行测量、考核、评价的过程。它在绩效管理的全过程中居于举足轻重的地位，成为绩效管理系统运行的重要支撑点。

66.【答案】B　原则一致性与可靠性是对绩效管理标准在适用程度上的要求，考评标准应适合相同类型的所有员工，即一视同仁，不能区别对待或经常变动，致使考评结果的横向与纵向可比性降低或丧失，绩效管理就失去了必要的可信度。

67.【答案】A　俗话说“言必行，行必果”，业绩是行为的结果。“业绩考评”就是对行为的结果进行绩效考评和评价。绩效考评是一个被广泛运用的概念，评先进、评劳模、评积极分子、评议干部，大都带有这种色彩。这是因为人们普遍认为业绩应该具有客观可比性，只有依靠业绩对人们进行评价才有可能是公平或公正的。

68.【答案】B　在企业中，员工绩效是指员工完成指定的工作任务和由此带来的诸多效果，包括员工的综合素质和专业技能的提高、基层组织凝聚力的增强等。员工绩效受到多种因素影响，是员工个人素质与客观环境和条件相互结合的结果。

69.【答案】C　行为导向型的考评方法中，排队法按照员工行为或工作业绩的好坏把员工从最好到最坏排队，并将排队结果作为人事决策及诊断不良工作行为的依据。用排队法考评员工既可以只用单一指标，也可以使用多元指标。

70.【答案】D　绩效管理的发展功能，主要表现在两方面：一方面使组织根据考核结果，制定正确的培训计划，达到提高全体员工素质的目标；另一方面可以发现员工的特点，根据特点决定培养方向和使用方法，充分发挥个人长处，将个人与组织的发展目标有效地结合起来。

71.【答案】B　薪酬是员工为企业提供劳动而得到的各种货币与实物报酬的总和，可以包括：工资、奖金、津贴、提成工资、劳动分红、福利等。

72.【答案】A　在企业中，员工绩效管理制度是建立员工激励制度的前提和基础，也是贯彻执行企业工资制度的基本保障。

73.【答案】C　结构工资制又称为多元化工资、组合工资、分解工资。它将构成工资标准的诸因素按其作用的差别划分为几个部分，并分别规定工资数额，构成劳动者的全部工资。

74.【答案】B　目前，我国计时工资一般是以月工资率为基准。西方发达国家一般以小时工资率为基准，对高级管理人员实行年薪制。

75.【答案】C　在工资统计中，平均工资是指一定时期内(月度、季度、年度等)员工平均每人所得的工资数额。它是研究员工生活水平、各类员工工资差别以及工资和劳动生产率增长关系的重要指标。

76.【答案】A　在社会保险中，养老保险是社会保障制度的重要组成部分，是社会保险五大险种中最重要的险种之一。所谓养老保险(或养老保险制度)是国家和社会根据一定的法律和法规，为解决劳动者在达到国家规定的解除劳动义务的劳动年龄界限，或因年老丧失劳动能力退出劳动岗位后的基本生活而建立的一种社会保险制度。

77.【答案】C　行业差别费率是根据各行业的伤亡事故风险和职业危害程度的类别划分。行业基准费率和浮动档次需要调整时，由市级劳动保障行政部门会同市级财政部门、卫生行政部门和安全生产监督管理部门提出方案，报市人民政府批准后施行。

78.【答案】A　由于员工工资总额是重要的国情国力统计指标，是衡量员工生活水平和计算离退休金及有关费用的重要依据，是企业人工成本的主要组成部分，因此，准确统计薪酬(工资)数据具有重要意义。

79.【答案】B　企业必须在社会保险经办机构核准其缴费申报后的 3 日内缴纳社会保险费。企业和缴费个人应当以货币形式全额缴纳社会保险费。缴费个人应当缴纳的社会保险费，由企业从其本人工资中代扣代缴。

80.【答案】C　在现代社会，劳动的社会形式的趋同性使得劳动关系成为经济社会最普遍、最基本的社会关系，对劳动关系的研究在各国广泛存在。

81.【答案】D　在劳动合同的履行期间因满足主客观情况的变化的需要而订立的专项协议书约定在特定条件下，用人单位和劳动者的权利义务，此时，劳动合同中约定的权利义务暂时中止执行。如果专项协议在订立劳动合同时订立，应在劳动合同的附件中注明，以保证其法律效力。如果在劳动合同的履行期间订立，必须要保证与劳动合同的一致性；当出现矛盾时，应及时变更劳动合同的相关内容。

82.【答案】C　劳动合同鉴证是劳动行政管理部门对劳动合同内容、订立程序的合法性、真实性进行审查并予以证明的制度，是劳动行政管理、监督、服务的一种手段。劳动行政部门是劳动合同的鉴证机关，劳动合同鉴证的具体工作由合同签订地或履行地的劳动行政部门承办。

83.【答案】D　在劳动安全卫生管理制度中，安全技术措施计划管理制度是企业编制年度生产、技术、财务计划的同时，必须编制以改善劳动条件，防止和消除伤亡事故和职业病为目的的技术措施计划的管理制度。其计划项目主要包括：安全技术措施，劳动卫生措施，辅助性设施建设、改善措施以及劳动安全卫生宣传教育措施等。

84.【答案】B　全面履行原则是指劳动合同当事人双方按照劳动合同约定的标的及其数量、种类、质量、时间、地点、方式等全面完成自己所承担的全部义务。这是合同履行的最理想模式，只有这样，当事人双方全部的权利与义务才能实现，合同的目的才能达到。因此，履行的标的、期限、地点、方式都要明确，并且要全面履行，不能只履行一部分。

85.【答案】C　劳动合同是劳动关系当事人依据国家法律的规定，经平等自愿、协商一致缔结的，体现当事人双方的意志，是劳动关系当事人双方合意的结果。其基本特点是体现劳动关系当事人双方的意志。

二、多项选择题

86.【答案】AD　虽然劳动力需求是一种派生性需求，但是企业在劳动力的雇用上并不是简单地随产品需求变动而调整其劳动力需求的。因此，在假设其他条件不变的情况下，劳动力需求与工资率存在着如下关系：工资率提高，劳动力需求减少；工资率降低，劳动力需求增加。这是我们分析劳动力需求的一个重要前提。

87.【答案】BCE　福利作为劳动力价格的构成部分和工资的转化形式，具有以下特征：(1)福利支付以劳动为基础，但并不与个人劳动量直接相关。(2)法定性。(3)企业自定性和灵活性。

88.【答案】ABC　根据《宪法》和《劳动法》的有关规定，可以将劳动法的基本原则归纳为以下内容：(1)保障劳动者劳动权的原则。(2)劳动关系民主化原则。(3)物质帮助权原则。

89.【答案】ACE　劳动法律关系的构成要素分别为劳动法律关系的主体、内容与客体。

90.【答案】ABCDE　企业资源分析的具体内容包括：(1)物质资源状况。(2)人力资源状况。(3)财务资源状况。(4)技术资源状况。(5)管理资源状况。(6)无形资产状况。

91.【答案】ACD　量本利分析法也称盈亏平衡分析法，是企业经营决策常用的有效工具。它根据产品销售量、成本、利润的关系，建立参数模型，分析决策方案对企业盈亏的影响。

92.【答案】ABCDE　营销计划的执行过程包括五个方面：(1)制订详细的行动方案。(2)建立组织结构。(3)设计决策和报酬制度。(4)开发并合理调配人力资源。(5)建立适当的企业文化和管理风格。

93.【答案】ABCDE　在现代人力资源管理中，报酬的形式已不仅仅是指工资、奖金、福利等，而是从更为广泛的角度，把报酬视为员工所看重的任何东西，包括办公室的位置、工作设备的分配、喜爱的任务、正式的和非正式的认可等。

94.【答案】ABCDE　通常在建立人际关系时会经过五个阶段，每个阶段都有特定的沟通特点。第一阶段：选择或定向阶段。第二阶段：试验和探索阶段。第三阶段：加强阶段。第四阶段：融合阶段。第五阶段：盟约阶段。

95.【答案】BCDE　员工的工作成熟度与心理成熟度高低程度不同，组合情况也就不同，依成熟度的高低依次为：(1)有工作能力，也有工作动机。(2)有能力，但无动机。(3)无能力，但有动机。(4)既无能力，又无动机。

96.【答案】BCD　在使用心理测验对应聘者进行评价和筛选时，有三种策略选择：(1)择优策略。(2)淘汰策略。(3)轮廓匹配策略。

97.【答案】ABCD　人的本能的欲念、冲动、渴望、追求常常成为人的行为的内在驱动力。虽然人与动物同源，在生物属性方面两者有相同或相似之处，然而，两者也有着根本不同。

98.【答案】ACDE　事业部制结构的主要不足是：容易造成组织机构重叠、管理人员膨胀的现象；各事业部独立性强，考虑问题时容易忽视企业整体利益。因此，事业部制结构适合那些经营规模大、生产经营业务多元化、市场环境差异大、要求较强适应性的企业。

99.【答案】ABDE　工作岗位调查是以工作岗位为对象，采用科学的调查方法，收集各种与岗位相关的信息和数据的过程。工作岗位调查的目的是：(1)收集各种相关的数据、资料，以便系统、全面、深入地对岗位进行描述。(2)为改进工作岗位的设计提供信息。(3)为制定各种人事文件、进行岗位分析提供数据。(4)为工作岗位评价与工作岗位分类提供必要的依据。

100.【答案】ABCDE　在制度工时利用率指标中，按工日计算的制度工时利用率，只反映全日缺勤、全日停工和全日非生产等工时的影响程度，而按工时计算的制度工时利用率，除了上述因素影响外，还反映了非全日的缺勤、停工和非生产等所占用时间的影响程度。

101.【答案】ACE　劳动定额按表现形式分类，可分为：时间定额、产量定额、看管定额、服务定额、工作定额、人员定额、其他形式的劳动定额。

102.【答案】ABCDE　劳动定额的影响因素包括：与设备、工具有关的因素；与生产情况、生产过程有关的因素；与操作方法有关的因素；劳动力的配备与组织有关的因素；与工作地有关的因素；与各种规章制度及其他有关的因素。

103.【答案】ABCD　人力资源费用预算的原则有：合法合理原则、客观准确原则、整体兼顾原则、严肃认真原则。

104.【答案】ACD　企业组织竞聘时，发布竞聘公告的内容包括竞聘岗位、职务、职务说明书、竞聘条件、报名时间、地点、方式等。

105.【答案】ABCE　背景调查的内容简明是为了控制背景调查的工作量，降低调查成本，缩短调查时间，以免延误上岗时间而导致用人部门人力紧张，影响业务开展。再者，优秀人才往往被几家企业互相争夺，长时间的调查就会给竞争对手制造机会。内容实用是指调查的项目必须与拟任职位需求高度相关，以避免查非所用，用者未查。调查的内容可以分为两类：一是通用项目，如毕业证书和学位证书的真实性、任职资格证书的有效性；二是与职位说明书要求相关的工作经验、技能和业绩，不必面面俱到，故D项说法错误。

106.【答案】CD　企业进行校园招聘时，应准备好几组面试考题，因为校园的学生进入企业，通常必须从基层做起，因此面试通常要达到的目标也比较简单，只是测试学生的知识面、应变能力、素质和潜力，对于社会阅历、工作经验、组织和领导能力等可以暂不加考察。

107.【答案】BCD　业务处理层是指对应于人力资源管理具体业务流程的系统功能，这些功能将在日常管理工作中不断产生与积累新数据，如薪资数据、绩效考核数据、培训数据、考勤休假数据等。这些数据将成为企业掌握人力资源状况、提高人力资源管理水平以及提供决策支持的主要数据来源。

108.【答案】ABCDE　为了从根本上保证员工培训的质量，就需要企业根据自身发展的战略规划，在进行培训需求分析的基础上，制定出一套完整的培训计划，即首先要确认培训内容，再根据培训内容，选择培训的方式方法，进行培训课程的设计；确定培训时间和培训教师；最后，编制出培训预算和培训计划。

109.【答案】ABCD　安排岗前培训的会场培训员应在培训实施时提前到位检查地点，确保培训各项准备的顺利进行。具体的事项有：座位的排定；温度的调节；设备的检查与调试；资料、学习用品的准备；后勤服务与保障和其他后备计划。

110.【答案】ABCD　案例分析法主要具有以下一些特点：(1)案例分析法的目的是提高学生分析问题和解决问题的能力，学生需要在课外去完成案例的知识准备。(2)案例分析法的主体是学生。(3)案例分析法的学习方式是学生通过对案例的分析，从中总结出某些规律。(4)案例分析法揭示了人的行为的动因。(5)案例分析法提供给学生一个个生动具体的案例，这些案例只是为学生的分析与思考提供问题的情景，它本身并不产生迁移作用，教师应在案例中鼓励和激发学生的思考。(6)案例分析法提供的情景是具体的、全方位的，人们的行为可以从多方面进行解释，很难有一个最优答案。(7)案例分析法可以让学生掌握解决问题的一些基本方法和程序。

111.【答案】ACE　以改善绩效、培训人才为目的的现场培训确定的培训需求有：(1)根据员工发展规划确定现场培训需求。(2)根据绩效改进计划确定现场培训需求。(3)通过自我申报确定培训需求。具体步骤如下：①指示部下制定目标；②部下根据自己的具体情况制定目标及计划；③上级与下级通过面谈最后确定目标及计划。

112.【答案】ABCDE　绩效管理系统设计的基本原则包括：(1)公开与开放的原则。(2)反馈与修改的原则。(3)定期化与制度化原则。(4)可靠性与有效性原则。(5)可行性与实用性原则。

113.【答案】ABCE　绩效管理制度作为绩效管理活动的指导性文件，在拟定起草时，一定要从企业现实生产技术组织条件和管理工作的水平出发，不能脱离实际；一定注重它的科学性、系统性、严密性和可行性，如果措辞不当，过于原则化，缺乏适用性，就会使制度条文流于形式，在实际管理中难以发挥作用，以至于各有关责任人相互扯皮推诿，考评工作无法落实，造成绩效管理“推而不动，停滞不前”。

114.【答案】ABCE　行为导向型的考评方法是以员工行为为对象进行考评的方法，考评者遵循一定工作范围和尺度，对员工行为进行描述，以提高绩效考评的正确性。其主要方法包括以下几种：(1)关键事件法。(2)行为观察量表法。(3)行为定点量表法。(4)硬性分配法。(5)排队法。

115.【答案】ABCD　绩效的优劣不只取决于单一的因素，而要受到主、客观多种因素的影响。包括：(1)激励，是指调动员工的工作积极性，激励本身又取决于员工的需要层次、个性、感知、学习过程与价值观等个人特点，其中需要层次影响最大，员工在谋生、安全与稳定、友谊与温暖、尊重与荣誉、自为与自主以及实现自身潜能诸层次的需要方面，各有其独特的强度组合，需经企业调查摸底，具体分析，对症下药予以激发。(2)技能，是指员工工作技巧与能力的水平，它也取决于个人天赋、智力、经历、教育与培训等个人特点，其中培训不仅能提高其技能，还能使员工对预定计划目标的实现树立自信心，从而加大激励的强度。(3)环境因素，首先指企业内部的客观条件，环境因素当然也包括企业之外的客观环境。(4)机会则是偶然性的。

116.【答案】ABCDE　工资总额的管理方法，首先考虑确定合理的工资总额所需考虑的因素，如企业的支付能力、员工的生活费用、市场薪酬水平以及员工现有薪酬状况等，然后计算合理的工资总额，可以采用工资总额与销售额的方法或盈亏平衡点的方法推算合理的工资总额，还可以采用工资总额占附加值比例的方法来推算合理的工资总额。

117.【答案】ABCDE　从广义上来说，薪酬包括工资、奖金、休假等外部回报，也包括参与决策、承担更大的责任等内部回报。

118.【答案】BC　员工薪酬意识分析常用的方法是问卷调查法和面谈法。

119.【答案】ABCE　奖金的特点有：(1)单一性。(2)灵活性。(3)及时性。(4)政治荣誉性。

120.【答案】ABD　补充福利的项目五花八门，经常见到的有：交通补贴、房租补助、免费住房、工作午餐、女工卫生费、通讯补助、互助会、员工生活困难补助、财产保险、人寿保险、法律顾问、心理咨询、贷款担保、内部优惠商品、搬家补助、子女医疗费补助等。

121.【答案】ABCDE　工作岗位分析作为工作岗位研究的组成部分是一项重要的人力资源管理基础技术。它是对企业各个岗位的设置目的、性质、任务、职责、权力、隶属关系、工作条件、工作环境以及承担该职务所需的资格条件等进行系统分析和研究，并制定出岗位规范和工作说明书等文件的过程。

122.【答案】ABCE 劳动法律关系的特点有：(1)劳动法律关系是劳动关系的现实形态。(2)劳动法律关系的内容是权利与义务。(3)劳动法律关系的双务关系。(4)劳动法律关系具有国家强制性。

123.【答案】ABCE 劳动合同履行的原则有：(1)实际履行原则。(2)全面履行原则。(3)亲自履行原则。(4)协作履行原则。

124.【答案】BD 职业类别划分的方法有：(1)按照劳动合同期限进行分类。分为无固定期限、有固定期限、以完成一定工作为期限，以及正处于试用期限的劳动合同。(2)按照工作岗位分类。劳动合同具体地规定了员工所在的工作岗位，而工作岗位可以划分为一般工作岗位和特殊工作岗位。

125.【答案】ABCD 伤亡事故报告和处理制度是国家制定的对劳动者在劳动生产过程中发生的和生产有关的伤亡事故的报告、登记、调查、处理、统计和分析的规定。包括以下内容：(1)企业职工伤亡事故分类；(2)伤亡事故报告；(3)伤亡事故调查；(4)伤亡事故处理。

卷册二 专业技能题

一、简答题

1.【答案】 通常一个完备的绩效管理系统，应当对以下工作内容做出明确规定：

（1）绩效管理的目的、方向和绩效考评目标；

（2）绩效管理组织机构、人员及其工作职责；

（3）绩效考评的指标体系与考评标准和范围；

（4）根据不同类别人员采用不同的考评方法；

（5）实施绩效考评的具体时间和期限；

（6）绩效考评具体实施的程序和步骤；

（7）绩效考评结果整理与反馈的步骤和方法；

（8）绩效管理总结考评结果应用与工作改进。

当然，一个企业的绩效管理系统不一定必须具备上述八项内容的每一项，一些中小企业的绩效管理相对于大企业来说要简单得多，它们可以将程序中的某几项合并为一项。对绩效管理系统虽然可以按照一定的阶段进行划分，但在企业绩效管理的实际组织中，其各个工作阶段及具体程序有时可以交叉进行，不一定非要严格区分开。

2.【答案】 行为导向型的考评方法是以员工行为为对象进行考评的方法，考评者遵循一定工作范围和尺度，对员工行为进行描述，以提高绩效考评的正确性。其主要方法包括以下几种：

（1）关键事件法。其是指在某些工作领域内，员工在完成工作任务过程中有效或无效的工作行为导致了不同的结果：成功或失败。

（2）行为观察量表法。行为观察量表法要求评定者根据某一工作行为发生频率或次数的多少来对被评定者打分。

（3）行为定点量表法。行为定点量表法需要由主管事先为每一个工作维度搜集可以描述有效、平均和无效的工作行为，每一组行为可以用来评定一种工作或绩效的维度。选择确实可以区分员工的关键工作行为，并为每种行为赋值。

（4）硬性分配法。采用硬性分配法可以避免传统考评中大多数良好、至少也是过得去的情况的发生。

(5) 排队法。排队法按照员工行为或工作业绩的好坏把员工从最好到最坏排队，并将排队结果作为人事决策及诊断不良工作行为的依据。

二、计算题

【答案】 (1)根据平均工资固定构成指数 = $\frac{\sum(\bar{X}_1 T_1)}{\sum T_1}:\frac{\sum(\bar{X}_0 T_1)}{\sum T_1}$，有平均工资固定构成指数 = $\frac{900\times200+1500\times300}{500}:\frac{800\times200+1400\times300}{500}\times100\% = \frac{1260}{1160}\times100\%\approx108.6\%$

(2)根据平均工资结构变动影响指数 = $\frac{\sum(\bar{X}_0 T_1)}{\sum T_1}:\frac{\sum(\bar{X}_0 T_0)}{\sum T_0}$，有平均工资结构变动影响指数 = $\frac{800\times200+1400\times300}{500}:\frac{800\times50+1400\times200}{250}\times100\% = \frac{1160}{1280}\times100\%\approx90.6\%$

三、综合分析题

1.【答案】 (1)该公司重组前是职能制结构。

其优点有：提高了企业管理的专业化程度和专业化水平；由于每个职能部门只负责某一方面工作，可充分发挥专家的作用，对下级的工作提供详细的业务指导；由于吸收了专家参与管理，直线领导的工作负担得到了减轻，从而有更多的时间和精力考虑组织的重大战略问题；有利于提高各职能专家自身的业务水平；有利于各职能管理者的选拔、培训和考核的实施。

其缺点有：多头领导，政出多门，不利于集中领导和统一指挥，造成管理混乱，令下属无所适从；直线人员和职能部门责权不清，彼此之间易产生意见分歧，互相争名夺利，争功诿过，难以协调，最终必然导致功过不明，赏罚不公，责、权、利不能很好地统一起来；机构复杂，增加管理费用，加重企业负担；由于过分强调按职能进行专业分工，各职能人员的知识面和经验较狭窄，不利于培养全面型的管理人才；这种组织形式决策慢，不够灵活，难以适应环境的变化。

该公司重组后是事业部制结构。

其优点有：①权力下放，有利于最高管理层摆脱日常行政事务，集中精力于外部环境的研究，制定长远的全局性的发展战略规划，使其成为强有力的决策中心；②各事业部主管摆脱了事事请示汇报的规定，能自主处理各种日常工作，有助于增强事业部管理者的责任感，发挥他们搞好经营管理的主动性和创造性，提高企业的适应能力；③各事业部可集中力量从事某一方面的经营活动，实现高度专业化，整个企业可以容纳若干经营特点迥异的事业部，形成大型联合企业；④各事业部经营责任和权限明确，物质利益与经营状况紧密挂钩。

其缺点有：容易造成组织机构重叠、管理人员膨胀的现象；各事业部独立性强，考虑问题时容易忽视企业整体利益。

(2)第二次职权划分时，该公司总裁没有考虑集权与分权相结合的原则、统一指挥原则以及责权对等原则。这次职权划分过于严谨，下放的权力太少，没有发挥事业部制的优点。主要表现在：①权力太少，自由不够，各部门经理无法尽情发挥自己的能力，从而极大地打击了他们的积极性；②没有解放总部的压力，总经理没有摆脱日常事务，无法集中精力思考企业的战略问题。

2.【答案】（1）上述事例出现的问题的原因有：①培训前没有做好培训需求分析，培训缺乏针对性。企业缺乏学习氛围，员工不清楚自己需要在哪些方面提升自己，企业没有分析员工需要培训什么内容，盲目安排员工参加培训，导致员工参加培训的积极性不高；②培训内容与实践脱钩，没有进行过程监控，案例中：小王在参加技能培训前向培训负责人反映："新机器比我原来操作的那台复杂多了，并且在操作时总是出错。"内容缺乏实际应用价值；③中层管理者对培训的意义认识不高，导致他们对员工培训的阻挠或抵制；④培训制度不健全，缺乏培训激励制度，员工参加培训的积极性不高。

（2）培训方案：

培训项目的全过程，按时间顺序应包含：需求确认、制定培训计划、教学设计、实施培训计划、培训反馈五个部分：

①需求确认，其目的就是确定谁最需要培训、最需要什么培训，即需要确认培训对象和培训内容，包括：a. 需求意向的提出，即相关人员根据企业理想与现实需求或预测需求与现实需求的差距，提出培训需求的意向，并报告企业培训的主管部门或负责人；b. 需求分析，即其目的就是确定是否真的需要培训，哪些方面需要培训，这又分为两方面的内容，包括：排他分析与因素确认；c. 确认培训，即确认哪些岗位的员工需要培训，需要提高的是知识、技能，还是能力素质。

②制订培训计划，包括：a. 确认培训内容。由现任职人员能力及素质的不足产生，确定培训内容。b. 确定培训时间。从本质上看，绩效差距包括预期工作差距和现存工作差距。其中预期工作差距紧迫感不强，可根据企业发展需要安排培训；若是现存工作差距，则需要考察，在该差距中人的因素有多大，是不是需要马上进行培训。若是需要马上实施的培训，就要从费用和时间上做出确认，明确采用何种方式培训，什么时间开始培训。c. 确认培训方式。培训方式主要包括外派培训和内部组织培训，选择哪种方式，主要从培训效果来考虑，看哪种培训更有效。d. 确定受训人员。为了提高工作效率，所要实施的培训尽量让有关人员都参加，尤其是内部组织的培训，更是如此，这样可降低单位投资成本。受训人员分为主要受训人员和次要受训人员。e. 选择培训教师。根据培训内容，选择和确定培训教师，决定是从外部聘请，还是由企业内部相关人员担任，但均是以保证培训目的的实现为前提和标准。f. 费用核定与控制。费用核定与控制是培训工作流程中极其重要的一个工作环节，既要保证培训目的的实现，又要注意成本控制。

③教学设计。这是进入实质性培训工作的第一步。这个阶段工作的好坏将直接影响受训人员对培训内容的接受程度。包括：a. 培训内容分析。培训教师接受任务后，首先要做的工作就是对所要教授的内容进行分析，以便为选择、购买、编辑教学大纲和教材以及确定培训形式和方式做准备。b. 选择购买、编辑教学大纲和教材。为了保证培训的质量，需要根据培训内容编制培训大纲，选择、购买或编辑能够符合培训方式和培训内容的辅导教材。c. 受训人员分析，是对将要接受该项培训的受训人员的学历背景、工作经验、素质状况等进行综合的分析，以便确定培训方法。d. 选择确定培训方法。应以培训教师为主导，根据培训目标和要求，选择并确定培训的具体方法。

④实施培训。实施培训是指在企业培训组织管理部门或岗位人员的组织下，由培训教师实施培训。并由该培训项目的组织管理责任人组织考核评定。包括：a. 培训，是培

训教师在规定的时间、场所对所确定的受训人进行培训。b. 考核受训者，对受训人员进行培训考评是考查受训人员对受训内容的接受程度，也是督促受训人员认真接受培训的一种方式。c. 培训奖惩，是督促受训人员接受培训的一项强制和激励措施。这是保障培训效果良好的一种重要手段。

⑤培训反馈。这是组织管理中对培训修正、完善和提高的必要手段，是企业组织与管理必不可少的一个程序。包括：a. 培训教师考评。对培训教师的考评，是由该培训项目的组织管理责任人，组织受训人员对培训教师进行考评，以便为下一次对进行相同内容培训的培训教师的选择做准备。这种考评一般采用问卷的形式，不记名填写。b. 培训管理的考评。对培训组织管理的考评是由培训专职人员负责组织，由受训人员针对培训内容、培训时间、培训形式、培训的后勤保障等方面进行考评，以便改进企业的培训组织管理工作。c. 应用反馈。应用反馈又称为延时反馈，是指在培训后，受训人员到工作岗位上工作一段时间后，对其受训作用进行考查的一种方式。它包括对受训人员、受训人员主管领导的调查了解，以此来改进培训工作。d. 培训总结、资源归档。培训总结是培训的负责人对该培训项目的评估和总结，从而为今后培训效果的提高提供依据。同时还要将培训的相关资料编辑归档。

模拟试卷（三）

卷册一　理论知识题

第一部分　职业道德

一、职业道德基础理论与知识部分

（一）单项选择题

1.【答案】A　敬业是一切职业道德基本规范的基础，也是做好本职工作的重要前提和可靠保障。敬业精神是个体以明确的目标选择、忘我投入的志趣、认真负责的态度，从事职业活动时表现出的个人品质。

2.【答案】C　劳动是人类得以生存和发展的基础，是社会财富创造的源泉。

3.【答案】D　如何处理公私之间的关系，是衡量一个人是否公道正派的重要标准。中国传统道德把公私分明提到很重要的位置，认为：“公私分明，官之幸也，国之兴也；公私不明，官之害也，国之败也。”在现代社会里，企业文化丰富多样，但是每一个企业都严厉禁止损公肥私的行为。

4.【答案】C　节约资源意味着节省、合理、有节制地使用资源，使其发挥最大效益。要达到这个目标，除了在主观思想意识上，高度注意按照使用的规则和要求操作外，最为重要的是创新节约资源的方法。从某种意义上来说，这是节约资源的主要方向。

5.【答案】A　合作是指个人与个人之间、群体与群体之间，就社会生活的某一内容、范围、目的或对象，为达到共同的目的，通过某些具体方式，彼此相互配合、协调发展的联合行为或过程。“万人持弓，共射一招，招无不中”——《吕氏春秋》强调的即是“合作”的重要性。

6.【答案】C　奉献是工作中的高尚品德，是一种道德感化力量。对从业人员来说，技能超

群、聪明过人是必要的，但如果不懂得奉献，将会多走弯路，事倍功半。一个愿意奉献的员工，就算能力有限，也能产生一种集结众人的力量，使工作加速进行，事半功倍。

7.【答案】B　公忠为国就是要求一个人要尽自己的最大努力为国家和民族的利益贡献自己的力量。公忠为国既是中国传统道德的基本内容，也是传统职业道德的重要体现。

8.【答案】D　奉献社会就是不以获得报酬为最终目的，自愿为他人、为社会付出劳动的行为。与爱岗敬业、诚实守信、办事公道、服务群众这四项规范相比，奉献社会是职业道德中的最高境界。

（二）多项选择题

9.【答案】BC　自我职业化和职业化管理是实现职业化的两个方面。职业化管理就是通过职业化，一方面使从业人员在职业道德上符合要求，在文化上符合企业的规范；另一方面使工作流程和产品质量标准化，工作状态实现规范化、制度化。

10.【答案】BCD　职业技能的提升离不开职业道德的提高，那么，在实际工作中，怎样才能通过提高职业道德以提升职业技能呢？一要脚踏实地；二要勇于进取；三要永无止境。

11.【答案】ABCD　良好的职业道德修养是职业人取得职业成功的重要前提，它决定了你的职业生涯是否顺利及发展程度如何：(1)就业方式的转变对员工的职业道德修养提出了更高的要求。(2)职业道德修养可以为一个人的成功提供社会资源。(3)职业道德修养是个人职业规划的重要组成部分。(4)良好的职业道德修养能帮助从业者度过难关，走向辉煌。

12.【答案】AD　提高职业技能，就要努力学习科学文化知识。在当今时代，经济社会蓬勃发展，知识和技能更新速度日益加快，从业人员应该结合实际需要，与时俱进，不断学习，努力提高职业技能。这就要求职业人员：(1)要勇于实践。(2)要开拓创新。

13.【答案】ABD　在职业生活中，诚信对从业者要求首先是尊重事实，从客观存在的事实出发。而要做到这些，需要从以下几个方面着手：(1)坚持正确原则，不为个人利害关系左右。(2)澄清事实，主持公道。(3)主动担当，不自保推责。

14.【答案】BCD　在职业活动中，从业人员树立艰苦奋斗的品质，应当努力做到下列几点：(1)树立不怕困难的精神。(2)永远保持艰苦奋斗的作风。(3)正确理解艰苦奋斗。

15.【答案】AB　互助合作是团队合作的体现，它要求从业人员应把握以下几点：(1)帮助他人就是帮助自己。(2)竭尽全力帮助他人。

16.【答案】ABD　职业技能是人们谋生和发展的必要条件和重要保障，具体表现在：(1)职业技能是就业的保障；(2)职业技能有助于增强竞争力；(3)职业技能是履行职业责任、实现自身价值的手段。

二、职业道德个人表现部分

因该部分的题目是按读者自己的心理思维道德完成的，故无标准答案。

第二部分　理论知识

一、单项选择题

26.【答案】C　劳动经济学是研究市场经济制度中的劳动力市场现象及劳动力市场运行规律的科学。

27.【答案】B　统计研究证明，在经济衰退时期，当附加性劳动力效应的作用更强一些时，即进入劳动力市场的人数大于退出劳动力市场的人数时，劳参率与失业率存在正向关系。当悲观性劳动力效应的作用更强时，劳参率与失业率存在反向关系。

28.【答案】A　按要素类别分配社会总产品或收入，称为功能性收入分配。因此，作为劳动要素均衡价格的工资，亦称为劳动报酬。

29.【答案】C　企业对提供的每一就业量都有与其相对应的最低预期收益，从而使企业能够收回成本和取得最低盈利。这个最低预期收益，就是该就业量所生产产品的总供给价格。因为总供给价格依企业所提供的就业量的变化而变化，故两者之间的关系为函数关系。

30.【答案】D　劳动法的监督检查制度与其他各项劳动法律制度的区别主要是以下方面：(1)其他各项劳动法律制度主要规定劳动关系的内容、运行规则和调整原则与方式，而劳动法的监督检查制度主要是规定以何种手段实现和保证各项劳动法律制度的实施；(2)其他各项劳动法律制度是劳动监督检查实施时确定监督检查客体的行为合法与否的标准以及对违法情况进行处理的法律依据，而劳动监督检查制度是实施劳动监督检查的职权划分和行为规则；(3)劳动监督检查制度既独立于其他各项劳动法律制度之外，同时又是其他各项劳动法律制度的组成部分，即各项劳动法律制度的范围与劳动监督检查制度的范围是一致的。正是两者范围的一致性，才能保证各项劳动法律制度得到有效的实施。

31.【答案】A　劳动法律关系的主体是指依据劳动法律的规定，享有权利、承担义务的劳动法律关系的参与者，包括企业、个体经济组织、国家机关、事业组织、社会团体等用人单位和与之建立劳动关系的劳动者，即雇主与雇员。依据我国劳动法的规定，工会是团体劳动法律关系的形式主体。

32.【答案】C　企业战略控制是企业系统中战略层的控制，不同于企业管理层与基层的控制，是由企业最高领导层执行的控制。

33.【答案】B　PDCA 循环法，就是按照计划、执行、检查和处理四个阶段的顺序，周而复始地循环进行计划管理的一种工作方法。

34.【答案】A　市场按照活动范围和区域不同可分为世界市场、全国性市场、地方市场等。

35.【答案】B　从产品的整体概念来理解，产品包含核心产品、有形产品和附加产品三个层次。故答案选 B。

36.【答案】B　态度直接显示出个体的中心价值和自我意向。进一步讲，与个体的价值观密切相关。因此，通过观察人的态度来确定价值观是个很有效的方法。

37.【答案】C　人们是否努力工作，一是要判断自己的努力是否能导致良好的业绩和评价。二是判断自己良好的工作绩效能否带来组织的奖励，如奖金、加薪或提升。三是判断组织的奖励是否符合个人的需要，这些奖励或报酬对自己是否有吸引力。

38.【答案】D　与个体决策相比，群体决策存在着明显的不足：(1)要比个体决策需要更多的时间，甚至会因难以达成一致观点而浪费时间；(2)由于从众心理会妨碍不同意见的表达；(3)如果群体由少数人控制，群体讨论时易产生个人倾向；(4)对决策结果的责任不清。

39.【答案】C　刻画测验信度的参数有：将测验按奇数题号和偶数题号分成的两部分之间的相关系数、施测成绩与再施测成绩之间的相关系数、两个等值型测验成绩之间的相关系数、α 系数、肯德尔和谐系数等。这些系数都是 0 ~ 1 之间的数字。

40.【答案】A　企业为人的需要而存在，为人的需要而生产，为人的需要而管理。人的需要有：(1)社会的人的需要，企业不断创造顾客，满足社会消费需求。这是企业所担当的社会责任。(2)企业投资者的需要，即实现利润最大化。(3)企业全体员工的需要，一是获取收入最大化；二是施展才干、实现抱负，个人获得全面发展。

41.【答案】C　人力资本投资报酬递减，一般有三方面原因：(1)随着受教育年限延长，技能与知识边际增长率下降，从而使边际增长速度放慢，因而影响到内部收益率。(2)边际教育成本的快速增长。(3)人力资本投资与人的预期收益时间有关。

42.【答案】D　人力资源开发以提高效率为核心，以挖掘潜力为宗旨，以立体开发为特征，形成一个相对独立的理论体系。这一理论体系包括了人力资源的心理开发、生理开发、伦理开发、智力开发、技能开发和环境开发。

43.【答案】B　基于全新的管理哲学和管理理念，现代人力资源管理更加强调以下三个方面的基础工作：(1)定编定岗定员定额。(2)员工的绩效管理。(3)员工技能开发。

44.【答案】A　电话调查法又称电话询问法，是指通过打电话的方式对组织人员展开询问的方法。这种方法适用于要及时采集的一些简单信息，尤其是在只要了解被调查者对某种情况的看法，如是与非、好与差、正确与错误，要与不要等简单的问题的情况下。

45.【答案】B　对企业组织信息进行经济学分析，最常用的方法是 SWOT 分析法。SWOT 分析法从各个角度对组织现状进行分析，组织面临的是机会还是威胁，拥有多少优势、多少劣势，主要取决于组织实力。

46.【答案】D　职业是指人们在社会中所从事的作为主要生活来源的某种工作。“工作”和“职业”的主要区别在于其范围不同。前者是“不工作”的对称，其范围很广，泛指人们的劳动活动过程。而后者范围较窄，特指人们所从事的具有某种性质和特点的劳动活动。

47.【答案】D　在工作岗位调查中，岗位抽样的作用有：(1)用于调查各类员工在工作班内的工作活动情况，掌握其内容、程序、步骤等各种相关数据和资料。(2)掌握岗位各类工时消耗的情况，为制定修订劳动定员定额标准，衡量评价定员定额水平提供依据。(3)用于研究机械设备的运转情况，调查设备的利用率、故障率。(4)用于改进工作程序和操作方法。

48.【答案】D　制度工作时间是指法定工作时间。它反映出能利用的工作时间的最大值是考核企业工作时间利用程度充分与否的标准。劳动和社会保障部有关文件规定，员工全年月平均工作天数和工作小时数分别调整为 20.92 天和 167.4 小时。

49.【答案】A　在劳动定额的分类中，设计定额是设计或计划部门根据产品工艺数据和初步设计的年产量，参照技术定额标准，或者通过与同类型产品的现行定额进行对比分析计算出来的定额。设计定额主要用于初步设计工厂的规模，组织专业化协作，核算各种设备、占地面积及劳动力的需要量。也可以作为新产品投入后企业逐步降低工时消耗的努力方向。

50.【答案】B　在制定劳动定额的基本方法中，技术定额法是通过对生产技术条件的分析，在挖掘生产潜力以及操作合理化的基础上，采用分析计算或实地测定来制定定额的方法，是一种比较先进和科学的方法。

51.【答案】A　人力资源管理费用是指企业在一个生产经营周期(一般为一年)内，人力资源部门的全部管理活动的费用支出，它是计划期内人力资源管理活动得以正常运行的资金保证。

52.【答案】A　工作时间利用程度分析中，出勤时间利用率亦称作业率，是反映员工在出勤时间内实际工作工时及其被利用情况的指标。

53.【答案】B　企业的外部招募人员相对于内部选拔而言，成本比较高，而且也存在着较大的风险，其具有以下优势：(1)带来新思想、新方法；(2)有利于招到一流人才；(3)树立形象的作用。

54.【答案】C　招聘需求信息发布的时间、方式、渠道与范围是根据招聘计划来确定的。由于需要招聘员工的岗位、数量、任职要求的不同，招募对象的来源与范围的不同，以及新员工到位时间和招聘预算的限制，招聘信息发布的时间、方式、渠道与范围也是不同的。

55.【答案】A　网上招聘即通过因特网进行招聘，是近年来随着计算机通讯技术的发展和劳动力市场发展的需要而产生的通过信息网络进行的一种新兴招聘方式。由于这种方法具有信息传播范围广、速度快、成本低、时间周期长、联系快捷方便等优点，且不受时间、地域的限制，因而被广泛采用。

56.【答案】A　在编写公司简介收集资料时，要注意数据的时效性，尽可能采用最新、最全、最为可信的资料。

57.【答案】B　在企业人员招聘时，由于人员选拔阶段将直接关系到岗位最终候选人的质量，因此人员选拔是招聘过程中最关键的一步，也是技术性最强、难度最大的一步。

58.【答案】C　校园招聘小组人员的组成应包括：企业人力资源部人员，控制招聘流程，安排细节；需求人才部门的主管人员，着重于考察应聘者的能力，解疑等；了解学校情况的人，能对人才做出较为准确的判断。

59.【答案】B　培训经费是员工培训与开发的重要保障。缺乏足够的经费，员工培训与开发工作就难以得到真正的落实，就会出现半途而废、因陋就简、顾此失彼等现象。因此企业在对员工进行培训与开发工作之前，必须落实培训经费并使这些经费得到合理有效的使用。

60.【答案】A　由于转岗的原因不同，岗位转换的“跨度”有大有小，这就决定了转岗培训的方式多种多样。

61.【答案】B　关于脱产培训的类型，从培训的内容看，脱产培训可分为学历培训和更新技能培训，前者以取得学历证、资格证为目的；后者以补充或更新知识、掌握新的技能为目的。

62.【答案】C　U 形布置法即将桌椅围成一个 U 形，开口处是教室的正面。这种布置形成两边的学生互相对视，另一排学生正对教师。它适合于模拟练习法，U 字里面的空间可以作为模拟者的演练区域。

63.【答案】A　工作轮换法是指让受训者在预定时期内变换工作岗位，使其获得不同岗位的工作经验的培训方法。实际参与所在部门的工作，或仅仅作为观察者，以便了解所在部门的业务，扩大受训者对整个企业各环节工作的了解。

64.【答案】C　企业培训经费的投入，可能带来的收益、效益主要体现的方面之一是：提高了企业整体任职人员的工作素质，增加了企业整体的工作效益和质量，增强了企业的市场竞争力。这一点是比较重要的，也是效益最高的。

65.【答案】A　绩效的优劣不只取决于单一的因素，而要受到主、客观多种因素的影响，如员工的激励、技能、环境与机会，其中前两者是员工自身的主观性影响因素，后两者则是客观性影响因素。这体现了绩效的多因性。

66.【答案】D　根据绩效考评的内容不同，可将绩效考评分为品质主导型、行为主导型和效果主导型三种类型。

67.【答案】C　根据企业实际情况，建立以绩效考评为中心的管理体系，意味着企业采用科学规范的绩效考评程序，选择最适合自身情况的考评制度、考评方法和考评程序。

68.【答案】C　员工绩效考评的基本步骤中，面谈是绩效考评极为重要的环节，但常常被忽略。通过面谈能使员工发扬成绩，纠正错误，以积极的态度对待过去，满怀信心地面对未来，努力工作。

69.【答案】C　在绩效管理系统的四阶段法设计方案中，定义绩效即界定绩效的具体维度及各维度的内容和权重，也就是让各层次的员工都明确自己努力的目标。这是进行绩效考评的基础，也是绩效管理的关键。

70.【答案】C　在制定绩效管理方案时，应根据绩效管理目标和要求，合理地进行方案设计，并对绩效管理方案进行可行性分析。主要从以下几个方面进行：(1)限制因素分析。任何一项绩效管理活动都是在一定条件下进行的，必须研究该考评方案所拥有的资源、技术以及其他条件，并对绩效管理方案的对象与范围的适用性，进行深入全面的分析。(2)目标效益分析。(3)潜在问题分析。预测每一考评方案可能发生的问题、困难、障碍，问题发生的可能性以及可能产生的不良效果，并找出原因，提出应变措施。

71.【答案】B　工作岗位分析作为工作岗位研究的组成部分是一项重要的人力资源管理基础技术。它是对企业各个岗位的设置目的、性质、任务、职责、权力、隶属关系、工作条件、工作环境以及承担该职务所需的资格条件等进行系统分析和研究，并制定出岗位规范和工作说明书等文件的过程。

72.【答案】C　社会在一定时期内对新创造出来的产品或价值，即国民收入的分配，包括初次分配、再分配。在初次分配中，又包括：一次分配，即国家与企业之间的分配；二次分配，企业与员工之间的分配。

73.【答案】D　最低工资率的确定实行政府、工会、企业三方代表民主协商原则。由国务院劳动行政主管部门对全国最低工资制度实行统一管理。省、自治区、直辖市人民政府劳动行政主管部门对本行政区域最低工资制度的实施实行统一管理。

74.【答案】A　工资形式是指劳动计量和工资支付的方式，就是在确定各类员工工资标准的基础上，计量各个劳动者的实际劳动数量，并把员工的工资等级标准同他们的劳动数量联系起来，计算出企业应当支付给员工的工资报酬量，并由企业按照预定的支付周期直接支付给员工本人。

75.【答案】A　津贴和补贴是员工工资的一种补充形式，主要有以下特点：(1)它是一种补偿性的劳动报酬。(2)具有单一性，多数津贴和补贴是根据某一特定的条件为某一特定的目的而制定的，具有较强的针对性，一般是一事一津贴。(3)具有较大的灵活性，可以随工作环境、劳动条件的变化而变化。

76.【答案】B　企业补充养老保险居于多层次养老保险体系中的第二层，由国家宏观指导、企业内部决策执行。企业补充养老保险费可由企业完全承担，或由企业和员工双方共同承担，承担比例由劳资双方协议确定。企业内部一般都设有由劳资双方组成的董事会，负责企业补充养老保险事宜。

77.【答案】A　失业保险所需资金的来源之一是失业保险费，包括单位缴纳和个人缴纳两部分，这是基金的主要来源。

78.【答案】C　奖金是给予付出超额劳动的劳动者的现金奖励。

79.【答案】A　企业推行战略性的人力资源管理，应当使员工清楚地认识到他们所获得的薪酬和享受的福利保险是企业成功发展的结果。一个现代企业应当坚持“对外具有竞争力，对内具有凝聚力”的原则，构建和完善企业的薪酬制度。

80.【答案】A　在市场经济条件下，人力资源的配置是通过劳动力市场实现的。在劳动力市场中，企业与劳动者均为享有经济主权的市场主体。从社会生产的角度考察，企业是将劳动与资本按各自市场价格组织起来，并使他们与一定的技术相结合，生产出产品或服务，将产品(服务)按市场价格出售，收回成本并以盈利为目的的经济组织。

81.【答案】C　劳动关系与一般经济学中所概括的劳动关系和其他各种社会关系相比，具有如下特征：(1)劳动关系的内容是劳动。(2)劳动关系具有人身关系属性和财产关系属性相结合的特点。(3)劳动关系具有平等性和隶属性的特点。

82.【答案】C　平等原则是指劳动者和用人单位在法律上处于平等的地位，平等地决定是否缔约、平等地决定合同的内容，这不仅是民法的基本原则，也是指导劳动合同的基本原则。

83.【答案】B　与劳动合同有密切联系的是各类专项协议。劳动关系当事人的部分权利义务可以以专项协议的形式规定。专项协议是劳动关系当事人为明确劳动关系中特定权利义务，在平等自愿、协商一致的基础上所达成的契约。

84.【答案】C　双方协议解除劳动合同时，应书面提前通知对方。由用人单位提出解除劳动合同的，用人单位应根据劳动者在本单位的工作年限，每满一年发给相当于一个月的工资作为经济补偿金，最多不超过12个月，工作时间不满一年的按一年的标准发放。

85.【答案】A　劳动报酬是用人单位根据劳动者劳动的数量和质量，以货币形式支付给劳动者的工资。此项条款应明确员工适用的工资制度，工资支付标准、支付时间、支付周期、工资计算办法，奖金津贴获得条件和标准；如有必要，还可以明确加班加点工资的计算办法、支付时间以及下岗待工期间的工资待遇等。工资标准不得低于当地最低工资标准，同时也不得低于本单位集体合同规定的最低工资标准。

二、多项选择题

86.【答案】BE　劳动经济学是现代经济学体系的组成部分，必须用科学的方法加以研究，并依照认识客观事物的一般规律，从劳动力市场现象的普遍联系中，概括和归纳出劳动力市场的运行规律。劳动经济学的研究方法主要有两种，即实证研究方法和规范研究方法。

87.【答案】AB　计时工资与计件工资是应用最普遍的基本工资支付方式。计时工资是依据工人的工资标准(单位时间的劳动价格)与工作时间长度支付工资的形式。计件工资是依据工人合格产品数量(作业量)和计件工资率计算工资报酬和工资支付形式。

88.【答案】AD　福利的支付方式大体划分为两类：其一为实物支付，包括各种免费或折价的工作餐、折价或优惠的商品和服务。其二为延期支付，包括各类保险支付，如退休金、失业保险等。

89.【答案】BCD　无论是何种类型的失业，都给经济增长与社会发展带来负面影响，包括物质的和精神的、家庭的和社会的负面影响具体包括：(1)失业造成家庭生活困难。(2)

失业是劳动力资源浪费的典型形式。(3)失业直接影响劳动者精神需要的满足程度。

90.【答案】ACE　劳动法基本原则的作用是：(1)指导劳动法的制定、修改和废止，保证各项劳动法律制度的统一、协调。(2)指导劳动法的实施，正确适用法律，防止出现偏差。(3)劳动法的基本原则有助于劳动法的理解、解释，对于认识劳动法本质有指导意义，可以弥补劳动法律规范可能存在的缺陷。

91.【答案】ABCDE　经营环境的微观分析有：(1)现有竞争对手的分析。(2)潜在竞争对手分析。(3)替代产品或服务威胁的分析。(4)顾客力量的分析。(5)供应商力量的分析。

92.【答案】ACD　战略控制一般由三方面的活动组成：(1)制定战略评价标准；(2)进行实际成效与标准的对比分析；(3)针对偏差采取纠偏行动。

93.【答案】ADE　线性规划的模型是由变量、约束条件、目标函数三者构成的。

94.【答案】ABDE　市场营销计划的控制主要有年度计划控制、盈利能力控制、效率控制和战略控制。

95.【答案】ABCDE　一般而言，员工工作满意度来源于以下几个方面：(1)富有挑战性的工作。(2)公平的报酬。(3)支持性的工作环境。(4)融洽的人际关系。(5)个人特征与工作的匹配。

96.【答案】ABCD　影响群体决策的因素有：(1)群体多样性(群体异质性)。(2)群体熟悉度。(3)群体的认知能力。(4)群体成员的决策能力。(5)参与决策的平等性。(6)群体规模。(7)群体决策规则。

97.【答案】ABCD　领导情境理论同其他领导行为理论一样，也把领导的行为方式按“关心人”和“关心工作”两个维度划分成四种类型的领导方式：高关系—低工作的参与式，低关系—高工作的命令式，高关系—高工作的推销式，低关系—低工作的授权式。

98.【答案】ABCDE　人力资源费用计划是对企业人工成本、人力资源管理费用的整体规划，包括人力资源费用预算、核算、审核、结算，以及人力资源费用控制等。

99.【答案】BDE　衡量一门学科是否具有科学性，可以从多个维度测量，如研究对象的针对性、概念体系的完整性、知识系统的系统性、基本方法的精确度和可操作性等。上述论述足以证明岗位研究所阐明的基本原理的科学性。

100.【答案】ABD　在工作岗位调查中，岗位测时最好在上班1~2小时后，待生产稳定后进行。测时观察的次数，要根据生产类型、作业性质(机动、手动、机手并动)和工序延续时间的长短来确定。在大批量生产的条件下，测时精确度要求高，观察次数要比单件小批生产类型多一些；如果工序的延续时间长，每次测定结果出现的误差要相对小些，观察的次数也可以少些。

101.【答案】AB　按劳动定额的制定方法分类，包括：(1)经验估工定额。即采用经验估工法制定的定额。(2)统计定额。运用统计资料，经过必要的统计整理和分析，制定出的劳动定额。(3)技术定额。运用实地观测或技术分析计算方法制定出的劳动定额。(4)类推比较定额。即采用类推比较法制定的劳动定额。

102.【答案】ACE　工作时间的统计，对于生产性行业，通过工作时间统计，掌握工作时间利用水平的一般规律，可以为合理安排生产作业计划，督促和检查生产计划的执行情况，提供必要而可靠的数据，故B项说法错误。为企业产品成本核算提供依据，故D项说法错误。

103.【答案】ABC　企业员工结构统计包括：员工性别构成统计、员工年龄构成统计、员工学历构成统计、员工职业资格结构统计。

104.【答案】ABCDE　企业人员外部招募存在以下不足：(1)筛选难度大，时间长。(2)进入角色慢。(3)招募成本大。(4)决策风险大。(5)影响内部员工的积极性。

105.【答案】ABCDE　国外的专家认为，招聘广告应当向受众传输有关公司概况、发展前景、工作地点、岗位职务、工作责任、任职资格、工资水平、福利待遇，以及对应聘者的相关经历、个人素质、工作前景等多方面信息。

106.【答案】ABCE　编写公司简介的原则有：(1)感召性。(2)真实性。(3)详细性。(4)全面性。(5)可信性。(6)重点性。

107.【答案】ABCDE　背景调查的内容通常是对应聘者的教育状况、工作经历、个人品质、工作能力、个人兴趣等情况进行调查。假学历、假成绩单、虚假的工作经历与经验、言过其实的工作能力、精心伪装的个人质量与兴趣会严重妨碍人员选拔的公正性、准确性，挫伤组织内员工的积极性，从而给组织带来不必要的损失。

108.【答案】ABCE　管理是一项非常复杂的工作，它包含着为完成目标而进行的一系列活动，就其活动性质来划分包括计划、组织、指挥、协调和控制等。这些活动紧密相连，有机结合，构成了复杂的管理流程，实现了管理工作的目标。从管理的内容或者目标分为财务、人力资源、质量管理与控制、行政后勤等流程。

109.【答案】BCE　在岗培训的内容有：(1)在岗人员管理技能培训。一般包括：观察与知觉力、分析与判断力、反思与记忆力、推理与创新能力、口头与文字表达能力、管理基础知识、案例分析、情商等方面。(2)在岗人员专业性技能培训。一般包括：行政人事培训、财务会计培训、营销培训、生产技术培训、生产管理培训、采购培训、质量管理培训、安全卫生培训、电脑培训和其他专业性培训。(3)培训迁移的有效促进。有效促进员工培训迁移的主要因素包括：合理确定培训目标、精选培训教材、合理安排培训内容、有效设计培训程序、使员工掌握学习规律等方面。

110.【答案】DE　对于大多数中小企业而言，如果没有明显的地域限制，半脱产培训和鼓励员工业余时间自学是最好的选择。

111.【答案】ABD　晋升培训设计时，任职前训练阶段的目的是提高受训者的理论水平和业务水平，增长受训者的才干，丰富受训者的工作经验，使其具备任职的基本条件。可采用派出学习、参加本企业的理论和专业培训班、参加指定的实践活动等。

112.【答案】BC　由于绩效考评是绩效管理活动的核心内容，因此，在企业中绩效考评几乎成为绩效管理的代名词。绩效考评从微观上体现了绩效管理的目标和要求，并为企业绩效管理的开展提供了丰富的内容，故C项说法错误。绩效考评不是孤立的事件，它与企业的发展战略、组织架构、人力资源管理、经营管理息息相关，故B项说法错误。

113.【答案】ABCDE　具体来说，制定起草企业绩效管理制度应体现以下要求：(1)全面性与完整性。(2)相关性与有效性。(3)明确性与具体性。(4)可操作性与精确性。(5)原则一致性与可靠性。(6)公正性与客观性。(7)民主性与透明度。

114.【答案】ABDE　在贯彻绩效管理系统的公开与开放性原则时，应注意以下几点：(1)要通过工作岗位分析，确定对员工的期望和要求，制定出客观的绩效管理标准，通过制定岗位任职资格标准及绩效管理标准，将组织对其员工的期望和要求明确地规定下来，使考评的总体性和全局性得以加强，进而成为人力资源管理的组成部分。(2)实现绩效管理活动的公开化，破除神秘感，进行上下级间的直接对话，将技能开发与员工发展的要求引入考评体系之中。(3)引入自我评价及自我申报机制，对公开的工作绩效评价做出补充。(4)根据企业不同，分阶段引入绩效管理的评价标准和规则，使其员工有一个逐步认识、理解的过程。

115.【答案】ABCDE　俗话说“言必行，行必果”，业绩是行为的结果。“业绩考评”就是对行为的结果进行绩效考评和评价。绩效考评是一个被广泛运用的概念，评先进、评劳模、评积极分子、评议干部，大都带有这种色彩。其考评的内容有：任务完成度、工作质量、工作数量、工作的改进与改善、统筹安排等。

116.【答案】ABCDE　为了加强对员工薪酬制度的管理，提高企业人力资源管理的水平，应当重视对企业薪酬制度现状的综合分析，其主要内容包括：(1)企业薪酬总额分析。(2)企业各员工的薪酬分析。(3)企业薪酬制度分析。(4)员工薪酬意识分析。(5)企业薪酬策略分析。

117.【答案】ABCD　外部回报指员工因为雇佣关系从自身以外所得到的各种形式的回报，也称外部薪酬。外部薪酬包括直接薪酬和间接薪酬。直接薪酬是员工薪酬的主体组成部分，包括员工的基本薪酬，即基本工资，如周薪、月薪、年薪等；也包括员工的激励薪酬，如绩效工资、红利和利润分成等。间接薪酬即福利，包括公司向员工提供的各种保险、非工作日工资、额外的津贴和其他服务，比如单身公寓、免费工作餐等。

118.【答案】ABC　计时工资按照计算的时间单位不同，我国常用的有三种具体形式：(1)月工资制，即按月计发员工工资的制度。它不论大月、小月，一律按工资标准计发工资。(2)日工资制，即根据工人的日工资标准和实际工作日数计发员工工资的形式。(3)小时工资制，即根据工人的小时工资标准和实际工作小时数计发员工工资的形式。

119.【答案】ABCDE　法定福利包括：(1)社会保险，包括养老保险、医疗保险、失业保险、工伤保险、生育保险以及疾病、伤残、遗属三种津贴。(2)法定带薪假日。按照1999年国务院颁布的《全国年节及纪念日放假办法》(国务院令270号)，全年法定节假日10天为带薪假日。(3)特殊情况下的工资支付，是指除属于社会保险，如病假工资或疾病救济费、产假工资之外的特殊情况下的工资支付，如婚、丧假工资、探亲假工资。(4)工资性津贴，包括上下班交通费补贴、洗理费、书报费等。(5)工资总额外补贴项目：计划生育独生子女补贴，冬季取暖补贴。

120.【答案】BDE　企业薪酬管理的基本程序包括：(1)明确企业的薪酬政策与目标。(2)工作岗位分析与评价。(3)不同地区、行业和不同类型企业的薪酬调查。(4)企业工资制度结构的确定。(5)设定工资等级与工资标准。(6)工资制度的贯彻实施。

121.【答案】BDE　计时工资侧重以劳动的外延量计算工资，至于劳动的内涵量，即劳动强度则不能准确反映，故A项表述错误。就同等级的各个劳动者来说，付出的劳动量有多有少，劳动质量也有高低之别，而计时工资不能反映这种差别，所以实行计时工资制对激励劳动者的积极性不利，故C项表述错误。

122.【答案】BCDE　雇主完成生产经营和各类管理，并通过各级各类管理人员的职能行为来实现。因此在劳动关系的实际运行中，雇主通常并不是一个孤立的自然人，而是一个具有经营管理权的团体。雇主与雇员的关系表现为管理方群体与雇员群体之间的关系。故A项说法错误。

123.【答案】BCD　劳动争议处理制度中的调解是劳动关系当事人的一种自我管理形式，其基本特点是：(1)群众性。企业劳动争议调解委员会由职工代表、用人单位代表、工会代表三方组成。调解委员会既不是司法机构，又不是行政机构，而是群众组织，它依靠组织内成员的直接参与化解矛盾，其组成决定了它的群众性。(2)自治性。它是用人单位组织内的成员对本单位内的劳动争议实行自我管理、自我调解、自我化解矛盾的一种途径。(3)非强制性。调解委员会调解劳动争议贯彻自愿原则，即申请调解自愿、调解过程自愿、达成协议自愿，履行协议自愿。

124.【答案】ABCDE　法定条款是依据法律规定劳动合同双方当事人必须遵守的条款，不具备法定条款，劳动合同不能成立。《劳动法》规定，劳动合同应当具备以下条款：(1)劳动合同期限。(2)工作内容。(3)劳动保护和劳动条件。(4)劳动报酬。(5)社会保险。(6)劳动纪律。(7)劳动合同终止的条件。(8)违反劳动合同的责任。

125.【答案】BCDE　企业组织结构不同、规模不同，劳动与人力资源管理事务分工不同，台账的种类、科目的粗细等存在着比较大的差异。台账种类的确定与记录必须坚持简明、准确、及时和稳定的原则。

卷册二　专业技能题

一、简答题

1.【答案】　人员招聘的基本程序包括：

(1)准备阶段，其包括：①进行人员招聘的需求分析，明确哪些岗位需要补充人员。②明确掌握需要补充人员的工作岗位的性质、特征和要求。③制订各类人员的招聘计划，提出切实可行的人员招聘策略。

(2)实施阶段，招聘工作的实施是整个招聘活动的核心，也是最关键的一环，其步骤有：①招募阶段。根据招聘计划确定的策略和用人条件与标准进行决策，采用适宜的招聘渠道和相应的招聘方法，吸引合格的应聘者，以达到适当的效果。②筛选阶段。在吸引到众多符合标准的应聘者之后，还必须善于使用恰当的方法，挑选出最合适的人员。③录用阶段。在这个阶段，招聘者和求职者都要做出自己的决策，以便达成个人和工作的最终匹配。

(3)评估阶段，进行招聘评估，可以及时发现问题、分析原因、寻找解决的对策，有利于及时调整有关计划并为下次招聘提供经验教训。

2.【答案】　在设计招聘申请表过程中，设计者应当应注意达到以下要求：

(1)申请表要从申请者角度出发设计，为此，要将表中同类问题归为一组列在表中，且要尽可能采取“是”或“非”的简洁回答方式，使用通俗的语言。

(2)申请表的设计应考虑企业的目标，便于人员招聘的组织与管理工作。具体来说，招聘申请表所采集的数据应当便于存储、处理和检索，成为人力资源信息库中最重要的信息来源之一。

(3)申请表应采取多种形式，按不同人员类型分别设计。

3.【答案】　应聘人员背景调查可以委托中介机构进行，选择一家具有良好声誉的咨询公司，提出需要调查的项目和时限要求即可。如果工作量较小，也可以由人力资源部操作，建议根据调查内容把目标部门分为三类，分头进行调查：

(1)学校学籍管理部门。在该部门查阅应聘者的教育情况，能够得到最真实可靠的信息，“真假李逵”即可分辨，持假文凭者此时即现原形。

(2)曾经就职过的公司。从雇主那里原则上可以了解到应聘者的工作业绩、表现和能力，但雇主的评价是否客观还需要加以识别，有的雇主为防止优秀员工被挖走，故意低调评价手下干将，以打消竞争对手的挖人意图。

(3)档案管理部门。一般而言，从原文件里可以得到比较系统、原始的资料。目前，档案的保管部门是国有单位的人事部门和人才交流中心，按照规定，他们对档案的传递有一套严格保密手续，因此，档案的真实性比较可靠。

背景调查的方法包括打电话、访谈、要求提供推荐信等。背景调查核实也可以聘请调查代理机构进行，这些代理机构通过与求职者过去的雇主、邻居、亲戚和证明人进行书面或口头沟通来收集资料。

二、计算题

1.【答案】 根据实际计件工资 = $\sum_{i=1}^{n}(w_i p_i)$，得实际计件工资 = 5000 × 1 + (5400 − 5000) × 2 = 5800（元）

2.【答案】 根据年平均增人数 = $\frac{\text{计算年内 12 个月年内平均人数之和}}{12}$，得该企业年平均人数 = (600 × 3 + 590 × 3 + 610 × 2 + 605 × 4) ÷ 12 ≈ 601(人)。

三、综合分析题

1.【答案】 (1)设计绩效考评方法时，应注意的问题有：①明确考核目的。②重新设计考核周期。③及时记录员工绩效信息。

(2)根据企业实际情况，建立以绩效考评为中心的管理体系，意味着企业采用科学规范的绩效考评程序，选择最适合自身情况的考评制度、考评方法和考评程序。通过绩效考评可以发挥以下作用：①上级主管不必介入所有具体的事务中。②通过赋予员工必要的知识来帮助他们进行合理的自我决策，从而节省管理者的时间。③减少员工之间因职责不明而产生的误解，减少出现当上级主管需要信息时没有信息的局面。④通过帮助员工找到效率低下的原因，减少错误和偏差(包括重复出错的问题)。同时，绩效考评还能使员工得到有关他们工作业绩和工作现状的反馈。⑤通过定期的交流，员工不但对自己的长处有了全面、正确的估计，也能清醒、冷静地面对自己的不足和缺陷，从而激发他们劳动的积极性、主动性和创新性，扬长避短，努力学习，不断进步。

2.【答案】 (1)公司应该留住张经理，原因是：张经理是不可多得的营销人才，同时也是公司的创业元老，更重要的是他掌握了公司大部分的客户，一旦被竞争对手抢走，将对公司的市场占有率造成巨大损失。为留住张经理，公司的做法有：①提高张经理的基本工资、业绩提成。②改善张经理的福利待遇。③对张经理实行长期奖金或特殊奖励，根据张经理的业绩表现对其发放年终奖金。④高层领导应在张经理的生活上给予更多的关怀，尽可能地帮助他解决后顾之忧，用情感吸引他留在公司。

(2)该公司现行薪酬制度的不合理之处有：①没有考虑市场因素。高级管理人员的薪酬水平太低，对外不具有竞争力。②业务提成比例太低。“张经理的工资自加入公司以来只增加了一次，现为 3500 元/月，外加 0.1% 的业务提成。”这很难调动起员工的积极性。对于优秀的员工，没有体现出薪酬的公平性。③薪酬构成要素不合理。

模拟试卷（四）

卷册一　理论知识题

第一部分　职业道德

一、职业道德基础理论与知识部分

（一）单项选择题

1.【答案】A　1978年，美国国会通过了《从政职业法》，作为规范政府官员的职业准则。英国颁布的《荣誉法典》，也是一部典型的职业道德法典。

2.【答案】D　职业道德是所有从业人员在职业活动中应该遵循的行为准则，涵盖了从业人员与服务对象、职业与职工、职业与职业之间等关系。

3.【答案】A　以职业化的职业精神来从事自己的职业并持续追求体现工作的最优效果，是现代职业观和职业人的理想境界。

4.【答案】D　当前，职业技能在个人的职业生涯中起着极其重要的作用，我们理所当然必须高度重视职业技能的培养和提高。

5.【答案】D　市场经济环境下的职业道德内含着为人民服务的道德要求。

6.【答案】B　拥有大批敬业度高的员工是企业发展壮大的根本，事实证明了这一结论。“员工敬业度”最早是由美国著名社会学家盖洛普博士提出来。

7.【答案】C　诚信的本质内涵是真实、守诺、信任，即尊重实情、有约必履、有诺必践、言行一致、赢得信任。

8.【答案】A　平等待人是员工具有公道素质的重要表现，要达到这个要求，必须做到以下几个方面：(1)树立市场面前顾客平等的观念。(2)树立按贡献取酬的平等观念。(3)树立按德才谋取职位的平等观念。

（二）多项选择题

9.【答案】CD　按照职业道德的要求，公平竞争需要从业人员在职业行为中树立团结合作、争先创优的意识。为此至少要做到以下几点：(1)在竞争中团结合作。(2)在合作中争先创优。

10.【答案】BCD　企业发展需要奉献，个人发展也需要奉献。那么，怎样才能做到奉献呢？尽职尽责、尊重集体和为人民服务在职业活动中，只要时时注意培育和加强，就能成为一名具有奉献素质的员工。

11.【答案】BD　职业道德的规范功能表现在两个方面：一是通过岗位责任的总体规定，使从业人员明白职业活动的基本要求；二是通过具体的操作规程和违规处罚规则，让从业人员了解职业行为底线，不越“雷池”，避免受处罚。

12.【答案】ABC　职业道德与社会公德是部分与整体、个性与共性的关系，二者既有区别，又有联系。首先，它们适用的范围不同。其次，它们反映的利益不同。最后，它们存在着相通性。

13.【答案】ABCD　职业技能反映了职业存在与发展对从业人员的客观要求，它一般具有以下特点：(1)时代性。(2)专业性。(3)层次性。(4)综合性。

14.【答案】ABCD　21世纪，社会发展对从业人员的职业技能提出了更高的要求：第一，社会分工进一步细化，新职业不断涌现。第二，随着新技术的进步和普及应用，原有职业的科技含量和技术水准也在不断提高，职业技能因此需要不断更新换代。第三，人们生活水准的提高对产品质量、服务水平也提出了更高的要求，进而对从业人员的职业技能提出了更新、更专业化的要求。第四，市场经济迅速发展所带来的各行各业竞争的加剧，也对从业人员的职业技能提出了更高的要求。

15.【答案】BCD　离职信用有三方面的要求：其一，不能随意离职，必须履行就职时与单位或公司签订的履职时间合同。其二，遵守单位离职申请规定。其三，离职前后，不能只考虑自己的利益，不考虑就职单位的工作和需要。

16.【答案】ABCD　西方发达国家职业道德精华有：(1)社会责任至上。(2)敬业。(3)诚信。(4)创新。

二、职业道德个人表现部分

因该部分的题目是按读者自己的心理思维道德完成的，故无标准答案。

第二部分　理论知识

一、单项选择题

26.【答案】D　效用最大化行为的观点，通常作为经济分析的基本假设。它并不是说任何一个市场主体的每一种经济选择和经济决策行为都达到了效用最大化的目标，而是说主体的行为可以用效用最大化的观点加以分析和预测。

27.【答案】B　由于劳动力需求的派生性以及该需求是生产要素需求的组成部分，所以，劳动力需求的分析必须联系产品需求的分析，必须联系劳动力与其他生产要素相互关系的分析。劳动力需求的理论是关于生产的理论。

28.【答案】D　劳动者在进行劳动力供给决策时，不仅要考虑每小时、每周或每月的工资额，还要考虑福利水平，因为它和基本工资共同构成了劳动力价格或劳动报酬。福利无论以何种具体方式表现，实质上都是由工人自己的劳动支付的。

29.【答案】B　所谓总供给，是指一国在一定时期内生产的最终产品和服务按价格计算的货币价值总量。从产品和服务的生产看，它取决于用于生产的各类生产要素投入的总规模；从收入分配看，它是一定时期内要素投入而获得的收入总和。

30.【答案】B　国务院劳动行政法规是当前我国调整劳动关系的主要依据，规范性文件数量多，覆盖劳动关系的各个方面，例如《工伤保险条例》《企业劳动争议处理条例》《职工奖惩条例》《劳动保障监察条例》《女职工劳动保护规定》《国务院关于建立统一的企业职工基本养老保险制度的决定》等。

31.【答案】A　供应商力量的分析是企业生产所利用的各种生产要素的成本和可用性是关系企业战略优势的重要方面。原材料、零部件、半成品、包装物乃至劳动力的成本高低以及来源渠道、可用性常受到企业和供应商之间关系的影响。

32.【答案】A　企业实行纵向一体化的缺点是：①企业资本投入增加；②横向管理难度加大；③自制原料或自行销售的效率往往低于专业公司；④纵向生产能力难以平衡等。因此，企业实施纵向一体化必须十分谨慎。A 项属于横向发展战略的缺点。

33.【答案】A　在经营状况分析中，盈亏平衡点下移有三种办法：①降低固定成本；②降低变动成本；③增加固定成本，降低变动成本，使总成本下降。

34.【答案】B　产业购买者购买情况大体有三种类型：(1)直接重购。(2)修正重购。(3)新购。故B项不正确。

35.【答案】D　市场营销策略中促销包括广告、人员推销、营业推广、公共关系等方式，其中广告是较为重要的方式，广告在促进产品销售、改善企业形象等方面起着极其重要的作用。故选项D错误。

36.【答案】C　心理学所指能力，其一是指个人在某方面所表现出的实际能力，即“所能为者”；其二是指个人将来有机会通过学习，在行为上表现出的能力，即“可能为者”。前者称为实际能力或“成就”，后者称为潜在能力或“性向”。故C项错误。

37.【答案】B　员工的组织承诺通常表现为保持一个特定组织的成员身份的一种强烈期望，愿意做出较多的努力来代表组织，对于组织的价值观和目标的明确信任和接受。组织承诺反映的是员工对组织的忠诚度，通过组织承诺表达了他们对组织及其将来的成功和发展的关注。

38.【答案】C　团队设计是指团队被组织按照什么方式建立起来，包括任务的性质、对成员的要求和团队的结构。故选项C表述错误。

39.【答案】D　心理测验按测验目的可分为描述性测验、诊断性测验和预测性测验。描述性测验的目的在于对被试的能力水平、人格特征、知识水平等进行描述和评定；诊断性测验的目的在于对被试的某种心理或某种行为所存在的问题进行诊断；而预测性测验则希望通过对测验分数的解释来预示被试将来的表现和所能达到的水平。故D项说法错误。

40.【答案】B　“社会人”假设建立在人性是善良的基础之上，人不只为经济利益而生存，人们工作的动机不仅在于物质利益，更在于工作中的社会关系。也就是说，物质刺激对于调动人的积极性来说，只具有次要意义。

41.【答案】B　人力资本理论的产生过程中，马歇尔计划的成功与西欧迅速复兴的实践，推动了人力资本理论的诞生，故B项说法错误。

42.【答案】B　库尔特·利温的三步模式，即“解冻”、“改变”、“重新冻结”。

43.【答案】B　在管理形式上，传统的劳动人事管理属于静态管理。而现代人力资源管理属于动态管理，强调整体开发。

44.【答案】B　企业信息采集和处理中的适用性原则是根据企业内部各管理层次和管理系统的不同需求，提供不同类别和形式的信息。所提供的信息要与目标问题相关，特别要与问题的本质相关，以免导致无用信息与有用信息混杂，从而给使用信息的部门带来不必要的混乱。

45.【答案】B　调研报告是指根据调查研究和资料分析的情况写出的、供企业决策者使用的书面报告，主要包括调研的目的和要求、调研的方式和方法。调研结果的结论和对相关问题的建议等，以及调研过程的详细资料和统计分析附表。撰写调研报告必须坚持真实、完整、客观和适用的原则。

46.【答案】B　深入进行工作岗位调查，是实现工作岗位研究的各项任务，提高岗位分析、评价与分类质量的首要环节和重要保证。

47.【答案】C　工作岗位关键事件调查方法，由岗位调查者对承担本岗位工作的操作者的劳动行为进行观察，将其“最好”和“最差”(或者“有效”和“无效”)的行为进行登记记录的方法。采用本方法可以延续一段时间，通过反复比较，以掌握本岗位的关键信息。采用关键事件法，有助于鉴别出本岗位工作的中心内容和重要项目。

48.【答案】C　制度公休时间是指法定的公休日和节假日。我国的法定休息日，全年共有104天，加上全民的节假日10天，我国制度公休时间为114天。

49.【答案】A　按劳动定额编制的综合程度分类，可分为：(1)时间定额。可具体分为：工步、工序、零件、部件(电子产品为元件、器件)、单位产品的时间定额。(2)产量定额。可具体分为：单项定额，指只包括一道工序作业的定额；综合定额，指包括若干道工序作业的定额。

50.【答案】C　制定劳动定额的科学依据有：(1)技术依据。它包括：生产条件；对工作地的供应服务和组织的状况；操作者的技术水准、经验和技能。(2)经济依据。它包括：劳动者在一定的工作时间内工作负荷程度；整个生产周期和产品总劳动量。(3)心理生理依据。它包括：劳动环境和生产条件对操作者的影响；工作时间的长度和休息时间的比重；劳动分工和协作的状况。

51.【答案】C　根据劳动和社会保障部有关文件规定，员工全年月平均工作天数和工作小时数分别调整为20.92天和167.4小时。

52.【答案】A　企业员工平均人数统计有月平均人数、季平均人数、年平均人数统计。故选A。

53.【答案】C　招聘工作的实施是整个招聘活动的核心，也是最关键的一环，其步骤有：(1)招募阶段。根据招聘计划确定的策略和用人条件与标准进行决策，采用适宜的招聘管道和相应的招聘方法，吸引合格的应聘者，以达到适当的效果。(2)筛选阶段。在吸引到众多符合标准的应聘者之后，还必须善于使用恰当的方法，挑选出最合适的人员。(3)录用阶段。在这个阶段，招聘者和求职者都要做出自己的决策，以便达成个人和工作的最终匹配。

54.【答案】A　信息发布的范围是由招募对象的范围来决定的。发布信息的面越广，接收到该信息的人就会越多，这样可能招聘到合适人选的概率就越大。相应的，招聘费用则会增加。

55.【答案】B　激发读者的兴趣，即要引起求职者对工作的兴趣，平铺直叙的、枯燥的广告词可能很难引起人们的兴趣，而撰写生动的、具有煽动性、能引起读者共鸣的广告词加上巧妙、新颖的呈现方式则很容易令人感兴趣，例如“你将投身于一项富有挑战性的工作!”“你愿意与充满活力的单位共同成长吗?”等。

56.【答案】B　在发布招聘广告信息时，一般来说，报纸广告的覆盖面比较广，影响持续的时间较长，在一次招聘人员比较多、岗位层次的跨度比较大的情况下，采用报纸刊登招聘可以起到事半功倍的效果。

57.【答案】A　招聘申请表是由单位设计，包含了工作岗位所需的基本信息，并用标准化格式表示出来的一种初级筛选表，其目的是筛选出那些背景和潜质都与职务规范所需的条件相当的候选人，并从合格的应聘者中选出参加后续选拔的人员。

58.【答案】A　在通知被录用者方面，最重要的原则是及时。由于单位的官僚作风，录用通知哪怕晚发一天，都有可能损失单位重要的人力资源。因此录用决策一旦做出，就应该马上通知被录用者。

59.【答案】B　企业提供员工培训的最终目的是改善自身的竞争优势。企业选择并利用有效的培训手段，使员工的培训与实际工作紧密结合，从而不断提高企业竞争力。

60.【答案】C　所谓岗前培训亦称新员工导向培训或职前培训，指员工在进入组织之前，组织为新员工提供的有关组织背景、基本情况、操作程序和规范的活动。这种培训组织性和规范性强，物质条件好，有时间保障，通过一段时间使员工迅速掌握岗位要求必备的技能，以便尽快进入角色，对于新员工具有导向性作用，通常是在企业开办的新员工培训班内进行，主要采取课堂教学、开办讲座等方法进行，但它不适合于技术性强、对操作经验要求高的岗位。

61.【答案】B　以改善绩效为目的的培训特点之一是：任职前培训的延续。任职前培训使员工具备了任职的资格，但并不意味着员工已尽善尽美，也不能确保每个员工都能达到要求。根据绩效考核的结果，有针对性地制订培训计划、实施培训，可以使任职前培训的不足得以弥补，使员工进一步发展和提高自己的工作能力。

62.【答案】D　教室布置的方法中，环形布置法即将桌椅围成一个不封闭的圆圈，缺口处为教师的位置，便于学生之间、学生与教师之间的交流，是典型的以学生为中心的布置方法。它适合于应用研讨或案例法的教学，而不适合于讲授，因为有近一半的学生不能正视教师。

63.【答案】B　间接培训成本是指在培训组织实施过程之外企业所支付的一切费用的总和。如培训项目设计费用，培训项目的管理费用，培训对象受训期间工资福利，以及培训项目的评估费用等。

64.【答案】C　特别任务法是指企业通过为某些员工分派特别任务对其进行培训的方法，此法常用于管理培训。

65.【答案】D　激励是指调动员工的工作积极性，激励本身又取决于员工的需要层次、个性、感知、学习过程与价值观等个人特点，其中需要层次影响最大，员工在谋生、安全与稳定、友谊与温暖、尊重与荣誉、自为与自主以及实现自身潜能诸层次的需要方面，各有其独特的强度组合，需经企业调查摸底，具体分析，对症下药予以激发。

66.【答案】D　绩效管理的第一个重要功能就是它的组织导向功能，绩效管理的基本目标是非常明确的，即不断改善组织氛围，促进员工与企业共同发展，从而提高整体效率和经济效益。要达到和实现这一基本目标，各级主管在组织绩效管理的活动中，应当充分发挥绩效管理的导向功能，通过积极主动的绩效沟通和面谈，采用科学的方法从不同需求出发，激励、诱导下属，朝着一个共同目标努力学习，积极进取。

67.【答案】B　书面法要求考评者以报告的形式，认真描述被评价的员工。书面法可以提供一些其他方法所不能提供的描述性信息，使考评者有机会指出员工独有的特征。书面法的缺点是，如果对员工的所有特征进行描述，将太费时费力(尽管与其他方法一起使用时，不一定要求作全面描述)，而且描述将受到考评者写作风格和表达技巧的影响，故B项说法错误。

68.【答案】D　在考评数据的分析方法中，能级分析法指用一定的临界点将考评得分划分为若干等级，并对此进行评价的方法。能级的划分可以是总分，也可以是结构分或要素分，它同顺序法的主要区别是后者只将分数排队。

69.【答案】B　绩效管理是一种连续性的管理过程，因而必须定期化、制度化。绩效管理既是对员工能力、工作绩效、工作态度的评价，也是对未来行为表现的一种预测。因此只有程序化、制度化地进行绩效管理，才能真正了解员工的潜能，才能发现组织中的问题，从而有利于组织的有效管理。

70.【答案】C　员工绩效考评的方法中，按具体形式区分的考评方法，可以是以员工的品质、工作态度和行为，或者是以员工的最终成果为主要内容对员工或组织进行考评，其主要特点是采用了不同的测量和评鉴方式。

71.【答案】B　收集岗位评价有关信息的工作程序包括：(1)确定所需的信息。(2)设计各种专用的表格。(3)岗位评价结果的汇总。

72.【答案】A　实际上薪酬原则是一个企业给员工传递信息的渠道，也是企业价值观的体现。它告诉员工：企业为什么提供薪酬，员工的什么行为或结果是企业非常关注的，员工的薪酬构成是为了对员工的什么行为或结果产生影响，员工的什么方面提高时才能获得更高的薪酬等。

73.【答案】D　薪酬总额分析是通过企业的各种财务报表以及同行业企业的有关资料进行的。

74.【答案】B　在计件工资制中，工作物等级，又称"工作等级"，它是根据某项工作的技术复杂程度及劳动繁重程度而划分的等级。工作等级是计算计件单价的基础。

75.【答案】D　我国养老保险的构成包括：(1)基本养老保险。其是按国家统一政策规定强制实施的为保障广大离退休人员基本生活需要的一种养老保险制度。(2)企业补充养老保险。其是指由企业根据自身经济实力，在国家规定的实施政策和实施条件下为本企业员工所建立的一种辅助性的养老保险。(3)个人储蓄型养老保险。

76.【答案】B　失业保险是指国家通过立法强制实行的，由社会集中建立基金。对因失业而暂时中断生活来源的劳动者提供物质帮助的制度。它是社会保障体系的重要组成部分，是社会保险的主要项目之一。

77.【答案】D　在计件工资制的形式中，超额计件工资制，国外有的称之为"有计时工资保证的计件工资制"。我国流行两种计发超额计件工资的办法：一种是定额以内部分，按照本人的标准工资和完成定额的比例计发工资，完成定额可以拿到本人的标准工资，完不成定额酌减，但须保证本人 80% 或 85% 的标准工资，超额部分，不同等级的工人按照同一单价计发超额计件工资；另一种是定额以内部分实行计时，按计时工资标准计发工资，保证本人的标准工资，超额部分，不同等级的工人按照同一单价计发超额计件工资。

78.【答案】D　工资是指用人单位根据劳动合同的规定，以各种形式支付给劳动者的工资报酬。这里的工资指的是广义的工资。全部工资，既包括按劳分配的工资，即与劳动者的劳动数量直接成正向联系的工资；也包括非按劳分配的工资，即不与劳动者的劳动数量发生直接正向联系的工资。

79.【答案】A　技术等级工资制是根据劳动复杂程度、繁重程度、精确程度和工作责任大小等因素划分技术等级，按等级规定工资标准的一种工资制度。它由工资等级表、技术等级标准和工资标准三项组成。

80.【答案】C　一般而言，所谓劳动关系通常是指用人单位(雇主)与劳动者(雇员)之间在运用劳动者的劳动能力，实现劳动过程中所发生的关系。在市场经济未成为主导的经济形式的各个历史阶段，家庭不仅是基本的消费单位，而且是生产单位，是劳动的一般组织形式。

81.【答案】C　劳动合同期满前 30 日，用人单位应将《续订(终止)劳动合同意向通知书》送达劳动者，经协商有意续订劳动合同的，应在劳动合同期限届满前办理续订劳动合同的手续。续订劳动合同不得约定试用期。

82.【答案】C　由于企业的生产特点和工艺过程不同，劳动设备、劳动条件的复杂程度各具特点，因此，企业在劳动安全卫生保护方面的根本任务是执行国家标准，而不能任意制定。因此，企业劳动安全管理的首要任务是全面掌握国家规定的相关规程和标准，掌握国家对用人单位在劳动安全卫生方面的要求。

83.【答案】B　劳动关系经劳动法律规范、调整和保护后，即转变为劳动法律关系，雇主和雇员双方有明确的权利义务。这种受到国家法律规范、调整和保护的雇主与雇员之间以权利义务为内容的劳动关系即为劳动法律关系，它与劳动关系的最主要的区别在于劳动法律关系体现了国家意志。

84.【答案】D　依据劳动法的规定，试用期限最长不得超过六个月。对于两年期以下的短期劳动合同，试用期限基本按照合同期限的1/12确定；半年期劳动会同试用期限不得超过十五天，一年期劳动合同试用期限不得超过一个月，故D项说法错误。试用期包含在劳动合同的期限之内。

85.【答案】C　从广义上讲，劳动合同的管理是指司法机关、劳动保障行政机关、用人单位、工会组织以及用人单位内部行政和工会组织，在各自的职责范围内，根据法律、法规和政策的要求，运用鉴证、指导、组织、监督、检查、评价、奖惩等手段，分别对企业合同的订立、履行、变更、解除等行为进行管理，并对违反劳动法规的行为予以纠正或者处罚的活动。从狭义上讲，劳动合同的管理仅指劳动保障行政部门依法对劳动合同的订立、履行、变更、解除、终止及违约责任承担等一系列活动进行统一化、专门化的管理。

二、多项选择题

86.【答案】AE　现代劳动经济学产生于劳动资源的稀缺性与成本的存在，其研究对象正是这种客观存在所决定的。

87.【答案】ABCDE　根据劳动力供给弹性的不同取值，一般将劳动力供给弹性分为五大类：(1)供给无弹性。(2)供给有无限弹性。(3)单位供给弹性。(4)供给富有弹性。(5)供给缺乏弹性。

88.【答案】ABCE　生产要素分为四类：土地、劳动、资本和企业家才能。上述四类生产要素的所有者提供要素服务分别得到各自的报酬，分别对应为地租、工资、利率和利润。

89.【答案】ADE　政府实施货币政策的主要措施包括：调节法定准备金率、调整贴现率和公开市场业务。

90.【答案】ACE　劳动权受到国家的保障，这种劳动权保障具体地体现为基本保护、全面保护和优先保护等方面。

91.【答案】DE　企业的外部经营环境，按照对企业经营活动影响的密切程度可以分成宏观环境和微观环境。微观环境指市场和产业环境，企业的生产经营活动直接处于微观环境的影响下。宏观环境指间接地影响企业活动的环境因素。

92.【答案】AC　新兴行业战略制定的内容包括以下几个方面：(1)进入时机的选择。(2)竞争方式的选择。

93.【答案】ABDE　决策树的构成有四个要素：决策点、方案枝、状态节点和概率枝。决策树是以决策节点为出发点，引出若干方案枝，每条方案枝代表一个方案。方案枝的末端有一个状态节点，从状态节点引出若干概率枝，每条概率枝代表一种自然状态。概率枝上标明每种自然状态的概率收益值。

94.【答案】ABCDE　按交换对象不同可将市场分为商品市场、服务市场、技术市场、金融市场、劳动力市场和信息市场等。

95.【答案】ABCDE　判断人的社会知觉的方法有：(1)首因效应。(2)光环效应。(3)投射效应。(4)对比效应。(5)刻板印象。

96.【答案】ABCE　个人和组织同处于一个社会文化环境之中，社会文化环境通过自己的价值系统、成功标准、职业激励与约束，对组织和个人产生影响。随着环境的变化，有关工作和职业的价值观也在发生变化。

97.【答案】ABCDE　人本管理的原则有：(1)人的管理第一。(2)满足人的需要，实施激励。(3)优化教育培训，完善人、开发人、发展人。(4)以人为本、以人为中心构建企业的组织形态和机构。(5)和谐的人际关系。(6)员工个人与组织共同发展。

98.【答案】BDE　人员规划是对企业人员总量、构成、流动的整体规划，包括人力资源现状分析、企业定员、人员需求与供给预测、人员供需平衡等。

99.【答案】ABCDE　工作岗位研究是岗位调查、岗位分析、岗位设计、岗位评价和岗位分级等项活动的总称。更确切地说，它是以企业单位各类劳动者的工作岗位为对象，采用多种科学方法，经过岗位调查、岗位分析、岗位设计、岗位评价和岗位分类等多个环节，制定出工作说明书等人事文件，为人力资源的战略规划、招聘配置、绩效考评、培训开发、薪酬福利、劳动关系等项管理提供规范和标准的过程。

100.【答案】ABE　企业员工按专业构成分类，即根据员工所属的专业类别进行分类，可分为财务人员(包含会计人员)、营销人员、人力资源管理人员、行政管理人员等。

101.【答案】ACE　工作时间利用的加班时间的分析有：(1)加班比重指标。是反映加班在全部实际工作时间内所占比重的指标。(2)加班强度指标。是计算期加班工时与制度内实际工作工时的比率。公式要乘以100，表明计算期内平均每发生百个制度实际工作工时出现了多少个加班加点工时，该指标越大，说明加班情况越严重。(3)平均加班长度指标。是加班工时与同时期制度内实际工作日的比率。表明平均每个工作日实际加班的长度，即超时工作的时间。

102.【答案】ABCDE　人工成本是指企业在一个生产经营周期(一般为一年)内，支付给员工的全部费用，主要包括以下三方面内容：(1)工资专案。(2)保险福利项目。(3)其他项目。这些费用项目是在企业人力资源人工成本中，除上述两项基本费用之外的其他一些费用预算，如“其他社会费用”“非奖励基金的奖金”“其他退休费用”等，是在发生之后才有的费用项目。

103.【答案】ACDE　劳动定额的概念中包含的要点之一是：劳动定额所规定的是完成合格产品或符合质量要求工作任务的劳动消耗量，它限定的物件是有效的劳动，不是无效的劳动。故B项说法错误。

104.【答案】BCE　狭义的招聘即指招聘的实施阶段，其中主要包括招募、筛选(或称选拔、选择、挑选、甄选)、录用三个具体步骤。

105.【答案】ABC　在招聘需求信息的整理中，可按不同的需求对招聘信息进行分类：按所要招聘人员的岗位分类。例如，把需要招聘的所有用人部门的用人需求按经理、经理助理、一般员工岗位等进行分类；按所要招聘人员的部门分类。例如，销售部门需招聘一名销售经理以及两名销售助理，可归为一类。

106.【答案】ABCE　在设计应聘申请表时，应充分考虑以下几个问题：(1)内容的设计要根据职务说明书来确定，考虑本企业的招聘目标以及欲招聘的岗位，按不同岗位要求、不同应聘人员的层次分别进行设计。每栏目均有一定的目的，切忌繁琐复杂。(2)设计时还要注意有关法律和政策，不要将涉及国家机密的内容列入招聘申请表的调查项目。(3)设计申请表时还要考虑申请表的存储、检索等问题，尤其是在计算机管理系统中。(4)审查已有的申请表。即使已经有一个现成的表格，也不要简单地就使用。要进行适当的审查，确保这份申请表可以提供为填补岗位空缺而需要从申请人那里了解的情况。

107.【答案】ABC　个人简历的优点有：体现应聘者的个性、允许应聘者强调自认为重要的东西、允许应聘者点缀自己、费用较小。D 项属于招聘申请表的优点，E 项属于个人简历的特点。

108.【答案】ABCDE　培训项目的全过程，按时间顺序应包含：需求确认、制定培训计划、教学设计、实施培训计划、培训反馈五个部分。

109.【答案】ACE　岗前培训的阶段一般由总部培训、分支机构或部门培训、工作现场培训组成。

110.【答案】ABCDE　自学的优点有：(1)费用低。(2)不影响工作。(3)学习者自主性强。(4)可体现学习的个别差异。(5)培养员工的自学能力。

111.【答案】CD　在岗培训的优点是简单易行、成本较低，不需要另外添加设备、场所，有时也不需要专职的教员，而是利用现有的人力、物力来培训，培训对象不用脱离工作岗位，可以不影响生产或工作，但这种培训往往缺乏良好的组织，较不规范、不易较快地取得效果，故 C 项错误。因此，这种培训一般用于涉及面广，不要求很快见效的培训任务，故 D 项错误。

112.【答案】ABCDE　对于员工个人，绩效管理的功能有：(1)激励功能。(2)规范功能。(3)发展功能。(4)控制功能。(5)沟通功能。

113.【答案】ACD　绩效考评包括能力、态度和业绩考评等具体内容。

114.【答案】ABCDE　企业人力资源管理部门对绩效管理负有贯彻实施与改进完善的重要责任，主要包括：(1)设计、试验、改进和完善绩效管理制度，并向有关部门建议推广。(2)在本部门认真执行企业的绩效管理制度，以起到示范作用。(3)宣传企业员工的绩效管理制度，说明贯彻该项制度的重要意义、目的、方法与要求。(4)督促、检查、帮助本企业各部门贯彻现有绩效管理制度，培训实施绩效管理的人员。(5)收集反馈信息，包括存在的问题、难点、批评与建议，记录和积累有关资料，提出改进方案和措施。(6)根据绩效管理的结果，制定相应的人力资源开发计划，并提出相应的人力资源管理决策。

115.【答案】BDE　所有的考评表格都应该包括考评要素和考评指标体系，以及考评应达到的标准。具有这些条件的考评表才能把对员工的期望表达清楚，使主管与下属对工作及问题的认识趋于一致。

116.【答案】ABCDE　企业薪酬策略分析的依据是企业战略规划、企业的核心竞争力、企业文化、企业财务支付能力、市场薪酬水平、企业的用工制度等。

117.【答案】BE　在执行工资制度的过程中，可能遇到很多问题，其中最主要的是薪酬的调整和薪酬总水平的控制问题。目前，在我国许多企业中已经建立了年度薪酬调整的制度，但没有统一的制度和标准。

118.【答案】BCE　用人单位在劳动者完成劳动定额或规定的工作任务后，根据实际需要安排劳动者在法定标准工作日以外工作的，支付工资标准中，用人单位依法安排劳动者在法定标准工作时间以外延长工作时间的，按照不低于劳动合同规定的劳动者本人日或小时工资标准的150%支付劳动者工资，故E项说法错误。用人单位依法安排劳动者在休息日工作，而又不能安排补休的，按照不低于劳动合同规定的劳动者本人日或小时工资标准的200%支付劳动者工资，故C项说法错误。实行计件工资的劳动者，在完成计件定额任务后，由用人单位安排延长工作时间的，应根据上述规定的原则，分别按照不低于其本人法定工作时间计件单价的150%、200%、300%支付其工资，故B项说法错误。

119.【答案】ABCD　生育保险基金根据"以支定收、收支平衡"的原则筹集资金。

120.【答案】BCE　岗位或职务等级工资制是按照岗位或职务规定工资标准的一种工资制度。它根据各岗位或职务的重要性、责任大小、技术复杂程度等因素，按照岗位或职务评价高低规定统一的工资标准，由岗位或职务等级表、工资标准等组成。通常，在同一岗位或职务内，要划分出若干等级。岗位或职务等级工资制的适用范围和对象，主要是企业中的各类生产技能人员、管理人员或专业技术人员。

121.【答案】ABCDE　工资指导线的基本内容：一是经济形势分析，包括国家宏观经济形势和宏观政策简析；本地区上一年度经济增长、企业工资增长分析；本年度经济增长预测以及与周边地区的比较分析。二是工资指导线意见，包括本年度企业货币工资水平增长基准线、上线、下线。

122.【答案】AB　企业内部劳动规则以企业为制定的主体，以企业公开、正式的行政文件为表现形式，只在本企业范围内适用，故B项表述不正确。制定内部劳动规则是用人单位的单方法律行为，制定程序虽然应当保证劳动者的参与，但是最终由单位行政决定和公布，故A项表述不正确。

123.【答案】CDE　按照《劳动法》规定，订立劳动合同应当采取书面形式，故A项表述不正确。劳动合同的条款分为法定条款和协商条款，故B项表述不正确。法定条款是指法律、法规规定必须协商约定的条款；协商条款是根据工作岗位的不同特点，以合同双方当事人各自的具体情况，由双方选择约定的具体条款。

124.【答案】ABCDE　劳动合同的约定条款的内容只要合法，就同法定条款一样，对当事人具有法律约束力。一般常见的约定条款有以下内容：(1)试用期限。(2)保守商业秘密条款。(3)培训。(4)保密事项。(5)补充保险和福利待遇。(6)第二职业条款。(7)变更、解除合同。(8)当事人协商约定的其他事项。

125.【答案】ABCDE　工厂安全技术规程的主要内容有：(1)厂房、建筑物和道路的安全措施，以及坚固安全，符合防火、防爆的规定；(2)工作场所、爆炸危险场所的安全技术措施；(3)机器设备的安全措施；(4)电气设备的安全措施；(5)动力锅炉、压力容器的安全装置。

卷册二　专业技能题

一、简答题

1.【答案】　调查研究法的具体方法如下：

(1)询问法。它要求调查者事先拟定出具体的调研提纲，然后根据提纲向被调查者展开询问，采集相关信息。根据调查者与被调查者接触方式方法的不同，询问法可以分为：当面调查询问法、电话调查法、会议调查询问法、邮寄调查法和问卷调查法等。此外，还有日记调查法，即请固定的被调查单位逐日逐项填写，调查者定期汇总。这种方法适用于采集内容较多，答题要求不高，被调查者比较集中，时限较短的调查。

(2)观察法。这种方法的优点是：在调查过程中，被调查者不知道自己正受到观察，他们的行为不受外界因素的干扰，因此，采集到的信息可信度较高。这种方法的缺点是：调查者往往只能观察到被调查者的表面行为，难以把握其心理变化，了解其思想，因此需要较长时间的观察，才能得到理想的结果；但时间延长，费用也会随之增加。观察法可以分为：直接观察法、行为记录法。

2.【答案】 人力资源管理费用的核算包括：

(1)分析人力资源管理费用的项目，建立成本核算账目各个企业可以根据实际人力资源管理活动的内容和范围，确定进行成本核算的主要项目(招聘、培训、劳动争议处理费用等)，然后根据企业需要将这些项目进行细化，分类排列，形成人力资源管理成本账目。

(2)确定具体项目的核算办法，企业可以根据需要来规定本企业的人力资源管理成本核算办法，包括核算单位、核算形式和计算方法等。在核算上述模型所列项目时应注意：①人员招募与人员选拔的成本应按实际录用人数分摊。②在某些直接成本项目中也包括间接成本。一般说来，对在人力资源管理活动中参与具体工作的管理人员的时间成本，应按其涉及具体工作的时间，根据其工资标准折合为具体金额。③某些成本项目部分交叉。在核算时，要注意鉴别成本交叉部分，避免重复核算。

二、计算题

1.【答案】 根据上、下控制界限 = $\bar{P} \pm 3\sqrt{\frac{\bar{P}(1-\bar{P})}{n}}$ 公式，得上、下控制界限 = $0.2 \pm 3\sqrt{\frac{0.2 \times (1-0.2)}{150}}$，所以其上控制界限为0.3、下控制界限为0.1。

三、综合分析题

1.【答案】 (1)绩效管理对企业的贡献主要有：①诊断功能，绩效管理的一个重要的功能就是它的组织诊断功能，如同医生使用的听诊器，可以对组织进行诊断分析，为组织变革和组织发展提供重要的依据，也为组织变革和组织发展提供依据。②监测功能，在组织绩效管理的过程中，各级主管必须对人力、物力和财力等资源的配置及其实际运行情况，进行及时的监督、测定和考量，才能达到有效的组织、协调和控制，从而实现预定的绩效目标。③导向功能，绩效管理的基本目标是非常明确的，即不断改善组织氛围，促进员工与企业共同发展，从而提高整体效率和经济效益。要达到和实现这一基本目标，各级主管在组织绩效管理的活动中，应当充分发挥绩效管理的导向功能，通过积极主动的绩效沟通和面谈，采用科学的方法从不同需求出发，激励、诱导下属，朝着一个共同目标努力学习，积极进取。④竞争功能，绩效管理总是与企业薪酬奖励、晋升调配等制度密切相关的。绩效优秀的员工不但会受到奖励，还可能获得晋级，也就为全体员工树立了工作“模范”和“榜样”，同时那些落后的、工作绩效不佳的员工，也可能受到一定的批评或处罚。

(2)该公司研发部门存在的问题有：①考核指标和标准缺乏科学性，案例中“每季度考评一次，主要考核研发人员为企业创收的情况。”研发人员的考核不应以其创收情况为主。②考核周期不合理。案例中，该公司是每季度考评一次。研发工作需要较长的周期，研发人员不应实行季度考评，对创收这种长期性的指标更不能以季度为周期进行衡量。③对考评结果的处理不合理。研发人员工作性质具有长期性，而连续四个季度部门排名在最后两名的员工将被辞退是不合理的，容易引起研发人员的短期行为。

2.【答案】 如果我是仲裁委员会委员，我赞同张某不与服装厂解除劳动合同。因为服装厂的做法违反了《劳动法》。具体分析如下：

(1)《劳动法》规定，劳动者患病或者非因工负伤在规定的医疗期限内的，用人单位不得依据本法第四十条、第四十一条的规定解除劳动合同。

(2)《劳动法》规定，劳动者患病或者非因工负伤，医疗期满后，不能从事原工作也不能从事用人单位另行安排的工作的，用人单位提前三十日以书面形式通知劳动者本人可以解除劳动合同。张某患病治疗已经能够从事原工作，只是为了巩固疗效才继续治疗，因此，该公司解除劳动合同违反了《劳动法》的规定。

(3)张某实际工作年限已经满 4 年，依据劳动法规定，实际工作年限 10 年以下的，在本单位工作年限 5 年以下的医疗期为 3 个月。张某患病后实际住院治疗休息 1 个月，加上他出院后，每两周去医院针灸一次的时间，也不够 3 个月。因此，该服装厂不能以此为由解除与张某的劳动合同。

模拟试卷（五）

卷册一　理论知识题

第一部分　职业道德

一、职业道德基础理论与知识部分

（一）单项选择题

1.【答案】B　遵守职业道德规范，是企业和从业人员承担社会责任，实现职业理想的前提。

2.【答案】B　服务群众就是为满足群众需要，为群众办实事、办好事，为群众排忧解难。这是为人民服务在职业道德中的具体表现，是从业人员职业行为的本质。

3.【答案】B　人力资源既是人的职业道德也是人的潜在才能的开发。

4.【答案】D　创新是一个民族的灵魂，也是一个国家兴旺发达的强大动力。对个人来说也是如此，一个人要想在职业生活中有所作为，要取得事业的成功，就必须具有创新精神和创新能力。

5.【答案】B　加强职业道德修养是从业人员成长成才的需要。社会主义建设需要全面发展、德才兼备的人，德当然包括职业道德。

6.【答案】B　所谓主动，就是不用领导督促，不待外力推动，积极主动地开展职业活动。具有敬业精神的从业人员，能够自觉意识到自己的职责。在遇到困难或危机时，能够主动请缨，排除万难，取得最终胜利。在工作出现偏差失误时，具有宽广胸怀，敢于承担自己的责任，而不是推诿。

7.【答案】C　与一般员工相比，管理者更要以信用为本。美国哈佛的管理理论强调，好的经理必须“言出必行”，一旦他说过或暗示过的事，就必须照办，别无选择。

8.【答案】C　坚持原则就是为人处事以企业的规章制度为准则，不能以个人好恶、人情世故为标准。可以说，坚持原则是公道品德理所应当的要求。从业人员在职业活动中，坚持原则应注意下面几点：(1)坚持原则，立场要坚定。(2)坚持原则，方法要灵活。(3)坚持原则，要以德服人。

(二) 多项选择题

9.【答案】ABCD　同事信赖的建立应遵循以下规则：(1)不说同事的坏话。(2)同事间不存在误会。(3)彼此看重对方。(4)不随便批评同事的言行。(5)不造他人的谣言。(6)同事间不分派系。(7)同事间可进行辩论，但不留下后遗症。(8)经常彼此商量。(9)开诚布公相处。

10.【答案】ACD　社会主义职业道德与过去的一切社会里的职业道德相比，社会主义职业道德有其自身的独特性：(1)继承性与创造性的统一。(2)阶级性和人民性相统一。(3)先进性和广泛性相统一。

11.【答案】BCD　在社会主义市场经济条件下，集体主义作为公民道德建设的原则，是社会主义经济、政治和文化建设的必然要求。在处理各种不同利益关系中，都应当坚持集体主义原则。

12.【答案】ACD　在职业道德建设中，坚持集体主义原则，要求把握以下几个方面：(1)正确处理集体利益和个人利益的关系。(2)正确处理“小集体”与“大集体”的关系。(3)反对形形色色的错误思想。

13.【答案】ACD　提高职业道德，提升职业技能，就要求从业人员在日常工作和生活中必须不断具有勇于进取的精神品质：(1)树立远大的奋斗目标。(2)自信坚定，持之以恒。(3)勇于创新。

14.【答案】ABC　从业人员要与时俱进，必须做到以下几点：(1)立足时代，充分认识职业技能加快发展更新的特点。(2)立足国际，充分认识我国总体的职业技能水平与西方发达国家的差距。(3)立足未来，践行终身学习的理念。

15.【答案】BC　信心与成功是一物两面，信心愈坚定，成功的几率愈高。一个既没有信心，也没有勇气，更没有意志力的人，要想获得成功，必是异想天开：首先，有信心就有成功的可能。其次，提高职业技能，贵在坚持。

16.【答案】ABD　立足岗位实际，学习提高职业技能，要求围绕岗位职责学习与之相关的理论知识和技术。首先，认清岗位责任。其次，训练提高。再次，化压力为动力。

二、职业道德个人表现部分

因该部分的题目是按读者自己的心理思维道德完成的，故无标准答案。

第二部分　理论知识

一、单项选择题

26.【答案】B　所谓劳动力供给，是指在一定的市场工资率的条件下，劳动力供给的决策主体(家庭或个人)愿意并且能够提供的劳动时间。故答案选 B。

27.【答案】C　劳动力市场是社会生产得以进行的前提条件。

28.【答案】D　均衡价格论，是说明通过商品供给与商品需求的运动决定商品价格形成的理论。商品的均衡价格与均衡产量是市场上的供求双方在竞争过程中自发形成的。均衡价格的形成过程也就是价格决定的过程。

29.【答案】D　财政政策是指政府运用财政预算来调节总需求水平，以促进充分就业、稳定物价和经济增长的一种宏观经济管理对策。财政政策的内容包括通过增减政府税收和预算支出水平来调节经济。

30.【答案】D　任何一种社会关系经相应的法律规范调整后即转变为法律关系，即当事人之间以权利义务为内容的法律关系。

31.【答案】D　在企业能力分析的方法中，横向分析是把同一产业内的企业或者竞争对手的能力与本企业的能力做比较，以发现本企业经营优势和劣势的一种方法。横向分析可以帮助企业根据对手的优势取长补短，提高竞争优势。

32.【答案】B　一般竞争战略有低成本战略、差异化战略和重点战略。B 项属于总体战略。

33.【答案】D　编制经营计划的方法主要有：(1)滚动计划法。(2)PDCA 循环法。(3)综合平衡法。

34.【答案】C　在对市场分类中服务市场提供的是特殊的商品——服务，它具有不可储存、无法转售、不可触知等无形特征，必须采取相应的营销措施。

35.【答案】D　市场营销策略的产品生命周期各阶段的特点为：(1)投入期。此阶段只有少数企业生产该产品。(2)成长期。产品销售量迅速增长。(3)成熟期。此时市场已基本饱和，新的需求不多，顾客购买产品往往是出于更换旧产品的需要。(4)衰退期。产品的销售量和利润都迅速下降。

36.【答案】A　最早提出组织承诺的是贝克尔，他认为组织承诺是由于员工对组织投入的增加，而使员工不得不继续留在该组织的一种心理现象。

37.【答案】D　绩效薪资的最大特点在于，它不是根据工作时间或工作资历来决定的，而是由个人或群体或组织的绩效水平决定的。

38.【答案】C　依据对周哈利窗的分析，自我实现型的人平衡地使用暴露和反馈的方法，达到最有效的人际沟通。他们提供有关自己的适量的信息，寻求反馈，以建设性的和非防御性的态度提供反馈。这种风格的管理者会自由地暴露自己的信息并收集他人的反馈，这种行为越多，沟通的开放区就越大，交流也就越有效。

39.【答案】A　对领导行为有效性的考察或预测，要从三个方面进行：确定领导者的行为风格，确定领导的具体情境，确定领导风格与具体情境是否匹配。

40.【答案】A　人性具有可变性这一特征首先缘于人性的社会属性。因为人性存在于一定的社会关系下，并反映一定的社会关系，而且随着社会进步，可以不断完善与发展，所以一旦社会发生变化，人性也会随之变化。其次，缘于人性的两面性，人性的两面是可以相互转换的。

41.【答案】C　社会总财富是人力资本与非人力资本之和。人力资本是资本化的人力资源，在任何社会中都非常重要。一般来说，人力资本是家庭、个人、厂商和国家共同投资的结果。

42.【答案】C　促进人的发展是人力资源开发的最高目标。开发并有效运用人的潜能是根本目标。

43.【答案】C　人力资源管理理论是以组织中的人力资源为核心，研究如何实现人力资源与其他资源合理配置的学问。

44.【答案】A　理想的调查问卷和科学合理的抽样方法是调研顺利进行的保证。

45.【答案】B　事业部制也称分权制结构，是一种在直线职能制基础上演变而来的现代企业组织结构形式。

46.【答案】B　在岗位调查的作业测时方法中，根据实际情况，将工序划分为操作或操作组。划分的原则是：基本时间和辅助时间要分开；机动时间、手动时间和手工操作时间要分开。

47.【答案】A　工作岗位设计信息调查的方法，根据岗位原有的设计文件、蓝图和设计参数，对人—机系统进行全面深入的调查分析，掌握劳动者与劳动数据、劳动对象之间的配置关系，采集相关信息的方法。通过该方法，不但有助于掌握现有人—机总体系统的性质和特征，也有利于对岗位进行再设计、再改进。

48.【答案】B　制度工时利用率反映在制度规定的工作时间内实际用于生产作业的程度。由于制度工作时间是制度规定的最大可能被利用的工作时间，实际工作时间越接近制度工作时间，说明工作时间利用得越充分。研究工作时间利用，应该以制度工作时间为标准，因而制度工时利用率是工作时间利用统计的核心指标，它反映制度工作时间实际被利用的程度。

49.【答案】D　在劳动定额的制定中，影响劳动定额制定的因素是多方面的，既有劳动者方面的因素，也有劳动对象和劳动工具方面的因素。只有从实际情况出发，按照科学的方法，对各方面因素进行深入分析，在全面掌握了工时消耗的规律性以后，才能制定出既先进又合理的劳动定额。

50.【答案】D　劳动定额按表现形式分类，可以分为：时间定额、产量定额、看管定额、服务定额、工作定额、人员定额、其他形式的劳动定额。

51.【答案】B　在计算平均人数时，对新建立不满全月的单位(月中或月末建立)，应以其建立后各天实际人数之和，除以报告期日历日数求得，而不能除以该单位建立的天数。故根据月平均人数 $= \frac{50 \times 27}{31} \approx 44$(人)。

52.【答案】B　在岗位调查的作业测时方法中，计算稳定系数，检验每一项操作平均延续时间的准确和可靠程度。稳定系数越接近 1，说明测时数列波动越小，比较可靠；相反，则说明数列波动越大，可靠性越小。稳定系数超过规定的限度，就需要重新测定。

53.【答案】B　人员招聘是企业为了弥补岗位的空缺而进行的一系列人力资源管理活动的总称。它是人力资源管理的首要环节，是实现人力资源管理有效性的重要保证。

54.【答案】A　学校是人才资源的重要来源，每年学校有几百万的毕业生走出校门，进入社会。学校毕业生已成为各单位技术人才和管理人才的最主要来源。跟社会招聘相比，学校招聘有许多优势：学生的可塑性强；选择余地大；候选人专业多样化，可满足企业多方面需求招募成本较低；有助于宣传企业形象等。

55.【答案】C　招聘需求信息的整理包括：(1)对招聘信息的分类；(2)对招聘信息进行记录、保存；(3)对招聘需求信息的打印。(4)人员招聘信息的报送与审批。

56.【答案】B　使用招聘广告时要注意广告媒体的选择取决于招聘工作岗位的类型。一般来说，低层次岗位可以选择地方性报纸，高层次或专业化程度高的岗位则要选择全国性或专业性的报刊。

57.【答案】D　传统简历调查与档案考核虽然是一种重要的测评手段，但是，它所提供的流息量小，且科学性差，缺乏预测性，故 D 项说法错误。采用加权招聘申请表的方式进行简历分析，基本上可以弥补传统方法在人员初选方面的不足。

58.【答案】A　背景调查通常是用人单位通过第三者对应聘者的情况进行了解和验证。这里的“第三者”主要是指应聘者原来的雇主、同事以及其他了解应聘者的人员，或是能够为验证应聘者提供数据准确性的机构和个人。

59.【答案】D　岗前培训中的一项重要材料就是专门为员工定制的员工手册。在新员工对企业及员工不熟悉的情况下，员工手册是新员工获取企业信息的基本来源。员工手册应当包括哪些内容，并无定规，编排亦无固定模式。

60.【答案】C　晋升培训多种培训方法并用是由培训内容的多样性决定的，知识培训可采用课堂讲授，能力、个性的培训则应采用实践锻炼和模拟练习。

61.【答案】C　在员工培训的形式中，案例分析法的学习方式是学生通过对案例的分析，从中总结出某些规律，即由案例引出理论。它本质上是一种归纳式学习方法。

62.【答案】A　从宏观上看，企业总体的绩效是由各个层次员工微观的绩效集合而成的。在企业中，员工绩效是指员工完成指定的工作任务和由此带来的诸多效果，包括员工的综合素质和专业技能的提高、基层组织凝聚力的增强等。

63.【答案】B　一般“初级董事会”由 10 ~ 12 名受训者组成，受训者来自各个部门，他们针对高层次的管理问题提出建议，将这些建议提交给正式的董事会，通过这种方法为这些管理人员提供分析高层次问题的机会以及决策的经验。

64.【答案】A　调查企业目前从业员工现状时，一般采用让员工或员工主管填写调查表的方式。调查表的填写一般由各业务部门的主管负责。对需要晋升的业务主管的调查应由上一级负责人员或人力资源部门填写。

65.【答案】A　绩效管理是以绩效考评制度为基础的人力资源管理的子系统，它表现为一个有序的、复杂的管理活动过程，它首先要明确组织与员工个人的工作目标，并在达成共识的基础上，采用行之有效的管理方法，不但要保障按期按质按量地达到和实现目标，还要考虑如何构建并完善一个更有效的激励员工，不断提升员工综合素质的运行机制。

66.【答案】A　员工工作的好坏、绩效的高低直接影响着企业的整体效率和效益，因此，掌握和提高员工的工作绩效是企业管理的一个重要目标。员工绩效管理就是实现这一目标的人力资源管理的重要措施。

67.【答案】D　讲授法作为培训的最基本的方法，适合于系统地传授知识，可与研讨、角色扮演等多种方法相结合，以充分发挥它的作用，取得更好的培训效果。

68.【答案】A　起草绩效管理制度中，相关性与有效性是对绩效管理制度在内容上的要求，如个人生活习惯、癖好之类琐碎内容就不宜包括在绩效管理的内容之中。一定要切实保障绩效管理的效度，使绩效管理名副其实。

69.【答案】D　按具体形式区分的考评方法，可以是以员工的品质、工作态度和行为，或者是以员工的最终成果为主要内容对员工或组织进行考评，其主要特点是采用了不同的测量和评鉴方式。其有：(1)量表评定法。(2)混合标准尺度法。(3)书面法。

70.【答案】C　在考评数据的分析方法中，常模分析法是将某个员工的考评结果与某个固定的岗位模式要求进行分析比较，看与这个模式相符的程度，从而对其绩效进行评价。

71.【答案】A　广义的福利是指在支付工资、奖金之外，企业员工的所有待遇，包括社会保险在内。狭义的福利是指在工资、奖金以及社会保险之外，企业员工享受的其他待遇。

72.【答案】C　事实上，对于国家来说，工资总额的准确统计是国家从宏观上了解人民的收入水平，员工的生活水平，计算离退休金、有关保险金和经济补偿金的重要依据；对于企业来说，工资总额是人工成本的一部分，是企业掌握人工成本的主要信息来源，是企业进行人工成本控制的重要方面。

73.【答案】B　在企业工资制度中，技术等级工资制的适用范围和对象是：技术复杂程度高、劳动熟练程度差别大、工作物等级不同的工种。

74.【答案】D　在企业工资制度中，如果企业生产人员或服务人员的工作量可以计量，并且工作量受外界因素影响比较小，可以采用计件工资。计件工资的设计依据的是各产品或服务的产量定额或工时定额以及各产品或服务的计件单价，而计件单价的制定依据是员工的工资标准和定额，计件单价与员工的岗位或技能工资标准成正比。

75.【答案】B　在计件工资制中，劳动定额规定着单位生产时间内完成合格产品数量的标准尺度，它是计件单价的依据之一，是实行计件工资制的关键。

76.【答案】B　失业保险的特点有：(1)普遍性。它主要是为了保障有工资收入的劳动者失业后的基本生活而建立的，其覆盖范围包括劳动力队伍中的大部分成员。(2)强制性。它是通过国家制定法律、法规来强制实施的。按照规定，在失业保险制度覆盖范围内的单位及其他员工必须参加失业保险并履行缴费义务。根据有关规定，不履行缴费义务的单位和个人都应当承担相应的法律责任。(3)互济性。失业保险基金主要来源于社会筹集，由单位、个人和国家三方共同负担，缴费比例、缴费方式相对稳定，筹集的失业保险费。

77.【答案】C　世界上实行养老保险制度的国家可分为三种类型，即投保资助地(也叫传统型)养老保险、强制储蓄型养老保险(也称公积金模式)和国家统筹型养老保险。我国根据自身的具体国情，创造性地实施了“社会统筹与个人账户相结合”的基本养老保险制度，即由国家、单位和个人共同负担；基本养老保险基金实行社会互济；在基本养老金的计发上采用结构式的计发办法，强调个人账户养老金的激励因素和劳动贡献差别。

78.【答案】B　因劳动者本人原因给用人单位造成经济损失的，用人单位可按照劳动合同的约定要求其赔偿经济损失。经济损失的赔偿，可从劳动者本人的工资中扣除。但每月扣除的部分不得超过劳动者当月工资的20%。若扣除后的剩余工资部分低于当地月最低工资标准，则按最低工资标准支付。

79.【答案】C　生育保险缴费的具体提取比例要经过周密测算来确定，测算的出发点要基于：(1)保持收支基本平衡。(2)尽量减轻企业负担，树立良好的社会形象。(3)员工个人不缴纳生育保险费。

80.【答案】D　劳动关系就其本来意义上观察它并不是反映人和物的关系、劳动过程与产品或服务的投入与产出关系。劳动关系所反映的是一种特定的经济关系，即劳动给付与工资的交换关系。

81.【答案】C　依据劳动法的规定，经当事人协商一致，劳动合同可以解除。双方协议解除劳动合同时，应书面提前通知对方。由用人单位提出解除劳动合同的，用人单位应根据劳动者在本单位的工作年限，每满一年发给相当于一个月的工资作为经济补偿金，最多不超过12个月，工作时间不满一年的按一年的标准发放。

82.【答案】D　自愿原则是从平等原则引申的。当事人地位的平等性要求双方对劳动合同的订立不享有任何特权，当事人签订合同只能出自其内心意愿，用人单位和其他任何机关、团体和个人都无权强迫劳动者签订劳动合同；同理，用人单位也有权拒绝任何单位和个人在超出法律规定的情况下订立劳动合同的要求。

83.【答案】A　职工参与管理的形式多种多样，在劳动关系存续期间，雇员可以通过多种形式参与，如有组织地参与(职工大会)、代表参与(经合法程序产生职工代表参与)、岗位参与(质量小组)、个人参与(合理化建议)等。目前我国职工参与管理的形式主要是职工代表大会制度和平等协商制度。其基本特点是劳动者意志对企业意志的渗透和影响。

84.【答案】B　我国的最低就业年龄为 16 周岁，某些特殊行业需招用 16 周岁以下的少年，必须经劳动部门批准。

85.【答案】B　所谓劳动法律关系是指劳动法律规范在调整劳动关系过程中所形成的雇员与雇主之间的权利义务关系，即雇员与雇主在实现现实的劳动过程中所发生的权利义务关系。

二、多项选择题

86.【答案】ABC　实现互惠的交换当然对社会有积极意义，它有利于社会总体福利水平的提高。但是由于经济运行过程中存在种种障碍，使互惠的交换不能实现。其主要障碍有以下三类：(1)信息障碍。(2)体制障碍。(3)市场缺陷。

87.【答案】ABDE　均衡分析分为局部均衡分析和一般均衡分析。均衡分析又分为静态均衡分析和动态均衡分析。

88.【答案】AC　实际工资受两个因素的影响，分别是货币工资和价格指数，特别是消费品价格指数。

89.【答案】CD　需求不足性失业具体表现为两种形式：(1)增长差距性失业；(2)周期性失业。ABE 项不属于需求不足性失业。

90.【答案】AE　劳动法律是劳动法的最主要的表现形式。其主要内容分为劳动关系法与劳动标准法。劳动标准通常为最低标准，实际的劳动标准一般高于最低标准规定的水平。

91.【答案】ABCE　把资源的开发和利用活动分成两大类，即基本活动和支持活动。基本活动一般可以细分为：(1)生产加工是指将投入转换成最终产品的活动，如机加工、装配、包装、设备维修、检测等。(2)成品储运是指与产品的库存、分送有关的活动，如最终产品的入库、接收订单、送货等。(3)市场营销是指促进和引导购买者购买企业产品的活动，如广告、定价、销售渠道等。(4)售后服务是指与保持或提高产品价值有关的活动，如培训、修理、零部件的供应和产品的调试等。

92.【答案】ABCDE　不确定型决策方法是指决策者可根据不同的标准和方法进行方案选择。其标准分别有：(1)悲观决策标准。(2)乐观系数决策标准。(3)中庸决策标准。(4)最小后悔决策标准。(5)同等概率标准(机会均等标准)。

93.【答案】ABCE　影响产业购买者购买决定的主要因素如下：(1)环境因素，即企业外部环境。(2)组织因素，即企业自身的目标、政策、组织结构等。(3)人际因素，购买参与者在企业中的地位、职权、说服力及他们之间的关系，会对购买行为产生影响。(4)个人因素，即各个购买参与者的年龄、受教育程度、个性不同，对待问题感觉、看法各异，从而影响购买行为。

94.【答案】ACDE　面对处于衰退期的产品，企业应当进行认真的研究分析，决定采取什么策略，在何时退出市场。通常有以下几种策略可供选择：(1)维持策略。(2)集中策略。(3)收缩策略。(4)放弃策略。

95.【答案】ABCDE　20 世纪 80 年代以后，心理学家关于五个核心的人格特质理论得到了越来越多的支持和应用。五因素模型，即在组织行为和人力资源管理领域称为“大五人格特质”理论的价值在于，它不仅说明了人格中具有决定意义的特质因素的重要性，而且揭示了这五个特质和工作绩效相关的规律。其五个物质包括情绪稳定性、外向、开放性、宜人性、责任感。

96.【答案】ABCE　团队过程的主要范畴是沟通、影响、任务和维护的职能、决策、冲突、氛围和情绪问题。一旦你能更多地了解到团队过程的特点，你就更能控制它们，以便更好地实现团队有效性。

97.【答案】ABCE　人力资本投资的特征有：(1)人力资本投资的连续性、动态性。(2)人力资本投资主体与客体具有同一性。(3)人力资本投资的投资者与收益者的不完全一致性。(4)人力资本投资收益形式多样。

98.【答案】ACE　从规划的期限上看，人力资源规划可区分为长期规划(五年及以上的计划)和短期计划(一年及以内的计划)，介于两者之间的为中期计划。

99.【答案】ACDE　在企业中，组织结构设计后的实施原则包括：(1)管理系统一元化原则。(2)明确责任和权限的原则。(3)优先组建管理机构和配备人员的原则。(4)分配职责的原则。

100.【答案】ABCDE　在工作岗位调查中，作业测时的基本功能包括：(1)以工序作业时间为消耗对象，进行深入系统的分析研究，为制定工时定额提供数据资料。(2)总结和推广先进员工的操作方法和先进经验，帮助后进员工改善操作方法，使操作方法合理化、科学化，不断减轻员工的体力消耗和劳动强度。(3)分析和研究多机台看管和生产流水线的节拍，合理确定各工作岗位的劳动负荷量，改善劳动组织，提高劳动生产率。(4)为掌握岗位的劳动负荷量，以及进行体力劳动强度分级提供依据。(5)弥补岗位写实无法获得的工时数据资料。

101.【答案】DE　停工时间是指在制度工作时间内，由于企业的原因造成员工上班但没有从事生产活动的时间。如由材料供应中断、动力不足、检修设备、任务安排不足、等待图纸和设计更改等原因造成员工无法从事生产作业活动的时间。但是，如果企业预先知晓这些原因，将公休日与工作日调换使用，则工作日休息不算停工时间，公休日工作不算加班时间。停工时间又分为停工被利用时间和停工损失的时间。停工被利用时间是指停工后员工被安排从事非本职的其他生产性工作所占用的时间，表明企业为避免或减少经济损失，积极组织安排员工从事其他生产性工作的情况。但需注意，如果企业安排员工从事的是非生产性活动，则不能称被利用，不能计入停工被利用时间内。故 DE 两项表述不正确。

102.【答案】ACD　劳动定额按其用途分类，可分为：(1)现行定额。即在日常生产和管理中具体实行的劳动定额。(2)计划定额。即计划期内预计要实行的定额。(3)设计定额。它是设计或计划部门根据产品工艺数据和初步设计的年产量，参照技术定额标准，或者通过与同类型产品的现行定额进行对比分析计算出来的定额。(4)不变定额。亦称固定定额，它是指将某个时期(年初或年末)的现行定额固定下来，在几年或一段时期内保持不变。

103.【答案】ABCDE　企业员工可以按性别构成、年龄构成、学历结构、职业资格、专业构成、职业类别分类。

104.【答案】ABD　企业人员外部招募需要在媒体发布信息或者通过中介机构招募时，一般需要支付一笔费用，而且由于外界应聘人员相对较多，后续的挑选过程也非常繁琐与复杂，不仅耗费了很多人力、财力，还占用了很多时间，所以外部招募的成本较大，故C项说法错误。从外部招募来的员工对现有的组织文化有一种崭新的、大胆的视角，而较少有感情的依恋。通过从外部招募优秀的技术人才和管理专家，就可以在无形中给组织原有员工施加压力、激发斗志，从而产生“鲶鱼效应”。特别是高层管理人员的引进，这一点尤为突出，因为他们有能力重新塑造组织文化。故E项说法错误。

105.【答案】ABCE　在所有这些媒体中，网站是最新出现的，凭借其传播速度快、范围广、查询方便等特性，它受到了越来越多单位的青睐。在媒体选择上的另一个趋势，就是在自己的单位主页上做广告，许多单位都在主页上开辟了“职业机会”模块，这样单位就可以把大量的信息放在主页上供应聘者查询，这对那些知名度较高、主页访问量较大的单位，也是一种很好的选择。

106.【答案】BCD　背景调查的方法包括打电话、访谈、要求提供推荐信等。背景调查核实也可以聘请调查代理机构进行，这些代理机构通过与求职者过去的雇主、邻居、亲戚和证明人进行书面或口头沟通来收集资料。

107.【答案】BDE　一般来说，一套典型的员工信息管理系统，从功能结构上应当分为三个层面：(1)基础数据层。包含的是变动很小的静态数据，主要有两大类，一类是员工个人属性数据，又称为员工信息管理，它是任何人力资源系统必备的功能；另一类是单位数据。(2)业务处理层。是指对应于人力资源管理具体业务流程的系统功能，这些功能将在日常管理工作中不断产生与积累新数据。(3)决策支持层。建立在基础数据与大量业务数据组成的人力资源数据库基础之上，通过对数据的统计和分析，就能快速获得所需信息。

108.【答案】BE　员工培训需求分析系统包括两项基本功能：(1)明确培训对像，即确认有哪些员工需要进行培训。需要进行培训的员工主要分两种情况，一是由于工作岗位发生重大变革，而需要对该岗位的所有员工进行的技术、知识、能力等方面的培训；二是由于员工个人原因，如适应岗位晋升需求等，需要对其进行专门的培训。(2)制定培训标准，即确定员工需要或不需要培训的具体标准，或员工培训后应达到什么程度的标准。

109.【答案】ACDE　根据培训目的，员工培训可分为过渡性教育培训、知识更新培训或转岗培训、提高业务能力培训、专业人才培训和人员晋升培训。

110.【答案】ABDE　影响课堂培训效果的因素有：(1)教师的教学水平。(2)培训内容是否充实，是否符合学员的需要。(3)教学方法。(4)学员的学习态度。

111.【答案】ABCDE　岗前培训内容主要有规章制度、企业概况、产品知识、行为规范和共同价值观，其中行为规范和共同价值观同属于企业文化。在许多国外著名企业，共同价值观、行为规范的培训都是岗前培训的重要内容。在国有企业，相关的培训一般是思想道德教育，如人生观、职业道德教育。

112.【答案】ABCE　对于企业，绩效管理的功能有诊断功能、监测功能、导向功能、竞争功能。

113.【答案】ABCDE　按照绩效考评的对象不同，可将绩效考评分为以下五种形式：(1)上级考评。(2)同级考评。(3)下级考评。(4)自我考评。(5)外人考评。

114.【答案】BDE　绩效的性质和特点包括：(1)绩效的多因性。绩效的优劣不只取决于单一的因素，而要受到主、客观多种因素的影响。(2)绩效的多维性，即绩效需要沿着多种维度去分析和考评。(3)绩效的动态性，即员工的绩效随着时间的推移会发生变化。

115.【答案】ABCDE　具体地说，企业员工的绩效管理具有以下几个基本特点：(1)绩效管理的目标是不断改善组织氛围，优化作业环境，持续激励员工，提高组织效率。(2)绩效管理的范围，覆盖组织中所有的人员和所有的活动过程，它是企事业单位全员、全面和全过程的立体性动态管理。(3)绩效管理是企业人力资源管理制度的重要组成部分，也是企业生产经营活动正常运行的重要支持系统，它由一系列具体的工作环节所组成。(4)绩效管理是指一套正式的、结构化的制度，它通过一系列考评指标和标准，衡量、分析和评价与员工工作有关的特质、行为和结果，考察员工的实际绩效，了解员工可能发展的潜力，以期获得员工与组织的共同发展。(5)绩效管理是以绩效考评制度为基础的人力资源管理的子系统，它表现为一个有序的、复杂的管理活动过程。

116.【答案】ACDE　目前企业普遍认为进行有效的薪酬管理应遵循以下原则：对外具有竞争性原则；对内具有公正性原则；对员工具有激励性原则；对成本具有控制性原则。

117.【答案】BC　工资指导线对不同类别的企业实行不同的调控办法：国有企业和国有控股企业，应严格执行政府颁布的工资指导线，故B项说法错误。企业在生产经营正常的情况下，工资增长不应低于工资指导线所规定的基准线水平，效益好的企业可相应提高工资增长幅度，故C项说法错误。

118.【答案】ABCDE　实际上影响薪酬的因素很多，其中主要的内在因素有：劳动差别因素、工资形式、企业经济效益、报酬政策；主要的外在因素有：相关的劳动法规、劳动力市场、物价、工会、社会保障水平和经济发展状况等。对于影响薪酬的外在因素，企业大多表现得无能为力，但是它们对企业薪酬策略实施效果的影响是很大的，尤其是劳动力市场、同行业的薪酬水平、地区物价生活指数等。

119.【答案】ABCD　计时工资是按计时工资标准(包括地区生活费补贴)和工作时间支付给个人的劳动报酬。包括：对已做工作按计时工资标准支付的工资；实行结构工资制的单位支付给员工的基础工资和职务(岗位)工资；新参加工作员工的见习工资(学徒的生活费)；运动员的体育津贴。E项不属于计件工资的内容。

120.【答案】ABDE　津贴和补贴的名目很多，按其使用目的划分，主要有以下四种：(1)为了补偿员工特殊或额外劳动消耗而建立的津贴。(2)为了保障员工身体健康，给予从事有毒有害作业员工的津贴，一般可简称为保健性津贴。(3)为了补偿员工生活费用的额外支出而建立的津贴或补贴。(4)为保障员工工资水平不受物价上涨影响而支付的各种补贴，主要是各种生活消费品价格补贴。

121.【答案】CDE　目前，在我国许多企业中已经建立了年度薪酬调整的制度，但没有统一的制度和标准。企业工资制度主要的特点是：级别多、级差小、水平低。

122.【答案】ACDE　与劳动关系的最主要区别在于劳动法律关系体现了国家意志，故不选B项。

123.【答案】ABE　专项协议可以在订立劳动合同的同时协商确定，也可以在劳动合同的履行期间因满足主客观情况的变化的需要而订立。前者通常包括服务期限协议、培训协议、保守企业商业秘密协议、竞业禁止协议、补充保险协议、岗位协议书、聘任协议书等；后者通常适用于企业劳动制度改革过程中，因为劳动制度的变化、结构调整、企业拖欠劳动者工资、应报销的医疗费或其他债务以及因企业或劳动者个人原因离岗或下岗而签订的有关社会保险费缴纳、下岗津贴等内容的专项协议书。

124.【答案】BCDE　劳动合同订立的原则包括：(1)平等原则。(2)自愿原则。(3)协商一致原则。(4)合法原则。

125.【答案】ABCDE　劳动合同变更的条件是：(1)订立劳动合同所依据的法律、行政法规、规章制度发生变化，应变更相关的内容。(2)订立劳动合同所依据的客观情况发生重大变化，致使劳动合同法履行，应变更相关的内容。客观情况包括：发生自然灾害或企业事故、企业调整生产任务、企业分立、合并、迁移厂址，以及劳动者个人情况发生变化要求调整工作岗位或职务等。

卷册二　专业技能题

一、简答题

1.【答案】　劳动合同的特点有：

(1) 劳动合同的主体具有特定性：一方是自然人，即劳动者；另一方是法人或非法人经济组织，即用人单位。作为劳动合同主体的劳动者必须年满 16 周岁以上，有就业要求，具有劳动行为能力的人；用人单位包括企业、个体经济组织以及和劳动者建立劳动合同关系的国家机关、事业组织、社会团体等录用职工的单位。用人单位必须依法为劳动者提供符合国家规定的劳动或工作条件、支付劳动报酬、缴纳社会保险费，并能够以自己的名义承担相应的民事责任。

(2) 由于劳动法律关系是双务关系，故劳动合同属于双务合同：劳动合同主体既是权利主体，又是义务主体，任何一方在自己未履行义务的条件下，无权要求对方履行义务。

(3) 劳动合同当事人的法律地位平等，但在组织管理上具有隶属关系。劳动合同一经签订，劳动者必须承担相应的权利和义务，服从用人单位的领导和工作安排；同时，用人单位也有权利和义务对劳动者进行管理。劳动合同当事人这种职责上的隶属关系是在双方当事人权利、义务关系对等的基础上，依照社会化大生产劳动过程的分工要求形成的，并不是一种人身依附关系。如果合同解除了，那么这种职责上的身份关系也自然解除。从另一方面看，这一特征也决定了劳动者在同一时间只能与一个用人单位签订劳动合同，而不能同时与两个以上用人单位发生劳动关系。

(4) 劳动合同属于法定要式合同。根据《劳动法》的规定，劳动合同应当以书面形式订立、劳动合同必须具备法定条款等。上述法律规定使劳动合同成为法定要式合同。

2.【答案】　人员录用的程序包括：

(1) 通知录用者。包括：①公布录用名单。②办理录用手续。

(2) 签订合同。包括：①员工安排与试用。②正式录用。

(3) 新员工的培训。

二、计算题

【答案】　根据工资总额动态指标的公式，工资总额动态指标 $= \frac{\text{报告期工资总额}}{\text{基期工资总额}} \times 100\%$，填写的表格如下：

项　目	单位	报告期	基期	动态指数(%)
工资总额	元	225000	203000	110.8
员工平均人数	人	150	140	107.1
员工平均工资	元/人	1500	1450	103.4

从上表所列资料分析得知：(1)由于员工平均人数增加使工资总额增加，根据员工人数变动对工资总额影响 =（报告期员工平均人数 - 基期员工平均人数）× 基期员工平均工资，则有员工人数变动对工资总额影响 =（150 - 140）×1210 = 12100（元），占工资总增加额的比重 = 12100 ÷（225000 - 203000）×100% = 55%。

（2）由于员工平均工资增加使工资总额增加，根据员工平均工资变动对工资总额影响 =（报告期员工平均工资 - 基期员工平均工资）× 报告期员工平均人数，则有员工平均工资变动对工资总额影响 =（1500 - 1450）× 150 = 7500（元），占工资总增加额的比重 = 7500 ÷（225000 - 203000）×100% ≈34.1%

根据员工人数和平均工资变动对工资总额的影响公式，则有 121000 + 7500 = 128500（元）。

三、综合分析题

1.【答案】 (1)本招聘广告的不足有：

① 对薪资报酬、福利待遇等应聘者普遍关注的问题没有说明。

② 对应聘者个人晋升的机会、未来发展的空间、培训机会等未予提及，易使应聘者内心猜疑，担心某些具体条件与自己的期望相去甚远。

③ 对招聘工作岗位的工作内容和对人员的基本任职条件没有逐一做出较为全面深入的说明。

(2)招聘广告的设计必须遵循：注意、兴趣、愿望、行动的四项基本原则：

① 引起读者的注意。这是从广告设计的总体效果而言。在多数的媒体上，大部分的广告都是批量发布的。广告设计如果没有特色，就很容易淹没在其他的广告中而不能引起应聘者的注意。招聘广告引人注目的方法包括醒目的字体、与众不同的色彩、显眼的位置等，最醒目的内容应是单位最具吸引力之处，例如单位的名称、单位的标识、招聘的岗位、待遇条件、工作地点等。

② 激发读者的兴趣。即要引起求职者对工作的兴趣，平铺直叙的、枯燥的广告词可能很难引起人们的兴趣，而撰写生动的、具有煽动性、能引起读者共鸣的广告词加上巧妙、新颖的呈现方式则很容易令人感兴趣。

③ 创造求职的愿望。这比激发兴趣更进一步了，即不仅要使读者有兴趣，还要引发读者求职和工作的愿望。通常求职的愿望是与他们的需求紧密联系在一起的，因此，一般情况下，单位可以通过强调吸引人的一些因素，如成就、培训与发展的机会、挑战性的项目、优越的薪酬福利等，激发求职者对工作的愿望。

④ 促使求职的行动。即要向应聘者提供联络方法，包括联系电话、通讯地址、公司的网址等，同时也可以用“今天就打电话吧!”“请尽快递交简历。”等话语促使应聘者迅速采取行动。

2.【答案】 (1)专家建议使用排序法的原因：

排序法又称排列法、简单排列法，是绩效考评中比较简单易行的一种综合比较方法。

它通常是由上级主管根据员工工作的整体表现，按照优劣顺序依次进行排列。有时为了提高其精度，也可以将工作内容做出适当的分解，分项按照优良的顺序排列，再求总平均的次序数，作为绩效考评的最后结果。这种方法的优点是简单易行，花费时间少，能使考评者在预定的范围内组织考评并将下属进行排序。在确定的范围内可以将排列法的考评结果，作为薪资奖金或一般性人事变动的依据。采用排序法可以解决 SWEETWATER 州立大学利用绩效考核结果确定员工奖金分配和学校预算紧张的问题。

(2)员工绩效考评的方法有：

① 按具体形式区分的考评方法，可分为：a. 量表评定法，在量表评定法下，要求考评者就量表中列出的各项指标对被考评者进行评定。b. 混合标准尺度法，由于衡量员工绩效的尺度具有多样性，考评者可以从多个方面描述员工态度、行为的各种特征和表现。该考评方法使用的量表是为了降低光环效应和过宽偏见而特别设计的，它是行为量表与评级量表相结合的产物。它可以分为混合标准计数法和混合标准说明法。c. 书面法，要求考评者以报告的形式，认真描述被评价的员工。书面法常与其他方法一起使用。

② 行为导向型的考评方法。该类方法是以员工行为为对象进行考评的方法，考评者遵循一定工作范围和尺度，对员工行为进行描述，以提高绩效考评的正确性，可分为：a. 关键事件法，指在某些工作领域内，员工在完成工作任务过程中有效或无效的工作行为导致了不同的结果：成功或失败。b. 行为观察量表法，是在关键事件法的基础上发展起来的，它要求评定者根据某一工作行为发生频率或次数的多少来对被评定者打分。c. 行为定点量表法，和关键事件法一样，也需要由主管事先为每一个工作维度搜集可以描述有效、平均和无效的工作行为，每一组行为可以用来评定一种工作或绩效的维度。d. 硬性分配法，硬性分配法只能把员工分为有限的几种类别，难以具体比较员工差别，也不能在诊断工作问题时提供准确可靠的信息。e. 排队法，按照员工行为或工作业绩的好坏把员工从最好到最坏排队，并将排队结果作为人事决策及诊断不良工作行为的依据。

③ 按照员工的工作成果进行考评的方法，指考评者以员工的工作结果而不是行为表现或特征来对员工进行考评。主要有以下几种具体的考评方法：a. 生产能力衡量，采用的每个衡量标准都直接与员工的工作结果是否对企业有利相联系。b. 目标管理法，是一种管理哲学，是领导者与下属之间双向互动的过程，使用目标管理法可以克服结果法的某些缺陷。